세상에서 가장 사랑받는 의료서비스기관
메이요 클리닉 이야기

MANAGEMENT LESSONS FROM MAYO CLINIC by Leonard Berry, Kent Seltman
Copyright © 2008 by Leonard L. Berry and Kent D. Seltman.
All rights reserved.
Korean translation copyright © 2012 by Sallim Publishing Co., Ltd.
This edition published by arrangement with McGraw-Hill, Company, Inc., through EYA.

이 책의 한국어판 저작권은 EYA을 통한 저작권자와의 독점 계약으로 (주)살림출판사가 소유합니다. 저작권법에 의해 한국 내에서 보호를 받는 저작물이므로 무단 전재와 복제를 금합니다.

세상에서 가장 사랑받는 의료서비스기관
메이요 클리닉 이야기

레너드 L. 베리, 켄트 D. 셀트먼 지음 | 김성훈 옮김

살림Biz

감사의 말

　이 책을 쓰는 과정에서 우리는 학생이자 동시에 선생님이 되어야 했다. 그리고 선생님이 되기 전에 먼저 배워야 했다. 이제 우리는 이 놀라울 정도로 성공적인 서비스 조직에 대한 연구를 마쳤고, 이 책을 통해 얻은 지혜들을 함께 나누려 한다. 우리는 이 여행을 통해서 정말 많은 것을 깨우치고 큰 보람을 느꼈다.
　이 기획을 시작하면서 우리는 이미 메이요 클리닉과 메이요 클리닉을 굴러가게 하는 것이 무엇인지 잘 알고 있다고 생각했다. 하지만 우리를 도와주신 분들께 감사의 글을 쓰고 있는 지금 돌아보니 우리가 얼마나 많은 것을 새로 배웠는지 분명하게 느낄 수 있었다. 좋은 책을 쓰기 위해서는 엄격한 원칙을 적용하여 탐구하고 깊이 생각할 필요가 있다. 이런 태도는 배우는 데 큰 도움을 준다. 이런 과정을 거치면 더 깊이 파고들게 된다. 예전에 보았던 것도 다시 살펴보게 되고, 새로운 패턴과 상관관계를 고민하게 된다. 마음속에 공감을 일으키는 새로운 아이디어가 떠오르는 것과 그 아이디어를 활자로 옮기는 것은 다른 문제다. 글로 옮기는 과정에서 더 분명하고 깊이 생각하게 된다. 자기 글이 활자로 인쇄되어 오랫동안 남아 있게 된다면 누구든 좀 더 정확한 내용을 쓰고 싶어 할 것이다.

우리는 메이요 클리닉을 실제 모습 그대로 글로 옮겼다. 그 서비스에 대해 정확하게 전달하고 거기에서 얻은 교훈을 나누기 위해 최선을 다했다. 우리는 이 자리를 빌려 원고를 완성하기까지 긴 여정에서 많은 도움을 주신 분들께 감사의 마음을 전하고자 한다.

칼튼 라이더Carleton Rider는 메이요 클리닉 잭슨빌 캠퍼스에서 최초의 최고행정책임자CAO를 맡았으며 뛰어난 행정 리더의 길을 걷다가 2007년에 은퇴했다. 그는 우리에게 이 책을 써보라고 독려해주었다. 사실 메이요 클리닉의 역사를 다룬 책은 이미 나와 있었다. 하지만 메이요 클리닉의 서비스 문화, 전략, 경영, 시스템에 대한 책은 출판된 적이 없었다. 라이더는 그런 책이 나오면 메이요 클리닉 외부의 기업이나 비영리 기관, 보건의료 기관의 경영인들뿐만 아니라 메이요 클리닉 내부에서 일하는 사람들에게도 큰 도움이 될 것이라고 믿었다. 매년 수천 명의 직원들이 메이요 클리닉에 새로 들어온다. 따라서 이 책은 그들이 메이요 클리닉의 독특한 특징을 제대로 파악하고 강화하는 데 도움이 될 것이다. 또한 매년 50만 명 넘게 메이요 클리닉을 찾아오는 환자들이 자신이 겪은 놀라운 서비스를 이해하게 될 것이다.

칼튼 라이더는 우리가 원고 초안을 세심하게 읽고 비평해달라고 부탁한 일곱 사람 중에 한 명이었다. 메이요 클리닉은 긴 역사와 큰 규모, 그리고 독특한 지배 구조를 가지고 있다. 특히 서비스 형식이 다양하고 범위 또한 매우 넓기 때문에 대단히 복잡한 조직이다. 그만큼 글을 쓰는 과정에서 생각지 못했던 실수를 하거나 역사적 사건을 잘못 해석할 가능성이 컸다. 우리는 메이요 클리닉을 폭넓고 다양하게 경험한 사람들을 찾아서 우리가 가능한 한 정확하고 완벽하게 이야기를 풀어갈 수 있도록 출판 전에 원고의 사전 검토를 부탁했다. 이런 사전 검토 역시 값을 매길 수 없을 만큼 가치 있는 일이었다. 이 자리를 빌려 칼튼 라이더를 비롯해 사전 검토를 해준 다른 사람들에게도 감사의 마음을 전한다. 그 사람들은 존 라 포지아John La Forgia, 로버트 월러Robert Waller 박사, 마이클 오설리번Michael O'Sullivan 박사, 로버트 스몰트Robert Smoldt, 매튜 데이시Mattew Dacy, 제임스 도넬리 2세James Donnelly, Jr.이다.

메이요 클리닉 홍보부 부장을 맡고 있는 존 라 포지아는 우리가 원고를 작성하는 데 있어 뛰어난 통찰을 제공해주었다. 뿐만 아니라 이 기획을 지지해주고 이 연구의 독립성을 유지할 수 있도록 내부적 지원을 보장해주었다.

월러 박사는 1999년 메이요 클리닉 최고경영책임자CEO에서 은퇴했다. 30년간 의사로 근무했던 그는 메이요 클리닉이 지리적으로 확장할 때 탁월한 지도력을 발휘했다. 월러 박사는 언제나 우리의 요청에 따듯하게 응대했으며 우리가 "질문 몇 개만 더 하겠습니다."라고 부탁할 때마다 싫어하는 내색 없이 답변을 해주었다.

오설리번 박사는 1964년에 메이요 클리닉 병리학과 레지던트로 출발해서 1969년에 임상 병리학과 직원으로 들어왔다. 그리고 2002년에 스코츠데일 캠퍼스 최고경영책임자로 은퇴했다. 오설리번 박사는 메이요 클리닉에서 대단히 놀라운 경력을 밟았다. 또한 클리닉이 모험적인 사업들을 가장 성공적으로 이끌었던 시기에 리더를 맡기도 했다.

로버트 스몰트는 최고행정책임자를 맡는 등 행정직과 경영직에 거의 36년간 몸을 담다가 2008년에 은퇴했다. 스몰트는 클리닉 경영 시스템의 내부 사정을 잘 알고 있었다. 우리는 무언가 분명하게 확인해야 할 사안이 생기면 제일 먼저 그를 찾아갔다. 스몰트는 보건의료 공공정책 개선에도 많은 아이디어를 보탰고, 보건의료의 미래에 대한 토론에도 많은 통찰을 제공했다.

매튜 데이시는 개발부에서 메이요 클리닉 기념관 감독을 맡고 있다. 데이시는 뛰어난 저자이자 편집자이며 메이요 클리닉의 역사를 잘 알고 있는 학생이기도 하다. 그의 자세하고 건설적인 제안 덕분에 우리는 큰 도움을 받았다.

켄터키 대학의 개튼 경영학 및 경제학 단과대학에서 경영학 교수로 최근에 은퇴한 제임스 도넬리 2세 박사는 우리의 일곱 번째 검토자였다. 우리가 그에게 도움을 요청한 이유는 그가 많은 책을 펴낸 저자일

뿐만 아니라 메이요 클리닉의 환자였던 경험이 있기 때문이다. 도넬리가 환자와 저자의 입장에서 우리의 원고를 세심하게 검토해준 덕분에 정말 큰 도움을 받았다.

이 책은 메이요 클리닉의 응원과 협조 속에 만들어졌지만 메이요 클리닉은 이 책의 내용에 간섭할 수 없었다. 이 기획을 지원해주고 솔직하고 심도 깊게 인터뷰에 참여해준 메이요 클리닉의 리더 여러분께 감사드린다. 그리고 시간을 내어 통찰을 나누고 우리를 신뢰해준 점에 대해서도 깊은 감사를 드린다. 우리에게 도움을 주신 클리닉 리더들은 데니스 코르테스Denis Cortese 박사, 조지 바틀리George Bartley 박사, 빅터 트라스텍Victor Trastek 박사, 글렌 포브스Glenn Forbes 박사, 휴 스미스Hugh Smith 박사, 셜리 바이스Shirley Weis, 도린 프루스티Doreen Frusti, 크레이그 스몰트Craig Smoldt, 던 밀리너Dawn Milliner 박사, 스티븐 스웬센Stephen Swenson 박사, 제임스 G. 앤더슨James G. Anderson, 로버트 브리검Robert Brigham, 제프리 코스모Jeffrey Korsmo이다.

1장에서는 우리가 두 시기로 나누어 어떻게 연구를 진행했는지 설명한다. 두 시기 연구 모두에서 많은 전·현직 메이요 클리닉 직원들과 개인적으로 면담을 진행했다. 인터뷰에 응해준 모든 분들께 감사드린다. 독자들은 뒤에서 이 사람들을 만날 수 있을 것이다. 또한 세 캠퍼스에서 근무하는 많은 직원 여러분들께도 감사드린다. 그들은 자세하고 구체적인 자료를 찾아내느라 수고를 아끼지 않았고 셀 수 없이 다양한 방식으로 우리의 작업을 도와주었다. 그 사람들은 니콜 배브콕 Nicole Babcock, 아담 브래스 Adam Brase, 버지니아 브루스 Virginia Bruce, 도로시 버치 Dorothy Burch, 에이미 데이비스 Amy Davis, 린지 딩글 Lindsay Dingle, 진 엥글러 Jean Engler, 수전 파고 프로서 Susan Fargo-Prosser, 다니엘 골드만 Daniel Goldman, 제임스 후크 James Houck, 패트릭 맥카티 Patrick McCarty, 하이디 밀러 Heidi Miller, 짐 나센 Jim Nassens, 로버트 넬리스 Robert Nellis, 디온니 오크신스키 Donly Okrzynski, 마리 퍼헤이 Marie Perhay, 게일 프리셸 Gail Prechel, 클리퍼드 롬 Clifford Romme, 앤 샤우어 Ann Schauer, 킴벌리 슈미트 Kimberley Schmidt, 트립 웰치 Tripp Welch, 로리 윌수전 Laurie Wilshusen, 르네 제이머 Renee Zeimer이다.

또한 레너드 L. 베리 Leonard L. Berry의 '출판 팀'에서 오랫동안 함께 일해온 글렌다 베슬러 Glenda Bessler와 셜리 데펜바우 Shirley Deffenbaugh에게도 고마움을 전한다. 글렌다는 베리 옆에서 20년이 넘게 뛰어난 행정 보조로 일해왔다. 새 책을 기획할 때마다 이미 진행되고 있는 격무에 또 일을 보태는 것인데도 그녀는 언제나 밝은 모습으로 받아들였다. 시애틀에 사는 셜리는 탁월한 원고 편집자로 쓸데없이 긴 문장은 결코 참지 못한다. 이 책은 글렌다와 셜리의 도움으로 세상에 빛을 보게 되었다.

우리는 맥그로힐 McGrowHill 출판사와 편집자인 메리 글렌 Mary Glenn, 그리고 그 동료들과 함께 일할 기회를 얻은 데 감사한다. 메이요 클리닉과 마찬가지로 맥그로힐도 세계적인 브랜드다. 우리는 이 두 브랜드가 만나 어떤 마법을 끌어낼 수 있을지 확인하는 것도 의미가 있다고 생각했다.

켄트 D. 셀트먼Kent D. Seltman은 이 책에 집중하느라 가족과의 일들이 미루어졌는데도 애정 어린 관심과 지원을 아끼지 않은 그의 아내 크리스틴Kristine과 두 딸, 리Lee와 앤Ann에게 감사를 전한다. 행복하게도 그의 가족은 큰 계획을 세우고 열심히 일할 때 좋은 일이 찾아온다는 것을 잘 알고 있었다. 크리스틴은 창조적이고 헌신적인 어머니로서, 리는 미국 법무부 민권 변호사로서 열심히 노력했다. 그리고 앤은 대장외과 전문의로서 30년에 걸친 교육 과정을 메이요 클리닉에서 마쳤다. 켄트는 리가 경영 전공자도 아니고 보건의료 계통에서 일해본 적도 없는 일반 독자들의 입장에서 원고를 비평해준 것에 대해 감사를 표했다. 또한 패트리샤 시몬스Patricia Simmons 박사와 프랭클린 아이오시Franklin Iossi, 그리고 자신의 경력 초기에 메이요 클리닉 문화와 '메이요 방식'에 대해 설명해주고 조언을 아끼지 않은 로버트 스몰트에게도 감사를 전한다.

레너드 L. 베리는 아내 낸시Nancy와 두 아들 매튜Matthew와 조나단Jonathan이 변함없는 애정을 보내주고 이 책의 출판을 자랑스러워해준 것에 감사한다. 그 또한 가족이 이룬 성취에 자부심을 느낀다. 낸시는 활동적인 지역 사회 리더로 활동했으며 몇몇 지역 이사회 회원이기도 하다. 매튜는 ESPN 판타지 스포츠의 팀장을 맡고 있으며 그곳에서 '재주 많은 로토 씨'라는 별명으로 불리고 있다. 조나단은 새로운 텔레비전 쇼와 다른 예능 프로그램 개발자로 일하고 있다.

보건의료개선연구소IHI, Institute of Healthcare Improvement의 리더인 도널드 베릭Donald Berwick 박사와 모린 비소냐노Maureen Bisognano는 보건의료의 안전과 효과, 효율성을 개선하고자 노력하고 있다. 그들의 열정과 헌신에 감사를 보낸다. 그들의 일과 그들이 지휘하는 조직은 언제나 영감으로 가득 차 있다.

그리고 메이요 클리닉 사람들에게 감사한다. 우리는 그들의 이야기를 정확하고 재미있고 유익하게 전달하려고 최선을 다했다. 아울러 독자 여러분께도 감사드린다. 우리는 당신이 이 책에 투자한 만큼 많은 것을 얻을 수 있으리라 믿는다.

레너드 L. 베리와 켄트 D. 셀트먼

CONTENTS

감사의 말 · 4

CHAPTER 1 100년을 이어온 브랜드

숫자로 살펴보는 메이요 클리닉 · 22
의료의 성지 · 28
클리닉 정신 · 30
의료계로부터 배운다 · 33
메이요 클리닉을 연구하다 · 36
전통적 방식으로 진보하다 · 40

CHAPTER 2 환자 우선의 전통을 지킨다

살아 숨 쉬는 가치 · 48
환자 중심 문화 · 53
가치를 지켜나간다 · 56
직원에게 권한을 부여한다 · 63
환자를 위하는 마음이 핵심 가치를 강화한다 · 72
새로운 서비스 · 75
전인 치료 · 77
변화의 시기에도 가치를 지킨다 · 81
경영인을 위한 핵심 전략 · 83
메이요 클리닉에서 배우다 · 86

CHAPTER 3 협력 진료

팀워크는 선택 사양이 아니다 · 95
여기 있으면 저는 더 나은 의사가 돼요 · 97
당신의 도움이 필요해요 · 99
이것은 우리가 일상적으로 하는 일입니다 · 101

존중의 힘 · 105
어항 속의 진료 · 107
경영인을 위한 핵심 전략 · 111
메이요 클리닉에서 배우다 · 116

CHAPTER 4 멀리서도 찾아오는 진료

멀리서도 환자들이 찾아오다 · 125
한 지붕 아래서 · 128
종이진료기록부에서 전자진료기록부로 · 132
언제, 어디서, 무엇을: 예약 일정 관리 · 135
효율성 및 서비스 개선 · 141
지체 없이 빠르고 정확하게 · 148
경영인을 위한 핵심 전략 · 150
메이요 클리닉에서 배우다 · 154

CHAPTER 5 협력을 통한 리더십

명령과 통제에서 협력 경영으로 · 162
21세기형 파트너 · 171
경영진의 팀워크: 의사-행정가 파트너 · 173
의사 리더: 환자 관리에 중점을 둔다 · 179
행정 리더: 운영에 중점을 둔다 · 183
전문 행정 · 187
둘에서 하나로: 클리닉과 종합병원을 통합하다 · 188
문화를 창조하고 공감대를 쌓아가는 위원회 · 192
지도 체제의 단일화 · 195
봉급제가 메이요 클리닉의 문화에 미친 영향 · 197
홀로 빛나는 스타가 아니라 별자리처럼 함께 빛나다 · 201
경영인을 위한 핵심 전략 · 203
메이요 클리닉에서 배우다 · 208

CHAPTER 6 재능보다 가치가 우선이다

가치가 우선이다 · 215
맞는 사람은 들이고, 맞지 않는 사람은 내친다 · 222
재능 있는 사람을 뽑는다 · 232
알맞은 역할을 찾아준다 · 237
충성의 순환 고리 · 242
경영인을 위한 핵심 전략 · 245
메이요 클리닉에서 배우다 · 250

CHAPTER 7 단서 경영

고객은 탐정이다 · 257
단서의 3가지 유형 · 258
단서의 역할 · 260
기능적 단서: 능력을 보여주고 확신을 불어넣는다 · 261
기계적 단서: 첫인상, 기대, 가치에 영향을 미친다 · 265
병원에 오고 싶어서 오는 사람은 없다 · 267
세밀한 부분까지 신경 쓴다 · 270
조용히 해주시겠어요? · 273
인간적 단서: 고객의 기대를 뛰어넘어라 · 275
성공을 뒷받침해주는 복장 · 278
의사의 이상적인 행동양식 · 281
경영인을 위한 핵심 전략 · 285
메이요 클리닉에서 배우다 · 289

CHAPTER 8 브랜드의 창조, 확장, 그리고 보호

체험이 브랜드를 창조한다 · 299
작은 마을에서 태어난 큰 브랜드 · 304
언급할 가치가 있는 진료 서비스 · 306
브랜드의 확장 · 311

지리적 확장 · 314
메이요 임상 검사실 · 319
건강 정보 · 322
메이요 보건의료 시스템 · 328
브랜드를 지키다 · 333
경영인을 위한 핵심 전략 · 341
메이요 클리닉에서 배우다 · 344

CHAPTER 9 조직의 내일에 투자하다

통합의 힘을 깨닫다 · 353
우리는 더 잘할 수 있습니다 · 357
경제적인 고부가가치 진료 · 366
건강을 지켜드립니다 · 371
환자의 입장을 대변한다 · 377
내일의 지도자를 양성한다 · 379
경영인을 위한 핵심 전략 · 383
메이요 클리닉에서 배우다 · 389

CHAPTER 10 인간의 잠재력을 일깨우다

3가지 큰 전략 · 397
큰 전략만으로는 충분하지 않다 · 399
숭고한 목적의 힘 · 403
훌륭한 업무에 필요한 자원 · 405
존중하는 문화 · 409
메이요 클리닉 이야기 · 412

역자 후기 · 416
참고문헌 · 418

CHAPTER 1
100년을 이어온 브랜드

MAYO CLINIC

6월의 어느 늦은 일요일 오후, 저는 미니애폴리스 공항에 도착해 예약해둔 렌터카를 찾고 있었습니다. 차 위에 달린 전광판에서 제 이름이 깜박이고 있어서 어렵지 않게 찾을 수 있었지요. 그런데 와이퍼 밑에 웬 종이가 하나 끼워져 있었습니다. 양면에는 손 글씨로 빽빽하게 적어 내려간 글이 있었습니다. 저는 무슨 일인가 생각하면서 읽기 시작했습니다.

그 쪽지는 어느 여자 분이 전광판에 깜박이는 제 이름을 보고 혹시 몇 년 전에 미네소타 로체스터 메이요 클리닉에서 자기 아버지를 치료해준 그 코르테스 박사가 아닐까 싶어서 남긴 것이었습니다. 그녀의 아버지는 폐암 초기였고, 당시 저는 레이저와 빛으로 활성화시키는 항암제를 이용한 암 치료법을 개발하는 팀에서 일하고 있었습니다. 그녀의 아버지는 세 번 치료를 받았었죠. 그녀는 아버지를 돌봐주셔서 감사하다는 마음을 제게 전한 것입니다. 이것도 벌써 15년 전 일이로군요. 그 여자 분은 아버지 장례식에 가려고 그날 캘리포니아에서 그 공항까지 항공편으로 날아온 것입니다. 아버지는 그 전날 심장에 문제가 생겨서 갑자기 돌아가셨다고 했습니다.

그렇게 슬픈 와중에 짬을 내서 감사 쪽지를 남겨준 것도 감동적이었지만, 사실 제가 정말 감동받은 것은 그 사건을 통해서 의료라는 일이 왜 그렇게 매력적이고 보람 있는 일인지 새삼 깨달았기 때문입니다. 그것은 바로 환자를 돌보는 일이기 때문입니다.

최고의 의사, 그리고 최고의 의료 종사자가 되려면 최고의 기술자이자 예술가가 되어야 합니다. 기술자는 문제점을 찾아내고 기술을 적용해서 그것을 고칩니다. 환자들이 CT를 촬영하고 수술에 따르는 손상을 최소로 줄이며 컴퓨터를 이용해서 정밀한 치료를 받을 수 있는 것은 모두 기술자들 덕분입니다. 기술적 접근 방법을 통해서 정말 많은 환자들이 도움을 받고 목숨을 구했습니다. 이런 기술적인 것은 눈에 보이는 부분입니다. 효과를 가늠할 수 있고 대부분 보험 청구도 가능하죠.

반면 예술가의 역할은 환자에게 언제 따듯한 미소를 건네고, 언제 안심시켜주는 말 한마디를 보태고, 언제 부드러운 포옹으로 안아주어야 할지 알아내는 것입니다. 환자를 환영해주고 그들에게 평온, 안정, 희망을 주는 것은 예술가의 몫입니다. 엄마가 된 지 얼마 안 되는 여성이 아기가 열이 난다고 불안해할 때 너무 걱정할 필요 없다고 안심시켜주는 것은 예술가의 몫입니다. 금연에 실패한 중년 환자의 얘기를 귀 담아 들어주면서 실망하지 말라고 다독여 주는 것도 예술가의 몫입니다. 예술가는 기술로서 이젠 더 이상 어찌 해볼 수 없는 때가 왔을 때 환자와 그 가족들이 삶의 마지막 순간에 대처할 수 있도록 돕습니다. 제가 의사가 된 것은 바로 그런 예술가가 되기를 원했기 때문입니다.

이 글은 메이요 클리닉의 회장이자 최고경영책임자인 데니스 코르테스Denis Cortese 박사가 2002년도에 메이요 클리닉 플로리다 잭슨빌 캠퍼스를 경영할 때 썼던 수필에서 발췌한 것이다.[1] 그는 사내 소식지를 통해서 이 이야기를 직원들과 함께 나누었다. 이 이야기를 먼저 꺼낸 이유는 이것이 분야에 상관없이 모든 경영인이 적용할 수 있는 강력한 진실을 일깨워주기 때문이다. 과학만으로는 훌륭한 조직을 세울 수 없다. 코르테스 박사의 말처럼 거기에는 미학이 함께 자리 잡아야 한다. 인간미, 교육, 협동, 관대함, 개인적 용기, 핵심 가치관 등이 함께 있어야만 올바른 결정을 내릴 수 있고 더 힘내서 노력할 수 있는 것이다.

이 책은 서비스 미학에 대한 것이며 놀라운 서비스 기관인 메이요 클리닉으로 안내해 그 지혜를 알려준다. 또한 고객들에게 차별화된 서비스를 제공하려고 할 때 그 서비스를 제공하는 직원들의 수행 능력에 의지해야 하는 경영인들을 위한 책이다. 이 책은 이제 전설이 된 의료 기관에 대한 이야기이지만 그렇다고 의료에 관한 책은 아니다. 이 책은 오랜 기간 끊기지 않고 이어온 뛰어난 서비스에 대한 이야기이며, 그것을 가능하게 한 것이 무엇인가에 대한 이야기이다. 또한 흔들리지 않는 핵심 가치관의 힘에 대한 이야기이며, 그 가치에 부합하는 삶을 살았던 윌리엄 워렐 메이요William Worrall Mayo 박사와 그의 두 아들, 윌리엄 J. 메이요William J. Mayo와 찰스 H. 메이요Charles H. Mayo 박사에 대한 이야기다. 그들은 그 가치를 가르치고 지키기 위한 문화와 기반 시설을 창조하기 위해 많은 노력을 투자했다.

이 병원은 140년 전 미네소타주의 작고 외딴 마을이었던 로체스터에서 문을 열어 1900년대 초기부터 '메이요 클리닉'으로 불리기 시작했다. 메이요 클리닉이 이렇게 오랜 기간 살아남았다는 것도 주목할 만한 일이지만, 세계에서 가장 영향력 있고 가치 있는 서비스 브랜드를 만들어내서 지금까지 그 브랜드를 성공적으로 유지, 확장, 보호해 왔다는 것은 정말 놀라운 일이다. 지금도 메이요 클리닉은 거의 광고를 하지 않는다. 1986년까지는 마케팅 담당 직원조차도 없었으며 그 이후로도 1992년까지 마케팅 부서 담당자는 한 사람밖에 없었다.

경영 분야에서는 새로운 개념, 새로운 이론, 새로운 모델, 새로운 기술 등 늘 '새로운 것'을 찾아 헤맨다. 그런 면에서 볼 때 1900년대 초에 성공 기반을 다진 후 이를 바탕으로 지금까지도 성공을 이어오고 있는 세계적인 기관으로부터 무언가를 배우는 것은 그만큼 신선하고 영감을 불어넣는 일이라고 할 수 있다. 우리는 독자들이 이를 통해 생각지 못했던 많은 것을 배울 수 있으리라 기대한다. 메이요 클리닉은 어느 기관의 기본적인 비즈니스 개념이 옳은 것이라면 시대를 넘어 살아남을 수 있음을 보여준다. 메이요 클리닉은 전략과 가치, 혁신과 전통, 개개인의 재능과 팀워크, 과학과 미학이 서로 어깨를 나란히 맞대고 공존하는, '현대적이면서 전통적인' 기업의 가능성을 보여준다.

숫자로 살펴보는 메이요 클리닉

한 주에 5일은 작은 도시 하나만큼의 사람들이 메이요 클리닉을 드나든다. 5시에 얼굴을 비추는 주간 근무자들부터 시작해서 24시간 동안 4만 2,000명이 넘는 근로자, 학생, 자원봉사자들이 미네소타, 애리조나, 플로리다에 있는 세 곳의 메이요 클리닉 캠퍼스에서 근무하거나 공부한다. 수술 환자들은 이르면 5시 반 정도부터 병원에 도착하고, 평일에는 하루 수술 건수가 보통 300건이 넘는다. 환자들이 혈액 채취를 위해 검사실에 나오기 시작하는 6시 45분이 되면 사람들은 더 늘어난다. 오후 중반이 되면 메이요 클리닉에서 의료 서비스를 받은 환자 수는 1만 3,500명에 이른다. 보통 이 환자들에게는 한두 사람 정도 다른 가족이나 친구들이 더 따른다. 이제 하루를 마감할 때가 되면 환자와 그 가족이나 친구, 근로자들과 학생, 그리고 자원봉사자들까지 모두 합쳐서 약 6만 5,000명 정도에 이른다. 이처럼 수많은 사람들이 메이요 클리닉의 세 군데 병원을 찾아 21세기 최신 의료 기관에서 펼쳐지는 생생한 삶의 드라마에 참가한다. 그중에는 정말로 삶과 죽음을 넘나드는 드라마도 있다.

이 24시간 동안 환자들은 X-ray나 CT, MRI 촬영 등 4,600건이 넘는 진단용 촬영 검사를 받는다. 그러면 방사선과 의사 230명 중 누군가가 90분 내로 그 영상을 판독해서 보고서를 작성한다. 메이요 클리닉의 의사 2,500명은 9,000건이 넘는 검사와 상담을 진행한다. 메이요 클리닉의 세 병원 응급실에서 치료받는 환자는 375명 정도이고, 거의 1,300명의 환자가 병실에 입원해서 밤을 보낸다.

메이요 클리닉은 세계 최초의 비영리 통합 협진 의료 기관으로 세계에서 가장 크다. 또한 다전공 협진 기관으로서 사실상 모든 의학 전공 분야의 의사들이 공통의 가치관과 시스템 아래 모두 한데 모여 서로 협력하며 환자를 돌본다. 한 세기가 넘도록 메이요 클리닉은 주요 의료 기관으로 자리매김해왔다. 1912년에는 1만 5,000명이 넘는 환자들이 메이요 클리닉에 등록했다. 메이요 형제의 경력이 절정에 이르렀던 12년 후

〈표 1-1〉 메이요 클리닉의 과거와 현재

	1924*	1983†	2007‡
환자			
개별 환자 등록 수§	60,063	276,800	520,000
입원		63,600	135,000
수술	23,628	30,800	76,300
병상	1,507	1,848	2,400
인력			
의사 및 의학 연구자		889	2,706
행정 인력 및 보건 관련 종사자		5,350	35,971
레지던트, 펠로, 학생		1,504	3,229
합계		7,743	41,906**
수술 집도(단위: 백만)			
총수입		411.6달러	7,322.4달러
총비용		353.1달러	6,699.6달러
비용 대비 초과 수입		58.5달러	622.8달러

* Mayo Clinic, *Sketch of the History of the Mayo Clinic and the Mayo Foundation*, W.B. Saunders, 1926, pp. 30-31.
† 메이요 클리닉 연례 보고서, 1983.
‡ 메이요 클리닉 연례 보고서, 2007.
§ 각각의 환자들은 외래 진료 방문 횟수와 입원 횟수에 상관없이 12개월 단위로 한 번씩만 계산에 넣었음.
** 2007년 말에는 메이요 클리닉 고용인의 수가 5만 4,000명이 넘었지만 이 책을 준비할 당시에는 캠퍼스 세 곳에서 4만 1,906명이 근무했다.

에는 메이요 클리닉의 의사들이 연간 6만 명 정도의 환자를 보고 2만 3,600건이 넘는 수술을 했다(〈표 1-1〉 참조). 사용 가능한 병상은 1,500개가 넘고 수술실은 27개나 되었다. 1983년 즈음 환자 수는 27만 6,800명에 이르렀으며, 병원은 1924년에 비해 네 배 반이나 규모가 커졌다.

1983년에 미네소타 로체스터 캠퍼스는 개원 이후 1982년까지 집도한 수술 횟수를 모두 합친 것만큼 많은 수술을 집도했다. 그럼에도 성장 속도에 더욱 박차를 가하기로 전략을 세워 오늘날까지도 그 성장을 이어가고 있다. 로체스터의 세인트메리스 종합병원과 메소디스트 종합병원 두 곳은 1986년에 메이요 클리닉으로 합쳐졌다. 또한 플로리다 잭슨빌에는 1986년, 애리조나 스코츠데일에는 1987년에 확장 개원했다. 이런 변화로 나타난 영향은 〈표 1-1〉에 자세히 나와 있다. 1983년에서 2007년까지 환자 규모는 거의 두 배로 증가했고, 의사와 연구진 숫자는 200퍼센트 이상 증가했다. 2007년도 총수입은 73억 달러로 1983년보다 17배로 커졌으며, 반면 비용 대비 초과 수입은 6억 2,280만 달러로 증가하여 1983년에 비해 10배 이상 증가했다.

메이요 클리닉이 알려진 것은 주로 환자에게 제공하는 의료 서비스 덕분이었다. 그러나 메이요 클리닉 스스로는 자신을 '3개의 방패를 가진 조직'으로 생각한다. 메이요 클리닉 로고(〈그림 1-1〉 참조) 가운데 있는 제일 큰 방패는 '환자 진료'를 상징한다. 그리고 '의학 연구'와 '의학 교육'이라는 보조 방패가 양옆에 나란히 연결되어 있다.

〈그림 1-1〉 메이요 클리닉 로고

이런 3대 사명을 정한 사람이 바로 메이요 형제, 윌리엄 메이요 박사와 찰스 메이요 박사이다. 그들이 더 나은 의사가 될 수 있었던 것은 꾸준한 공부와 매년 휴가 때마다 다른 의사들의 진료를 보러 다닌 덕분이었다.

찰스 메이요 박사와 그의 아내 이디스Edith는 심지어 신혼여행 기간에도 시카고와 동부 해안의 외과 클리닉을 돌아보며 보냈다. 또한 형제는 연구 발표를 통해 전 세계 동료들과 교류했다. 메이요 클리닉 의학 연구와 교육 부분에 후원금을 처음 댄 사람들도 메이요 형제였다. 의학 교육과 의학 연구 프로그램들은 임상 진료라는 메이요 클리닉의 으뜸 목표를 매우 잘 보완해주고 있다.

메이요 클리닉은 주요 의료학술 센터이면서도 종합대학 기반의 의대를 운영하지 않는다는 점에서 독특하다.[2] 오늘날 메이요 클리닉의 단과대학 의대는 공식 인증을 받은 5개 학교로 구성되어 있으며 레지던트와 학생 수가 연간 3,200명에 달한다.

교육 프로그램은 메이요 클리닉의 의료 사회 사업 및 자선 사업의 일부다. 2007년에는 메이요 클리닉의 기금과 기부금 1억 6,600만 달러 이상이 메이요 교육 프로그램 운용에 드는 2억 1,500만 달러를 지원하는 데 쓰였다. 1972년에 세워진 메이요 의과대학은 작지만 경쟁력이 대단히 높은 의대로, 석사와 박사 과정에 200명가량의 학생이 있다. 1917년 이후로 메이요 대학원은 이제 생의학 프로그램에 250명의 석사, 박사 과정 학생을 받고 있다.

레지던트와 펠로십 의사들을 위한 메이요 의과대학원의 교육 학부는 1915년에 미네소타 종합대학의 협조를 받아 개발했던 프로그램에서 생겨났다. 이제는 더 이상 대학과 연계하고 있지 않지만 이 학부에서는 오늘날 280개 과정을 개설해서 2,200명의 레지던트 의사와 임상 펠로 의사들을 교육하고 있다. 메이요 클리닉에서는 한 세기가 넘도록 보건 관련 종사자들에게 학술 교육 과정을 제공하고 있다. 오늘날 메이요 보건학부에서는 보건 관련 직종 34개 강좌에 600명 정도의 학생을 두고 있다. 설계상 메이요 학부에서는 졸업생의 절반가량을 메이요 클리닉에 고용하게끔 되어 있다. 매년 메이요 의학 평생교육 교실은 대략 170개 정도의 단기 교육 과정을 개설해서 비(非)메이요 클리닉 의사 1만 5,500명가량에게 문을 열고 있다.

메이요 형제 그들 자신을 필두로 메이요 클리닉의 의사와 과학자들은 의학 연구를 통해 향상된 진단 도구와 진단 기법, 그리고 더 나은 치료 방법을 개발해왔다. 메이요 클리닉 연구자인 에드워드 켄들 박사Drs. Edward Kendall와 필립 헨치 박사Phillip Hench는 1950년에 코르티손을 발견한 공로로 노벨 의학상을 수상했다. 2007년에 메이요 클리닉의 연간 연구 예산은 4억 9,500만 달러 정도였고, 그중 1억 7,900만 달러는 메이요 클리닉의 기금과 기부금으로 충당했다. 연구 범위는 실험실 기초 과학 연구에서 환자와 직접 관련된 임상 연구 및 인구 통계 역학 연구까지 다양하다. 이런 연구 결과는 처음에 '임상 실험'을 통해 환자 치료에 적용한다.

항시 7,000개가 넘는 연구 기획이 승인을 받고 진행 중에 있으며 메이요 클리닉 의사들 중 80퍼센트 정도가 이 연구에 적극적으로 참여하고 있다.

의료의 성지

살아생전에 메이요 형제와 그 형제의 이름을 딴 클리닉이 국제적으로 이름을 날리게 된 것은 그들의 의학적 공헌과 혁신적인 수술 기법 덕이 컸다. 그들이 죽은 1939년으로부터 70년이 넘게 지난 지금, 의학의 놀라운 발전으로 두 형제가 과학적·기술적으로 기여했던 것들은 이미 새로운 것에 자리를 내어 주었다. 당시에는 그들이 기여한 것들이 놀라웠지만 이제는 그저 역사의 한 페이지를 장식하고 있을 뿐이다. 그러나 메이요 형제는 살아 움직이는 기업을 가장 소중한 유산으로 남겼다. 이 기업은 놀라운 조직을 꾸린 그들의 천재성을 기리는 기념비처럼 남아 있다. 그들이 만들어낸 경영 구조 및 시스템, 그리고 환자 관리의 기본 모델은 아직도 그대로 존재한다. 그 이유는 그저 과거를 그리고 찬양하기 위한 것이 아니라 그것이 눈부신 임상 결과와 조직의 효율성을 낳았고, 환자의 기대를 뛰어넘는 서비스로 환자들의 충성심을 이끌어냈기 때문이다.

1961년에 '사회 연구Social Research'라는 독립 소비자조사기관에서는 진료를 받으러 처음 병원에 내원한 환자들을 대상으로 메이요 클리닉의 이미지에 대해 조사했다. 그들이 메이요 클리닉에 대해서 생각하는 주된 인식은 '정말 크게 아플 때 가는 곳', '최후의 보루', '의료계의 대법원' 등이었다. 보고서의 저자는 이렇게 적었다.

사람들은 메이요 클리닉에 가면 진단도 정확하게 나오고 무슨 수가 생길 것이라 믿고 있다. 사람들은 여기에 오면 의학적 의견이나 진단, 치료 문제로 부딪히던 부분들도 말끔히 정리돼서 해결책이 나올 것이라고 기대한다. 메이요 클리닉이 분명한 해답을 줄 것이라는 믿음은 사람들이 메이요 클리닉에 대해 가지는 이미지에서 가장 두드러지는 부분이다.[3]

1962년에 '사회 연구'는 환자가 아닌 사람들이 메이요 클리닉에 대해 보이는 태도를 연이어 조사했다. 조사 결과에 따르면 사람들은 메이요 클리닉을 중요한 국가 기관으로 여겼다. 그리고 그들 마음속에는 거의 신화적인 존재로 자리 잡고 있었다. 메이요 클리닉은 미국의 의료 기관 중 최고를 상징하는 존재로 우뚝 솟아올랐다. 또 한편으로 어떤 사람들은 일단 메이요 클리닉에서 진단을 받고 나면 아무리 다른 좋은 병원에 가더라도 그 진단을 뒤집지 못할 것이라고 불안해했다. 조사자는 이렇게 적었다. "우리가 대화를 나눴던 환자가 아닌 사람들 사이에서는 적어도 지금까지는 메이요 클리닉에 갈 필요가 없었다는 점에 대한 안도가 묻어 나왔다."[4]

뒤에 소개할 최근의 연구에 따르면 메이요 클리닉은 지금도 의료의 '성지'로 남아 있다. 이 용어는 '사회 연구' 연구자들이 1961년 보고서에서 사용했다.[5] 오늘날에는 예전과 다른 최신 기술을 사용해서 클리닉의 활동을 수행한다. 하지만 메이요 형제 때부터 이어져 온 인간적인 가치관, 임상 모델 및 행정 모델, 그리고 철학적 토대는 새로운 의학 기술 시대를 맞이하고 공공 정책과 보건 재정 및 환자 기대치의 변화에 적응해가는 과정에서도 거의 변하지 않았다.

의료의 핵심을 날카롭게 꿰뚫어 본 형제의 혜안은 여전히 이 조직의 경영 구석구석에 스며 있다.

클리닉 정신

윌리엄 메이요 박사는 그의 인생 말기에 메이요 클리닉이 성공하기 위한 필수적인 3가지 조건을 언급했다.

1. 영리가 아닌 이상적인 서비스를 추구할 것
2. 진심을 다해서 개개 환자의 안녕을 돌보는 일을 최우선에 둘 것
3. 병원 내의 모든 구성원들이 서로의 직업적인 발전에 지속적으로 관심을 가질 것

1975년에 당시 이사회 회장을 맡고 있던 에머슨 워드Emmerson Ward는 네 번째 조건을 달았다.

4. 변화하는 사회의 필요에 맞추어 스스로 변하려는 의지가 있을 것

로버트 뢰슬러Robert Roesler는 37년간 행정을 맡다가 1983년에 메이요 클리닉에서 은퇴했다. 그는 메이요 형제의 활동에 녹아 있었지만 직접 언급된 적은 없다고 생각한 조건 2개를 1984년에 추가했다.

5. 모든 일에 완벽을 기할 것
6. 모든 일을 절대적으로 정직하게 처리할 것[6]

뢰슬러는 이 6가지 조건을 윌리엄 박사가 1919년 메이요 동창회 연

설에서 클리닉이 성공한 이유를 설명하기 위해 언급한 '클리닉 정신'의 일부라고 생각했다.

진료를 받으려고 이곳을 찾아오는 많은 환자들을 볼 때 그들이 찾아오는 이유는 우리가 일을 잘하기 때문이라고 자연스레 생각하게 됩니다. 하지만 그보다 분명 더 심오한 이유가 있습니다. 그 이유를 한 구절로 표현하자면 '클리닉 정신'이라 부를 수 있을 것입니다. 클리닉 정신 속에는 고통받는 사람들을 도우려는 열망, 연구 및 꾸준한 관찰, 다른 사람에게서 얻은 지식을 적용해 의학 교육에서 앞서 나가려는 열망, 그리고 가장 중요한 것으로 이러한 정신으로 피워낸 과학의 불꽃을 타인에게 전해주고픈 열망이 녹아 있습니다.[7]

최근의 연구 결과에 따르면 사람들을 통해 고객과 직접 접촉하는 영업 활동을 하는 회사에는 사회적 이익과 재정적 이익 간에 상관관계가 존재한다.[8] 회사가 재정적인 이익을 올리는 데 필수 요소인 상품 및 서비스 마케팅, 고용 기회 창출 등을 넘어 사회에 어떤 순이익을 남겨주었을 때 그 회사는 사회적 이익을 남겼다고 한다. 재정적 자원과 비재정적 자원(지식 등)을 투자하여 삶의 질을 향상시키는 것도 사회적 이익에 포함된다. 사회적 이익은 이익이 재정적인 것에 국한되지 않는다는 점과, 이익을 공유하는 주체가 조직 외부까지 확장된다는 점을 제외하면 일종의 이익분배Profit sharing에 해당한다.[9]

사회적 이익을 남기는 일은 마음이 관대해야 가능하다. 연구학자들은 관대함이 조직의 성공으로 얻는 결과물이 아니라 조직이 성공하기 위해 투자해야 할 요소라는 점을 배워가고 있다. 그로 말미암아 고객 서비스를 제공하는 인력 등 이해 관계자들의 마음을 얻고 그들의 헌신을 강화할 수 있기 때문이다. 이기심은 서비스에서 사람의 에너지를 갉아먹는 반면, 관대함은 정반대의 긍정적인 효과를 낸다.[10] 이 책에 펼쳐진 서비스 성공 이야기의 밑바탕에는 자신의 의료 행위를 통해 사회적 이익을 만들어 내려던 메이요 형제의 보기 드문 관대함과 헌신이 깔려 있다. 클리닉 정신을 정의하는 데 그 무엇보다도 중요한 요소는 바로 놀라운 관대함이었다. 이 기업의 목적은 단순히 돈을 버는 것과는 한참 거리가 있었다.

5장에서는 호황을 누리던 자신의 병원과 개인 재산 대부분을 1919년에 비영리 자선 단체인 메이요재산관리협회에 기증한 메이요 형제의 이야기가 나온다. 윌리엄 박사는 1931년에 자신과 동생 찰스 박사의 철학에 대해 한 신문기자와 얘기를 나누었다.

1894년 즈음, 저와 동생은 집값도 다 갚았고 우리 병원도 어디 손 벌릴 필요 없이 자력으로 잘 운영되었습니다. 환자들도 계속 찾아왔지요. 우리가 내세운 이론은 잘 맞아 들어가는 것 같았습니다. 임상 케이스에서의 사망률도 만족스러울 정도로 낮은 수치를 보였습니다. 돈이 쌓이기 시작했지요. 우리는 이렇게 많은 돈을 가져도 되는 것일까 생각했습니다.

1894년에 저와 동생은 이를 두고 참 많은 대화를 나누었습니다. 그리고 결론을 내렸지요. 그해에 우리는 수입의 절반을 따로 모아두었습니다. 그 돈에서는 동전 하나도 건들 수 없었습니다. 대체 무슨 건방지고 웃긴 짓거리인가 생각할 수도 있겠지만 사실 전혀 그렇지 않았습니다. 웬일인지 그 돈은 우리에게 성스럽게 느껴졌습니다.

1894년 이후로는 우리 자신이나 가족을 위해 수입을 절반 넘게 써본 적이 없습니다. 동생하고 저는 이제 봉급을 받습니다. 그 봉급은 수입의 절반과 비교하면 턱없이 작지요. 하지만 우리는 그 수입 안에서 생계를 꾸립니다.

우리가 성스러운 돈이라고 불렀던 돈은 우리에게 그 돈을 준 사람들에게 서비스로 되돌아가야 합니다.

우리는 장래가 촉망되는 사람들을 뽑아서 외과 교육을 하려고 애썼습니다. 저와 제 동생은 인간미 넘치는 서비스를 할 사람을 훈련하는 데 관심이 많았죠. 고작 혼자서 뭘 얼마나 할 수 있겠습니까? 하지만 제가 50명, 500명이 넘는 사람을 훈련시킨다면 더 많은 일을 할 수 있을 것입니다. 게다가 배우겠다는 사람들도 많습니다. 거의 300명에 가까운 사람들이 지금 메이요 재단에서 함께하고 있고 대기 명단만 봐도 1,400명이나 됩니다. 그 사람들이 계속해서 일을 해나갈 것입니다.[11]

의료계로부터 배운다

메이요 클리닉처럼 세계적인 기관이긴 하지만 보건의료 기관에 대한 책이 다른 분야의 경영인들에게도 실용적이고 중요한 교훈들을 전해줄 수 있을까? 보건의료 계열은 대다수의 다른 서비스 계열과는 중요한 차이가 있다. 첫째, 보건의료 고객들은 보통 아프거나 다쳐서 심각한 스트레스를 받고 있다. 둘째, 입원 환자들은 서비스 시설에 발을 딛는 것뿐만 아니라 심지어 그 안에서 살아야 한다. 고객의 밤잠까지 재우는 서비스는 거의 없지만 종합병원에서는 가능하다. 셋째, 보건의료 서비스는 어쩔 수 없이 찾는 서비스지, 원해서 찾는 서비스가 아니다. 병에 걸리거나 그럴 가능성이 있는 경우 사람들은 대부분 마지못해 보건의료 서비스 고객이 된다. 고객들이 원하는 것은 외식을 하고 휴가를 즐기고 전화로 수다를 떨고 축구 경기를 보러 가는 것이지, 신체검사를 받고 유방 X-ray 사진을 찍고 수술을 받기를 원하지는 않는다. 넷째, 보건의료 서비스는 본질적으로 프라이버시와 관련될 수밖에 없다. 다른 서비스에서는 서비스에 필요하다면서 사실을 있는 그대로 다 털어놓거나 옷을 벗으라고 요구하지 않는다. 다섯째, 보건의료 고객들은 다른 서비스 고객들보다 훨씬 전인적인 맞춤형 서비스를 요구하는 경우가 많다. 보건의료 서비스는 환자의 특정한 의학적 상태만이 아니라 환자의 나이, 정신 상태, 성격, 기호, 교육 정도, 가족 상황, 경제적 제약 등에 맞추어 제공해야 한다. 병세가 심각할수록 '전인적' 서비스의 필요성이 강조된다. 여섯째, 보건의료 고객들은 이미 가지고 있는 의학적 문제를 넘어 더 심각한 손상을 받을 위험을 감수해야 한다. 진료할 때 오진으로 잘못된 치료를 받을 수도 있다. 잘못된 투약으로 해를 입을 수도 있으며 원내감염의 위험도 있다. 보건의료 서비스를 받는 동안 탈이 날 수 있는 부분은 대단히 많다.[12]

이처럼 보건의료 서비스가 다른 대부분의 서비스와는 다르기 때문에 메이요 클리닉처럼 잘 운영되고 있는 보건의료 기관은 일반 경영인들에게 특히 더 연구 가치가 있다.

보건의료 기관에는 상처를 입었거나 아파서 불안과 두려움에 떠는 고객, 입원하게 되면 자신의 자유 대부분을 포기해야 하는 고객, 서비스가 필요하지만 그 서비스를 무척 겁내는 고객, 생전 처음 만나는 의사 앞에서 자신의 프라이버시를 포기해야 하는 고객 등이 찾아온다. 이런 고객들을 상대하는 기관에서 어떤 것들을 배울 수 있을지 상상해보자. 메이요 클리닉이나 잘 운영되고 있는 다른 보건의료 기관들은 환자라는 특별한 종류의 고객들을 상대하는데도 여전히 좋은 평가를 받고, 환자들에게서 뜨거운 충성심을 얻는다. 이처럼 성공적인 보건의료 기관에는 다른 대부분의 사업 영역에서도 참고할 만한 중요한 교훈들이 있다.

물론 다른 서비스 영역과 보건의료 서비스 사이에는 서로 공통된 특징들도 있다.

1. 서비스를 통해 얻을 수 있는 핵심적인 것은 손에 잡히지 않는 무형의 것이다. 서비스의 가치는 수행의 결과로 생기기 때문에 소비자는 유형의 자산을 얻는 것이 아니라 서비스를 받고 비용을 지불한다.
2. 서비스 수행은 노동집약적이고 기술집약적이기 때문에 서비스 제공자마다 그 내용과 질에 상당한 차이가 생긴다.
3. 서비스를 받으려면 직접 찾아와야 하기 때문에 서비스 제공자와 소비자는 같은 시간, 같은 장소에 함께 있어야 한다.
4. 서비스는 사용하지 않으면 소멸한다. 서비스를 제공할 수 있는 물리적, 인적 자원이 있는데 사용하지 않는다면 그로 인해 만들어낼 수 있는 가치는 사라지고 만다.
5. 서비스에 대한 소비자의 수요는 균등하지 않게 분포되어 있으며 때로는 긴급하다.
6. 소비자의 필요와 기호가 다양하기 때문에 즉각적으로 사용할 수 있는 기

술과 자원을 다양하게 구성해서 준비해놓아야 한다.
7. 신뢰할 수 있는 서비스, 즉 정확하고 의지할 만한 서비스 제공이 필수적이다.
8. 다양한 사람들이 서비스 제공자로 참여해서 고객의 경험을 만들어내기 때문에 그들이 수행하는 서비스들을 서로 조율할 필요가 있다.
9. 서비스 공급체계 안에는 상호 의존적인 부분들이 많아 복잡하다.[13]

여기 나열한 모든 서비스의 특징은 보건의료 계열에도 해당되지만 발전소나 항공사, 식당 같은 서비스 산업에도 부분적으로 혹은 전적으로 똑같이 적용할 수 있다. 보건의료 계열의 경영인이나 의사들은 물론이고 다른 서비스 분야의 경영인들도 마찬가지로 메이요 클리닉에서 지혜를 얻을 수 있을 것이다. 무형의 서비스를 생산하는 조직을 효율적으로 운영하는 것은 대단히 도전적인 일이다. 때문에 리더들은 언제나 다른 서비스 기관으로부터 배울 부분이 있기 마련이다. 이 책에서는 모든 서비스 분야들 중에서도 가장 도전적인 분야에서 최고의 자리를 차지하고 있는 조직으로부터 얻은 통찰과 영감을 함께 나누고자 한다.

메이요 클리닉을 연구하다

우리가 이 책을 쓴 가장 큰 목표는 노동집약적이고 기술집약적인 대단히 복잡한 서비스 기관이 어떻게 그렇게 오랜 기간 잘 운영되었는지, 그리고 거기서 얻은 교훈을 보건의료 안팎의 다른 기관들에 어떻게 적용할 수 있을지를 명확하게 설명하는 것이다. 이런 목표를 달성하기 위해 우리는 먼저 이 조직을 깊이 이해할 필요가 있었다. 그러나 피상적인 이해로는 부족했다. 읽을 만한 책을 쓰기 위해서는 직원들은 물론 환자에 이르기까지 메이요 클리닉을 몸소 겪어 잘 아는 다양한 사람들의 이야기에 귀 기울일 필요가 있었다. 또한 메이요 클리닉을 제대로 알기 위해서 우리가 직접 경험해보기로 했다. 우리는 클리닉의 '소리'에 귀 기울이고 그들이 어떻게 처신하는지 관찰했다. 그리고 메이요 클리닉에서 서비스를 제공하고 다른 한편으로는 서비스를 받는 느낌이란 어떤 것인지를 느껴보았다. 또한 관찰과 사료 조사를 통한 연구에 덧붙여 좀 더 통상적인 개인 면담과 조사 연구를 혼합했다.

우리는 이 보수적이고 조용한 사기관을 내면 깊숙이 살펴보고 그 기관이 어떻게, 그리고 왜 그렇게 서비스를 제공하는지 배울 수 있는 기회와 요인들을 잘 활용한 덕분에 이 연구를 마칠 수 있었다. 그 요인 중 하나는 내가 안식년 연구로 2001~2002학년도에 메이요 클리닉의 서비스 문화와 시스템을 연구한 것이다. 그리고 또 다른 하나는 켄트 셀트먼Kent Seltman이 메이요 클리닉에서 은퇴할 날이 임박했던 것이다. 그는 1992년에서 2006년까지 마케팅 이사로 근무했으며 메이요 클리닉의 환자, 직원, 보건의료 시장에 대한 연구를 이끌고 감독했다. 우리는 서로 협동해서 이 프로젝트를 진행함으로써 외부인의 관점과 내부인의 관점 양쪽에서 메이요 클리닉을 볼 수 있었다.

셋째 요인은 메이요 클리닉의 협조로 경영진과 직원들이 인터뷰에 응해주었으며, 병원 측이 소유하고 있는 연구 자료들을 이 책에 사용할 수 있게 허락해준 점이었다. 이 책의 내용들은 메이요 클리닉의 이해관계와 엄격한 선을 긋고 있다. 클리닉 측에서는 이 책의 내용에 대해 어떠한 영향력도 행사할 수 없었다. 그런데도 비밀스럽기로 악명 높은 이 조직은 우리가 자유롭게 접근할 수 있게 허용해주었다.

넷째 요인은 메이요 클리닉을 '넓은 틀'로 바라보았던 사람들, 즉 은퇴한 메이요 클리닉의 최고경영책임자와 서로 다른 시기에 직을 맡았던 고위 행정가들을 만나볼 수 있었다는 점이다. 그들은 날카로운 통찰력으로 우리가 그냥 지나쳤을지도 모를 부분들을 지적해주었다. 독자들은 앞으로 이어지는 장에서 이들과 전·현직의 다른 많은 메이요 클리닉 직원들을 만나볼 수 있을 것이다. 클리닉 입장에서는 이 책의 내용에 대해 영향력을 행사할 수 없지만 정확성을 기하기 위해 이들에게 초고를 검토해줄 것을 요청했다.

우리는 두 단계로 주요 연구를 시행했다. 안식년 연구는 이 책을 쓰기로 결정 내리는 데 든든한 뒷받침이 되어주었다. 연구 주제는 환자, 의료진(의사 및 간호사), 비의료직 직원(보건 관련 종사자 및 행정 인력)의 관점에서 '이상적인 서비스를 체험한다는 것이란 무엇인가'라는 것이었다. 연구는 메이요 클리닉 미네소타 캠퍼스와 애리조나 캠퍼스에서 시행했다. 이 연구에는 여기 나열한 그룹에서 뽑은 1,000명가량의 사람과 인터뷰한 내용도 포함되었다. 또한 검사실과 병실에서 의료진과 환자 사이에 어떤 상호 작용이 일어나는지 개인적으로 관찰한 내용도 수백 건 들어 있다. 안식년 연구 중에는 연구를 위해 수많은 수술을 관찰하고 세인트메리스 종합병원에서 환자가 되어 머물러 보기도 했다. 또 응급 구조 헬기인 '메이요 원Mayo One'을 타고 날아보기도 했다. 연구는 다양한 형태의 외래 환자 및 입원 환자 서비스를 관찰하고 병의 경중에 따라 다양한 수준을 대변할 수 있도록 선별한 다음의 14개 과를 대상으로 삼아 집중적으로 시행했다. 그것은 심장내과, 심장외과, 피부과, 응급의학과, 내분비내과, 종합검진실, 가정의학과, 위장관내과, 방사선종양학과, 신경과, 정형외과, 이식외과, 흉부외과, 비뇨기과 등이다.

외부 연구자가 의료를 전공하지 않은 사람 눈에도 높은 명성이 어울리는 모범적 의료 기관 내부로 들어가 그 서비스 문화와 시스템을 연구하고, 보물 같은 지식을 한 아름 안고 나올 기회를 얻기란 쉽지 않다. 또한 연구를 통해서 개선의 여지가 남아 있는 부분도 찾을 수 있었다. 이런 점은 메이요 클리닉 경영진과 공유했고 적용 가능한 부분이라면 이 책에서도 함께 그 방법을 나누고 있다.

둘째 연구 단계는 이 책을 쓰기 위해 특별히 시행한 것이다. 켄트 셀트먼은 최고경영책임자, 임상 및 행정 리더, 의사, 간호사 등 전·현직 직원들과 10여 건의 심도 깊은 인터뷰를 진행했다. 인터뷰는 보통 한 시간가량 진행됐다. 집필을 시작하기 전에 이 책의 주제와 구조를 설정하는데 도움이 되도록 이미 예비 인터뷰를 많이 진행해두었다. 그와 더불어 특정 장의 주제에 대한 집중 인터뷰는 집필 도중에 진행됐다. 일부 응답자들은 여러 번 인터뷰했다. 인터뷰는 모두 필사筆寫했다.

또한 우리 주제와 연관된 병원 측 연구 자료를 참고하였으며 문헌기록실에서 제공하는 역사 자료를 이용했다. 그리고 우리의 견해와 결론을 지지하기 위해 관련 비즈니스 출판물을 참고했다.

이 책은 실제 조직과 실제 사람들에 대한 이야기를 담고 있다. 환자를 제외하고는 실명을 그대로 사용했다. 출처가 나와 있지 않은 인용문은 1단계나 2단계 조사 기간 중의 인터뷰에서 직접 이야기한 내용을 옮긴 것들이다. 출판하기에 앞서 인터뷰 내용을 당사자들에게 보여주고 인용한 내용이 정확한지 확인하도록 했다. 그리고 그들에게 자신이 언급한 내용을 더 분명히 밝히고 자세히 설명할 기회도 주었다.

전통적 방식으로 진보하다

노동집약적인 서비스 기관은 시간이 지나면서 점점 효율성이 떨어진다는 공통점이 있다. 점차 관료화되고 규칙에 얽매인다. 또한 유연성과 기민성이 떨어지고 열정도 식는다. 서비스 기관이 얼마나 훌륭하게 유지될지 여부는 서비스를 수행하는 사람이 얼마나 헌신적이고 열정적으로 일하는가에 달려 있다. 하지만 자발적으로 나서서 조금이라도 일을 더 하려던 정열이 식어버리는 경우가 너무도 많다. 그 결과 한때는 성공적이고 전도유망하던 기업도 쇠퇴하고 만다.

서비스 기관은 더 이상 젊지 않을 때도 젊게 행동하는 법을 배워야 한다. 그런 면에서 메이요 클리닉은 훌륭한 서비스를 유지하는 방법에 대해 배울 수 있는 풍부한 사례가 모여 있는 연구 대상이다. 메이요 클리닉은 그들만의 가치관과 경영 시스템을 고수하며 그들의 환자 관리 모델을 실천한다. 또한 시간의 흐름과 성공, 명예에 흔들리거나 안주하지 않고 새로운 의학 지식을 창조하고 받아들이며 전통적 방식으로 진보하고 있다. 메이요 클리닉은 오랫동안 살아남아 수백만 명의 환자들을 이롭게 했고, 앞으로도 그럴 것이다. 우리가 이 책을 쓴 이유는 또 다른 영역의 사람들에게 도움을 주기 위해서다. 바로 자기 조직의 서비스를 개선하고, 세월이 흘러도 조직을 지속적으로 발전시키기 원하는 경영인과 서비스 제공자들 말이다. 사람은 나이가 들면 노쇠할 수밖에 없다. 하지만 조직은 그럴 필요가 없다. 조직은 더 나아질 수도 있는 것이다.

이 책의 큰 흐름은 다음과 같다. 우선 클리닉의 핵심 가치와 핵심 전략을 살펴보고, 그 가치와 전략을 어떻게 실천에 옮기고 유지하는지를 알아볼 것이다. 역사적 사건과 관점들은 메이요 클리닉의 현재 모습과 서로 맞물려 있다. 풍부한 이야기와 인용문을 통해 우리가 나타내고자 하는 바를 분명히 드러내도록 하겠다. 각 장의 주제들은 '경영인을 위한 핵심 전략'에 추려 놓았다. 모든 장은 앞 장의 내용을 토대로 진행되므로 차례대로 읽기를 당부한다. 건너뛰는 부분이 있다면 메이요 클리닉의 서비스 미학의 중요한 조각을 잃는 셈이다.

1895년에 윌리엄 메이요 박사는 미네소타 주립대학 의학부 졸업반을 상대로 진료에서 꼼꼼함이 얼마나 중요한지에 대해 연설했다.

다른 무엇보다도 진단에서 세심한 검사가 얼마나 중요한지를 여러분께 강조하고 싶습니다. 제가 경험한 바에 따르면 대중은 진단에서의 실수보다 치료에서의 실수에 좀 더 관대했습니다. 저는 진단에 실패하는 가장 큰 이유가 체계 없이 서둘러 검사하기 때문이라고 생각합니다. 스스로에게 성급한 결론을 내리지 않고 매 경우마다 편견 없이 꼼꼼하고 세심하게 신체검사를 하겠다고 다짐하십시오. 그러면 여러분의 정확한 진단 결과는 보장된 것입니다.[14]

우리는 연구를 하고 이 책을 쓰는 과정에서 메이요 클리닉이 지속적으로 훌륭한 서비스를 제공할 수 있도록 지탱하는 것이 무엇인지 세심하게 검사하고 해석하기 위해 노력을 아끼지 않았다. 이 이야기들은 의료가 아닌 다른 조직에도 적용할 수 있는 가치 있는 경영 원리를 가르쳐 준다. 이 책을 펼친 것을 환영한다. 아무쪼록 이 여행을 즐기고 가치 있는 교훈을 얻어갈 수 있기를 바란다.

CHAPTER 2
환자 우선의 전통을 지킨다

정말 감사하다는 말을 천만 번 한다고 해도 이 감사한 마음을 다 전할 수 있을지 모르겠습니다. 제 아내가 얼마 전 수술을 받으려고 입원해 있을 때 의사, 간호사, 직원 여러분들 모두 얼마나 잘해주셨는지요.

제 입장에서 생각해볼 때 메이요 클리닉이 제가 지금까지 보았던 다른 어떤 의료 기관보다도 독특하고 뛰어나다고 느끼게 해주는 특징이 3가지 있었습니다. 첫째, 모든 수준에서 학술적으로 대단히 뛰어나고 직업 정신도 투철하다는 점입니다. 둘째, 각각의 환자를 돌볼 때 팀을 이루어 일한다는 점입니다. 각각의 의사, 간호사, 직원들 모두 개개 환자의 진단과 치료, 회복에 기여하지요. 그리고 마지막으로 저희에게 특별히 중요하게 느껴진 점은 행동과 태도에서 환자 우선의 개념을 제일 앞에 놓은 그들의 모범적인 태도였습니다.

우리는 로체스터로 오기 전에 한 외과의사를 찾아갔습니다. 적어도 신문에서는 그 분야에서 세계 최고의 전문가라고 일컫는 사람이었죠. 우리는 그를 만나기를 고대했습니다. 아내는 그에게 물어볼 수 있는 것은 빠짐없이 물어보려고 질문 목록도 준비했습니다. 그 의사가 견장에 '환자 우선'이라는 라벨을 붙이고 방에 들어오는 것을 보고 우리는 아주 흥분했습니다. 그러나 아내가 첫 질문을 던지자마자 그는 마치 그 질문에 전부 답해주려면 전 세계에서 그를 보러 모여든 많은 환자들과 만날 시간을 다 뺏기고 말 거라는 듯한 반응을 보였습니다.

하지만 메이요 클리닉은 완전히 딴판이었죠. 메이요 클리닉에서는 '환자 우선'이 그저 단순한 라벨 글귀가 아니었습니다. 그것은 그들의 생활 방식이었습니다.[1]

메이요 클리닉에 보낼 이 감사의 편지를 썼을 때 남편이나 그의 아내는 모두 이 편지가 메이요 클리닉의 최우선 가치를 강조하고 있다는 사실을 깨닫지 못했을 것이다. 그 가치는 바로 '환자의 필요를 최우선으로 The needs of the patient come first'라는 것이다. 외과의사 옷에 붙어 있던 라벨은 역설적이게도 그 환자가 의료 관계자들에게 진정으로 원했던 것이 무엇이었는지를 보여준다. 실제로는 라벨에 적힌 약속이 지켜지지 않자 그녀의 실망감은 더 커졌다. 그녀는 친구들에게 그 일을 얘기했다. 그러자 친구들 중 한 사람이 "그럼 메이요 클리닉으로 가보는 게 좋을 것 같아."라고 권했다. 그녀는 그 충고에 따랐다. 그리고 메이요 클리닉에서는 '환자를 우선한다는 말이 그냥 구호에 그치지 않는다는 것'을 직접 겪어 알게 되었다.

메이요 클리닉 로체스터 캠퍼스 최고경영책임자인 글렌 포브스Glenn Forbes 박사는 이렇게 말한다. "만약 당신이 어떤 가치에 대해서 얘기하고는 그것을 실천에 옮겨 정책과 결정 과정에 반영하고 거기에 재원을 할당해서 조직의 문화로 심어놓지 않는다면, 그것은 그저 말뿐으로만 그치고 말 겁니다." 또한 다음과 같이 덧붙였다.

메이요 클리닉을 다른 곳과 다르게 만드는 것은 우리가 처음부터 강조해온 '환자의 필요를 최우선으로'라는 가치입니다. 수 세대에 걸쳐서 어떤 정책을 개발할지 고민할 때 우리는 환자에게 필요한 것이 무엇인지를 계속 염두에 두었습니다. 우리 조직과 경영 구조를 어떤 틀로 짤지 고민할 때도 항상 그것을 생각했습니다. 그리고 사람을 뽑을 때도 마찬가지였습니다. 경영과 운영 전반에서 그것을 광범위하게 고려해왔기 때문에 이제는 완전히 우리 문화의 일부로 녹아든 것이죠. 그래서 우리가 어떤 안건을 제출했다면 그것은 그저 누군가가 지난주에 생각해낸 마케팅 문구를 피상적으로 흉내 낸 것이 아닙니다. 그것은 우리 조직에 천 조각의 날실과 씨실처럼 깊숙이 얽혀 있죠. 우리가 다른 점은 바로 그것입니다.

100년 전통의 메이요 클리닉 브랜드는 조직 전체에 퍼져 있는 핵심 가치관의 바탕 위에 쌓아 올린 것이다. 이 장의 주제인 '환자의 필요를 최우선으로'는 그중에서도 가장 으뜸가는 가치다. 환자 관리나 조직 지도부 활동에서 강조되는 팀워크, 효율적인 시간 관리 등 다른 중요한 가치에 대해서는 뒤에 나오는 장에서 다루도록 하겠다. 이 가치관은 메이요 클리닉 접수창구에서 이사회까지 모든 부분에서 어떤 결정을 내리고 어떻게 행동할지 안내하는 역할을 한다. 또한 환자를 돌볼 때 의학적, 윤리적으로 어떻게 결정을 내리고 어떤 서비스를 제공할지 결정하는 지침 역할도 한다. 이 가치관은 클리닉의 운영과 사업 전략뿐만 아니라 환자와 직원들 사이의 인간관계에도 깊숙이 침투해 있다. 그리고 조직의 확고한 운영 기반을 마련함으로써 조직을 유지시켜 준다.

이 장에서는 '환자의 필요를 최우선으로'라는 가치가 창립자들의 삶 속에 녹아 있던 것처럼 오늘날의 메이요 클리닉 직원들의 삶 속에도 어떻게 녹아 있는지 알아볼 것이다. 환자 중심의 가치, 그리고 그것을 지탱해주는 관련 가치들을 유지하는 것은 메이요 클리닉의 경영에서 가장 중요한 부분이다. 그것은 과거와 현재, 그리고 미래에도 언제나 그럴 것이다. 우리는 이 핵심 가치가 어떻게 클리닉의 문화로 자리 잡게 되었으며, 이 기관이 어떻게 그것을 지지하고 강조하고 유지해 나가는지 살펴볼 것이다. 또한 그 가치가 어떻게 직원들에게 힘을 주고 환자들과 그들을 사랑하는 사람들의 공감을 얻어내는지, 그리고 어떻게 사회의 변화와 보조를 맞추어 가는지 자세히 살펴보도록 하겠다.

살아 숨 쉬는 가치

메이요 클리닉이 오랫동안 성공을 유지할 수 있었던 것은 '환자의 필요를 최우선으로'라는 핵심 가치의 공이 컸다. 그것은 메이요 클리닉의 주요 고객인 환자와 그 가족들, 의뢰하는 의사들, 그리고 미국에서 보건의료 비용의 상당 부분을 지불하는 고용주 및 보험 회사와 중요한 관련이 있다. 하지만 이 가치는 의사, 간호사, 의료 기술자, 다른 지원 팀 직원 등 4만 2,000명이 넘는 메이요 클리닉 고용인들에게도 마찬가지로 무척 중요한 것이다. 환자를 돌보는 사람들은 환자에게 최선을 다해 봉사함으로써 보람을 느낀다. 환자와 그 가족들에게 제공되는 노동집약적인 서비스를 통해 직원들이 함께 힘을 모아 빚어내는 인간적 체험 속에서 가치는 매일 새롭게 되살아난다.

메이요 클리닉의 다른 많은 것들과 마찬가지로 그 가치들은 협력을 통해 드러난다. 최초이자 가장 중요했던 협력은 메이요 집안의 세 의사들, 즉 윌리엄 워렐 메이요와 그의 두 아들인 윌리엄 제임스William James와 찰스 호레이스Charles Horace, 그리고 세인트메리스 종합병원을 세우고 운영한 성 프란체스코 수도회 수녀들 사이에서 이루어졌다. 성 프란체스코 수도회와의 협력은 미네소타 로체스터를 완전히 황폐화시킨 치명적인 토네이도가 지나간 후인 1883년에 시작됐다. 윌리엄 워렐 메이요 박사는 심각하게 다친 사람들을 치료하기 위해 마을에서 학교를 운영하던 성 프란체스코 수도회 수녀들에게 도움을 청했다. 일단 급한 위기를 넘기자 알프레드 수녀원장은 수녀들에게 로체스터에 종합병원을 세우자는 제안을 했다. 당시 사람들에게 종합병원은 죽으러 가는 곳이라는 통념이 강했다. 게다가 메이요 박사는 로체스터가 종합병원을 유지하기에 너무 좁다고 생각했기 때문에 처음에는 부정적이었다. 하지만 알프레드 수녀원장은 자기 생각을 고집했고, 결국 메이요 박사는 수도회의 종합병원을 이용하는 데 동의했다(우리나라는 병원에서 병실을 직접 운영하거나 병실이 없는 경우 입원이 필요한 환자를 상급 기관에 의뢰한다. 이와는 달리 미국에서는 일반 병원에서 병실을 직접 운영하지 않고, 필요한 경우 외부 종합병원의 병실을 이용하여 환자를 입원시키고 관리한다-옮긴이). 세인트메리스 종합병원은 1888년에 개원했다.[2]

협력 관계로 발전하면서 메이요 집안 의사들은 수녀들과 자신들의 가치관이 많은 부분 겹친다는 것을 알게 되었다. 의사들과 수녀들 모두 개개 환자의 필요에 집중하고 있었다. 성 프란체스코 공동체 회원이자 오늘날 세인트메리스 종합병원의 성 프란체스코 후원회 행정직을 맡고 있는 메리 엘리엇 크로울리Mary Eliot Crowley 수녀는 이렇게 설명한다. "메이요 박사는 환자와 그 환자의 질병에 초점을 맞추었고, 성 프란체스코 수녀들은 환자의 몸과 영혼을 돌보는 일에 초점을 맞추었습니다." 또한 그들은 가난하고 힘없는 자들을 염려하는 마음에서도 서로 잘 맞았다.

오늘날 브랜드를 이끌어 가는 가치관은 메이요 클리닉의 창립자인 윌리엄 메이요 박사와 찰스 메이요 박사가 의사로 활동한 20년 동안 정립한 것이다. 이 가치관은 수천 명의 환자들을 돌보았던 경험을 되돌아보는 과정에서 우러나왔다. 또한 두 형제의 아버지와 성 프란체스코 수녀들, 그리고 동료 의사들과 조직의 전체 직원들 모두가 이제는 메이요 클리닉의 본질이 된 가치관을 정립하는 데 크나큰 기여를 했다.

윌리엄 J. 메이요 박사는 1910년에 러시 의과대학Rush Medical College 졸업식 연설에서 이 가치관에 대해 감동적인 언어로 분명하게 표현했다. "우리의 유일한 관심사는 환자에게 가장 이로운 것이 무엇인지 알아내는 것이어야 합니다. 또한 환자들이 날로 발전하는 의학 지식의 혜택을 받게 하려면 힘을 합쳐야 합니다. (중략) 의학을 협동의 과학으로 발전시킬 필요가 생긴 것입니다."[3]

상호 보완적인 2개의 가치를 언급하고 있는 이 말은 그 이후로 각 세대를 거치면서 메이요 클리닉의 모습을 다듬어 왔다. 오늘날 메이요 클리닉이 '환자의 필요를 최우선으로'를 핵심 가치로 선언한 것은 분명이 말에서 유래된 것이다. 메이요 박사의 말처럼 환자의 필요를 충족하기 위해서는 환자 관리를 담당하고 지원하는 직원들 간에 협력과 팀워크가 있어야 한다.

다른 분야의 경영자들은 '환자의 필요를 최우선으로'라는 인간적인 가치를 중심으로 기업 내부의 공감대를 형성하는 것은 소매점이나 금융업, 식객업 등 상업적 동기로 움직이는 서비스 영역보다는 보건의료 기관에서나 어울릴 법한 것이라 생각할 수도 있다. 하지만 이 장 첫머리에서 밝혔듯이 환자의 필요에 계속해서 초점을 맞추는 일은 보건의료 분야에만 필요한 것이 아니다. 성공은 저절로 따라오는 것이 아니기 때문이다. 편지에 나와 있는 환자의 경험을 살펴보면 메이요 클리닉에 오기 전에 이름 있는 의료 기관 네 곳을 들렀지만 그녀의 얘기에 귀 기울여 듣는 곳은 아무 데도 없었다. 하지만 메이요 클리닉에서는 간호사가 장장 45분에 걸친 환자의 긴 이야기를 경청했다. 그리고 그 환자를 만난 위장관내과 의사도 다시 충분한 시간을 할애해 이야기를 들어주었다. 간호사와 의사는 그 자세한 이야기를 참고해서 근본 문제가 무엇인지 다양한 가능성을 추론해냈다. 이렇게 추론한 내용을 염두에 두면서 의사는 문제의 근원을 파악하기 위해 의학 검사를 지시했고, 결국 수술을 통해 문제를 해결하기로 결론 내렸다. 이 환자의 입장에서 볼 때 메이요 클리닉의 환자 중심 접근 방법은 다른 곳에서는 찾아보기 힘든 것이었다.

미국에서 보건의료 정책 입안과 집행에 대해 사회적·정치적으로 불안이 야기되는 근본 원인은 환자 중심의 보건의료가 결여되어 있기 때문인지도 모른다. 2007년 2월에 〈뉴욕타임스〉는 뉴욕주 보건국

장을 맡고 있는 리처드 F. 다이안Richard F. Daine이 뉴욕주의 의료 시스템을 '환자 중심이 아니라 지불 주체 중심의 의료 체계'로 인식하고 있다고 보도했다. 다이안은 이렇게 주장했다. "주정부는 환자에게 가장 좋은 것이 무엇인지에 초점을 맞춰 노력해야 합니다. 우리는 해당 기관들이 환자의 반대편에서 겉돌지 않고 환자들 편에서 일하도록 만들 것입니다."[16]

물론 보건의료 분야에 종사하는 수천 명의 전문 직업인들은 무엇보다도 환자를 최우선으로 한다. 이런 기준에 맞추려고 애쓰는 기관은 비단 메이요 클리닉만이 아니다. 게다가 메이요 클리닉 역시 어떤 환자들에 대해서는 서비스가 미흡한 경우도 있다. 이것은 경영진이 나서서 해결해야 할 문제이다. 그러나 메이요 클리닉의 브랜드 조사 결과를 보면 메이요 클리닉 환자들 중 90퍼센트가 넘는 사람들이 자기 친구와 가족들에게 메이요 클리닉의 '좋은 점'에 대해 얘기한다고 한다.

100년 전통의 브랜드는 처음에는 입소문에서 시작되었다. 그리고 이제는 환자를 우선하는 메이요 클리닉의 임상 서비스를 직접 체험한 수백만 명의 이야기가 사람들 입에 오르내리면서 만들어지고 있다. 사람들이 메이요 클리닉에 대해 좋은 얘기를 하는 이유는 그곳에 가면 다른 병원과 차별되는 특별한 경험을 할 수 있기 때문이다. 메이요 클리닉이 그렇게 오랜 시간 동안 약해지지 않고 살아남을 수 있었던 핵심적인 이유는 바로 가치의 보존 덕분이었다. 이 브랜드는 최고경영책임자가 11명 바뀌고, 의사들과 보건 관련 종사자들이 수 세대에 걸쳐 바뀌는 과정에서도 살아남았다. 이 모든 것이 클리닉의 으뜸 가치를 지키고 그에 따라 최선을 다한 것에서부터 시작되었다.

환자 중심 문화

메이요 클리닉을 찾아온 환자나 방문객 중에서는 환자 중심 서비스를 체험한 후에 대체 어떤 교육 과정을 운영하는지 궁금해져 의사 리더나 행정 경영자들을 찾아와 묻는 경우가 종종 있다. 어떤 사람은 그 교육 과정 담당자를 자기 회사에 불러서 교육을 맡기고 싶다고 말하기도 한다. 그러나 모든 직원들이 필수적으로 거치는 그런 만능 교육 코스는 없다. 설사 그런 교육 과정이 있다고 해도 다른 기관에서는 같은 효과를 내기가 힘들 것이다. 어떤 사람들은 클리닉이 세워진 미네소타 동남부에 정착한 북유럽 농부들이 만들어낸 농경 문화의 직업윤리가 환자 중심의 서비스가 자라나게 된 배경이었다고 결론 내리기도 한다. 사실 로체스터 직원들 중 상당수가 아직 농장에 살고, 농사일에서 벗어난 지 한두 세대밖에 지나지 않은 사람들이 더 많다. '친절한 미네소타Minnesota nice'라는 말도 있듯이 미네소타 사람들이 인간성 좋기로 소문 나 있는 것도 사실이다. 하지만 이것으로는 메이요 클리닉의 플로리다 잭슨빌 캠퍼스와 애리조나 스코츠데일/피닉스 캠퍼스가 환자 만족도 평가에서 로체스터와 같은 점수를 받는 이유를 설명할 수 없다. 환자 중심의 서비스는 이 지역에도 존재한다.

'환자의 필요를 최우선으로'라는 가치는 날실과 씨실처럼 메이요 클리닉의 문화 속에 짜여 있다. 그렇지 않았다면 클리닉은 오늘날까지 살아남지 못했을 것이다. 그 비밀은 교육 과정이나 학습 프로그램도 아니고, 전략적 목표나 점수 평가 제도도 아니다. 뒷장에서 계속 다루겠지만 메이요 클리닉은 서비스 체계나 진행 절차, 진료 공간과 공공장소의 설계, 고정급 제도, 집단 진료 등 이 모든 것에 핵심 가치를 발현한다. 또한 핵심 가치를 그저 반영할 뿐만 아니라 다시 강화한다. 전략적 계획 및 모든 중요한 운영 전략과 전술은 '환자의 필요를 최우선으로'라는 가치를 중심으로 돌아간다. 이 핵심 가치는 클리닉의 존재 이유를 정의 내림으로써 조직이 나아갈 방향을 제시한다.

환자 중심의 가치를 가르치는 전담 교육 과정을 따로 두지는 않지만 리더들은 교육 프로그램에서 자주 이 주제를 언급한다. 예를 들면, 신입 직원 오리엔테이션 프로그램에서도 이 가치를 강조한다. 잭슨빌의 최고행정책임자인 로버트 F. 브리검Robert F. Brigham은 이렇게 말한다. "저는 오리엔테이션 때 늘 그 주제에 대한 이야기를 꺼내면서 말을 시작합니다. 때문에 신입 직원은 가장 먼저 그 이야기를 듣게 되죠."

오리엔테이션이 시작하면 로체스터 직원들은 가치를 강조하는 '메이요의 유산'이라는 영화를 본다. 그리고 뒤에 이어지는 발표 내용에서도 이 메시지는 계속 반복된다. 로체스터 캠퍼스에서는 3개월 차, 4개월 차, 1년 차에 추가적으로 오리엔테이션을 실시해서 가치를 다시 한 번 강조한다. 때문에 몇 달, 몇 년이 지나면 오리엔테이션의 자세한 내용은 모두 희미해지거나 잊히지만 최우선 가치만큼은 기억에 남는다. 직원들은 일상의 직장 생활 속에서 그 가치를 경험하고 몸소 실천하기 때문에 "환자가 가장 우선이다."라는 것을 안다. 대부분의 직원은 '환자의 필요를 최우선으로'라는 가치 선언문을 암기하고 있다. 이것을 '사명 선언' 혹은 '핵심 전략'이라고 부를 수도 있겠지만 그 메시지는 사람들 내면 깊숙이 각인되어 있다.

하지만 메이요 경영진은 점차 이런 문화적 적응 과정만으로는 완전히 만족할 수 없다고 생각하기 시작했다. 특히 새로운 의사들을 식구로 받아들일 때는 더욱 그랬다. 그래서 최근에 의사를 위한 커뮤니케이션 교육 과정을 신설했다. 로체스터 교육 과정의 리더 중 한 사람인 다니엘 L. 헐리 박사Daniel L. Hurley에 따르면, 이 교육 과정은 캠퍼스별로 조금 차이가 나지만 공통적으로 '의사와 환자 간에 개인적 인간관계를 개선하기 위해 커뮤니케이션을 강조'한다. 잭슨빌 캠퍼스에서는 새로 고용된 사람뿐만 아니라 모든 의사들이 이 교육 과정에 참가한다. 이미 환자의 만족도 점수는 높지만 잭슨빌 질-안전-서비스 운영위원회 회장인 윌리엄 J. 메이플스William J. Maples는 여기서 만족하지 못한다. "우리는 더 잘할 수 있습니다."

특히 교육 과정은 의사들에게 환자가 처음 꺼내는 말에 끼어들지 말고 끝까지 다 들으라고 가르친다. 그리고 말이 끝나면 "혹시 더 하실 말씀은 없으신가요?"라고 물어서 환자가 중요한 정보나 관련 사항을 감추고 있는 것은 없는지 확인해야 한다. 메이플스 박사는 이렇게 결론 내렸다. "환자들의 만족도 점수가 높아지고 있습니다. 이 교육 과정이 큰 효과를 보고 있다고 생각합니다." 2006년에 잭슨빌 경영진은 모든 인력이 환자·직원 간 커뮤니케이션 교육 과정에 참가하도록 결정을 내렸다.

하지만 이런 교육 혁신안도 그 메시지가 메이요 클리닉의 문화와 이질적으로 느껴졌다면 결국 성공하지 못했을 것이다. 명예 행정가인 제인 캠피온Jane Campion은 그것을 이렇게 표현했다. "만약 누군가가 메이요의 가치에 헌신하게 되면 메이요는 그 사람 DNA의 일부가 됩니다."

화학 교수들은 원소주기율표를 배운 기억이 희미하겠지만 거의 대부분은 그것을 완벽하게 알고 있다. 대학이나 대학원 과정 모두 원소

주기율표를 외우라고 요구한 적은 없다. 하지만 일단 화학의 원리를 알고 나면 자연히 주기율표를 알게 된다. 그와 유사하게 누군가가 어떻게 하면 메이요 클리닉의 직원이 되는지를 이해하면 그 가치는 내면에 새겨지고 자연스레 그 가치를 알게 된다. 가치는 주입식으로 집어넣는 것이 아니라 조직 문화 속에 녹아 자연스럽게 전달되는 것이다.

가치를 지켜나간다

메이요 클리닉은 자신의 가치와 문화, 기대치를 메이요 클리닉 환자 관리 모델이라는 문건을 통해서 체계화했다. 이 문건은 모든 직원에게 배포된다. 1998년이 되어서야 공식적으로 채택되었지만 이 문건은 메이요 클리닉이 지금까지 어떻게 기능해왔는지 그 본질을 잘 반영하고 있다.

메이요 클리닉 환자 관리 모델

메이요 클리닉 환자 관리 모델은 다전공 통합 학술 기관에서 제공하는 따듯한 양질의 진료로 정의할 수 있다. 환자의 필요를 해결하는 것을 으뜸 목표로 삼고, 병원이 지속적으로 발전해가는 과정에서 다음의 핵심 요소들을 실천하여 그 목표를 이루도록 한다.

환자 관리
- 협조적, 협력적 팀워크를 통해 다전공 통합 진료를 한다. 전문의로 구성된 팀을 언제든 준비해서 적절히 활용한다.

- 충분한 시간을 들여 환자의 말에 귀를 기울이고 서둘러 진찰하지 않는다.
- 의사는 지역 의사들과의 협력 아래 환자 관리를 책임진다.
- 배려와 신뢰로 최고의 진료를 제공한다.
- 환자와 가족, 그리고 환자를 담당하는 지역 의사를 존중한다.
- 시기적절하고 효율적인 평가와 치료를 통해 포괄적으로 평가한다.
- 최신의 혁신적인 진단과 치료 기술 및 기법을 사용할 수 있어야 한다.

메이요 클리닉의 환경
- 메이요 문화 속에서 육성되고, 기여한 만큼 평가받는 최고 수준의 직원
- 강한 윤리 의식과 전문성을 가지고 메이요 클리닉에 헌신하는 소중한 전문 보건의료 종사자
- 연구와 교육의 학문적 풍토
- 뛰어난 통솔력을 가진 의사
- 외래 환자와 입원 환자 관리 서비스를 모두 지원하는 통합진료기록부
- 진료의 양이 아니라 질에 초점을 맞추는 임금 체계
- 메이요 클리닉만의 복장 및 예절과 시설

창립 이후 지금까지 대부분의 기간 동안 창립자와는 한두 다리만 건너면 연결되는 사람들이 많았다. 메이요 클리닉 체계 및 절차 담당 부서의 초기 리더였던 리처드 W. 클리러만Richard W. Cleeremans은 1950년에 메이요에 들어와서 1992년에 은퇴했다. 그는 이렇게 말한다. "저는 예수는 잘 몰라도 그 열두 제자는 잘 아는 사이인 셈이죠." 그는 메이요 형제는 잘 알지 못했지만 그 형제가 뽑아서 훈련시킨 사람들과

일했다. 윌리엄 박사와 찰스 박사의 아이들도 잘 알았다. 클리러만에게 있어서 메이요 형제가 남긴 족적은 손에 잡힐 듯 가까웠다. 하지만 1990년대 후반에 들어 메이요 클리닉의 1세대나 2세대 사람들과 접촉했던 이들 중에 기관의 활동에 적극적으로 관여하고 있는 사람은 거의 없었다. 더욱이 1980년대 중반부터 클리닉은 중요한 성장기로 접어들었다. 잭슨빌과 스코츠데일로 확장하기 전 1985년도에 메이요 클리닉에서 일하는 사람은 의사 832명을 포함해 총 8,159명이었다. 그러나 1997년에 이사회는 메이요 클리닉 환자 관리 모델 특별위원회를 임명해서 관리 모델을 체계화하는 임무를 맡겼다. 그러자 총 직원 수가 2만 3,182명으로 거의 세 배로 불었고, 의사 수도 1,527명으로 늘었다. 체계화 프로젝트를 지휘했던 케리 올슨 Kerry Olsen 박사는 그 탄생을 이렇게 설명한다.

지난 10년간 급속하게 성장하는 과정에서 우리는 메이요 클리닉에서 수련받지 않은 채 새로 들어온 의사들이 우리의 진료 스타일과 가치를 이해하지 못하는 것이 아닌가 염려되었습니다. 그리고 단기적 재정 압박으로 진료에 변화가 와 장기적으로 볼 때 메이요 클리닉이 훼손되지는 않을까 우려되기도 했죠. 그래서 우리는 우리의 환자 관리 모델의 기본적인 요소를 정의하고 그것을 가르치고 보존하기 위해 노력했습니다. 환자들이 메이요 클리닉에서 체험하는 좋은 부분들이 계속 이어질 수 있도록 하기 위해서였죠. 환자들의 체험이야말로 메이요 클리닉을 독특하고 가치 있는 것으로 만들어주는 것이니까요.

메이요 캠퍼스 세 곳의 병원경영자문팀 간의 조정을 담당하고 있는 던 밀리너Dawn Milliner는 이렇게 덧붙였다. "우리는 진단 치료 기술, 보건 의료에 대한 대중의 기대치, 정부의 규제 법률, 재정적인 압박 등이 끊임없이 변하는 와중에서 이 빛나는 전통을 잃어버리지 않을까 염려했습니다."

로체스터 캠퍼스 클리닉운영위원회 전직 회장이었던 데이비드 허먼 David Herman 박사는 이 문건을 어떻게 이용했는지 설명했다. "우리는 나라에서 헌법을 사용하는 것처럼 이 문건을 사용했습니다. 이 문건은 메이요 클리닉을 메이요 클리닉으로 만들어주는 원칙들을 분명하게 밝혀놓은 것입니다. 집행이사회나 클리닉운영위원회 회의에서 이 문서에 대해 특별한 언급이 나오지 않는 경우는 드뭅니다." 밀리너 박사는 이것을 '접점'이라고 부른다.[5] 이 장 처음에 나온 편지에서 보듯 환자들은 메이요 클리닉과 부속 종합병원에서 이 모델의 내용을 분명히 체험하고 있다. 환자들은 자기의 이야기를 모두 들어주는 의사들과 다른 팀원들에게 고마워한다. 그들은 자기가 본 의사들이 다른 의사들과 열린 마음으로 투명하게 소통하고 있음을 알게 된다.

새로 서비스 직종에 들어온 사람들 대부분은 다른 사람이 하는 것을 보면서 일을 배운다. 이런 경험은 본질적으로 사회적인 부분이기 때문에 비공식적인 경로로 조직의 가치와 문화를 전달해줄 기회가 풍부하다. 수련 기간과 오리엔테이션 기간이 긴 보건의료 계열만큼 이 말이 잘 들어맞는 곳도 없을 것이다. 메이요 클리닉 의사들 중 62퍼센트 이상이 수련의 일부, 또는 전 과정을 메이요에서 받는다. 그래서 어떤 의미로 보면 이 사람들은 몇 년에 걸쳐 취업 면접을 받았다고 할 수 있다. 메이요 클리닉의 내과의사나 외과의사가 되기 위해 필요한 기술적 능력이나 인지 능력을 평가하는 데서 더 나아가 지도 교수들은 그 사람이 클리닉의 가치에 부합하는지 자세히 관찰한다. 5장에서 살펴보겠지만 메이요 클리닉은 의사가 주도하는 조직이다. 따라서 이런 가치를 계속 살리기 위해서는 의료진들이 환자 중심의 진료를 잘 이해해야만 한다.

모든 공인 간호사들은 경력이 많더라도 메이요 클리닉에 신입으로 들어온 경우에는 폭넓은 오리엔테이션을 받아야 한다. 로체스터 오리엔테이션 프로그램 담당자이자 공인 간호사인 엘리자베스 페츠카 Elizabeth Pestka에 따르면 그 가치는 이 프로그램에서 대단히 중요한 요소이다. 따로 떼서 강의하는 것은 아니지만 오리엔테이션 체험 과정에 자연스럽게 녹아들어 있다. 최근에는 메이요 클리닉의 간호 활동의 뿌리를 보여주는 '낭독극장(의상, 소도구, 무대 설치, 동작 등이 없이 주로 출연자의 화술에 의존하는 극-옮긴이)' 프로그램을 추가했다.[6] 오리엔테이션 참가자들로 구성된 낭독인들은 메이요 집안 박사들과 성 프란체스코 수도회 수녀, 그리고 세인트메리스 종합병원의 간호사 중 전문 교육을 받은 첫 간호사였던 이디스 그레이엄 Edith Graham의 배역을 맡는다. 다음은 젊은 수녀인 메리 조셉 Mary Joseph이 근무를 시작한 첫날을 회상하는 장면이다.

제가 제일 처음으로 맡은 간호 업무는 옷을 모두 벗겨 알몸을 드러낸 남자 환자의 검사를 거드는 일이었어요. 의사 한 분과 그레이엄 여사가 그 일을 하는 동안 저는 등을 돌리고 구석에 서서 빨개진 얼굴로 수치심에 몸을 떨고 있었지요. 검사가 끝난 다음에는 그레이엄 여사에게 가서 따지면서 다시 교직으로 돌아가겠다고 했어요. 하지만 그레이엄 여사는 저에게는 남녀를 가리지 않고 모든 환자를 돌봐야 할 책임이 있다면서 민망하다고 수녀들이 외면하기 시작하면 간호에 공백이 생길 수 있다고 하셨습니다. 저는 그분께 구분 없이 모든 환자를 돌봐야 한다는 것을 배웠습니다.[7]

이 성 프란체스코 수도회의 수녀는 세인트메리스 종합병원에서 47년 넘게 행정가로 일했다. 그녀는 수녀들이 민망하다는 핑계로 간호에 공백을 만들지 않도록 언제나 경계했다.[8]

매년 10월마다 일주일 동안 열리는 기념행사인 '메이요 클리닉 전통 기념일'의 취지는 환자 우선의 가치를 지키자는 것이다. 이 기념행사는 원래 로체스터 캠퍼스에서 메이요 클리닉과 세인트메리스 종합병원, 그리고 로체스터 메소디스트 종합병원 간의 역사적 협력관계를 강화하기 위한 방편으로 시작한 것이었다. 이들 병원은 1980년대 중반까지 메이요 클리닉과 분리되어 운영됐다. 그런데 2000년도에 자문을 맡고 있던 인류학자가 세 캠퍼스 각각의 메이요 클리닉 문화를 조사한 후, 이 기념일 행사를 새로운 두 캠퍼스까지 확장해서 개최할 것을 권유하면서 2001년에는 세 캠퍼스가 같이 참여하기 시작했다.

기념관 감독 매튜 데이시에 따르면 2004년에 연 '메이요 클리닉 기념관'은 메이요 클리닉의 위대한 이야기들을 전하기 위해 지어진 박물관이라고 한다. 처음에는 로체스터에서만 문을 열었지만 현재는 잭슨빌과 스코츠데일/피닉스 캠퍼스에도 비슷한 박물관이 있다. 일부 전시회는 세 곳을 순회하며 열린다. 데이시는 이 박물관에 오면 "모든 일들 중에서도 환자를 돌보는 일이야말로 가장 중요하고 위대하다."라는 메시지를 볼 수 있다고 말한다. 최초의 박물관은 메이요 클리닉의 환자인 존 매튜John Mathew와 릴리안 매튜Lillian Mathew의 기부로 세워졌다고 한다. 두 사람은 기부를 하면서 자신들의 목적을 '메이요 클리닉이라는 합창단에 목소리를 좀 더 보태는 것'이라고 말했다. 기념관에 보태진 목소리는 환자와 직원들 모두에게 과거의 위대한 인물들이 확고한 가치 위에 환자를 최우선으로 하는 메이요 클리닉이라는 위대한 브랜드를 만들었음을 분명히 전해주고 있다.

로체스터 캠퍼스에 있는 역사적인 플러머 건물에는 창립자 형제의 사무실이 있다. 그 방은 형제가 1930년대에 마지막으로 사용했을 때의 모습에 최대한 가깝게 보존되어 있다. 이 역사적인 공간 속에는 이 사회가 수십 년간 회합 장소로 사용했던 방도 있다. 명예박사 학위, 전 세계 의학 학회 회원증, 공공 봉사 표창 등 메이요 형제가 수상한 상장 및 증서들은 액자에 넣어져 높은 벽에 걸려 있다. 이곳을 찾은 방문객들은 메이요 형제의 명성이 광고와 언론 플레이로 꾸며낸 허상이 아니었으며, 그들이 진정 의학의 선구자였음을 알게 된다. 이렇게 과거를 보존함으로써 후세의 직원들에게 자신들 역시 100년 전통의 브랜드를 창조하고 그 명성을 지켜준 휴머니즘 정신과 전문 기술력을 가지고 일해야 한다는 것을 일깨워준다. 또한 개인적인 성취에 안주하지 않도록 자극한다.

곤다 건물 주 출입문에서 길거리를 가로질러 자리 잡은 조각 공원은 2004년 로체스터 캠퍼스에 추가로 세워졌다. 공원 한편에는 메이요 클리닉을 창립한 형제의 아버지인 윌리엄 워렐 메이요의 동상과 세인트메리스 종합병원의 창시자인 알프레드 모스Alfred Moes 수녀원장의 동상이 서로 가까이에 서 있다. 다른 한편에는 윌리엄 J. 메이요와 찰스 H. 메이요 형제의 청동상이 메이요 클리닉 주 출입문 앞 계단에 편한 자세로 앉아 있다. 이 자세는 두 형제가 집 앞 계단에 앉아서 찍은 사진을 보고 만든 것이다. 100년이 지난 지금, 그들은 이제 집 앞 계단이 아니라 자신의 이름을 딴 클리닉 앞 계단에 동상으로 앉아 있다. 나무 계단은 훨씬 넓은 호 모양의 대리석 계단으로 바뀌었다. 이 동상에는 사진을 찍으려는 사람들이 모여든다. 메이요 클리닉의 직원들도 높은 대리석 받침대를 대지 않고 실제 크기로 만들어놓은 형제의 동상으로 와서 포즈를 잡는다. 메이요 클리닉에서 수련받고 있는 의사들이 찍은 사진을 보면 형제 동상과 어깨를 나란히 하기도 하고, 심지어는 익살스럽게 찍기도 했다. 방문객들과 환자들도 사진을 찍어 메이요 클리닉과 인연을 맺었던 기억을 남긴다.

그러나 직원 오리엔테이션이나 교육 프로그램, 기념일, 박물관, 조각 공원 같은 공식적인 부분들은 보조적인 것에 불과하다. 가치를 보존하는 핵심적인 힘은 직원들이 클리닉 구석구석에서 '환자 중심의 가치'를 몸소 실천하는 것이다.

직원에게 권한을 부여한다

핵심 가치가 직원들의 DNA의 일부가 되고 나면 그것은 일상적인 업무 수행 방법에만 영향을 미치는 것이 아니라, 직원들이 특별한 상황을 만났을 때 어떻게 행동할지 결정할 수 있는 힘과 도덕적 권한을 부여해준다. 도움이 필요한 환자를 보면 직원은 따로 허가를 받을 필요 없이 바로 행동에 나설 수 있다. 직원이 제 시간에 맞춰 일자리로 돌아갈지, 10분쯤 늦더라도 불안정해 보이는 환자에게 휠체어를 가져다줄지 결정해야 할 상황이라면 후자를 선택할 가능성이 크다. 직원들이 가치관에 따라서 재량껏 권한을 발휘하면 환자들이 기대하지도 못했던 서비스가 나온다.

메이요 클리닉 애리조나 캠퍼스 전직 인사관리부장이었던 매튜 맥클라스Matthew McElarth는 이런 이야기를 들려주었다.

저는 메이요 클리닉 종합병원 중환자실에 환자로 들어오게 되었습니다. 그때 메이요 클리닉 애리조나 캠퍼스 최고경영책임자인 트라스텍Trastek 박사와 그의 아내는 로체스터로 여행을 떠나 있었습니다. 그러다 애리조나로 돌아오는 길에 제가 입원한 사실을 알게 되자 저를 보러 종합병원으로 찾아왔습니다.

그런데 제가 놀란 것은 그들이 애써 저를 찾아와서가 아니었습니다. 물론 그들이 저를 보러 와 준 것에 정말 마음속 깊이 감동받았습니다. 하지만 제가 정말로 놀란 부분은 간호사가 저를 그냥 자게 두고 트라스텍 박사를 문 앞에서 되돌려 보냈다는 것이었습니다.

그날 늦게 눈을 떴을 때 그 간호사가 제게 말했습니다. "찾아온 분이 계셨지만 제가 돌려보냈어요. 이 일로 마음 상하지 않으셨으면 하는데, 한 가지 좀 걸리는 것이 있어서요."

"뭔데요?"

"찾아오신 분이 트라스텍 박사님과 아내 분이셨거든요. 저는 선생님께서 주무시는 중이라고 말씀드렸어요. 저는 정말 그냥 주무시게 놔두고 싶었거든요."

"아, 정말 고마워요. 옳은 일을 하셨네요. 그분들한테는 제가 나중에 따로 연락할게요."

"괜찮다는 말씀이신가요?"

"그럼요."

저는 속으로 생각했습니다. '이 간호사는 환자에게 무엇이 최선일까라는 훌륭한 질문을 스스로에게 던졌고, 행동으로 바로 그 해답을 보여주었어.' 그 간호사는 저에게 가장 필요한 것이 잠이라는 것을 알았습니다. 비록 그것이 최고경영책임자를 문 앞에서 되돌려 보내는 것을 의미할지라도 말이지요.

주로 환자 예약 시간을 잡는 일을 하는 진료 보조 직원은 환자의 진료 일정에 하루 넘게 공백이 생기면 그 공백을 없애려고 애쓴다. 환자 우선 서비스에 확고한 자부심을 가지고 있는 그들은 환자의 사정에 맞게 예약 시간을 조정하는 데 상당한 시간을 투자한다. 환자들은 눈에 보이지 않는 이 숨은 노력에 대해서는 절대로 알지 못한다. 이런 노력으로 환자 우선 서비스의 공이 돌아가는 쪽은 이렇게 애쓴 직원이 아니라 기관이다. 이 직원이 얻는 보상은 메이요 클리닉이 '환자의 필요를 최우선으로'라는 가치에 맞는 서비스를 제공할 수 있도록 도운 데 따르는 개인적인 만족감이다.

어느 직원이든 곤란에 빠지거나 상태가 악화되고 있는 환자를 봤다면 이때 가장 필요한 것은 권한 부여다. 최근에 클리닉과 종합병원 인증 기관인 병원평가위원회Joint Commission는 문제를 만들어내는 가장 큰 원인이 소통의 부재라고 밝혔다. 그리고 '보건 인력 간 소통 효율성 개선'을 2007년 전국 환자 안전 목표들 중 거의 맨 윗줄에 올려놓았다. 메이요 클리닉 애리조나 캠퍼스는 이 분야에서 앞서나갔다. 이곳 리더들은 2005년에 '플러스원'이라는 프로그램을 시작했다. 이 프로그램은 '환자에게 의학적으로 필요한 사항'을 충족하기 어렵다고 판단될 때 중요한 정보들을 정확하고 설득력 있게 전달하기 위해 설계한 것이다. 또한 메이요 클리닉이 역사적으로 중요하게 여겨온 으뜸 가치를 실천해야 할 책임을 분명히 밝히고 있다. 플러스원이란 어느 누구든 환자에게 필요한 것이라면 언제라도 지휘 체계를 거슬러 올라가 상부의 협조를 요구할 수 있게 하는 것이다. 그 상부는 상사나 관리자가 될 수도 있지만 동료가 될 수도 있다. 예를 들어, 함께 일하고 있는 간호사들은 심지어 새벽 2시라 하더라도 당직 의사를 부를지 말지 빠른 시간 안에 결정할 수 있다. 마찬가지로 환자를 돌보다가 환자의 상태에 대한 판단이 서로 일치하지 않는 경우에도 플러스원 프로그램을 가동해서 그 순간 환자에게 가장 필요한 조치가 무엇인지 결정할 수 있다. 간호사든, 기사든, 의사든 진료 팀 중 그 누구라도 이 방법을 사용해서 환자의 필요가 적절한 시기에 적절한 방법으로 충족되고 있는지 확인할 수 있다.

메이요 클리닉 응급의학과 의사인 애니 사도스티Annie Sadosty 박사는 교육 기간 중에도 가끔 언급되는 서비스에 얽힌 일화를 이야기해주었다. 한 여성 대형 트럭 운전사가 차를 몰고 로체스터를 지나는 도중 통증을 느껴 급히 메이요 클리닉 세인트메리스 종합병원으로 왔다. 그녀는 길에다 트럭을 주차하고 응급실을 찾았다. 의사는 당장 입원해야 한다고 했지만 그녀는 거부했다. 차를 길거리에 주차해놓은 데다 차에 두고 온 개가 무척 걱정되었기 때문이다. 이때 응급실 남자 간호사 한 사람이 자기가 굳이 해야 할 일이 아닌데도 트럭을 처리하고 개를 맡아주겠다고 나섰다. 그 간호사는 환자에게서 트럭 열쇠를 받았다. 훗날 그는 이렇게 말했다. "가보니 그 트럭이 53피트짜리 트레일러가 달린 대형 켄워스인 것을 보고 조금 놀랐습니다." 그는 응급실 동료 간호사 한 사람이 예전에 트럭 운전사였고 그때까지도 운전면허를 계속 유지하고 있다는 것을 떠올렸다. 하지만 그가 환자의 트럭을 움직일 수 있다고 해도 그것을 며칠 동안 어디에 세워둘 것인가는 또 다른 문제였다. 그는 그 지역 쇼핑센터 지배인과 로체스터 경찰청에 전화를 걸어서 쇼핑몰 부지에 주차해도 좋다는 허가를 받았다. 그리고 환자가 나을 때까지 개를 돌보았다.

이 간호사는 '환자의 필요'를 존중하기 위해서 응급실 업무의 경계를 넘어 자기의 공식적인 책임 영역을 벗어난 일까지도 스스로 나서서 도왔다. 간호사는 개를 데려가서 보호했을 뿐 아니라 건강까지도 보살폈다. 그는 이렇게 말했다. "개와 환자 모두 며칠 후에는 건강이 좋아져서 만날 수 있었죠."

사도스티 박사는 이렇게 결론 내린다. "이 모든 일이 환자에게 필요한 일을 하려고 노력하는 과정에서 이루어진 것입니다. 이것은 정말 믿기 힘든 이야기죠. 그들은 모두 놀라울 정도로 뛰어난 사람들입니다. 하지만 메이요 클리닉에서는 이런 일들이 매일 일어난다는 것을 저는 잘 알고 있습니다."

메이요 클리닉 애리조나 스코츠데일 캠퍼스 병실관리부 책임자인 아르만도 루케시Armando Lucchesi는 자기 직원들에게 주간 근무 시간이든 야간 근무 시간이든 언제든지 필요하면 자기를 부르라고 당부한다. 이것은 그가 직원들 마음속에 환자 중심의 가치를 심어주기 위해 어떤 노력을 하고 있는지 보여준다. 주로 환자들이 없는 밤 시간에 일하는 직원들도 권한을 부여받으면 환자들이 좀 더 나은 서비스를 받을 수 있도록 노력하게 된다.

어느 날, 병가를 낸 직원 한 사람이 루케시에게 전화를 걸었다. 그러고는 클리닉에서 검사를 받고 있는데 검사실 천장의 타일 하나가 떨어져 있는 것을 보았다고 말했다. 그는 다른 환자들에게 그것을 보이고 싶지 않았던 것이다. 병실 관리 직원들은 이 조직에 대해 거의 아는 것이 없는 상태로 메이요 클리닉에 들어오는 경우가 많다. 루케시는 말한다. "저는 제 직원들한테 메이요 클리닉의 역사와 여기 찾아오는 사람들의 기대치가 얼마나 큰지 말해주죠. 그것들은 우리를 자랑스럽게 해줍니다. 메이요의 전통과 메이요 형제는 우리에게 영감을 불어넣어 줍니다. 우리는 환자에게 최상의 서비스를 제공하는 팀이 되고 싶어 합니다."

메이요 클리닉 직원들이야말로 메이요 클리닉에 대해 가장 날카롭게 비판하는 환자다. 그들은 다른 어떤 환자들보다도 낮은 환자 만족도 점수를 매긴다. 이들이 요구하는 기준은 대단히 높아서 환자 중심 서비스에 눈곱만한 잘못만 있어도 당장에 알아본다. 은퇴한 메이요 클리닉 의사인 에드워드 로즈나우 3세Edward Rosenow III는 자진해서 현 직원들에게 메이요 클리닉의 서비스에 대해 얘기한다. 그는 최근에 겪었던 경험을 말해주었다.

유방암 진단을 받은 열다섯 살짜리 메이요 클리닉 직원이 후속 검사를 위해 X-ray를 찍으러 방사선과로 왔다. 진료 보조원은 그녀에게 대기실에서 기다리라고 했다. 이 환자는 그 진료 보조원이 하품하는 것을 보고 모멸감을 느꼈다. 그녀는 로즈나우 박사에게 불평했다. "저는 유방암이 있어요. 그런데도 저를 도와야 할 저 여자 분은 지치고 따분해하는 것 같네요." 권한을 부여받았다고 생각하는 직원들은 아주 사소해 보이는 일에도 서로 높은 기준을 요구한다.

1999년에 메이요 클리닉 회장이자 최고경영책임자로 은퇴한 안과의사 로버트 R. 월러Robert R. Waller 박사는 '환자의 필요'를 충족시키기 위해서는 어떤 작은 일이라도 모두 꼼꼼히 챙겨야 한다고 지적한다. 일례로, 그는 어느 금요일 오후 늦게 동료 내과의와 전화로 통화했던 것을 떠올렸다. 그 내과의는 환자를 한 사람 보고 있었다. 그런데 환자가 예약 시간에 때맞춰 오지 못해 예상보다 시간이 지연되었다. 내과의는 다음 스케줄 때문에 비행기를 타려면 곧 출발해야 했다. 환자는 당뇨병으로 인한 합병증으로 시력을 염려하고 있었는데, 그저 의사의 말을 듣고 마음이 좀 편해지길 바랐다. 그래서 월러 박사는 동료 내과의 대신 그 환자와 만나 상담을 해주었다. "겨우 5분밖에 안 걸렸습니다." 그는 자세한 검사는 다음 방문까지 미뤄도 문제될 것이 없다고 말하면서 환자를 안심시켰다. 월러 박사는 이렇게 말한다. "환자만 만족하고 안심하는 것이 아니라 의사도 마찬가지로 이런 서비스를 제공하고 나면 큰 보람을 느낍니다."

2005년 9월에 허리케인이 휩쓸고 간 뉴올리언스에서 플로리다 잭슨빌 캠퍼스로 이송된 환자가 몇 명 있었다. 그 환자들을 돌보다가 응급

의학과 의사 한 명이 한 환자가 생일을 맞았다는 것을 알게 되었다. 그 환자는 잭슨빌에 생일을 축하해줄 가족도 없었고, 그 어디에도 살아 있는 친척이 없었다. 그는 집으로 전화를 걸어 아내에게 아이들과 함께 생일 케이크를 가지고 응급실로 오라고 해서 생일 파티를 열어주었다. 이 간단하고도 인간적인 행동으로 목숨 말고는 모든 것을 잃어버린 환자에게 그가 영혼 깊숙이 목말라하던 위로와 즐거움을 선사해줄 수 있었다.

메이요 클리닉 내부에서 이런 이야기들을 공유하면 직원들은 영감을 받아 더 많은 감동적인 이야기를 엮어 간다. 암으로 죽어가는 한 여성 환자가 있었다. 그녀를 돌보고 있던 간호사들은 십시일반 돈을 모아 비행기 표를 사서 수천 킬로미터 떨어져 있던 남편을 환자의 침대 곁으로 불러들였다. 또 한 환자는 이렇게 얘기한다. "저는 암 진단을 받고 수술까지 해야 하는 스트레스를 경험하기 전까지는 '교감'이란 것이 얼마나 가치 있는 것인지 정말 몰랐어요. 제 몸과 마음을 돌봐주신 것에 대해 진심으로 감사드립니다."

메이요의 '고객의 소리'를 통해 모인 수백 개 사연 중에 뽑은 마지막 사례를 살펴보자. 37세의 한 남자 환자가 '양성'이라고 추측한 종양 제거 수술을 받았다. 그러나 생검 결과 뼈에 생기는 악성 종양인 골육종으로 판명되었다. 아내는 남편과 함께 있고 싶어 했다. 그러자 간호 병동 직원들은 하룻밤 동안 2인 병실을 개인 병실로 사용할 수 있게 해주었다.

환자 중심의 철학은 위원회나 이사회에서도 작동한다. 월러 박사가 이사회에 있는 동안 그와 동료들은 종종 복잡한 결정 사항에 부딪혔다. 만장일치를 끌어내기가 힘들 때는 반드시 누군가가 이렇게 물었다. "하지만 환자에게 가장 좋은 것이 무엇일까요?" 메이요 클리닉 최고행정책임자인 셜리 바이스Shirley Weis는 이 말에 맞장구를 친다. "환자의 필요를 최우선으로 하는 우리의 가치는 회의에서 논점을 정리하는 데 큰 도움이 됐습니다. 그냥 '이게 환자한테 옳은 일일까요, 아닐까요?'라고 물어보면 됩니다. 그러면 사안에 제대로 집중할 수 있죠." 그녀는 전자진료기록부에 대해 논쟁이 붙었던 예를 들려주었다. 전자진료기록부를 열람할 때 얼마나 오래 컴퓨터 앞을 벗어나야 본인 인증을 다시 받게 되는지에 대해 논쟁이 오고 갔다. 물론 본인 인증을 자주 하는 것은 짜증나는 일이다. 그때 한 의사가 환자라면 어떤 경우에 자기의 프라이버시가 제일 잘 지켜진다고 생각하겠느냐고 묻자 환자의 필요를 좀 더 충족시키는 방향으로 빠르게 결론이 내려졌다.

메이요 클리닉의 건물들은 인상적이다. 크고, 깨끗하고, 효율적이고 접근도 쉽다. 박물관과 조각 공원, 조경 등은 모두 환영받고 있다는 느낌과 편안함을 주기 위해 설계되었다. 하지만 메이요 클리닉의 진정한 모습은 눈에 보이지 않는 것이다. 그것은 서비스이지 건물이나 대리석 같은 것이 아니다. 서비스 기관으로서 메이요 클리닉이 내일 얼마나 훌륭하게 유지되고 있을지는 오늘의 서비스에 달려 있다. 환자들은 스스로 메이요 클리닉에 대해 친구와 가족들에게 좋은 이야기를 전한다. 그것은 환자들과 직접 만나는 직원들이 매일매일 만들어내는 개인적이고 인간미 넘치는 서비스 덕분이다. 메이요 클리닉이 지금 누리고 있는 장기적인 성공을 계속 이루기 위해서는 직원들에게 폭넓은 권한을 주어야 한다.

환자를 위하는 마음이 핵심 가치를 강화한다

애초부터 '환자의 필요를 최우선으로'라는 가치의 밑바탕에는 재정적인 문제가 깔려 있는 경우가 많았다. 윌리엄 J. 메이요 박사에게 개인적으로 수련받은 휴 버트Hugh Butt 박사는 1936년에 메이요 박사와 3개월 동안의 임상 로테이션을 돌았던 기억을 떠올렸다. 윌리엄 박사는 1928년부터는 수술을 하지 않았고, 1932년에는 이사회에서도 물러났지만 그 이후에도 클리닉의 이런저런 일들에 계속 관여했다. 윌리엄 박사는 젊은 버트 박사에게 이렇게 가르쳤다. "나는 이런 환자들만 보고 싶네. 아주 아픈 사람들과 아주 가난한 사람들 말이야. 내 말을 이해하겠나?" 버트 박사는 곧 아주 가난하고 아픈, 죽음의 문턱에 다다른 듯 보이는 사람을 찾아냈다. 그 환자의 병실은 개방형 8인실이었다. 버트 박사와 메이요 박사는 그곳에서 환자를 진찰했다. 그들이 함께 걷는 동안 메이요 박사가 말했다. "음, 자네 말이 맞아. 저 사람은 정말 많이 아프군. 그리고 아주 가난하단 말이지?"

버트 박사는 그때의 상황을 회고했다.

윌리엄 박사는 제게 400달러를 주었습니다! 그리고 이렇게 말했습니다. "자네, 위층으로 가서 출납원에게 이 돈을 전해주게. 돈이 어디서 났는지는 말하지 말고. 그 환자를 간호사가 딸린 개인 병실로 옮기도록 하게. 얼음 통과 선풍기로 시원하게 해주는 것 잊지 말고." 당시에는 이것이 유일한 냉방 기구였죠. 그는 이런 일을 계속해서 반복했습니다. 이렇게 사람들을 돕는데도 환자들을 개인 병실로 옮겨준 사람이 윌리엄 박사라는 사실은 아무도 몰랐죠.

메이요 클리닉의 창립자들은 자기들이 말한 것 이상으로 가치를 지키며 살았다. 경우에 따라서 환자의 필요가 임상적인 것이기도 했지만, 앞의 예에서 본 것처럼 중병을 앓고 있는 환자와 그 가족들에게 필요한 것은 그저 프라이버시, 약간의 편안함, 그리고 품위를 잃지 않는 것 등이었다. 이런 것들은 돈만 있으면 가능했다.

메이요 형제는 모든 환자들이 똑같이 최고 수준의 진료를 받을 수 있어야 한다고 고집부렸다. 메이요 클리닉은 초기에 정해진 진료 요금도 없었다. 환자의 진료 비용은 그들의 지불 능력을 짐작해서 정했다. 제2차 세계대전 중에 유럽에서 복무 중인 미군 병사의 젊은 아내가 심각한 다발성 경화증을 치료하기 위해 로체스터로 왔다. 그녀는 어머니와 함께 몇 달간 아파트에서 지내면서 거의 매일 치료를 받았다. 그들은 치료를 마치고 돌아갈 때쯤 처음이자 마지막으로 청구서를 받았다. "진찰, 투약, 치료 모두 합쳐서 비용이 28달러 정도가 나왔습니다." 이제 나이가 든 남편은 그 일을 떠올리며 말했다. "아마도 그 액수는 제가 미육군에서 받는 한 달치 봉급만큼 책정했던 것 같습니다." 클리닉은 이 환자의 필요를 충족하기 위해 적지 않은 비용을 부담해야 했다.

월러 박사는 1980년대 후반에 메이요 클리닉의 재정과 관련된 치료 결정을 내려야 하는 심장내과의와 대화했던 것을 기억한다. 그 환자한테는 심장 박동기를 이식해야 했다. 첫 번째 방법은 메디케어Medicare(65세 이후의 노인들을 위한 미국의 노인 의료보험 제도-옮긴이)에서 보험 해당 항목으로 인정해주는 모델로 이식하는 것이었다. 그러나 수술 후에는 며칠간 입원해야 하고 합병증의 위험도 있었다. 두 번째 방법은 새로운 모델로 이식하는 것으로, 수술도 간단하고 하루 이상 입원할 필요도 없었다. 하지만 두 번째 방법의 심장 박동기 모델은 아직 메디케어의 인정을 받지 못해서 보험 청구가 불가능했다. 그러나 월러 박사는 이렇게 얘기했다. "고민할 필요가 뭐 있나요? 환자한테 제일 좋은 것을 쓰면 되지요."

이제는 보험사와의 계약과 공공 정책 때문에 더 이상 부자는 부자대로, 가난한 사람은 가난한 사람대로 각자의 능력에 따라 지불하게 하는 것이 불가능해졌다. 메이요 클리닉은 2007년 연수익이 70억 달러가 넘는 21세기 비영리 조직이다. 메이요 클리닉은 지역 공동체 구성원으로서의 도리와 박애정신을 창립 때와는 조금 다른 형태로 실천하고 있다. 그러나 예전과 마찬가지로 그 초점은 개개 환자의 필요에 모아져 있다. 2007년도에 메이요 클리닉은 지불 능력이 없는 환자들에게 5,560만 달러 상당의 진료 서비스를 제공했다. 여기에 메디케이드 Medicaid(65세 이전의 저소득층과 장애인을 위한 미국의 국민 의료 보조 제도-옮긴이)와 다른 극빈층 의료 프로그램에서 보험 환급받지 못한 액수 1억 2,710만 달러가 추가되었다. 따라서 2007년에만 1억 8,200만 달러어치의 진료 서비스가 비용을 받지 않고 환자들에게 직접 제공되었다. 또한 메이요 클리닉은 질병의 치료와 완화를 위한 의학 연구를 지원할 뿐 아니라, 새로운 의사들과 보건의료 종사자들을 양성함으로써 많은 환자들에게 봉사하고 있다. 2007년에 메이요 클리닉은 의학 교육과 연구를 위해 3억 4,600만 달러를 지원했다. 따라서 2007년도에는 전체적으로 5억 달러 이상을 지원한 셈이다. 결국 병원 운영을 통해 나오는 순 이익은 모두 미래 세대를 위한 의학 연구와 교육을 위해 재투자된다.

새로운 서비스

현대 소비자 입장에서 바라보면 메이요 클리닉의 일부 전통적인 요소들은 환자 중심적으로 보이지 않는다. 예약 시간표가 그 예다. 오랫동안 외래 환자 안내 창구에서는 대부분 예약을 오전 8시와 오후 1시 두 번밖에 잡아주지 않았다. 그래서 보통 오전에 예약된 환자 4명 중 한 명은 바로 의사를 만날 수 있지만 나머지 세 사람은 한두 시간, 혹은 3시간 정도를 기다려야 했다. 이런 시스템에서는 의사가 다음 예약 환자를 기다리느라 시간을 낭비하지 않아도 됐기 때문에 의사 중심적인 부분이 있었다. 하지만 43년간 메이요 클리닉의 행정직에서 일하고 최고행정책임자로 1993년에 은퇴한 로버트 플레밍Robert Fleming은 이 예약 시스템에도 환자 중심적인 부분이 있다고 설명한다. 이 시스템에서 가장 중요한 것은 의사가 각각의 환자에게 필요한 만큼 충분히 시간을 할애할 수 있다는 점이다. 이것은 메이요 클리닉에서 대단히 중요하게 생각하는 부분이다. 예를 들어, 무서운 진단을 받고 복잡한 치료를 받아야 하는 환자라면 일반적으로 할당하는 60분보다 더 긴 시간이 필요하다. 하지만 자기의 진료 시간을 최대로 확보하고 싶어 하는 환자들의 요구에 따라 이런 예약 시스템은 1990년대 초에 결국 폐기되었다. 요즘에는 각각의 환자가 기다리는 시간이 길어도 15분을 넘지 않도록 관리하고 있다.

최근에 메이요 클리닉은 환자들이 병원 바깥에서 느끼는 필요에 대해서도 더욱 신경을 쓰고 있다. 에릭 에델Eric Edell 박사는 10년 동안 이를 개선하기 위해 노력했다. 그는 이렇게 말한다. "우리는 일단 환자가 메이요 클리닉 안으로 들어오기만 하면 정말 환상적으로 돌봐줍니다. 하지만 바깥에서는 진료 예약 수요가 대단히 많은데도 우리는 성벽을 쌓고 그것을 외면해왔죠. 클리닉 밖에서 안으로 들어오는 것은 대단히 어렵고, 클리닉 외부에서는 때로 서비스의 질이 떨어지는 경우도 있었습니다."

에델 박사는 진료 예약을 잡는 데 어느 정도 개선이 있었다고 한다. 예를 들어, 현재의 시스템에서는 예약을 잡기 전에 의학적인 검토가 필요할 때 24시간 내로 결정 내리도록 되어 있다. 이런 시스템을 도입하기 전에는 환자들이 일주일 이상 기다려야 되거나 아예 연락을 못 받는 경우도 있었다. 지금은 임상 검토 담당자한테서 24시간 이내로 연락을 받지 못하면 예약 관리 사무실에서는 예약을 잡아달라는 것으로 간주한다.

에델 박사는 또한 이렇게 말한다. "과거에는 편지나 전화로 이렇게 예약 시간을 알렸습니다. '3월 3일 화요일 오후 2시까지 내원하십시오.' 그러나 이처럼 일방적으로 알리는 것은 우리의 편의를 위해서 환자에게 시간을 거기 맞추라고 요구하는 것으로 대단히 무관심한 처사였습니다. 이제는 환자에게 어느 시간이 좋은지 물어보고 우리가 거기에 맞추려고 노력합니다."

환자의 필요에 부합하는 서비스를 제공하는 데 가장 어려운 난제는 바로 진료 예약 요청을 거부하는 일일 것이다. 앞서 나왔던 환자들의 이야기는 한 세기가 넘는 기간 동안 메이요 클리닉을 병원 중에서 '최후의 보루'라고 불리는 위치에까지 올려놓았다. 정신적·육체적으로 고통받거나 삶을 황폐하게 만드는 진단을 받은 사람들은 마지막 희망으로 메이요 클리닉의 문을 두드리는 경우가 많다. 따라서 진료 예약 요청이 거부당하면 이것은 희망을 짓밟는 매몰찬 거절로 받아들여지기도 한다. 예약 요청을 수락할지는 환자에게 무엇이 필요한지, 그리고 메이요 클리닉에서 치료를 받음으로써 어떻게 달라질 수 있는지 그 가능성을 평가해서 판단한다. 이런 판단의 결과는 때로 우리를 슬프게 만든다.

'환자의 필요' 중에서도 핵심은 의학적·임상적 필요다. 하지만 메이요 클리닉은 이제 의료 소비자 운동 시대를 맞아 '고객 서비스' 차원의 필요와 기대들도 함께 포용하여 환자의 미적, 영적인 필요에도 아울러 부합하도록 노력하고 있다.

전인 치료

지난 세기 대부분 동안 메이요 클리닉의 진료 공간 및 공공장소에는 의학만으로 채울 수 없는 환자의 필요를 충족시켜주는 구조와 인테리어를 사용했다. 메이요 클리닉을 믿고 여기에 오기를 잘했구나 싶도록 실속이 꽉 찬 느낌을 주는 것을 설계 목적으로 삼았다. 개발위원회 부회장이자 미술위원회 회장인 제임스 호지 James Hodge는 이렇게 말한다. "환자들이 들어오자마자 메이요 클리닉에 오기를 잘했다고 느끼게 해주어야 합니다."

로마네스크 아르데코 양식의 훌륭한 사례인 1928 플러머 건물은 환자들이 진단과 치료의 고통스럽고 무서운 현실에서 벗어나 휴식을 취할 수 있게 도와주는 풍부한 디자인 요소들을 보여주고 있다. 클리닉의 2001 곤다 건물 디자인 자문을 맡은 시저 펠리Cesar Pelli는 자신의 접근 방식을 이렇게 설명한다. "저는 환자가 정문을 통해 들어오는 순간부터 치유 과정이 시작될 수 있는 건물을 설계하고 싶었습니다." 실제로 중병을 앓고 있던 환자 한 사람은 이렇게 말했다. "이 캠퍼스에 발을 딛자마자 훨씬 기분이 나아졌어요." 기적적으로 다 나았다는 말은 아니지만 그곳에 도착하고 보니 튼튼한 기반을 가진 성공적인 기관에 온 것 같아 마음이 놓이고 희망이 생겼다는 것이다.

최근에 메이요 클리닉은 기부자들 덕분에 예술품, 음악, 건축, 조경 등의 아름다움이 치유 과정에 얼마나 중요한 것인지를 더욱 잘 이해하게 되었다. 세레나 플레이슈하커Serena Fleischhaker 부인은 93세 때 유리 공예의 마술사로 불리는 치후리Chihuly의 커다란 샹들리에 작품을 곤다 건물 로비에 기증했다. 그녀는 이것을 기증한 목적을 호지에게 알리고, 2001년 10월 8일 기증식에서도 밝힌 바 있다.

메이요 클리닉에 오는 환자들이 모두 나아서 돌아가는 것은 아닙니다. 어떤 사람은 아주 나쁜 소식을 듣기도 하고, 어떤 사람은 이미 인생의 폭풍우에 휘말린 채로 찾아오기도 합니다. 저는 치후리의 유리 샹들리에가 사람들의 눈길을 끌어 즐겁게 해주기를 바랍니다. 사람들이 눈을 들었을 때 마치 천국을 바라보는 것처럼, 진료 예약 시간 사이에 불안에 떨고 있는 동안에도 잠시 걱정을 멈추고 자신의 고통 속에서 조그만 안식을 찾을 수 있기를 바랍니다.

어느 환자는 감사의 마음으로 이런 편지를 썼다. "제가 메이요 클리닉에 찾아왔을 때 기대한 것은 좋은 진료를 받는 것이었습니다. 하지만 미로, 콜더, 로댕의 작품으로 채워진 이렇게 아름다운 예술적인 환경을 기대하지는 못했습니다. 제 몸만이 아니라 영혼까지 함께 돌봐주셔서 너무 감사할 따름입니다."

플러머 건물 꼭대기에는 윌리엄 J. 메이요 박사가 1920년대 중반에 영국으로 여행을 다녀오는 길에 사온 3옥타브로 구성된 카리용(고정되어 매달려 있는 23개 이상의 청동제 종(鍾)으로 구성된 악기-옮긴이)이 달려 있다. 1928년에 기증한 이후로 메이요 클리닉에서는 카리용 연주가를 고용해서 일주일에 여섯 번, 환자들과 직원들이 건물 밖으로 나오는 정오와 초저녁에 정기적으로 콘서트를 연다.

1928년부터 1957년까지 그 일을 맡았던 지미 드러몬드Jimmy Durmmond는 자신의 일이 어떻게 메이요 클리닉과 조화를 이루었는지 우아하게 표현했다. "이곳에서는 과학이 건축이라는 왕좌에 올라 음악이라는 왕관을 쓰고 봉사합니다."9

"메이요 클리닉의 예술 프로그램은 대단히 신중하게 이뤄집니다." 호지는 말한다. "메이요 클리닉은 그림, 조각, 유리 공예, 직물 공예 등으로 보완된 건축의 미학 속에서 의료의 미학을 실천합니다. 이곳에서는 거의 모든 매체와 형태를 통해 다양한 예술을 만날 수 있습니다." 이런 분위기는 치유 환경의 일부다. "그것은 진단과 치료, 치유를 위해 이곳을 찾아온 육신 안에 있는 마음과 영혼의 필요를 충족시켜줍니다."

최근에는 기부자들이 메이요 클리닉에 새로운 음색을 많이 보태주었다. 세 캠퍼스 모두 공공장소에는 그랜드 피아노가 놓여 있다. 이것은 연주를 원하는 어느 환자, 어느 방문객에게도 열려 있다. 호지는 말한다. "곤다 로비에서는 누군가가 늘 피아노를 치고 있죠. 환자나 방문객들이 연주에 맞춰 노래를 따라 부르기도 합니다. 한번은 그들이 함께 춤을 추는 것도 봤습니다. 언젠가는 오페라의 주연 여가수가 멈춰 서더니 자발적으로 나서서 노래를 부르기도 했어요. 또 한번은 아주 유명한 팝 음악가가 노래를 부르니까 한 사람이 나서서 피아노로 반주를 하기도 했습니다." 기부자들과 자발적으로 참여한 음악가들이 이런 것들을 선사한 이유는 그것이 고통과 두려움을 겪고 있는 환자들에게 필요한 일이라 생각했기 때문이다.

메이요 클리닉은 전인 치료의 중요성을 잘 알고 있다. 때문에 1888년에 세인트메리스 종합병원이 개원한 이후로 환자들의 영적인 필요에 대해서도 깊은 관심을 보여 왔다. 하지만 병원 목사는 종합병원 측에서 고용돼 입원 환자들을 대상으로 봉사하기 때문에 클리닉 입장에서는 거의 관여하지 않았다. 그런데 1986년에 종합병원의 소유권이 메이요 클리닉으로 넘어오자 목사들도 메이요 클리닉 소속의 직원이 되었다. 10년 후에 목사들은 암 환자인 외래 환자를 대상으로 첫 봉사를 시작했다.

오늘날 종합병원 네 곳과 클리닉에서 근무하는 병원 목사는 30명이 넘는다. 이들은 기독교, 이슬람교, 유대교 등 다양하다. 이 종교 프로그램에서는 모든 환자들이 자신의 전통과 관례, 신앙에 따라 종교에 의지할 수 있게 도와준다. 이를 위해 세인트메리스 종합병원에서는 1998년에 모든 종교의 사람들이 개인적으로 기도할 수 있는 명상 공간을 개설했다.

변화의 시기에도 가치를 지킨다

로버트 K. 스몰트Robert K. Smoldt는 메이요 클리닉에서 최고행정책임자로 근무하다가 2008년에 은퇴했다. 그는 행정가로 거의 36년간 직장 생활을 하는 동안 메이요 클리닉에서 한결같이 '환자의 필요'를 강조하는 것을 지켜보았다. 메이요 클리닉은 이러한 건강한 문화 덕분에 그 가치를 생생하게 곁에 붙잡아 둘 수 있었다. 그러나 경영진은 1980년대 중반에 잭슨빌과 스코츠데일로 확장하는 과정에서 이 가치를 잃어버릴 위험이 있음을 알고 있었다. 당시 이사회 회장이었던 월러 박사는 빌 클린턴 행정부 초기에 추진된 '보건의료 개혁'이라는 미지의 바다를 항해하는 동안 메이요 클리닉이 그 가치와 성공 가도를 확실히 유지하기를 바랐다. 잭슨빌 캠퍼스와 스코츠데일 캠퍼스는 메이요 클리닉의 통제 아래 있었다. 하지만 보건의료 정책 수립에 영향을 미치는 시장과 정치 분야의 역학은 메이요 클리닉의 영향력을 벗어나는 것이었다. 메이요 클리닉에서 할 수 있는 것은 고작 그 변화에 작은 영향을 미치는 것밖에 없었다.

이러한 역학에 맞서서 메이요 클리닉은 '환자의 필요를 최우선으로'를 으뜸 가치로 공식 선언했다. 이 가치는 클리닉 내부의 커뮤니케이션을 주도했고, 그 가치가 전하는 메시지는 커뮤니케이션의 밑바탕에 깔린 주제가 되었다.

때때로 그 메시지는 정면으로 부각되기도 했다. 메이요 클리닉의 회장이자 최고경영책임자인 코르테스 박사는 이 가치를 실천한 책임 의식이 강한 직원들을 치하했다. 2005년 7월 21일, 코르테스 박사는 메이요 클리닉의 의사와 경영진에게 다음과 같은 사내 이메일을 보냈다.

하나의 가치에 초점을 맞추다: 코르테스 박사의 메시지

친애하는 동료 여러분, 35년 전 저는 메이요 클리닉에 의사로 막 들어왔습니다. 그때 한 창구 직원이 저에게 일정을 조정해서 지금 당장 환자를 봐야 한다고 말하는 것을 듣고 도무지 적응이 안 됐습니다. 그러나 저보다 나이 많은 의사 한 분이 바로 오해를 풀어주었습니다. 그는 저에게 이런 말을 들려주었습니다. "창구 직원에게 대들지 마시오." 창구 직원이 환자 문제로 도움이 필요하다면 저는 언제든지 도와야 한다는 뜻이었습니다. 그는 메이요 클리닉에서는 초점이 언제나 환자에게 맞춰진다고 설명했습니다. 그리고 환자와 접촉하고 있는 직원은 누구든지 간에 우리의 아낌없는 지원을 받을 자격이 있다고 말했습니다.

저는 창구 직원을 신뢰하는 법을 배웠습니다. 저에게 일정을 바꿔야 한다고 부탁했던 사람은 수년 동안의 경험으로 어떻게 환자의 필요에 귀를 기울여야 하는지를 알고 있었던 것입니다. 그녀는 제 일정을 5분만 바꿔도 환자에게는 전혀 새로운 세상이 열릴 수 있다는 것을 알고 있었죠.

저는 이 교훈을 결코 잊어본 적이 없습니다. 직장 생활을 하면서 최고경영책임자에 이르기까지 제 일은 결국 한 가지 문제로 귀착했습니다. 바로 메이요 클리닉이 가진 모든 자원을 환자와 상호 작용 하는 데 아낌없이 쏟아 넣는 것입니다. 조경에서 시작해서 건물, 배관, 컴퓨터 시스템에 이르기까지, 그리고 강의실 교육과 진료실 전담 조언자 제도에서부터 실험실 최첨단 연구에 이르기까지 우리는 메이요 클리닉의 모든 자원을 환자들에게 집중해야 합니다.

35년 전에 그 창구 직원은 자신의 모든 경험과 지식을 살려서 환자에게 봉사했고, 그녀를 돕는 일은 저의 당연한 임무였습니다. 지금도 별로 달라진 것은 없습니다. 환자에게 직접 서비스를 제공하거나 서비스를 제공하는 사람을 도와주는 일은 아직도 여전히 제 임무고, 우리 모두의 임무입니다. 그리고 35년이 지난 후에도 그것은 여전히 우리의 임무이자 특권으로 남아 있을 것입니다.

2005년 7월 21일
메이요 클리닉 회장 겸 최고경영책임자
의학박사 데니스 코르테스

경영인을 위한 핵심 전략

메이요 클리닉의 으뜸 가치는 지휘 고하를 막론하고 모든 조직 구성원들이 경험하는 일상 속에서 매일 작용한다는 점에서 '살아 움직이는 가치'임을 보여주고 있다. 분명 이 가치는 개인과 기관이 내리는 크고 작은 결정들을 주도하고 있다. 직원들이 이 가치에 대한 자각 수준이 높다는 점은 클리닉의 성공과 브랜드를 강하게 유지하는 데 결정적인 역할을 했다. 메이요 클리닉의 이야기는 다양한 조직을 운영하는 모든 경영인들에게 유익한 교훈을 남긴다.

포인트 1: 몸소 실천하는 가치만이 조직의 진정한 가치다

어떤 가치를 신봉한다고 해도 그것이 직원과 고객들 사이의 인간적 만남에 접목되지 않는다면 견장에 붙은 라벨처럼 공허한 낱말에 불과하다. 으뜸 가치에 의해 만들어지는 자유로운 에너지와 자부심은 메이요 클리닉을 찾아오는 환자들을 놀라게 만드는 뛰어난 서비스로 이어진다. 하지만 환자들이 몸소 체험하는 살아 있는 가치는 사실 조직 안에서 실제로 일어나는 일들 중 빙산의 일각에 불과하다. 메이요 클리닉의 가치는 전면에 드러나는 현상만으로 얘기할 수 없다. 그것은 조직 구석구석에 스며들어 있다. 무대 위에 직접 등장하지 않는 진료 보조 인력들도 교외에서 찾아온 환자들이 다음 진료 예약을 위해 며칠 더 기다리지 않을 방법을 찾아내느라 고심한다. 으뜸 가치는 조직에서 자신의 '존재 이유'에 집중할 수 있게 해준다. 그것은 복잡해질 수 있는 결정을 옳은 방향으로 이끌어 주며, 모든 조직과 직원들이 언젠가 거치기 마련인 힘든 시기에도 올바른 관점을 갖게 해준다. 가치는 실천하는 행동을 통해 살아남는다.

포인트 2: 인간적인 가치는 사람들의 마음에 공감을 일으킨다

'환자의 필요를 최우선으로'라는 가치는 조직 안팎에서 그 가치 고리에 연결된 모든 사람들의 마음에 공감을 일으킨다. 분명 환자와 그의 가족 및 친구들은 그 가치를 체험한 뒤 갈채를 보낸다. 보건의료 분야에서 직장 생활을 하겠다고 마음먹은 사람들 대부분도 이런 가치를 실천하며 사는 것에서 개인적인 성취감을 느낀다. 환자, 가족, 의사, 간호사, 의무기록사medical transcriptionist(의사 또는 건강 관련 전문인들에 의해 녹음된 각종 의료 관련 자료를 옮겨 적는 기록 전문인-옮긴이), 조경 직원, 수위 등 이 가치 고리에 들어 있는 그 누구라도 조직에 의해 착취당한다는 느낌을 받게 되면 그 조직의 가치는 해체될 위기에 처한다. 메이요 클리닉의 가치 선언은 인간적인 것이다. 이 가치 선언의 기반 윤리는 어느 특정한 윤리적, 정치적, 혹은 종교적 전통에서 오는 것이 아니다. 때문에 직원들은 자기 자신만의 신앙과 전통을 이 가치와 연계할 수 있다.

포인트 3: 실질은 미사여구를 뛰어넘는다

일곱 영단어로 구성된 메이요 클리닉의 가치 선언문은 'The needs of the patient come first'로 '환자의 필요를 최우선으로'라는 뜻이다. 이것은 '환자patient'를 빼고는 모두 한 음절 단어만 사용한다. 여기서 가장 중요한 것은 영문에서 '환자들patients'이라고 복수로 표현하지 않고 '환자patient'라고 단수로 표현함으로써 환자 개개인을 잘 섬겨야 한다는 뜻을 전달하고 있다는 점이다. 이 가치는 윌리엄 박사가 연설한 내용을 추려서 짤막한 평서문으로 나타낸 것이다. 이 구절에서 실질적 내용을 담고 있는 단어는 4개, 즉 '필요needs', '환자patient', '오다come', '최우선first'밖에 없다. 이 네 단어는 꾸미는 수식어가 없다. 그렇기 때문에 이 가치는 어떤 조건이 맞아 떨어질 때만 유효하다는 오해를 살 위험이 없다. 이 선언문은 직원들의 눈앞에 늘 펼쳐지고 있는 '환자의 필요'를 주제로 삼고 있어서 기억하기가 쉽다. 클리닉과 종합병원에서 근무하는 모든 사람들은 끊임없이 환자와 그들의 필요를 새롭게 마주하고 있다. 환자들과 직접 접촉하지 않는 곳에서 일하는 직원들도 현관이나 로비, 주차장 같은 곳에서 늘 환자들을 보게 된다. 비서나 행정가, 검사실 기사들도 모자나 스카프를 둘러쓴 암 환자, 전기 휠체어를 조종하면서 로비의 많은 사람들 속을 헤집고 가는 열 살도 안 된 남자 아이, 방향 감각이 없는 노모를 마치 아이를 데리고 가듯 모시고 다니는 중년 여성 등 방금 보았던 환자들의 이미지를 머리에 떠올리며 자기 일터로 향한다. 이 가치가 메이요 클리닉 직원들에게 잘 기억되는 이유는 그 필요가 따듯한 체온을 가진 사람의 것이기 때문이다. 그리고 이 문장의 동사절인 '최우선으로come first'는 직원으로 해야 할 가장 기본적인 것이다. 어떻게 이것을 기억하지 않을 수 있겠는가?

포인트 4: 핵심 가치는 변하지 않지만 그 가치의 효과적인 실천을 위해서는 변화가 필요하다

메이요 클리닉의 핵심 가치는 한 세기 동안 변하지 않았다. 그러나 환자에게 필요한 것이 무엇인가에 대해서는 계속 이해를 넓혀 왔다. 메이요 박사 형제는 각각의 환자가 최고의 진료를 받기를 원했다. 이 목표는 그대로 남아 있다. 하지만 오늘날 메이요 클리닉은 인터넷을 통한 효율적인 정보 접근, 짧은 진료 예약 대기 시간, 이해하기 쉬운 안내판, 영적이고 정신적인 지원 등의 '고객 서비스'도 함께 제공하기 위해 노력하고 있다.

메이요 클리닉에서 배우다

메이요 클리닉이 제공하는 진료 속에서 각각의 환자들은 '환자의 필요를 최우선으로'라는 가치를 그 무엇보다도 먼저 체험할 수 있어야 한다. 의료진은 진지한 마음으로 환자들의 의학적 병력에 귀를 기울여야 한다. 각각의 환자들이 받는 검사는 철저하고 정중하게 시행해야 한다. 하지만 메이요 클리닉이 그 브랜드의 명성을 일구어낸 비밀은 바로 환자의 특별한 필요를 알아챈 직원들이 제공하는 놀라운 서비스들이다. 그들은 고객의 트럭을 관리하고, 개를 보살피고, 생일을 축하해주는 등 환자들이 기대하지 못했던 서비스를 제공한다.

100년 전통의 메이요 클리닉 브랜드가 오늘날까지도 성공적으로 이어지고 있는 이유는 창립자들이 1910년에 그 가치를 선언해서가 아니다. 그것은 수천 명의 환자와 그 가족들에게 놀라울 정도로 세심한 서비스를 제공하는 과정에서 이 가치가 날마다 새로워지고 있기 때문이다. 이 위대한 서비스는 메이요 클리닉 직원들의 마음을 울리고 그들에게 일하는 보람을 준다. 이 보람은 2주마다 계좌로 들어오는 봉급에 더해지는 특별 보너스인 셈이다.

3
CHAPTER

협력 진료

저는 회의에 참석했다가 아내와 딸이 잠자리에 들기 전에 보고 싶어서 예정보다 일찍 금요일 밤 비행기로 돌아왔습니다. 그런데 집에 온 지 45분쯤 지나 수술실에서 응급 호출이 왔습니다. 우리 외과의사 중 한 사람이 교원성 혈관 질환이 있는 젊은 남자를 수술하다가 문제가 생긴 것입니다. 교원성 혈관 질환이 있으면 혈관 벽이 약해지고 동맥류(동맥벽이 크게 부풀어 오른 것-옮긴이)가 생겨서 터지기 쉽습니다. 이 젊은 남자는 다음 날 결혼식에 입을 턱시도를 빌려 집으로 차를 몰고 있었는데 갑자기 복통이 와 의식을 잃고 말았습니다. 그는 근처 플래그스태프에 있는 종합병원으로 실려 갔는데 거기서 심장마비가 왔습니다. 심폐소생술을 한 다음에 메이요 클리닉으로 후송되었지만 다시 심장마비가 와 응급 수술에 들어갔습니다. 혈액을 23유니트나 썼지만 여전히 터진 왼쪽 간동맥 동맥류에서 나오는 출혈을 잡지 못하고 있었습니다.

저는 호출을 받자마자 병원으로 달려갔습니다. 다행히 출혈을 잡을 수 있어서 간 오른엽을 포기하지 않아도 됐습니다. 다음 날 가보니 환자는 호흡기를 떼고 마치 아무 일도 없었던 것처럼 간호사와 얘기를 나누고 있었습니다. 그리고 그 다음 날 우리 병원 목사가 중환자실에서 이 커플을 위해 결혼식을 진행했습니다. 환자는 그 다음 주에 아무런 문제도 없이 퇴원할 수 있었죠.

환자를 돕는 일은 정말 얼마나 큰 기쁨을 주는지 모릅니다. 만약 어려운 상황에 처한 환자를 도울 기회가 다시 생긴다면 저는 주저 없이 뛰어들 겁니다.[1]

메이요 클리닉 애리조나 캠퍼스 이식 수술부 부장이자 간 수술 전문의인 데이비드 멀리건David Mulligan 박사의 이야기는 메이요 클리닉의 팀워크 문화와 그에 따르는 핵심 경쟁력을 잘 표현하고 있다. 메이요 클리닉에서는 대단히 능력 있는 의사와 진료진을 고용하지만 그것은 다른 의료 기관도 마찬가지다. 그러나 메이요 클리닉을 더 뛰어나게 만드는 것은 의료진의 효과적인 팀워크이다. 메이요 클리닉은 환자의 이익을 도모하기 위해 재능을 한데 모으는 능력이 정말로 뛰어나다.

메이요 클리닉은 협동이 잘 이루어지고 융통성 있는 기관이기 때문에 개별 환자들을 위한 전문 의료팀을 꾸릴 수 있다. 없는 것이 없고 각 부서별로 전문가들이 모여 있으며, 그들이 모두 힘을 합쳐 고객을 돕는 그런 큰 백화점을 상상해보라. 이것이 바로 메이요 클리닉의 방식이다. 환자는 그저 의사 한 사람을 얻는 것이 아니라 사실상 메이요 클리닉 전체를 얻는 셈이다. 어떤 환자들은 한 사람 이상의 의사를 만난다. 보통 처음 그 환자를 치료한 의사가 다른 동료 의사들이나 환자의 집 근처 병원 의사들과 함께 치료 계획을 세우고 조정하는 총책임을 맡는다. 메이요 클리닉 환자의 대부분은 치료를 담당하는 의사가 공식적으로는 한 사람이다. 그러나 의사들은 진단하고 치료 계획을 세울 때 비공식적으로 다른 의사들과 의논하는 경우가 많다. 개별 환자의 필요에 따라서 외과의사, 외과 간호사 및 기사, 특별 수련을 받은 간호사, 영양사, 신체재활 물리치료사, 사회복지사 등의 사람들로 팀을 꾸린다. 일단 특정 환자에 대한 치료가 끝나면 팀은 해체되고 다른 환자들을 보기 위해 재구성된다.

멀리건 박사는 팀워크에 관한 또 다른 이야기로 메이요 시스템이 어떻게 움직이도록 설계되어 있는지 보여준다.

어느 날, 종양과 의사 한 사람이 제게 전화를 걸었습니다. 그리고 자기 환자 중에 대장암이 간으로 전이된 환자가 있는데, 그의 사진을 같이 검토하고 싶다고 부탁했습니다. 우리는 각자의 컴퓨터 모니터 앞에 앉아서 그 사진들을 보았습니다. 저는 방사선 의사 중 한 사람에게 사진을 자세히 살펴보고 의견을 말해달라고 부탁했습니다. 결국 우리는 전이암 대부분을 수술로 제거하고, 나머지 제거가 힘든 부분에는 고주파 열치료법(간암 덩어리에 바늘을 삽입한 뒤 고주파 열을 발생시켜 파괴시키는 치료법-옮긴이)을 시행하기로 치료 계획을 세웠습니다. 그리고 제가 동맥 안에 카테터(몸속에 집어넣는 작은 관으로 체액을 배출하거나 약제를 투여하는 데 사용-옮긴이)를 하고 펌프를 장착하기로 했습니다. 그러면 수술하고 몇 주 뒤에 그곳을 통해서 종양과 의사가 화학 요법을 실시할 수 있어 간 전이암 재발 가능성을 줄일 수 있기 때문입니다.

메이요 클리닉에서 다방면의 전문가들로 구성된 통합된 외래 환자 및 입원 환자 관리 시스템이 언제나 의도한 대로 잘 작동하는 것은 아니다. 하지만 대부분의 경우 성공적으로 작동하고 있으며 이것이야말로 클리닉의 가장 중요한 경쟁력이다.

환자를 위해 '무엇을' 할 것인지 밝히는 메이요 클리닉의 으뜸 가치는 '환자의 필요를 최우선으로(2장 참조)'라는 것이다. 이 장에서는 그것에 자연스레 따라오는 '어떻게' 할 것인지의 으뜸 가치인 협력 진료의 의미를 살펴보고, 그것을 어떻게 적용하는지 알아볼 것이다.

핵심 가치는 조직이 추구하고자 하는 기준, 즉 중심 아이디어와 창립 원칙 속에 이미 담겨 있다. 윌리엄 J. 메이요 박사는 1910년에 러시 의과대학 졸업식 연설에서 환자에게 봉사하는 가장 좋은 길은 바로 '힘을 합치는 것'이라고 선언했다. 이는 연설의 한 구절을 살펴보면 더욱 자세히 드러나 있다. "의학을 협동의 과학으로 발전시켜야 할 필요가 더욱 커지고 있습니다. 의료진, 전문의, 검사실 기사 모두가 환자를 위해 힘을 합쳐 당면한 문제를 해결하는 데 서로서로 도우며 의지해야 합니다."[2]

여기서 윌리엄 박사는 메이요 클리닉의 2가지 으뜸 핵심 가치를 분명하게 밝히고 있다. 하나는 환자를 위하겠다는 '포부로서의 가치'이고, 다른 하나는 협동의 과학으로서의 의학이라는 '실천 방법의 가치'이다. 메이요 클리닉이 그저 병원을 유지하는 데 그치지 않고 한 세기 이상 번영할 수 있었던 것은 창립자의 핵심 가치가 사람들의 영혼에 힘을 불어넣고, 기업이 어떻게 기능할 것인지를 안내하는 역할을 했기 때문이다. 메이요 클리닉은 '가치 중심의 조직'이란 무엇인지 그 전형을 보여준다. 자신의 핵심 가치를 잃어버린다면 메이요 클리닉은 그저 한 평범한 기관으로 전락하고 말 것이다.

IBM의 전직 최고경영책임자이자 1970~1980년대에 걸쳐 8년 동안 메이요 재단의 재단이사회 일원으로 활동했던 토머스 왓슨 주니어Thomas Watson, Jr.는 이렇게 쓴 적이 있다. "조직이 무엇인가 성취하는 데는 기술 자원, 경제적 자원, 조직의 구조, 혁신, 시간 관리 같은 것보다는 조직의 기본 철학이나 정신, 추진력 등이 더 중요하다. 물론 성공하려면 앞서 말한 것들이 모두 필요하다. 하지만 사람들이 조직의 기본 행동 지침에 대한 신념이 확고하고, 그것을 충실하게 실천한다면 그런 문제들은 모두 초월할 수 있다."[3]

메이요 클리닉처럼 이 말을 정확하게 반영하는 조직은 없다. 오랫동안 메이요 클리닉은 무엇이 될 것인가라는 질문에 대한 해답뿐만이 아니라, 그것을 어떻게 실천할 것인가에 대한 해답도 찾아내었다. 그것은 바로 팀워크였다.

팀워크는 선택 사양이 아니다

"팀워크는 선택 사양이 아니다." 이 말은 메이요 클리닉에 대해 다룬 「패스트 컴퍼니Fast Company」의 한 구절이다.[4] 이는 정말 맞는 말이다. 뛰어난 의사라 하더라도 혼자 일하기를 좋아하거나, 개인적 명예를 탐내거나, 대인 관계가 서투르거나, 어떻게든 수입을 늘려볼까 고민하는 사람이라면 메이요 클리닉과는 맞지 않다. 메이요 클리닉은 학술 의료계에서 이미 그 본질이 잘 알려져 있다. 그래서 자기가 메이요 클리닉에 어울린다고 생각하는 사람들만 함께 일하고 싶다고 찾아온다. 소화기과 전문의인 조나단 레이튼Jonathan Leighton은 이렇게 말한다. "의료 전문 분야들을 하나의 팀으로 통합해서 일할 때 의술이 가장 성공적일 수 있다고 믿는 사람들은 메이요 클리닉의 문화에 끌릴 수밖에 없습니다. 그것이야말로 우리 메이요 클리닉 사람들이 가장 잘하고 좋아하는 일이니까요. 여러 다른 분야의 전문의들이 팀으로 뭉쳐서 어떤 힘든 케이스를 성공적으로 치료했을 때는 정말 가슴이 뜁니다. 마치 야구 시합에서 홈런이 터진 느낌이랄까요."

메이요 클리닉은 팀 플레이어를 발굴해서 고용하는 데 적극적일 뿐 아니라 커뮤니케이션 기술이나 설비 디자인에 막대한 투자를 해서 그들이 쉽게 협력할 수 있도록 돕는다(6장, 9장 참조). 메이요 클리닉에는 의사가 본 환자 수나 치료 횟수 등에 따르는 인센티브 제도가 없기 때문에 협력이 더 잘된다. 메이요 의사들은 자기 환자를 더 잘 볼 수 있는 동료가 있다면 그 동료에게 의뢰하는 것을 망설일 경제적 이유가 전혀 없다. 마찬가지로 동료를 돕는 데 시간을 쓴다고 해서 수입이 줄어들까 염려할 필요도 없다(5장 참조).

메이요 직원들은 근무 첫날부터 협력 진료라는 핵심 가치 속으로 푹 빠져든다. 알레르기 및 감염 전문의 제임스 리James Li 박사는 이렇게 말한다. "제가 여기 머문 20년 동안 우리 문화는 근본적으로 달라진 것이 없습니다. 저는 첫 1년 동안 메이요의 방식에 적응했고, 그 이후로도 계속 더 많은 것에 적응해갔죠." 아마도 메이요 클리닉의 가장 큰 성과는 나날이 규모가 커지고 복잡해지는 속에서도 수천 명의 새로운 직원들을 뽑아 그들을 서로 잘 이어주고 클리닉의 사명에 충실하도록 만드는 일일 것이다.[5] 메이요 클리닉에서 수련받은 한 영국 외과의사는 이렇게 말한다. "메이요 클리닉에서 제일 놀라운 점은 세상에서 가장 개인주의적인 직업을 가진 수백 명의 사람들을 어떻게 이런 작은 곳에서 한데 어울려 일하게 만들고, 심지어 좋아하게 만들 수 있을까 하는 점입니다."[6]

또한 역사학자인 헬렌 클렙새틀Helen Clapesattle은 1941년에 이렇게 썼다. "메이요 클리닉은 협동적 개인주의 실험의 장이며, 꼭 의사가 아니더라도 지켜볼 만한 가치가 있다."[7]

여기 있으면 저는 더 나은 의사가 돼요

보건의료 서비스직은 매우 힘든 일이다. 정신적, 육체적 스트레스가 대단하다. 환자들은 자기를 돌봐주는 의료진이 모든 것을 다 알고 있으며 절대로 실수하지 않기를 바란다. 실수의 결과가 끔찍한 재앙이 될 수 있기 때문이다. 또한 필요하다면 기적이라도 행해주기를 바란다. 메이요 클리닉에는 심각하고 복잡한 병을 앓는 사람들이 많이 모이기 때문에 압박이 더 심하다. 메이요 클리닉은 찾은 환자들에게서 "당신이 제 마지막 희망이에요."라는 말을 듣는 경우도 흔하다.

팀워크가 필요한 이유는 클리닉이 다방면의 전문가들로 구성된 통합의료 전략을 세워서가 아니다. 환자들의 병이 워낙 복잡하고 심각하기 때문이다. 메이요 클리닉의 협동 정신은 직원 교육의 한 방편이 될 수도 있다. 의사들은 메이요 클리닉에서 더 나은 의사가 된다. 메이요 클리닉에서 효과적으로 일을 하려면 필수적으로 그렇게 되어야 한다. 다른 의료진들이나 일반 직원들도 마찬가지로 그런 개인적 성장을 도모해야 한다. 메이요 클리닉에서는 한 사람, 한 사람에게 더 큰 기대를 걸고, 팀워크는 그런 기대에 부합할 수 있도록 돕는다.

메이요 클리닉은 전통적 의미의 교육 기관이다. 여기서는 신규 의사들을 수련시킨다. 또한 메이요 직원들은 서로를 가르친다는 의미에서도 아주 뛰어난 교육 기관이라고 할 수 있다. 내과의인 커크 로디실Kirk Rodysill은 이렇게 말한다. "제가 진료기록부에 적어놓은 임상 기록이나 검사 지시, 투약 지시 등을 매일 다른 의료 분야의 전문가들이 읽습니다. 만약 제가 적은 것에 질문이나 문제가 있으면 바로 전화가 옵니다. 저는 이를 통해 계속 무언가를 배우지요. 아마도 제가 방금 내린 검사 지시나 처방은 작년, 심지어는 지난주에 나온 최첨단 기술일지도 모릅니다." 그는 이렇게 결론 내린다. "그래서 저는 지난 번 있던 곳보다 이곳에서 더 훌륭한 의사가 될 수 있었습니다."

마찬가지로 내과의인 니나 슈벵크Nina Schwenk에게도 메이요 클리닉에서 더 좋은 의사가 되었다고 생각하는지 물어보았다. 그녀는 이렇게 대답했다. "백 배는 더 좋은 의사가 될 수 있지요. 지원 시스템이 훌륭하니까요. 그건 마치 한 생물체 안에서 일하고 있는 것과 비슷해요. 여기서 일할 때 저는 혼자 뚝 떨어져 있는 세포 하나가 아니거든요. 일반 의로서 저는 제가 부딪히는 문제나 질병, 혹은 주제에 대해서 최고의 조언을 해줄 수 있는 사람들과 만날 수 있어요. 모두들 전화 한 통이면 연결되니까요." 내분비과 전문의인 로버트 리자Robert Rizza 박사는 이렇게 덧붙인다. "저는 방 안에 혼자 있을 때도 혼자라고 느껴본 적이 없어요."

당신의 도움이 필요해요

클리닉의 문화 중 주목할 만한 것은 직원들에게 도움 요청을 허용할 뿐 아니라 오히려 그것을 장려한다는 것이다. 도움이 필요한 상황에서 도움을 요구하지 않는 것은 오히려 경력에 손상을 입힐 수 있다. 메이요 클리닉에서는 도움을 요청해야 한다. 이식외과 사회복지사인 일레인 구스테틱Elaine Gustetic은 이렇게 말한다. "환자를 위해 필요한 것이라면 그 어디서라도 누구든 부를 수 있어요."

호흡기내과 전문의인 에릭 에델 박사는 윌리엄 메이요 박사가 자기의 행동을 통해서 협동의 과학으로서의 의학의 가치를 어떻게 가르쳤는지 떠올린다. "윌리엄 박사는 환자를 보다가 헨리 플러머Henry Plummer 박사가 필요하다고 생각하면 전화를 걸어서 이렇게 말했습니다. '헨리, 이쪽으로 좀 와주게. 이게 뭔지 알아야겠는데 자네 도움이 필요해.' 하지만 환자 면전에서 이런 말을 하지는 않았죠. 두 사람은 밖에 나가서 같이 검토했습니다. 그리고 다시 진료실로 돌아오고는 했죠."

소화기과 전문의인 러셀 하이Russel Heigh는 어느 날 회진에서 환자 13명을 봐야 했다. 그는 가장 병세가 심각한 환자부터 먼저 보기로 회진 계획을 세웠다. 하지만 막상 가보니 환자들 대부분이 매우 심각하게 아픈 상태였다. 하이 박사가 처음 본 환자는 94세의 여성으로 갑자기 배가 아픈 증상을 보였다. 그는 바로 외과의사 한 사람을 포함해서 두 의사와 의논했다. 그는 이렇게 얘기한다. "이런 경우는 생명이 위험해질 수도 있는 상황이라 정말 신경이 곤두섭니다. 그분은 연세가 94세나 되셨어요. 진짜 문제는 수술을 해야 하느냐, 말아야 하느냐 하는 부분입니다. 외과의사나 저나 정말 해야 하는 경우가 아니면 94세 노인에게 수술을 권하고 싶지는 않거든요."

우리는 하이 박사에게 어떻게 이런 어려운 결정들을 내리는지, 그리고 그런 스트레스를 어떻게 극복하는지 물어보았다. 그는 이렇게 대답했다. "저한테는 아주 훌륭한 동료들이 있습니다. 그들에게 도움을 받지요. 일이 힘들게 돌아가면 그들이 제 짐을 덜어줍니다. 어려운 케이스를 만났을 때 의지할 수 있는 전문의들이 있어서 저도 더 효과적으로 일할 수 있습니다."

메이요 클리닉에서 은퇴한 외과의사 키스 켈리Keith Kelly는 다른 의료 기관에서 보기 힘든 이야기를 들려주었다.

한 외과의사가 막내 신참으로 메이요 외과에 들어온 지 얼마 지나지 않아 일어났던 사건이었습니다. 그는 어느 날 오후, 클리닉에서 환자를 보고 있었습니다. 그때 메이요 클리닉에서 가장 경험 많고 유명한 외과의사로부터 호출을 받았습니다. 그 고참 외과의사는 전화로 자신이 수술실에서 아주 까다로운 문제가 있는 환자에게 복잡한 수술을 진행하고 있는 중이라고 말했습니다. 그리고 신참 의사에게 자기가 발견한 사항을 설명하고는 자기가 세운 치료 계획이 적절하다고 생각하는지 물었습니다.

처음에 신참 의사는 어리둥절했습니다. 자기가 그렇게도 존경하는 선배이자 어떤 어려운 경우에도 모든 답을 알고 있을 거라 생각했던 외과의사로부터 이런 전화를 받았기 때문입니다. 하지만 두 사람은 몇 분 동안 의견을 교환하면서 옳은 결정에 도달했습니다. 환자의 문제점은 수월하게 잘 해결되었고 수술 후 회복도 무척 경과가 좋았습니다. 여기서 가장 중요한 점은 신참 외과의사가 수술 경험이 아무리 많은 외과의사라도 환자를 위해서라면 수술 중에도 다른 사람의 자문을 구하는 것이 얼마나 중요한 것인지를 배웠다는 점입니다.

애리조나 캠퍼스 최고경영책임자인 빅터 트라스텍Victor Trastek 박사는 늘 '비난하지 말고 가르쳐라'라는 원칙을 강조한다. 일이 잘못되거나 실수가 있을 때도 이를 통해 가르쳐서 더 나아질 수 있는 기회로 보아야 한다는 것이다. 이런 건설적인 교육 방침이 언제나 실수에 대한 비난을 대신할 수 있을까? 그렇지는 않다. 하지만 트라스텍 박사는 자신감과 자긍심 강화라는 원칙을 강조하는 데 조금도 주저함이 없다. 그것만이 진정한 협력에 이르는 길을 닦아줄 수 있기 때문이다.

이것은 우리가 일상적으로 하는 일입니다

대부분의 서비스 직종에서 일하는 사람들은 자신의 재량에 따라 일을 더 하기도 하고 덜 하기도 한다. 그 차이는 일을 대하는 태도에 있다. 문책이나 성과급 삭감, 혹은 해고 등의 처벌을 피하기 위해 최소한의 에너지만 쏟는가, 아니면 서비스를 수행하기 위해 자신의 에너지를 최대한으로 쏟아붓는가? 둘 중에 어떤 직원이 될 것인지는 개개 직원들에게 달려 있다. 그것은 자발적인 일이다. 진정으로 뛰어난 서비스 조직은 다른 조직들보다 직원들의 '자발적 노력'을 더 잘 이끌어낸다. 바로 이런 추가적인 노력 때문에 더 뛰어난 조직이 될 수 있다.[8]

직원들의 자발적 노력으로 메이요 클리닉과 환자들은 그 덕을 톡톡히 보고 있다. 환자들과 팀을 위한 이런 추가적인 노력은 메이요 클리닉 문화의 핵심에서 우러나오는 것이다. 대부분의 메이요 직원들은 자발적으로 열심히 일한다. 그들이 매일매일 자발적으로 하는 일들이 생명을 살리는 얘기처럼 언제나 극적인 것은 아니다. 하지만 매일 수천 가지 방식으로 펼쳐지는 추가적인 노력들로 인해서 협력 진료라는 전략이 구체적인 실천으로 나타날 수 있는 것이다.

엘레나 헨더슨Elena Henderson은 정형외과 프런트데스크 관리인으로 메이요 클리닉에서 25년 넘게 일했다. 메이요 클리닉에서 일하면서 제일 좋은 부분이 뭐냐고 묻자, 그녀는 이렇게 대답했다. "매일 밤 집으로 돌아갈 때마다 제가 환자들을 안심시키고 도왔다는 뿌듯함을 느끼는 것이에요. 그 기분은 정말 짜릿해요. 정형외과에서 예약 시간을 잡는 일은 정말 만만한 일이 아니에요. 가끔 우리는 예약표에 환자를 한 사람 더 슬쩍 끼워 넣기도 하죠. 그래도 의사들은 불평하지 않아요. 모르고 지나는 경우도 있고요."

물론 모든 메이요 직원들이 자발적 참여 정신을 가지고 있는 것은 아니다. 하지만 메이요 클리닉에서는 적극적으로 그런 사람들을 찾아 나선다. 자기 부서의 고용 결정에 관여하는 일레인 구스테틱은 이렇게 얘기한다. "저는 환자가 느끼는 것을 공감할 줄 아는 사람을 찾고 있어요. 그리고 시계만 쳐다보는 사람보다는 자기 일을 끝마치고 가겠다는 사람을 원하죠."

잭슨빌 캠퍼스의 장기이식부에서 일하는 구스테틱은 심각한 병을 앓고 있는 환자와 그 가족들을 상대로 일한다. 그녀에게는 이야깃거리가 아주 많았다. 그중 하나는 어느 나이 많은 남자 환자의 이야기였다.

편의상 그를 테드라고 부르자. 그는 폐 이식이 필요해 다른 이식 센터에 가보았지만 번번이 퇴짜를 맞았다. 그러다가 메이요 클리닉에 와서 이식 승인을 받았다. 가족들은 잭슨빌로 이사해야 했다. 테드는 이식 수술을 받고 몇 달을 잘 버텼다. 그런데 어느 날 갑자기 정말 큰 문제가 생겼다. 테드의 반대쪽 폐에 암이 생긴 것이다. 그는 몇 달 만에 죽고 말았다.

구스테틱은 다른 환자들에게 그랬던 것처럼 테드를 위해서도 추모식 준비를 도왔다. "저희는 사망한 환자들을 위해서 추모식을 엽니다. 우리는 그 가족들에게 가까이 다가가고, 가족들도 우리에게 가까이 다가옵니다. 일부러라도 여기로 찾아와 저희 병원 예배당에서 추모식을 가져야 한다고 생각하는 가족들도 있지요. 직원과 의사들이 참가한 가운데 한 의사가 추도문을 낭독하고 그 후에 추모연을 갖습니다. 이것은 무척 중요한 일입니다. 자기 일에 정서적으로 맞닿아 있지 않은 사람이라면 이런 일은 할 수 없지요."

이 장 첫머리에도 나왔듯이 클리닉에서는 결혼식도 진행한다. 또 다른 사례가 있다. 대단히 병세가 심각한 환자가 딸의 결혼식을 앞두고 피닉스 캠퍼스의 병동에 입원했다. 그러나 아무래도 살아서 그 결혼식에 참가할 수 없을 것 같았다. 그 딸은 어머니가 꼭 자신의 결혼식을 볼 수 있으면 좋겠다고 목사에게 얘기했고, 목사는 이 사연을 중환자 관리 담당자에게 전했다.

몇 시간도 지나지 않아 병원 중앙 홀은 꽃과 풍선과 색종이 조각으로 꾸며진 결혼식장으로 완전히 탈바꿈했다. 직원들은 케이크를 내오고 피아노를 연주했다. 간호사들은 환자의 머리를 만지고 화장을 곱게

시킨 후, 옷을 입혀서 침대를 끌고 중앙 홀로 나갔다. 목사가 결혼식을 진행했다. 층층마다 병원 직원들과 다른 환자, 그리고 방문객들이 마치 천상에서 내려온 천사들같이 홀의 발코니를 둘러싸고 신부의 이름을 연호했다. 이 결혼식은 환자와 그 가족에 대한 배려를 보여줄 뿐 아니라 직원들에게도 환자의 필요가 최우선이라는 가치를 또렷하게 상기시켜준다.[9] 이 일은 클리닉의 자발적 참여 정신을 가장 잘 나타내고 있다.

추모식이나 결혼식이 병원에서 매일 일어나는 일은 아니다. 애리조나 클리닉에서 16년간 인사 관리를 담당했던 매튜 맥클라스는 그보다 더 흔하게 일어나는 자발적 참여의 예를 들려준다.

제 장인어른은 얼마 전 응급 환자로 여기 입원했습니다. 캘리포니아에서 와서 응급실을 통해 들어왔지요. 장인어른은 중환자실로 들어갔습니다. 아주 늦은 밤이었는데, 저하고 아내가 중환자실로 가보니 간호사가 8명씩이나 장인어른을 돕고 있더군요. 담당 간호사가 누구인지 묻자 간호사 중 한 사람이 우리를 돌아보면서 얘기하더군요. "담당 간호사는 여기 없어요." 그래서 제가 말했죠. "그게 무슨 뜻이죠?" 그녀가 말했습니다. "아, 담당 간호사는 옆방에서 다른 환자를 보고 있어요. 그래서 우리가 좀 도와주고 있는 거예요." 그때 시간이 아마 새벽 2시 정도였을 겁니다. 이 간호사들은 새로운 환자를 입원시키고 일의 마무리를 도우려고 주변에서 모인 것입니다. 한 15분 정도 후에 모든 것이 마무리되자 장인어른의 담당 간호사가 병실로 들어왔습니다. 저는 무척 놀랐지만, 사실 이것은 메이요 클리닉의 직원들이 일상적으로 하는 일이었습니다.

존중의 힘

"여기서는 상호 존중이 무척 중요합니다." 메이요 피닉스 종합병원의 암내과와 장기이식부 간호 팀장을 맡고 있는 브리짓 자블론스키 Bridget Jablonski는 이렇게 단언한다. "여기서는 환자, 동료, 의사, 건물 관리인 등 그 누구라도 존중으로 대할 것을 요구합니다. 누구든 팀의 일원으로 받아들이는 것이죠. 다른 이들의 도움 없이는 우리 중 그 누구도 자기 일을 제대로 해낼 수 없기 때문입니다."

메이요의 문화는 존중의 힘을 강조한다. 직장에서 존중받는다는 것은 사람들이 신뢰해주고, 귀 기울여주고, 함께 어울리고, 공로를 인정해주고, 공정하게 대해준다는 것이다. 상호 존중 없이는 팀워크를 유지할 수 없다. 팀워크는 존중의 특성인 신뢰와 경청, 소속감, 팀원의 기여, 공정함 없이는 존재할 수 없기 때문이다.

존중이 넘치는 조직 문화는 사람들의 일에 자긍심을 불어넣어 준다. 그것은 자신이 가치 있는 사람이라고 말해준다. 존중은 사람의 정신을 고양하고 더 많은 힘을 솟게 해서 자발적 참여를 끌어낸다. 존중은 자신감을 낳고, 자신감은 동기를 부여하고, 동기 부여는 팀의 인정을 이끌어낸다. 응급의학과 의사 애니 사도스티는 메이요 클리닉의 협력 진료의 특징을 얘기하면서 '존중'이라는 표현은 쓰고 있지 않다. 그러나 사실 그 설명의 중심에 자리 잡고 있는 것은 바로 존중이다.

다양한 재능을 가진 사람들이 공통의 사명을 위해 한데 모여 일하는데, 그 사람들 중에는 환자와 직접 접촉하는 사람도 있고 그렇지 않은 사람도 있습니다. 환자와 직접 접촉할 일이 전혀 없는 사람이라 해도 그들은 자기만의 전문 기술을 가지고 있습니다. 그리고 최적의 환자 관리를 위해서 그 기술을 사용하죠. 이는 진료 당사자들에게만 국한된 것이 아닙니다. 행정직, 보조 인력, 보건 관련 종사자, 건물 관리인 등 모든 사람들에게 해당합니다. 건물 관리인들이 자기 일을 잘 해내지 못하면 저도 청결한 환경에서 시간에 맞춰 효율적으로 일하기가 힘들어집니다. 저는 응급실에서 일하시는 건물 관리인들의 이름도 잘 알고 있어요. 저는 동료 의사들에게 고마워하는 만큼 그분들께도 감사하고 있습니다.

또한 브리짓 자블론스키는 이렇게 덧붙인다.

우리 층에서는 모두 매일 골수이식 환자들을 대상으로 회진을 돌면서 환자의 경과에 대해 의논합니다. 우리들은 각자 자기 전문 영역에서 바라본 서로 다른 관점을 제공합니다. 의사, 간호사, 장기이식 코디네이터, 사례관리자case manger(환자가 치료가 끝난 뒤에도 이전의 능력만큼 회복되지 못한 경우에 그들이 사회에 적응할 수 있도록 도와주는 사람—옮긴이), 사회복지사, 영양사, 약사, 목사, 물리치료사, 환자의 담당 간호사 등 모든 사람들이 자기의 지식을 한데 모아서 환자에게 가장 좋은 계획을 만들어냅니다. 모두의 의견을 존중하기 때문에 결국 더 나은 환자 관리가 가능해지고 그만큼 좋은 결과를 얻습니다.

원래 응급의학부와 장기이식부는 상대적으로 경계가 분명한 편이라서 만나는 사람들만 계속 만나는 경우가 많다. 일하는 그룹의 경계가 명확하면 그 안에서는 그만큼 서로 안면을 트고 친해지기도 쉽다. 앞서 말했듯이 메이요 클리닉은 많은 부분에서 부서와 지역을 뛰어넘는 팀워크가 필요하다. 그런데 그렇게 협력해야 할 사람들이 모두 안면이 있고 친한 관계일 수는 없다. 따라서 직함이나 부서, 일하는 캠퍼스가 다르고 안면이 없다 해도 그것을 뛰어넘을 수 있을 정도로 서로를 존중하는 문화가 충분히 강해야 한다. 새로운 사람이 팀 구성원으로 들어왔을 때는 만나본 적이 없어도 일단 메이요 클리닉 동료라는 것만으로도 능력이 있고 협조도 잘할 것이라는 믿음을 가져야 한다. 더 나아가서 상호 존중은 수평적 관계(의사와 의사)만큼 수직적으로도(의사와 간호사) 강해야 한다.

존중은 메이요 클리닉의 강점이지만 때로는 존중이 무시되는 경우도 있다. 그런 경우 클리닉은 단호하게 처리해야 한다. 존중이 흔들림 없이 자리를 지키고 있지 않으면 메이요 클리닉은 메이요 클리닉일 수가 없기 때문에 이것은 대단히 중요한 문제이다. 협력 진료는 바로 여기에 달려 있다.

어항 속의 진료

개원 초창기부터 메이요 형제는 환자를 검진하고 치료한 내용을 진료기록부에 계속 적어나갔다. 두 사람은 각자 자기 사무실에 있는 큰 장부에 따로따로 손으로 진료기록부를 적었다. 처음에는 이것으로 충분했다. 나중에 과학 문헌에 실린 많은 논문들도 이 진료기록부를 토대로 작성했다. 하지만 환자 수와 의료진이 늘어남에 따라 이 시스템은 한계에 부딪혔다. 어떤 때는 같은 의사에게 재방문한 환자의 기록을 예전 방문 기록 옆의 여백에 적어놓은 경우도 있어서 시간 순서대로 자료를 찾아보기가 힘들었다. 두세 명의 의사가 진료했던 경우에는 그 환자의 진료 기록도 두세 개의 장부에 분산되어 기록되었다.

헨리 플러머 박사는 1901년에 고용되고 얼마 지나지 않아 장부 체계를 개선해달라고 요청했다. 당시 의사들은 장부 어딘가에 있을 환자 관련 정보들을 모두 제대로 참조하지 못한 채로 의학적 결정을 내리고 있었다. 메이요 형제의 지원 속에 플러머는 더 나은 시스템을 찾아 나섰다. 그는 다른 클리닉과 종합병원의 기록 시스템뿐만 아니라 보건의료 외 분야의 시스템도 벤치마킹했다. 플러머는 통합진료기록부를 만들어 환자에 대한 모든 의학 정보를 볼 수 있도록 했다. 예를 들면, 예전에 메이요 클리닉에서 받은 수술 경력이라든가, 이곳에 의뢰한 의사가 제공한 진단 및 치료 기록 등도 필요하면 볼 수 있었다. 이 통합된 환자 기록 시스템은 1907년에 도입되어 시간이 지남에 따라 조금씩 변형되었다. 지금은 컴퓨터를 이용하고 있지만 아직까지도 이 시스템을 사용하고 있다.

이 시스템의 핵심은 진료기록부를 의사별로 기록하는 것이 아니라 환자별로 기록하는 것이다. 각각의 환자는 자기만의 식별 번호를 받는다. 이 번호는 1907년에 왔던 한 환자를 1번으로 해서 순서대로 부여했는데, 지금은 700만 번이 넘는다. 의사들이 갖고 있던 장부는 환자별 서류철로 대체되어 거기에 모아진 정보를 통합진료기록부에 기록한다.

현재 통용되고 있는 환자별 포괄적 진료기록부의 개념은 한 세기 전에는 대단히 혁신적이었지만 지금은 모든 곳에서 사용하고 있다. 하지만 클리닉과 종합병원을 통합하는 진료기록부를 운용하는 것은 오늘날에도 고도로 통합되어 운영하는 기관이 아니면 찾아보기 힘들다. 그나마 그런 기관들도 대부분 메이요 클리닉 동창들이 세운 것이다. 1990년대 중반부터 메이요 클리닉은 종이로 된 진료기록부를 전자진료기록부로 교체하기 시작했고, 현재는 교체가 완료된 상태다.

통합진료기록부는 메이요 클리닉의 진료 수준을 높이는 데 큰 역할을 한 것으로 평가받는다. 이는 더 나은 정보를 바탕으로 진단과 치료의 질을 높이려고 했던 플러머 박사와 메이요 형제의 비전을 실현시키는 데 기여했다. 그 기여는 사실 그들이 상상한 것 이상으로 컸다. 전자진료기록부는 앞서 얘기했듯이 중요한 교육 도구로도 기능하고 있다. 또한 이것은 메이요 클리닉 의료 서비스의 질을 가늠하도록 그 내부를 엿볼 수 있는 창문 역할도 한다. 메이요 클리닉 잭슨빌 캠퍼스 최고경영책임자인 조지 바틀리George Bartley가 직원에게 보낸 2004년 신년맞이 편지에는 이런 내용이 있다. "우리는 진료기록부를 공동으로 사용하기 때문에 자기의 잘못을 숨기려야 숨길 수가 없습니다."

환자 한 사람을 여러 의사가 보는 '통합 진료'와 이들 의사들이 같은 진료기록부를 사용하는 '통합진료기록부', 그리고 메이요 클리닉의 높은 '명성'으로 인해 의사들은 동료들만큼 잘해야 한다는 부담을 안게 된다. 의사의 기술과 지식이 계속해서 내부적으로 다 공개되기 때문이다. 실제로 이런 부담은 상당해서 의사들은 끊임없이 공부할 수밖에 없다. 심지어는 이를 견디지 못하고 클리닉을 떠나는 의사들도 있다. 사실상 진료기록부는 전자 의학 교과서라 부를 수 있을 만큼 훌륭한 학습 도구이면서 동시에 학습 동기를 부여하는 역할을 한다.

2005년에 로체스터 캠퍼스 최고경영책임자 자리에서 은퇴한 심장내과의사 휴 스미스Hugh Smith 박사는 통합진료기록부가 서비스 질 관리 시스템에서 맡고 있는 드러나지 않는 역할을 잘 잡아내고 있다.

제가 환자를 볼 때는 병력을 청취하고 신체검사를 합니다. 그리고 감별 진단(환자의 증세로부터 어떤 진단명을 생각했을 때 그것과 유사한 특징을 가진 다른 질병들을 모두 고려하여 함께 비교, 검토함으로써 처음 생각한 진단을 최종 진단으로 내릴 수 있을지 확인하는 진단법−옮긴이)을 내릴 때 가능한 여러 진단 중에 무엇이 가능성이 높고 낮은지 순서를 정하고, 최종 확진을 내릴 수 있게 도와줄 검사가 무엇이 있을지 생각해보지요. 그 모든 것들이 진료기록부에 남습니다. 때문에 동료들은 환자에 대해 적어놓은 제 기록을 통해 자기 전문 분야의 관점에서 환자를 검사할 수 있지요. 또한 동료들은 의사로서의 제 능력을 평가할 기회도 얻습니다. 병력 청취를 빠짐없이 했나? 신체검사는 정확하게 했나? 감별 진단에서 빠뜨린 것은 없나? 일을 순서대로 제대로 처리했나? 필요한 검사를 적절하게 잘했나? 필요한 부분에 대해서는 다른 곳에 도움을 요청했나? 후속 치료를 효과적으로 해서 모든 것을 완전히 처리하고 환자한테는 충분하게 정보를 제공했나?

이런 것들을 끊임없이 고민합니다. 다른 말로 하자면, 저는 평생 메이요 클리닉에서 남들이 다 지켜보고 있는 투명한 어항 속에서 진료하는 셈이죠.

협력 진료 모델은 구성원들이 자기 동료들을 신뢰하지 않는다면 효과적으로 작동하지 않는다. 플러머 박사의 아이디어는 그런 신뢰를 강화한다. 사도스티 박사 또한 진료 팀에 대해 확고한 믿음을 가지고 있다.

저는 응급실에서 종합병원으로 환자를 입원시킬 때 그 환자가 받게 될 진료의 수준에 대해 걱정해본 적이 없어요. 환자가 수술을 받든 내과 치료를 받든 중환자실로 가든, 다른 부서나 나머지 팀에 대한 제 믿음은 아주 확고합니다. 때문에 저는 떳떳하게 환자한테 이렇게 말할 수 있습니다. "저희가 아주 잘 돌봐드릴 테니까 걱정하지 마세요." 만약 저나 제가 사랑하는 사람이 아프다면 어디를 찾아갈지는 너무도 뻔합니다.

경영인을 위한 핵심 전략

메이요 클리닉은 오랜 기간 성공을 이어왔다. 그런 성공이 가능했던 것은 위대한 핵심 가치가 있었기 때문이다. 메이요 클리닉은 100년 전에 2가지 핵심 가치와 함께 문을 열고 오늘날까지도 그 가치를 계속 지켜나가고 있다. 이 세계적으로 유명한 기관을 통해서 우리는 매우 신선한 교훈들을 배울 수 있을 것이다. 이 장에서 배울 수 있는 경영상의 교훈은 다음과 같다.

포인트 1: 덩치가 커도 작게 행동하라

메이요 클리닉은 대단히 큰 기업임에도 작게 행동한다. 조직이 크면 좀 더 완벽한 서비스 라인을 구축할 수 있고 넓은 유통망을 확보할 수 있다. 또한 고가의 운영 지원 기반 시설도 확충할 수 있는 등 높은 경쟁력을 얻을 수 있다.

하지만 조직이 비대해짐으로써 생기는 부작용도 많다. 관료주의가 팽배하고 내부의 소통과 조화가 부실해지며 서비스가 비인간적으로 변한다. 거대 조직의 핵심 과제는 규모가 커지는 데 따르는 장점을 극대화하고 단점은 최소화하는 것이다. 관료주의적인 행태가 간혹 보이기는 하지만(5장의 위원회 시스템에 대한 논의 참고) 메이요 클리닉은 큰 조직의 장점과 작은 조직의 장점을 동시에 누리고 있다. 이는 다른 조직들도 가능하다.

고객과 함께 작게 행동한다는 것은 빠르고, 효율적이고, 기민하고, 유연하고, 친밀하게 행동하는 것을 말한다. 그것은 고객의 다양한 필요를 충족시킬 수 있는 방법을 찾아내는 것이다. 이는 메이요 클리닉이 다방면의 전문성이 필요한 환자를 위해 특별한 팀을 꾸리는 데서 볼 수 있다. 또한 별도의 노력을 기울이고 창조적으로 활동하며 '퇴근 시간만 기다리기보다는 일을 마무리 지으려는 노력'을 의미한다.

직원과 함께 작게 행동한다는 것은 공동체 의식을 가지고, 비전을 공유하고, 협동 정신을 가지는 것을 말한다. 그것은 개인적·집단적으로 책임의식을 가꾸는 것을 의미한다. 또한 신뢰를 바탕으로 하는 문화를 만들어내고, 할 수 있다는 마음가짐과 주인의식을 갖는 것이다.[10]

물론 실제로 작은 조직이라고 해서 그 규모에 따르는 장점을 항상 잘 활용하는 것은 아니다. 조직이 그들의 가치와 전략을 어떤 태도와 행동으로 나타내고, 이를 강화하기 위해 무엇을 투자하는가를 보면 조직이 어떻게 행동하고 있는지 여부가 드러난다. 메이요 클리닉에서 배우는 교훈은 이것이다. 메이요는 하루에 진료하는 환자가 1만 3,000명이 넘지만 일일이 환자들 개개인에 맞추어 '환자의 필요를 최우선으로'라는 가치를 실천한다. 이를 위해 각각의 환자를 돌보기 위한 팀을 꾸린다. 이 팀은 클리닉의 얼굴이 되며 큰 회사 속의 작은 회사 역할을 한다. 큰 회사는 도구, 기술, 시스템 지원을 통해서 팀이 개별화된 양질의 서비스를 제공할 수 있게 해준다. 또한 개별 환자의 통합진료기록부가 하는 역할도 매우 크다. 효과적으로 작게 행동하는 큰 회사는 인간의 감성과 기술이 조화를 이루는 '하이 터치high touch' 개발과 첨단기술 개발 양쪽에 투자할 줄 안다. 메이요 클리닉은 이 일을 무척 잘 해내고 있다.

포인트 2: 경계를 허물도록 독려하라

메이요 클리닉의 이야기는 경계를 허물어서 생기는 긍정적인 효과가 무엇인지 보여준다. 제너럴 일렉트릭사의 전 최고경영책임자인 잭 웰치Jack Welch는 이것을 '경계 허물기boundarylessness'라고 불렀다.[11] '경계 허물기'는 자기가 속한 부서의 경계를 벗어나서 조직 내 다른 부서의 사람들을 만나고, 그들의 전문성에 의지해 당면한 문제를 해결하는 데 필요한 도움을 얻도록 직원들을 독려하는 문화이다.

경계가 분명한 조직은 명확한 역할 분담과 권위 체계에 의지하고, 각각의 기능은 서로 다른 물리적 공간으로 분리해서 일을 꾸려나간다. 반면 경계를 허무는 조직은 인위적인 경계를 허물어 협동하고 적극적으로 다양한 관점을 찾아 나선다. 또한 분산 정보 기술을 사용하고 필요에 따라서 그때그때 팀이나 전담반, 연구 모임 등의 그룹을 만들어 일한다.

'경계 허물기'는 조직을 개방해서 그 능력과 자원을 최대한 잘 이용할 수 있게 해준다. 경계를 허물면 조직 속에 나눠진 범주에 갇히지 않고 조직 전체에 걸친 팀워크를 형성할 수 있다. 메이요 클리닉은 경계를 뛰어넘는 팀워크가 경계에 갇혀 있는 팀워크보다 왜 뛰어난지를 보여준다. 클리닉은 거대한 '의료 백화점'과 같다. 그곳에 있는 특화된 재능과 지식들은 필요하면 그때마다 꺼내 쓸 수 있다. '경계 허물기'는 재능과 지식들을 필요한 곳 어디에서든 쓸 수 있도록 백화점 안의 벽들을 치워버리는 것을 의미한다. 다양한 산업 분야에서 활동하는 거대 기업들도 일터 곳곳에 다양한 전문 기술을 축적하고 있다는 점에서 백화점이라 할 수 있다. 하지만 다양한 작업 그룹의 전문 기술들을 제대로 활용하지 못하는 경우가 많다. 힘을 합쳐서 문제를 해결하고 분야별 경계를 넘어 배울 수 있는 기회들이 제대로 펼쳐지지 않기 때문이다.

메이요 클리닉에서는 도움을 요청하는 일이 단순히 괜찮은 정도가 아니라 오히려 권장 사항이다. 많은 조직에서 도움 요청은 나약함으로 비치기 쉽다. 메이요 클리닉의 가장 뛰어난 문화 중 하나는 도움 요청을 상식적인 권장 사항으로 만들어놓은 것이다.

메이요의 열린 문화는 이 기관을 마치 럭비 팀처럼 만들었다. 노엘 티치Noel Tichy 교수는 이렇게 말한다. "럭비는 흐름의 스포츠입니다. 무척 혼란스러워 보이지만 속을 들여다보면 엄청난 커뮤니케이션이 필요하죠. 불확실하게 변화하는 환경에 맞추어 끊임없이 조정해야 하고 명령 체계를 거치지 않고 문제를 해결해야 합니다."[12]

포인트 3: '무엇을', 그리고 '어떻게'에 가치를 둔다.

메이요 클리닉의 두 핵심 가치, 즉 '환자의 필요를 최우선으로'와 '협동의 과학으로서의 의학'은 다른 모든 것보다 우선한다. 이것은 메이요 클리닉이 정말 진지하게 추구하고 있는 가치로, 클리닉이 문을 연 이후부터 오늘날까지 클리닉이 되고자 하는 것은 무엇이며 어떻게 그것을 실천할 것인지를 정의해왔다. 두 가치 중 하나는 포부를 밝히는 가치이고, 다른 하나는 그 실천 방안을 밝히는 가치라는 점에서 의미가 있다. 우리는 메이요 클리닉의 다차원적인 핵심 가치의 틀 속에 경영자들이 배울 만한 지혜가 들어 있다고 믿는다.

사업계에서 일반적으로 받아들이는 통념은 회사의 핵심 가치는 변함없이 유지하더라도 그 전략과 전술은 시간에 따라 변해야 한다는 것이다. 하지만 메이요 클리닉의 사례에서는 다르다. 뛰어난 조직에서는 어떤 전략이 조직의 신념에서 핵심적인 자리를 차지하고 존재 방식에 없어서는 안 될 부분이 되었다면, 전략일지라도 핵심 가치의 위치로 격상시킬 수 있다. 메이요 클리닉에서 환자의 필요를 충족시키기 위해 여러 재능을 한데 모으는 것은 빠질 수 없는 일이다. 그것은 핵심 가치이자 핵심 전략이다. 클리닉이 성공을 이어올 수 있었던 것은 '포부로서의 핵심 가치'를 유지했을 뿐만 아니라 '실천 방법의 핵심 가치'도 유지했기 때문이다. 클리닉은 처음부터 자신이 원하는 사업 방식의 틀을 세웠고, 현대적인 보건의료 기관으로 발전을 거듭하는 과정 속에서도 그 비전을 충실히 지켜왔다.

메이요 클리닉에서 배우다

협조, 협동, 조율은 메이요 클리닉의 협력 진료를 가능하게 하는 3가지 힘이다. 하루에 수천 명의 환자를 돌보면서도 클리닉 직원들이 개개의 환자에게 맞춤형 관리를 제공할 수 있는 것은 이 힘 덕분이다. 복잡한 질병을 치료하려면 다양한 전문 인력과 기반 시설이 필요하다. 때문에 의사에서 건물 관리인에 이르기까지 각각의 메이요 직원들은 환자의 필요를 충족시키기 위해 팀에서 자기 역할에 능동적으로 참여한다. 메이요에서 일한다는 것은 팀에 들어간다는 뜻이다. 어느 분야의 조직이든 자신이 무엇을 위해, 그리고 어떻게 존재할 것인지를 결정해야 한다. 메이요 클리닉의 모델은 보건의료 안팎의 다양한 사업 분야에서 귀감으로 삼을 만한 원칙과 실천 사례를 보여주고 있다.

CHAPTER 4
멀리서도 찾아오는 진료

"어느 날 어머니는 우리 집 정원 잔디를 깎다가 척추를 다치셨어요. 물론 저한테는 아무 말씀도 하지 않으셨죠." 이 이야기는 메이요 클리닉에서 근무하는 한 의사의 경험담이다. "어머니는 3시간을 날아서 집으로 돌아가셨어요. 그런데 비행기에서 걸어 내려오는 것조차 힘드셨다고 하더군요. 이미 통증이 다리를 타고 아래로 내려가 감각이 사라지고 있었죠." 3일 후에 그 의사는 어머니한테서 전혀 나아지지 않았다는 전화를 받았다. "저는 어머니한테 척추 디스크가 빠져 나와 있는 것 같으니 의사한테 가보라고 말했어요. 그리고 척추 검사를 받고 싶다고 말하라고 했죠." 어머니는 딸이 시키는 대로 했다. 어머니가 찾아간 의사는 이 나라에서 가장 유명한 종합병원 중 하나와 연계된 사람이었다. "하지만 5주 동안 말을 빙빙 돌리기만 하고 얘기도 제대로 귀담아 듣지 않으면서 무릎이 아프다고 마냥 거기다가 주사만 놓아주었대요. 저는 대체 어떻게 된 건가 생각했죠. 어머니는 디스크에 문제가 생겼는데 그쪽에서는 무릎에만 주사를 놓고 있었어요." 그 의사는 무릎 주사가 효과를 보지 못하자 마약성 진통제를 처방했다. "어머니하고 전화 통화를 해보니까 분명 어머니는 약을 과다 복용하셨더라고요. 어머니는 더 이상 영어로 얘기하지 않고 어릴 적 모국어를 쓰시더군요. 당신이 무슨 말을 하는지도 모르는 것 같고, 말도 웅얼거려서 하나도 알아들을 수가 없었어요."

이 의사는 동생에게 어머니를 다시 비행기에 태워서 메이요 클리닉으로 모셔오라고 했다. "어머니는 여기로 와서 그 다음 날 아침에 신경과 의사를 보셨어요. 그날 오후에는 신경외과 의사를 만나시고 그날 밤에 병실에 입원했어요. 그리고 다음 날 척추 수술을 했지요. 어머니는 아팠던 것이 감쪽같이 사라지고 4일 후에 퇴원하셨어요. 3주 후에는 아프리카 사파리 여행을 가서 지프차도 탔지만 아무 문제없었죠!"

이 이야기는 특별한 경우가 아니라 모든 환자들에게 적용되는 메이요 클리닉의 사업 전략을 말하고 있다. 메이요 클리닉 의사를 딸로 두어야만 이런 신속한 서비스를 받을 수 있는 것이 아니라는 말이다.

어느 한 젊은 기업 컨설턴트는 대학원에 있을 때 왼손에 힘이 빠지는 것을 느꼈다. 학생 보건서비스과에서 시작해 그 후로 4년간 도시 네 곳을 돌면서 그는 손 수술 전문의부터 신경과 의사에 이르기까지 12명이 넘는 의사를 찾아다녔다. 한 의사는 말 그대로 손을 들면서 말했다. "저는 포기하겠습니다. 아무것도 찾아낼 수가 없어요." 또 다른 손 수술 전문의는 무언가 신경을 압박하고 있어서 그런 무력증이 찾아온 것이 아닐까 생각하고 손목부터 팔꿈치까지 절개해보기도 했다. 하지만 수술 후에도 증상은 그대로 남아 있었다. 그러는 사이 반대쪽 손에도 무력증이 찾아왔다.

또 다른 대도시에서 만난 한 신경과 의사는 '전도차단을 동반한 다초점성 운동신경병증MMN, Multifocal motor neuropathy with conduction block(신경을 보호하는 수초가 점차적으로 파괴되는 드문 질병으로 수년에 걸쳐 서서히 근력이 약해지고 근육이 위축된다-옮긴이)'으로 임시 진단을 내렸지만 전도차단 증상은 나타나지 않았다. "그 의사는 MMN이라고 확신할 만한 증거가 충분하지 못했죠. 때문에 루게릭병(운동 신경 세포만 선택적으로 죽는 병. 서서히 팔다리가 약해지고 위축하는 데서 시작해 결국 호흡근 마비로 수년 내에 사망에 이르게 되는 치명적인 질환-옮긴이) 같은 끔찍한 병일 가능성이 없다고 확실히 못 박아서 얘기해주지 않았습니다."

MMN의 경우 전도차단 증상이 동반되면 정맥 투여용 면역글로블린 주사IVIG가 비교적 안전한 치료 방법이다. 때문에 그는 전도차단이 일어난다는 증거가 없음에도 불구하고 6개월간 그 치료를 받았다. "정맥 주사 치료를 받으면 즉각적으로 눈에 띄는 효과가 있지 않을까 낙관적으로 기대를 걸어봤지만 결론을 간단히 말씀드리자면 전혀 효과가 없었습니다." 그는 고개를 설레설레 저었다.

결국 이 젊은이는 미국 절반을 가로질러서 메이오 클리닉을 찾아왔다. 메이오 클리닉에 머문 5일은 그의 삶을 바꾸어놓았다. "이곳에서는 아주 짧은 시간 동안 많은 진단 과정을 집중적으로 진행했고 검사 결과도 빨리 나왔습니다. 그렇다 보니 의사는 필요한 다른 검사들을 신속하게 다시 요청할 수 있었죠. 그것은 빠르고 효율적으로 진단을 내리는 데 정말 큰 도움이 되었습니다." 결국 스스로도 최종 진단이라 받아들일 만한 진단 결과를 받았다. '전도차단을 동반하지 않는 다초점성 운동신경병증'. 다초점성 운동신경병증이 전도차단을 동반하지 않는 경우는 다소 드물지만 메이요 클리닉의 신경과 의사는 이미 다른 사례를 본 적이 있었다. "그 의사가 제게 해준 가장 고마운 것은 제 눈을 똑바로 쳐다보면서 루게릭병은 절대로 아니라고 분명히 말해준 것이었습니다." 그는 이야기를 계속 풀어나갔다.

그 의사는 한 검사를 자신이 직접 했습니다. 그리고 전기 신경 검사 소리를 들으면서 말했습니다. "이거 정말 흥미롭군요! 선생님께서 마치 소아마비를 앓고 있는 것처럼 나와요. 하지만 말씀드리자면 절대로 소아마비는 아닙니다." 그 의사는 제 크레아틴 키나아제 수치가 대단히 높게 나왔다고 지적하면서 얘기했습니다. "만약 제가 선생님의 뒷얘기를 몰랐다면 아마 근위축증muscular dystrophy(근육이 점차로 약해지면서 수의성 근육이 퇴화되는 유전 질환-옮긴이)이라고 했을지 모르지만 그 병은 아닙니다. 하지만 저 결과가 말하고 있는 것은 선생님께서 근육을 너무 과도하게 사용하고 있다는 것이죠. 그것은 왼손에만 국한된 게 아닙니다. 몸 전체가 그래요. 몸 전체 근육에 너무 과도한 스트레스를 주고 있다는 말입니다. 선생님께서 하셔야 할 일은 바로 육체 활동을 조금씩 줄여나가는 것입니다." 정말 도움이 되는 말이었습니다. 만약 제가 메이요 클리닉을 찾지 않았다면 저는 알지도 못하는 사이에 제 몸을 불필요하게 망가뜨리면서 여전히 축구 시합을 하고 있었을 겁니다. 그리고 혹시 루게릭병이 아닐까 전전긍긍하면서 밤잠을 설치고 있었겠죠.

이 환자는 무척 기뻐했다. "진단을 내리는 과정이나 저를 대하는 태도, 그리고 진단 결과를 설명하는 방식 등을 볼 때 이분은 제가 지금까지 봤던 의사들 중에 제일 좋은 분이었습니다. 정말 최고의 의사였죠." 이 젊은 기업 컨설턴트는 대단히 만족했다. 그는 다시 메이요 클리닉을 찾아올 필요도 없었다. 5일 동안 머물면서 받은 주의사항을 지키는 것만으로도 충분했기 때문이다. 그는 이렇게 결론 내렸다. "보시다시피 이제 저는 괜찮습니다. 그리고 어떤 기준에 따라 사는 것이 좀 더 건강하게 인생을 보낼 수 있는지 깨달았죠. 이제는 무엇을 해야 할지 알고 있습니다. 더 이상은 주말에 정맥 주사를 맞느라 시간을 뺏기고 싶지 않아요. 다시 예전처럼 돌아갈 것입니다." 그는 '멀리서도 찾아오는 진료'를 체험한 것이다. 그는 또 심각하거나 생각지 못한 의학적 문제가 생기면 다시 메이요 클리닉을 찾을 것이다.

멀리서도 찾아올 만한 진료를 하려면 환자의 의학적 문제점을 효율적이고 빠른 시간 안에 해결할 수 있는 포괄적이고 통합적인 관리 시스템을 제공해야 한다. 그런 진료 내용에는 인공관절 치환술, 미용 성형 수술, 탈장 치료 같이 대단히 특화된 의료 서비스도 포함될 수 있다. 하지만 메이요 클리닉은 한 가지 전문 분야만 다루는 전문점이라기보다는 암부터 미용 성형 수술, 인공관절 치환술에서 장기이식까지 사실상 거의 모든 의학적 문제를 다룰 능력이 있는 백화점이라고 할 수 있다.

앞에 나온 두 환자의 이야기는 메이요 클리닉에서 이루어지는 '멀리서도 찾아오는 진료'의 특성을 잘 나타내고 있다. 첫 번째 사례에서는 의료 서비스가 즉각적이고 효율적으로 진행되었다. 24시간 안으로 진단이 마무리되고 수술을 시작했다. 이처럼 메이요 클리닉에서는 진단한 다음 날 수술하는 경우가 흔하다.

젊은 기업 컨설턴트는 "이곳에서는 아주 짧은 시간 동안 많은 진단 과정을 집중적으로 진행했고 검사 결과도 빨리 나왔습니다. 그렇다 보니 의사는 필요한 다른 검사들을 신속하게 다시 요청할 수 있었죠. 그것은 빠르고 효율적으로 진단을 내리는 데 정말 큰 도움이 되었습니다."라는 말에서 '멀리서도 찾아오는 진료'의 본질이 무엇인지를 정확히 짚어냈다.

매년 14만 명이 넘는 환자들이 메이요 클리닉에서 진료를 받기 위해 집에서 2시간 거리 정도인 180킬로미터가 넘는 먼 길을 마다하지 않고 찾아온다. 그들의 주된 목적은 진료를 받는 것이다. 보통 진단에 필요한 3일에서 5일간은 호텔에 머문다. 입원해야 하는 경우는 체류 기간이 더 늘어날 수도 있다. 메이요 클리닉은 이후로도 환자들을 지속적으로 관리해줄 의사들이 환자들의 집 근처에 있기를 바란다. 메이요 클리닉을 찾는 모든 환자들이 앞의 두 이야기처럼 명쾌하고 확실한 진료를 받을 수 있는 것은 아니다. 하지만 드문 경우도 아니다. 사실 그런 진료를 받은 환자들이 입에서 입으로 클리닉을 추천하기 때문에 메이요 클리닉이 유지되는 것이다.

이 장에서는 메이요 클리닉 서비스의 내면을 살펴보면서 효율적이면서도 환자에게 개별화된 서비스를 제공할 수 있도록 구조와 시스템을 설계하는 데 시스템 공학이 어떤 역할을 하는지 알아볼 것이다. 먼저 의사들을 포함한 모든 직원들과 입원 환자, 외래 환자에 대한 서비스를 하나의 조직 아래 묶는 메이요 클리닉 통합 경영의 특징을 살펴본다. 또한 효율적이고 효과적인 관리를 하는 데 통합진료기록부의 역할이 얼마나 중요한지 알아볼 것이다. 그리고 매일 수천 명의 환자 각각에 맞는 진료 예약 시간을 잡는 데 필요한 복잡한 기반 시설에 대해 논의해볼 것이다. 또한 메이요 클리닉에서 이들 데이터를 가지고 어떻게 미래 수요를 예측하고 그에 부합하도록 클리닉의 규모를 관리하는지 살펴본다. 마지막으로 메이요 클리닉의 신속한 진료를 위해 꼭 필요한 요소인 시간에 맞춘 검사 보고서 작성에 대해 알아보도록 하겠다.

먼저 로체스터 캠퍼스가 멀리서도 찾아오는 병원이 될 수 있었던 기원부터 살펴보도록 하자.

멀리서도 환자들이 찾아오다

메이요 집안 의사들의 명성 덕분에 미네소타 로체스터는 메이요 클리닉으로 알려지게 된 1914년보다 20년 앞선 시기에도 이미 먼 곳에서 환자들이 찾아오는 명소가 되어 있었다. 1880년대 후반부터 다코타에 새로 정착한 많은 사람들은 심각한 병에 걸리면 기차를 타고 로체스터로 찾아왔다. 그들 대부분은 서부로 이주하는 과정에서 로체스터를 지나쳐 갔는데, 거기에서 메이요 집안 의사들에 대한 소문을 들었다. 때문에 로체스터를 찾아와 치료를 받아야겠다고 생각한 것이다. 소문은 입에서 입으로 전해져서 1893년 무렵 세인트메리스 종합병원에는 미네소타, 일리노이, 캔자스, 미주리, 네브래스카, 뉴욕, 오하이오, 위스콘신, 사우스다코타, 노스다코타, 몬태나 등 11개 주에서 환자들이 찾아왔다.[1] 100년이 넘는 기간 동안 로체스터 메이요 클리닉은 사람들이 찾는 주요 의료 기관이었다.

메이요 클리닉 기념관에는 랠프 왈도 에머슨 Ralph waldo Emerson의 말로 추정되는 마케팅 분야의 명언이 공예품에 멋지게 장식된 글자로 적혀 있다. "만약 누군가가 다른 사람보다 더 나은 책을 쓸 수 있고, 더 나은 설교를 할 수 있고, 더 나은 쥐덫을 만들 수 있다면 그 사람이 숲 속에 집을 지었다 해도 세상은 그 문 앞으로 이어지는 길을 낼 것이다."

이것은 윌리엄 J. 메이요가 마지막으로 사용했던 사무실 벽에 오랫동안 걸려 있었다. 메이요 집안 의사들은 미네소타 로체스터의 작은 마을에서 개업한 것에 대해 에머슨의 도전을 19세기 미국에 실현한 것이라고 생각했다. 로체스터는 의료의 성지가 될 만한 장소로 보이지는 않는다. 하지만 19세기 말에는 메이요 집안 의사들처럼 뛰어난 성과를 내는 의사들이 거의 없었다. 대부분의 미국인들과 의사들 눈에는 그들이 현대 외과 의술의 최전선으로 비쳤다. 그들의 클리닉은 찾기 불편한 곳에 있었지만 환자들은 결국 그 문 앞으로 길을 냈다.

하지만 한 세기가 지난 지금은 메이요 클리닉에 대적할 만한 경쟁자가 많아졌다. 미국 사람들은 대부분은 동네 병원이나 지역 의료 센터에서 최신 보건의료 서비스를 받을 수 있게 되었다. 하지만 아직도 50개 주, 150개 국가에서 매년 수천 명의 환자들이 메이요 클리닉을 찾아 먼 길을 나선다. 물론 환자들이 모두 로체스터로만 오는 것은 아니다. 메이요 클리닉 플로리다 캠퍼스와 애리조나 캠퍼스도 매년 각각 2만 명에서 2만 5,000명가량의 국내외 환자들을 끌어들이고 있다. 인구 10만 명의 작은 도시인 로체스터에 있는 호텔방은 5,000개가 넘는다. 이 호텔의 수용 가능 인원의 65퍼센트 정도가 메이요 클리닉을 찾아 180킬로미터가 넘는 거리를 이동해온 9만 5,000명의 환자와 가족들로 매년 채워진다.

메이요 클리닉은 심각한 의학적 문제를 해결하려고 먼 길을 찾아온 환자들에게 신속하고 효율적인 진료를 해줄 수 있는 서비스 시스템을 만들어냈다. 하지만 메이요 클리닉 회장이자 최고경영책임자인 데니스 코르테스 박사는 환자가 그날 집으로 돌아가 자기 침대에서 잠을 잘 수 있는 지역 사람들이라고 해서 확실한 답변을 받을 때까지 오랫동안 두려움에 떨며 기다리게 해서는 안 된다고 강조한다.

대부분의 경우 메이요 클리닉을 찾아온 모든 환자들은 짧은 시간 안에 효율적인 진료로 보통 3일에서 5일 사이에 확진을 받을 수 있다. 어떤 경우는 큰 수술의 초기 처치도 받을 수 있다. 환자들은 메이요 클리닉에 대해 묻기도 전에 먼저 나서서 기대를 뛰어넘는 클리닉의 효율성에 놀랐다고 말한다.

마케팅 부서에서는 이러한 표본 집단 환자들의 얘기를 듣고 메이요 환자 만족도 조사에 효율성에 대한 항목을 추가했다. 조사 결과를 보면 진료가 효율적으로 진행될 수 있게 해주는 시스템과 절차가 환자에게 제공되는 진료 서비스만큼이나 전체 환자 만족도에 영향을 미친다는 사실을 알 수 있다. 3만 6,000건이 넘는 조사 결과 효율성은 의사와 맺는 관계, 심지어는 치료 결과만큼이나 메이요 클리닉 환자의 전체 만족도와 상관이 있었다. 메이요 클리닉 마케팅 이사로 환자 만족도 조사를 담당하고 있는 로리 윌슈센Laurie Wilshusen에게 이것은 놀라운 일이 아니었다. 그녀는 이렇게 말한다. "환자는 의사의 실력이나 검사의 정확도는 판단하지 못할 수도 있습니다. 하지만 자기에게 필요한 것을 서비스해주고 자기의 시간을 존중해주는 시스템을 체험하면서 그것을 간접적으로 평가할 수 있습니다. 우리가 좀 더 효율적으로 서비스할수록 환자들은 그들이 평가할 수 없는 우리의 치료 능력에 대해서도 더 큰 신뢰를 보이게 됩니다."

한 지붕 아래서

"메이요 클리닉은 하나의 아이디어입니다. 그것은 환자야말로 우리가 하는 모든 일의 중심에 있다는 개념이지요. 우리는 지금까지 이 아이디어를 염두에 두면서 모든 것을 환자 위주로 꾸려 왔습니다." 코르테스 박사의 설명이다. 앞서 설명한 대로 메이요 클리닉은 사실상 알려진 거의 모든 의학 전공 분야와 세부 전공 분야의 전문의들을 포괄하는 집단 진료 체제를 구축했다. 그들은 모두 의사들이 운영하는 한 지붕 조직 아래 통합되어 있다. 이 조직은 의사의 주도 아래 모든 외래 환자 진료실과 진단용 검사실을 운영한다. 종합병원 역시 조직 속에 통합되어 있다. 모든 개별 환자들은 의학적 문제를 해결해줄 가상의 집단 의료진을 자기 주변에 구축하고 있는 셈이다. 이 단일 조직 아래서 모든 운영은 환자를 효과적으로, 더 나아가 효율적으로 보는 것을 목표로 움직인다.

로체스터 설비 및 지원 서비스 부장인 크레이그 스몰트Craig Smoldt는 메이요 클리닉이 하나로 통합된 조직으로 기능하기 때문에 효율적 진료를 제공할 수 있다고 지적한다. 이러한 진료는 환자가 멀리서도 찾아오는 병원으로 발돋움하는 초석이 되어 주었다. 그는 이렇게 말한다. "모두가 한 지붕 아래서 일한다는 사실, 그러니까 같은 조직의 임금대장에 올라 있다는 사실은 대단히 큰 차이를 만들어냅니다. 또한 이곳의 규모도 결정적인 역할을 합니다. 미국에서 한 조직 아래 이렇게 다양한 전공 분야와 세부 전공 분야의 사람들이 함께 일하는 곳은 거의 없습니다." 따라서 메이요 클리닉의 세 캠퍼스를 찾는 환자들은 사실상 거의 모든 진단과 치료를 단일 조직하에 받기 때문에 단기간에 마칠 수 있다.

미국의 보건의료 기관 대부분은 메이요 클리닉만큼 통합된 운영을 하는 곳이 없다. 환자들은 한 건물 안에서 진료받지 못하고 보통 도시 여기저기에 흩어져 자기 진료실에서 진료하는 의사들을 찾아다녀야 한다. 임상 검사실이나 임상 사진 촬영 시설들은 병원과 함께 있는 경우도 있지만 대개 따로 독립되어 있다. 미국의학연구소Institute of Medicine 와 미국공학기술원National Academy of Engineering의 보고서에 따르면 다음과 같다. "의학의 전문화가 더욱 심화됨에 따라 미국의 보건의료 체계가 가내 공업화되어 가고 있다. 그래서 각 전문 분야들이 지하 기지들처럼 서로 단절되어 기능하는 의료 전달 체계가 만들어지고 있다."[2]

이 보고서를 작성하는 위원회에서 일했던 코르테스 박사는 한 가상의 환자를 예로 들어 이러한 통합이 없을 때 생기는 문제점을 설명한다. "4가지 의학적 문제점이 있는 환자를 상상해봅시다. 이것은 그 환자가 적어도 의사 5명을 만나야 한다는 것을 의미합니다." 그 환자는 우선 정기 검사를 해주고 일반적인 치료를 담당하는 일반의, 무릎의 심한 관절염을 치료하는 정형외과 의사, 곧 교체해야 할지 모르는 대동맥판을 봐주는 심장내과 의사, 우울증을 관리해주는 정신과 의사, 당뇨 투약을 조절해주는 내분비내과 의사, 이렇게 의사 5명을 만나야 할지 모른다. 코르테스 박사는 말한다. "아마도 일차적 치료를 담당하는 일반의를 제외하고 다른 의사들은 이 환자가 여러 의사들을 만나고 있다는 사실조차도 잘 모를 것입니다. 설사 안다고 해도 이들이 다른 의사가 진료기록부에 적어놓은 환자에 대한 인상이나 권고 사항, 혹은 처방한 약물이나 용량에 대해서 알 것이라고 기대하기는 어렵죠." 환자가 입원하게 되면 그 환자를 입원시킨 의사와 1차 진료 담당 일반의만 그 사실을 알고 있을 것이다.

하지만 메이요 클리닉은 이 모델과는 정반대다. 메이요 클리닉의 서비스 시스템은 환자들이 보통 익숙해져 있는 시스템과 너무 다르기 때문에 여러모로 놀라는 일이 많다. 일례로, 미드웨스트의 숙박업소 소유자는 수년간 섬유낭포성 유방 질환fibrcystic breast disease이 있었다. 그래서 이 질환에 대해 아주 잘 알고 있었는데, 최근에 큰 덩어리 하나가 새로 생긴 것을 발견했다. 이 여성은 깜짝 놀라서 메이요 클리닉을 찾았다. 집에서 30분 거리에 있는 동네 종합병원과 거기서 60분만 더 달리면 나오면 지역 의료 센터를 지나쳐서 몇 시간이나 걸리는 메이요 클리닉을 찾아온 것이다. 그녀는 메이요 클리닉으로 가는 것이 더 나을 거라고 생각했다. 그리고 실제로 그랬다.

그녀는 몇 년 전 이 질병이 처음 생겼을 때 동네 종합병원을 이용했다. 하지만 그곳의 방사선과 의사는 하루 종일 병원에 있었는데도 저녁이 돼서야 하루치 유방 X-ray 사진을 모아서 판독하기 시작했다. 여기서부터 이미 이 종합병원의 서비스 질은 형편없이 떨어지고 말았다. 방사선과 의사 중 그 누구도 사진을 촬영하고 나서 바로 사진이 잘 나왔는지 확인해보지 않았다. 결국 그녀는 며칠 후 X-ray 사진을 재촬영해야 한다는 연락을 받고 다시 불려 나갔다. 이 두 번째 사진은 첫 번째 사진이 잘못 나와서 재촬영한 것이다. 그런데도 병원 측에서 촬영비를 청구하자, 마침내 그녀는 폭발하고 말았다. 이것으로 그녀는 동네 종합병원에 다시는 발을 들여놓지 않았다.

90분 거리에 있는 지역 의료 센터는 더 나은 서비스를 제공했다. 그녀는 거기서 일하는 산부인과 의사와 얘기해서 검진 후 바로 유방 X-ray 사진을 촬영할 수 있었다. 특별히 요청하면 유방 초음파 검사도 함께 받을 수 있었다. 하지만 이런 서비스는 유방 환자들에게 일반적으로 제공되는 것이 아니라 그녀가 특별히 부탁을 해서 이루어진 것이었다.

그런데 그 지역 의료 센터에서 그녀를 봐주던 의사가 휴가를 가게 되었다. 그 바람에 제비뽑기 식으로 뽑힌 다른 의사에게 검사를 맡겨야 했다. 새로운 의사에게 검사를 받게 되면 방사선과 후속 검사 과정이 예전처럼 매끄럽게 진행될 가능성이 거의 없어 보였다. 그래서 그녀는 메이요 클리닉에 가기로 결심했다. 유방 클리닉 환자로 들어간 그녀는 유방 전문 내과의를 만나서 병력을 얘기하고 검사를 받았다. 그리고 근처 유방촬영 센터에서 유방 X-ray 사진을 촬영했다. 유방의 특정 부위를 평가하기 위해서 X-ray 사진 촬영 후 바로 유방 초음파 검사를 실시했다.

초음파 검사를 시행한 유방 방사선과 의사는 전자진료기록부를 통해서 환자의 모든 의학 병력은 물론 다른 의사들이 평가한 내용까지도 알 수 있었다. 초음파 검사 결과 그 덩어리는 암이 아니라 단순한 낭종(물혹)임이 밝혀졌다. 방사선과 의사는 그녀에게 결과를 알리고 만약 통증이 있다면 낭종에 찬 물을 빼내는 치료를 받으라고 권했다. 하지만 단순한 낭종으로 밝혀졌고 아프지 않았기 때문에 이 베테랑 환자는 그 치료를 사양했다. 유방 촬영을 마치고 한 시간 안으로 방사선과 의사는 유방 전문의에게 사진에서 찾아낸 결과를 구두로 보고했다. 유방 전문 내과의는 그 낭종을 그냥 지켜보자고 권유하는 것으로 진료를 마무리했다. 진료는 3시간 반이 걸렸고, 점심시간이 되기도 전에 끝났다.

메이요 클리닉의 환자와 그 가족들 사이에서는 메이요의 서비스가 대단히 효율적이라는 이야기들이 계속해서 오르내리고 있다. 미드웨스트의 큰 도심에서 작은 사업을 운영하고 있는 한 사람은 나이 드신 부모님을 모시고 복잡한 치료를 받으러 왜 굳이 수백 킬로미터 떨어진 메이요 클리닉까지 찾아왔는지 클리닉 행정가에게 설명한 적이 있다. "저는 차라리 일주일 치 일정을 통째로 비워두고 그 기간 동안에 제 부모님께 필요한 거라면 무엇이든 해드리는 게 나아요. 만약 이것을 집 근처에서 하려면 진료실을 여기저기 돌아다녀야 할 거예요. 그리고 한 진료실에 갈 때마다 적어도 반나절은 일을 못하게 되죠. 집에 있으면서 그런 치료를 다 받으려면 일을 못하는 시간이 훨씬 길어질 겁니다. 하지만 그것보다 더 큰 문제는 그렇게 두세 달 정도 더 질질 시간을 끌 수 있다는 점이에요." 이 사업가는 메이요 클리닉의 효율적인 진료 시스템 덕에 더 생산적으로 사업할 수 있었다.

종이진료기록부에서 전자진료기록부로

환자의 가족들이 보내는 찬사는 그냥 우연히 얻은 것이 아니다. 그리고 그저 사람만 잘 뽑는다고 되는 일도 아니다. 서비스 만족도가 높은 이유는 매년 수백만 달러를 산업 공학에 투자해서 효율적인 진료 전달 체계 및 임상의 질과 안정성을 확보할 수 있는 절차와 기반 시설을 만들어냈기 때문이다.

헨리 플러머 박사는 1907년부터 시행한 통합진료기록부 시스템(3장 참조)을 도입하는 과정에서 큰 벽에 부딪혔다. 동료 의사들 중 일부가 이 새로운 아이디어 때문에 자신의 진료 장부를 포기하고 싶어 하지 않았기 때문이다. 심지어 10년 동안이나 그 장부를 계속 가지고 있던 사람들도 있었다. 그들은 자기 진료실 선반에 놓인 장부가 거기서 치워지는 일이 없을 거라고 믿었다. 사실 통합진료기록부를 사용하고 첫 7~8년간은 진료기록부가 너무 늦게 도착해서, 때로는 환자가 다녀간 다음에 오는 경우도 많았다. 의사들이 진료하는 건물 안에는 종이 기록부의 이동을 도와줄 기계가 전혀 없었다.

1914년 메이요 클리닉 빌딩을 새로 지으면서 진료기록부 이동을 위해 특별히 제작된 운반 시스템이 처음 설치되었다. 이 건물은 집단 진료를 위해 특별히 설계된 미국 최초의 건축물이었다. 환자가 일정에 따라 다음 예약 장소로 찾아가서 의료진을 보기 전에 그곳으로 진료기록부를 보내는 것이 운반 시스템의 목표였다. 환자의 진료기록부를 건물 이곳저곳으로 보내기 위해 플러머 박사와 미니애폴리스 건축가인 프랭클린 엘러비Franklin Ellerbe는 케이블을 머리 위 천장을 통해 운송하는 장치를 고안해냈다. 하지만 이 시스템은 4층 건물의 층 내 이동만 가능했고, 층간 이동은 불가능했기 때문에 한계가 있었다. 두 사람은 다시 힘을 합쳐 1928년에 14층짜리 플러머 건물을 지을 때 수직적 층간 이동 장치를 만들었다. 그들은 승강기와 투하기를 설치했다. 승강기는 진료기록부 봉투를 중앙분배 센터로 올려 보냈다. 거기서 직원들은 진료기록부를 분류해서 투하기를 통해 각 층별로 보냈다. 그리고 일부는 수평 컨베이어를 통해 의사들이 일하는 과 창구로 배달되었다. 1950년과 1964년에 각각 10층씩 건축해 올린 20층짜리 메이요 빌딩에서는 꽤 큰 규모로 승강기, 투하기 시스템을 만들어 사용했다. 하지만 거의 한 세기 동안 진료기록부를 나르던 기계 시스템은 전자진료기록부로 대체되면서 이제는 사용하지 않는다.

1990년대에 메이요 클리닉은 종이로 된 진료기록부를 전자 시스템으로 교체하기 시작했다. 이 교체 작업은 메이요 클리닉이 지금까지 진행한 시스템 공학 기획 중에서 가장 복잡하고 많은 비용이 들어갔다. 이 작업은 잭슨빌과 애리조나에서 먼저 시작했고 로체스터가 그 뒤를 이었다. 진료기록부는 의사가 환자를 보기 전에 도착해야 한다. 종이진료기록부 시절에는 승강기와 투하기를 설치한 이후에도 환자가 한 의사를 보고 다음 의사를 만나러 가려면 그 사이에 거의 반나절인 4시간까지 시간을 비워 두어야 진료기록부가 확실히 전달될 수 있었다. 그러나 전자진료기록부를 사용하기 시작한 이후로는 일단 정보를 한번 입력하기만 하면 메이요 클리닉 어디에서든 즉각적으로 진료기록부를 볼 수 있었다. 따라서 지금은 두 예약 사이의 시간 간격을 환자가 휠체어를 타고 첫 번째 예약 장소에서 두 번째 예약 장소로 이동하는 데 걸리는 시간만 고려해서 잡으면 된다. 클리닉의 산업 공학 기술자들은 말 그대로 환자를 휠체어에 태우고 건물과 층 사이를 돌아다녔다. 그리고 수백 가지 이동 경로에 걸리는 시간을 스톱워치로 직접 측정해 컴퓨터 프로그램에 입력했다. 이제 컴퓨터는 그것을 바탕으로 환자의 진료 일정을 잡는다.

전자진료기록부 덕분에 의사들이 동료에게 자문을 구하는 일도 더 빠르고 쉬워졌다. 종이진료기록부 시절에는 의사들이 한 방에 같이 있어야만 자료를 함께 검토할 수 있었다. 그러나 지금은 여러 의사들이 각자 자기 책상 모니터 앞에 앉아서 똑같은 전자진료기록부를 온라인상으로 동시에 보며 전화 회의를 할 수도 있다. 환자 관리에 필요한 정보들이 이제는 그 어느 때보다도 효과적·효율적으로 시기적절하게 제공되고 있다.

언제, 어디서, 무엇을: 예약 일정 관리

매 근무일마다 메이요 클리닉의 환자들은 검사, 임상 치료, 의사 상담 등 수천 건이 넘는 진료 예약 일정을 잡는다. 이 일은 그냥 자리만 잡아주면 그것으로 끝인 공연이나 항공기 좌석 예약과는 다르다. 병원 예약 중 다수는 정해진 순서에 따라서 진행되지만 어떤 경우는 몇 시간 간격을 두고 예약을 잡아야 할 때도 있다. 또한 예약 시간 이전에 특별히 다른 절차를 먼저 진행해야 하는 경우도 많다. 예약 일정 관리는 눈에 확 띄는 경영 기능은 아니지만 보건의료 서비스의 출발점이기 때문에 가장 기본적인 기능이라 할 수 있다.

예약 일정 관리의 통합은 통합진료기록부가 도입된 지 40년이 넘어서야 실현됐다. 이것을 메이요 클리닉에서 시스템 엔지니어링을 적용한 두 번째 사례로 들 수 있다.

헨리 플러머 박사가 1901년에 병원에 합류한 이후로 '시스템 사고방식(문제 해결에 있어 전체 속에서 부분을 바라보며 전체 최적화를 고려하는 사고방식-옮긴이)'은 조직 구석구석에 퍼져 있었다. 메이요 클리닉은 예약 일정 관리를 중앙으로 통합하는 과정에서 이 시스템 사고를 다시 활용했다.

메이요 클리닉은 요즘에 시스템 공학이라는 용어로 더 잘 알려진 산업 공학을 초창기부터 계속 사용해왔다. 그 덕분에 거대하고 복잡한 운영을 통합할 수 있는 기반 시설이 잘 구축되어 있다.

클리닉에서 매일 진료 일정을 잡는 것은 방대한 작업이다. 하지만 진료 예약은 환자 개개인을 대상으로 잡는 것이기 때문에 작고 세밀하게 행동해야 한다.

진료 일정 관리 시스템은 멀리서도 환자가 찾아오게 만드는 진료를 실천하는 데 중추적인 역할을 한다. 지난 60년간 몇 단계에 걸쳐 새로운 기술이 도입되어 일정 관리 절차도 개선되고 운영 효율성도 좋아졌다. 가장 중요한 것은 고객 서비스가 강화되었다는 점이다. 제2차 세계대전 이후 환자들이 물밀듯이 메이요 클리닉으로 몰려들었을 때, 당시 가동 중이던 예약 관리 시스템은 아무 소용이 없었다. 그 당시에는 각각의 의사들이 자신의 예약 시간표를 직접 관리했다. 때문에 의사들은 메이요 클리닉 안에서 가내 공업식으로 일했다. 환자를 다른 동료 의사에게 의뢰하거나 환자에게 혈액 검사, X-ray 사진 촬영 등을 지시했을 때, 해당 과나 검사실로 가서 예약을 잡는 것은 환자의 몫이었다는 뜻이다. 제2차 세계대전이 끝나자마자 많은 메이요 클리닉 의사들이 군복무를 마치고 돌아왔다. 그와 더불어 환자 수도 그만큼 늘어났다. 메이요 클리닉에서는 이들을 위한 공간을 마련하기 위해 로체스터 도심 캠퍼스 주위로 부속 건물을 몇 개 지었다. 환자들은 진료 예약을 잡으려면 해당 진료실을 찾아 도심을 헤매야 했기 때문에 고생할 수밖에 없었다. 메이요 클리닉은 이 문제를 그냥 지나칠 수가 없었다. 이에 조정위원회를 만들고 중앙예약관리데스크Central Appointment Desk를 개발했다. 중앙예약관리데스크는 메이요 클리닉 의사들이 지시한 검사나 의사 상담 예약 일정을 잡아주는 역할을 맡아 환자들의 부담을 줄여주었다.

중앙예약관리데스크를 개발하고 도입하는 일은 새로운 행정가 그룹이 맡았다. 이 그룹은 오늘날 '시스템과 절차'라는 부서로 알려져 있다. 이 중요한 행정 그룹은 현재 캠퍼스 세 곳에서 50명 정도의 기술자들과 사업 분석가들로 구성되어 있다. 리처드 클리러만Richard Cleeremans은 1950년에 '시스템과 절차' 부서에 들어와 오랫동안 부서장을 맡았다. 그에 의하면 메이요 클리닉이 처음 도입한 일정 관리 시스템은 철도 침대칸을 운영했던 풀먼 회사의 시스템이었다. 이 시스템은 원시적이었지만 효과가 있었다. 일정을 관리하는 사람은 각각의 열차 객실에 해당하는 카드를 하나씩 가지고 있었다. 그 카드에는 객실에 있는 침대 수만큼 빈칸이 마련되어 있었다. 고객이 예약을 요청하면 그 사람의 이름을 빈칸에 적는 것이다. 클리러만은 이것을 메이요 클리닉에서 어떻게 적용했는지 설명했다. "우리는 한 시간에 혈액 검사를 얼마나 많이 할 수 있는지를 알고 있습니다. 시간을 측정해봤거든요. 따라서 혈액 검사 예약 카드에는 시간당 검사가 가능한 횟수만큼 빈칸을 마련해둡니다. 중앙예약관리데스크에서 이 빈칸을 채우는 것이죠. 빈칸이 다 차면 배달원이 해당 창구로 이 카드를 전달해줍니다." 예약 내용이 다양했기 때문에 수십 종류의 카드가 필요했다. 환자들은 몇 시간이 지난 후 처음 진료 예약이 있던 창구로 돌아오면 예약 일정을 확인할 수 있었다. 환자들은 예약 서류 봉투를 받았는데 거기에는 여러 개의 작은 소봉투가 들어 있었다. 그 소봉투 겉면에는 방문 시간과 장소가 적혀 있었고 안에는 준비 사항 안내문이 있었다. 각각의 진료 예약마다 소봉투가 따로 있었다. 이 시스템은 손이 많이 갔지만 서비스를 크게 개선할 수 있었다.

중앙예약관리데스크는 신기술의 등장에 발맞춰 조금씩 변화하면서 50년 이상 활동하다가 2005년에 문을 닫았다. 1960년대에 중앙예약관리데스크에서는 카드 시스템을 사용하지 않고 전화를 이용했다. 각각의 검사실과 진료 과에는 예약 일정 담당자가 있어서 중앙예약관리데스크 직원이 환자 예약을 잡으려면 그 담당자에게 전화해야 했다. 이것은 전화를 통해 예약을 잡는 담당 직원들의 능력에 전적으로 의지하는 시스템이었다. '시스템과 절차'의 부서장을 맡고 있는 마크 헤이워드Mark Hayward는 그 당시의 중앙예약관리데스크가 어떻게 움직였는지 설명한다.

메이요 클리닉이 어떻게 굴러가는지 잘 아는 장기 근속자들이 있었지요. 그 사람들 머릿속에는 무엇을 먼저 해야 하고, 동시에 진행할 수 있는 것은 어떤 것들인지에 대한 규칙들이 가득 차 있었습니다. 예약을 잡아달라는 요청을 받으면 그들은 경험에 비추어 무엇을 먼저 하고 무엇을 나중에 할지 결정했습니다. 메이요 클리닉에서는 각 과에서 가장 뛰어난 사람을 뽑아서 창구에 앉혔습니다. 환자가 좋은 체험을 하는 데 예약 관리가 얼마나 중요한지 잘 알고 있었기 때문이죠.

1970년대에는 컴퓨터 기술이 발전해서 일정 관리에 이용할 수 있었다. 하지만 보건의료계를 대상으로 설계해서 판매하고 있는 예약 일정 관리 시스템들 중에서는 메이요 클리닉의 일정 관리 담당자들이 내부적으로 확립해놓은 복잡한 규칙을 수용할 수 있는 것이 없었다. 메이요 클리닉은 결국 보잉사와 나사NASA가 사용하던 소프트웨어에서 아이디어를 얻었다. 두 기관은 모두 생산 주기 및 보전 주기 관리를 위한 규칙들이 있었는데, 그것은 메이요 클리닉의 예약 관리 규칙만큼 복잡했다. 헤이워드는 이렇게 말한다. "이런 노력을 하게 된 것은 애초부터 멀리서 여기까지 찾아오는 사람들을 고려했기 때문입니다. 그 사람들이 이곳에 머물러야 하는 기간을 가능한 한 줄이고 싶었죠. 그래서 1970년대에는 대단히 복잡하고 수준 높은 시스템을 개발했지요."

이 소프트웨어는 이따금씩 업그레이드 하면서 30년 동안 잘 활용했지만 사용이 무척 어려웠다. 중앙예약관리데스크 직원들만 사용할 수 있었고, 사용법을 공부하는 데도 최소 6개월이 걸렸다. 그러나 2005년에 도입된 새로운 시스템은 산업계에서 생산 일정 관리에 사용하는 컴퓨터 기술을 이용한다. 때문에 몇 분 안에 최적의 예약 일정을 계산해낸다. 유전자 알고리즘이라 부르는 이 검색 기술은 시스템에 입력된 8,000개가 넘는 형태의 예약 패턴 규칙에 맞춰 환자에게 맞는 예약 일정을 찾아낸다. '시스템과 절차' 행정운영 지원 팀장을 맡고 있는 샤론 게브리엘슨Sharon Gabrielson은 그것이 얼마나 복잡한 내용을 소화하는지 설명한다. "이 소프트웨어는 많은 변수들을 고려해서 CT 촬영 일정을 조절할 수 있습니다. 예를 들면 환자가 아이인지 어른인지, 남성인지 여성인지, 당뇨 환자인지 아닌지 등을 고려하는 것이죠. 이런 특성들을 종합적으로 고려해서 각각의 환자들을 다른 기계, 다른 검사실, 다른 기사에게 배정합니다." 이것은 예약 장소 사이를 이동하는 시간뿐 아니라 검사복으로 갈아입는 시간, 검사 본 과정에 걸리는 시간, 수면 치료를 했을 경우에 회복하는 시간, 평상복으로 갈아입는 시간 등 절차를 진행하는 데 실제로 소용되는 시간까지도 고려하는 최초의 시스템이다. 이런 변화를 통해 예전처럼 예약 일정을 너무 가까이 잡아서 지각하는 환자들이 크게 줄어들었다.

하지만 그보다 더 중요한 것은 새로운 시스템이 웹을 기반으로 해서 이해하기 쉽기 때문에 인터넷 사용자라면 누구든 쉽게 사용할 수 있다는 점이다. 이 프로그램은 너무 간단해서 모든 창구 직원들은 최소의 교육만 받고도 사용할 수 있었다. 결과적으로 중앙예약관리데스크는 쓸모가 없어졌다. 게브리엘슨은 이렇게 얘기한다. "직원 44명을 원래의 자리로 되돌려 보낼 수 있었고, 중앙예약관리데스크에서 차지하고 있었던 370평방미터(110평) 정도의 공간을 다른 용도로 쓸 수 있게 됐습니다. 그와 동시에 환자들이 예약 일정을 받으려고 대기하는 시간을 60퍼센트 이상 줄일 수 있었습니다."

새로운 일정 관리 시스템이 들어오면서 가장 좋아진 점은 환자가 원하는 일정에 따라서 조절이 가능하다는 것이다. 1970년대에 사용하던 시스템은 환자가 언제 와야 한다고 일방적으로 시간을 내놓았다. 게브리엘슨은 말한다. "최적화된 예약 일정이 나와도 그중 상당수는 우리가 다시 나서서 재조정해야 했습니다. 환자가 맞추기 힘든 시간을 내놓는 경우가 많았거든요." 이렇게 일정을 재조정해야 했기 때문에 매년 수십만 달러의 비용이 들어갔다. 하지만 예약 일정 관리에 필요한 기술적 문제와 환자에게 필요한 서비스 문제를 양쪽 다 해결할 수 있는 정보 기술이 발달함에 따라 이런 추가 비용은 사라졌다.

60년간 계속 발전을 거듭했음에도 메이요 클리닉의 예약 관리 시스템은 아직 완벽하지 않다. 특히 첫 내원 예약을 잡는 부분에서는 아직 문제점이 있다. 최근에 메이요 클리닉은 자체적으로 사람을 고용해 고객으로 가장시켜 암행 조사를 했다. 그 결과 의학적 시나리오에 따르면 분명 예약을 잡아야 할 사례들인데도 거절당하는 경우가 종종 있었다. 게다가 메이요 클리닉의 모든 의사와 각 과에서도 이 최신 시스템이 환자 일정을 제대로 잡아줄 거라고 완전히 신뢰하지 않았다. 플러머 박사가 한 세기 전에 경험했듯이 일부 의사들은 아직 새로운 시스템을 받아들일 준비가 안 되어 있다. 그래서 이런 의사들은 자기 일정 관리표에 대한 자동 접근을 일부 혹은 전체적으로 막아놓고 있다. 하지만 역사가 말해주듯이 메이요 클리닉의 방식은 시스템이 제대로 작동한다는 증거를 보여줌으로써 회의적인 눈길을 극복할 것이다.

효율성 및 서비스 개선

일요일 오후에 메이요 클리닉의 다음 일주일 치 예약 일정을 확인해보면 검사실과 내과전문의, 외과전문의들의 예약 일정표에는 빈칸이 많을 것이다. 이것은 병원 경영에 어떤 문제가 생겨서 그런 것이 아니라 일부러 비워둔 것이다. 메이요 클리닉에는 월요일 아침부터 의사들의 임상 검사 요청이나 다른 의사에 대한 상담 의뢰 요청이 쇄도한다. 메이요 클리닉은 그러한 요구를 소화할 수 있도록 거의 60년간 항상 꼼꼼히 계획을 세웠다.

메이요 클리닉에서는 2가지로 예약 형태를 구분한다. 하나는 외부에서 다른 의사가 의뢰했거나 직접 찾아온 환자들을 위한 '외부 예약' 요청이다. 또 다른 하나는 메이요 클리닉 의사가 검사한 후에 다른 과 등으로 의뢰하는 '내부 예약' 혹은 '내려오는 예약' 요청이다. 외부 의사가 의뢰한 경우에는 이를 우선적으로 처리하지만 외부에서 들어오는 예약 요청을 다 수용하지는 못한다. 그러나 일단 환자가 메이요 클리닉에 들어와 의사를 만난 이후에는 전략적으로 우선 처리해서 필요한 검사와 상담을 빨리 진행할 수 있게 한다. 그러려면 이런 단계들의 진행이 가능한 한 효율적이고 매끄러워야 한다. 그래서 예약 일정표에 빈칸을 남겨두는 것이다.

'시스템과 절차' 부서와 그 시스템 공학자들은 수십 년간 임상 수용 능력의 균형을 유지하기 위해 연구를 계속했다. 특히 '내부 예약'에 대한 수요가 어떤지를 더 자세히 연구해 환자들이 메이요 클리닉에서 매끄럽고 효율적인 진료 서비스를 체험할 수 있도록 했다. 컴퓨터가 없을 때는 일이란 그저 숫자를 세는 것에 불과한 경우가 많았다. 그 계산을 통해 산업 공학자들은 전신 신체검사가 시작되면 거기서 어떤 비율로 흉부 X-ray 사진, 혈액 검사, 정형외과 상담, 비뇨기과 상담 등의 요청이 내려오는지를 알 수 있었다. 이런 '내려오는 예약' 요청을 받아야 하는 예약 일정표에는 상위 진료과의 의사들이 매일 내리는 의뢰를 소화할 수 있도록 빈칸이 마련되어 있다.

물론 요즘 숫자 세는 일은 컴퓨터가 한다. 현 예약 시스템은 예약을 최적화시키는 데서 그치는 것이 아니라 클리닉 역사상 최고의 예약 분석 도구로 운영되고 있다. 지금까지 예약 가동률 보고서는 약 한두 달 전의 예약 실행 비율을 나타내는 오래된 자료를 바탕으로 작성되었다. 사실 이 자료만으로는 경영인이 해볼 수 있는 것이 별로 없다. 하지만 현재의 분석 도구는 예상 수요를 밝힐 수 있다. 시스템 속에 몇 년 치 자료가 들어 있기 때문에 '시스템과 절차'의 분석가들은 현재의 정보를 바탕으로 미래의 수요에 대한 모델을 만든다. '시스템과 절차'의 분석가 존 오스본John Osborn은 이렇게 설명한다.

의사들의 예약표는 우리 시스템으로 12주 전에 이미 입력됩니다. 때문에 우리는 일반 내과처럼 다른 과로 상담 의뢰를 많이 하는 임상과에 환자 약속이 어떻게 잡혀 있는지 미리 알 수 있습니다. 신경과를 예로 들면, 그 주에 의뢰가 얼마나 들어올 것인지 예상치를 알려줄 수 있습니다. 그러면 신경과에서는 그 주에 예상되는 내부 예약 의뢰를 소화하는 데 필요한 만큼 예약을 비워둘 수 있죠. 그뿐만 아니라 이 시스템은 특수한 신경학적 치료가 필요한 환자가 외부에서 의뢰될 경우를 대비해서 어느 만큼 예약을 비워두어야 하는지도 알려줍니다.

오래 사용할수록 더 정확해지는 이 모델은 2가지 큰 이점이 있다. 첫째, 환자들은 약속 중간에 비는 시간 없이 잘 짜인 서비스를 받을 수 있다. 둘째, 의사들과 검사실 등의 생산성도 함께 좋아지기 때문에 메이요 클리닉도 혜택을 입는다. 특히 이 둘째 부분을 간과해서는 안 된다. 환자를 이롭게 하는 기반 시설이 동시에 메이요 클리닉의 재정적 운용에도 도움을 주고 있기 때문이다. 이러한 형태는 산업계에서는 상대적으로 흔한 편이지만 보건의료 분야에서는 드물다.

로체스터 캠퍼스 방사선과에서 있었던 최근의 일은 이 모델이 왜 그렇게 중요한 것인지를 보여준다. 1990년대 중반에는 시장 수요 증가가 로체스터 캠퍼스의 확장 수용 능력을 앞질렀다. 환자 수가 늘기도 했지만 새로운 진단 영상 기법이 발전함에 따라 나머지 과에서 요구하는 영상 촬영 수요도 늘어나 환자당 방사선과 진료 수요도 전반적으로 늘어났다. 방사선과의 규모는 더 이상 내외의 시장 수요를 따라갈 수가 없어 병목 현상이 크게 일어났다.

방사선과는 임상 수준이 뛰어나다고 명성이 높았다. 하지만 1998년에 스티븐 스웬슨Stephen Swensen이 방사선과장이 되었을 때는 서비스의 질, 특히 예약 부분에서 환자나 클리닉 의료진의 불만이 상당히 큰 상태였다. 스웬슨은 이렇게 회상했다. "통상적인 MRI 하나를 찍으려고 해도 몇 주는 기본이고, 몇 달까지 예약이 밀려 있는 경우가 많았습니다. CT의 경우도 상황은 크게 다르지 않았습니다." 환자들은 MRI를 찍으려고 호텔에서 2주를 기다리거나 다시 찾아오지 못했기 때문에 진단용 검사를 마무리할 수가 없었다. 환자들이 찾아오게 하는 진료를 추구하는 전략은 결과적으로 위기에 빠졌다.

스웬슨 박사는 방사선과의 모든 검사를 당일이나 다음 날 예약으로 받을 수 있게 한다는 것을 가장 중요한 목표로 세우고 서비스 개선을 시작했다. 그는 이렇게 설명했다. "환자를 중심에 둔다고 하면서 CT나 MRI 검사를 위해 환자를 며칠씩 기다리게 할 수는 없었습니다."

방사선과에서는 팀을 꾸려 당시 가지고 있던 장비들을 좀 더 효율적이고 효과적으로 쓰는 방법을 연구했다. 팀은 해당 기술자, 간호사, 창구 직원, 행정가, 방사선과 의사 등 경계를 뛰어넘어 다양한 직종의 사람들로 구성되었다. 팀에서는 토요타가 생산 과정에서 나오는 폐기물을 제거하기 위해 개발한 '린Lean'이나, 모토로라가 생산 과정에서 결함이 발생하는 것을 막기 위해 자료 기반 접근법으로 처음 시작한 '식스 시그마Six Sigma' 등의 과정 개선 도구를 사용했다. 그 결과는 대단히 인상적인 것으로 다음과 같다.

1. 순수입이 3년간 거의 40퍼센트 증가했다.
2. 방사선과 의사마다 촬영 프로토콜이 바뀌고 조영제 투여량이 달라지던 변화 폭이 크게 줄어들었다.
3. 식스 시그마를 이용하여 MRI 환자 한 명당 촬영 시간이 6분 감소함에 따라 하루 환자 예약 건수가 늘어나 연간 수입이 400만 달러 이상 증가했다.
4. 종합병원에서 하루 24시간, 일주일 내내 진단 검사 결과를 그때그때 확인할 수 있기 때문에 진단이 빨라지고 입원 일수도 줄어들었다.[3]
5. 흉부 방사선 기사는 남성 흉부 환자를 촬영할 때 이동하는 걸음을 90퍼센트 줄였고, 환자가 과에 머무르는 시간은 5분의 1로 급감했다.
6. 흉부 방사선 서비스에 대한 환자의 만족도가 눈에 띄게 개선되었다.

이런 효율성 개선은 일관된 클리닉의 가치인 팀워크의 결과였다. 스웬슨 박사는 이렇게 말했다. "사람들은 환자 관리를 개선하자는 데 뜻을 모았습니다. 개선 기획이 끝났을 때 우리는 서로에게 기립 박수를 치며 성공을 자축했습니다."
하지만 효율성 개선만으로는 예약을 잡으려고 늘어선 환자의 대기

줄을 완전히 없앨 수는 없었다. 그래서 주말 진료 등 연장 진료를 시행했다. 결국 더 많은 CT, MRI 장비와 방사선과 의사가 필요해졌다. 사실 스웬슨 박사가 과장으로 있던 8년 동안 방사선과 의사의 수는 75명에서 150명으로 두 배나 늘었다. 요즘에는 99퍼센트가 당일이나 그 다음 날 CT, MRI 검사가 가능하다. 연간 촬영 건수도 1998년 50만 건에서 현재는 110만 건으로 늘었다.

최근에 설치한 예약 시스템은 수요 증가 동향을 추적할 수 있는 분석 능력이 있다. 때문에 마크 헤이워드는 이런 수요와 공급 간의 불균형이 다시는 일어나지 않기를 바라고 있다. 헤이워드는 이렇게 말한다. "만약 일주일에 열두 대의 기계가 필요할 만큼 수요가 많은데, 우리가 가진 기계가 열 대밖에 없다면 우리는 스웬슨 박사가 1998년에 겪었던 그런 상황에 다시 마주칠지도 모릅니다." 그래서 '시스템과 절차'에서는 클리닉이 미래에도 적절한 규모를 유지할 수 있도록 돕는 역할도 하고 있다. 헤이워드의 말대로 MRI를 하룻밤 사이에 설치할 수는 없다. MRI는 다른 주요 의학 장비들과 마찬가지로 설치하려면 특별한 공간을 준비해야 하기 때문이다.

조직의 전체 규모와 내부 부서별의 상대적 규모들을 적절히 유지하는 일은 무척 어려운 과제이다. 하지만 훌륭한 서비스를 제공하고 재정적 성과를 올리기 위해서는 필수적인 부분이다. 요즘에는 여러 가지 면에서 합리적인 확장을 가능하게 해주는 전자 기술들을 기관들도 쉽게 접할 수 있다. 메이요 클리닉은 얼리 어댑터로서 이런 도구들을 앞장서서 많이 사용했다. "우리가 이렇게 성장할 수 있었던 것은 분명 전자공학 덕분이죠." 설비 및 지원 서비스 부서장인 크레이그 스몰트는 이렇게 말한다. "제가 1970년대에 이곳에 왔을 때 가지고 있던 기술로는 이런 규모로 커질 수가 없었습니다. 그 당시에는 이메일이 없어서 모든 것을 일일이 타자로 쳐서 보내야 했습니다. 청구 과정도 다 손으로 해야 했고 진료기록부도 전부 종이로 만들었습니다. 요즘 쓰는 전자 시스템이 없다면 지금처럼 많은 환자와 직원들을 관리하는 것은 불가능할 것입니다." 메이요 클리닉은 새로운 기술이 나올 때마다 그것을 받아들임으로써 10년이나 20년 전에는 상상할 수 없었던 많은 일들을 할 수 있었다. 예약 관리 시스템이 그 좋은 예다. 스몰트는 말한다. "요즘에 저는 병원의 규모에 제한을 두지 않습니다. 어떤 기술이 또 등장할지 모르는 일이니까요."

메이요 클리닉이 가능한 한 빠르고 효율적으로 진료를 제공하기 위해 노력하는 덕분에 환자들은 많은 이득을 본다. 세 캠퍼스는 모두 저마다의 방식으로 국내외 환자들이 진료 일정을 마치기까지 걸리는 시간을 추적한다. 그러나 세 곳 모두 그들의 목표에는 조금씩 못 미치고 있다. 로체스터에서는 환자들 중 95퍼센트 이상이 임상 진료 예약을 같은 주 안에 마무리 짓게 하는 것을 목표로, 환자들 중 일부의 진료 과정을 추적 평가하고 있다. 그 결과치는 목표와 약 10퍼센트 정도 격차가 있다. 하지만 표본 조사한 100명의 환자 중에서 80~85명 정도는 금요일 오후 5시까지 진료 일정을 모두 마쳐 그 주 안으로 예약을 마무리한다. 어떤 환자들은 예상치 못했던 복잡한 경우가 생기기도 하기 때문에 100퍼센트 성공률은 불가능하다. 예를 들면, 검사 3일째 되는 날 커다란 암을 발견하는 경우도 있다. 또한 첫 내원 약속을 목요일이나 금요일에 잡은 환자들은 어쩔 수 없이 주말을 넘겨야 할 가능성이 크다. 그러나 이것은 메이요 클리닉이 사실상 모든 환자들이 빠른 진단과 치료를 받을 수 있는 '환자 중심'의 서비스를 제공하기 위해 얼마나 세밀하게 운영하고 있는지를 보여준다. 이러한 노력 때문에 환자들은 좀 더 편하게 갈 수 있는 동네 병원이나 지역 의료 센터를 마다하고 메이요 클리닉을 찾는 것이다. 물론 메이요 클리닉에 가까운 곳에 사는 사람들도 이득을 보는 것은 마찬가지다.

지체 없이 빠르고 정확하게

통합진료기록부와 최적화된 예약 일정 관리는 메이요 클리닉의 효율적인 의료 서비스 전달 시스템의 가시적인 성과이다. 그러나 그 뒤에서는 자기의 전문 지식을 적용해서 수백 가지 촬영, 임상 검사, 진단 절차를 진행하고 보고서를 작성하는, 말 그대로 수천 명에 달하는 기술자, 기사, 의무기록사, 의사들이 포진해 있다. 이들은 복잡한 보고서를 재빨리 작성해서 즉각적으로 전자진료기록부에 올린다. 때문에 여러 면에서 볼 때 이 직원들이야말로 클리닉에서 가장 놀라운 부분으로 기능한다고 말할 수 있다.

예를 들어, 초음파 심장 검진실에서는 환자가 검사를 받고 그곳을 나오기 전에 심장내과의가 판독을 마무리한다는 기준을 잡고 있다. 심장내과의는 검사 자체에 문제가 없음을 확인하고 난 후에야 보고서를 작성한다. 보고서의 서술 부분은 대부분 전자 보고서 프로그램의 풀다운 메뉴에서 표준 용어를 골라 클릭해서 기록한다. 환자가 나가고 대략 5분 안에 그 결과를 전자진료기록부에서 확인할 수 있다. 반면 다른 대부분의 초음파 심장 검진실에서는 보통 그날이 끝날 무렵 검사 자료들을 모으고, 그때서야 심장내과의가 판독을 시작한다. 그러나 메이요 클리닉에서는 ECG나 스트레스 테스트 같은 다른 심장 검사 결과들도 마찬가지로 당직 심장내과의가 하루 종일 바로바로 판독해준다. 판독 결과는 보통 한 시간 안으로 전자진료기록부에 올라온다. 환자가 검사를 받고 간 이후로 2시간을 넘겨서 올라오는 경우는 드물다.

임상 검사실에서는 혈액을 채취한 후에 평균 96분 후면 전자진료기록부에서 결과를 확인할 수 있다. 임상 병리 기사들은 수술실 근처에 머물고 있으면서 수술 도중에 제거한 조직의 동결절편frozen section(채취한 조직을 즉시 냉동시켜 얇은 절편을 만들어 병리 검사하는 방법이다. 채취한 조직으로부터 종양 등 질병의 성질을 수술 중에 신속히 판단하여 수술을 어떤 방향으로 이끌어 갈지 정하기 위해 시행하는 것으로, 빠른 조직 검사 결과를 얻기 위해 사용한다—옮긴이)을 만들어 빠르게 분석해준다. 동결절편에 대한 보고서는 조직이 검사실에 도착하고 대략 10분이 지나면 볼 수 있다. 그 뒤 영구절편을 제작하고 다음 날이면 확진 보고서가 완성된다.

방사선과도 결과를 빨리 알려준다. 요즘에는 사실상 거의 모든 영상을 디지털로 찍는다. 빠른 보고서 작성을 위해 통상적인 받아쓰기 방법이나 컴퓨터의 음성 인식 기술을 둘 다 사용한다. 음성 인식 기술을 사용할 때는 방사선과 의사가 말하는 대로 컴퓨터 화면에서 보고서가 작성된다. 그리고 수작업으로 마무리 편집을 한다. 응급 상황이라면 15분 안으로 영상과 보고서가 올라온다.

메이요 클리닉이 80년에 걸쳐 완성한 직접 받아쓰기 시스템을 이용하면 통상적인 평면 이미지의 경우 응급 상황에서 더 빠른 결과물을 올릴 수 있다. 로체스터 방사선과 과장인 존 M. 크누센John M. Knudsen에 따르면 응급 상황이 아닌 경우에는 대략 30분에서 90분가량이면 결과물이 올라온다고 한다. 삼차원 영상을 처리해야 하는 경우에는 환자가 촬영 장치를 떠날 때 검사가 바로 끝나는 것이 아니기 때문에 시간이 더 걸린다. 보통 한 시간이나 그 이상이 든다. 그래서 좀 더 복잡한 CT나 MRI의 판독 보고서는 검사가 끝나고 두세 시간 정도 후에 올라온다.

위에서 다룬 예들은 환자들이 클리닉 운영에 대해서 얘기할 때 종종 사용하는 '기름칠이 잘된 기계'라는 비유가 헛말이 아니라는 것을 보여준다. 환자들 중 상당수, 특히 재방문하는 경우에는 의사를 보기 전에 다양한 임상 검사를 해야 할 때가 많다. 일반 내과에서 상담의사로 일하는 칼 룬드스트롬Carl Lundstrom 박사는 이렇게 말한다. "환자들은 한두 시간 후에 상담을 하러 다시 저에게 왔을 때 제가 이미 결과를 다 알고 있는 것을 보고 놀라는 경우가 많습니다." 메이요 클리닉의 이런 운영은 환자의 기대치를 훨씬 뛰어넘는 것으로 환자들이 메이요 클리닉에서 받은 진료에 대한 만족도가 전반적으로 높게 나오는 데 큰 영향을 미친다.

경영인을 위한 핵심 전략

메이요 클리닉은 신속하고 효율적인 임상 진료를 하는 데 게을러지지 않도록 '시스템 사고방식'으로 성실히 일해서 환자들이 멀리서도 찾아오게 만드는 진료를 실천하고 있다. 그것은 메이요 클리닉이 따로따로 떨어지지 않고 한 지붕 아래 잘 통합된 조직으로 활동한 덕분이다. 보건의료 계열 안팎에서 통합이 덜 되거나 심지어 가내 공업식으로 운영되는 곳이라도 메이요 클리닉의 경험으로부터 배울 점을 찾아낼 수 있을 것이다.

포인트 1: 고객의 문제에 통합적 해결책을 제시하라

메이요 클리닉은 긴밀하게 연결되고 잘 조화된 서비스로 경쟁하는 '통합 서비스 판매자'다. 통합 서비스 판매자는 고객의 문제에 대해 총체적이고 매끄러운 해결책을 판매한다. 통합 서비스를 판매할 때는 판매자가 고객에게 필요한 모든 서비스를 책임지고 한데 묶어 고객에게 그 일을 떠넘기지 않는다. 메이요 클리닉은 '시스템 사고방식'을 사용하여 통합 서비스를 판매하기 때문에 환자와 그 가족들에게 기대 이상의 깜짝 놀랄 만한 즐거움을 준다.

메이요 클리닉의 약속 일정 관리 시스템과 서비스 생산 시스템은 다른 경쟁자들이 넘보기 힘든 차별화된 생산물인 '멀리서도 찾아오는 진료'를 만들어냈다. 환자들은 비록 집 근처에 있는 병원이나 종합병원이 진료를 잘한다 해도 몇 주, 몇 달씩 걸려서 치료받는 것보다는 며칠 안으로 진료를 마무리할 수 있다는 점에 큰 점수를 준다. 이 장에 나온 방사선과의 사례에서 보듯이 메이요 클리닉도 이런 점에서 문제가 전혀 없는 것은 아니다. 로체스터 캠퍼스에서는 방사선과가 심각한 병목 현상을 일으키는 것을 너무 오랫동안 방치해두었다. 하지만 그 과에 새로운 리더가 들어오면서 새 비전을 설정하자 합리적인 시스템 사고방식에 기반을 두고 접근함으로써 빠르게 적응할 수 있었다.

환자들은 진료가 의학적으로 훌륭할 뿐 아니라 효율적으로 매끄럽게 잘 진행되기를 원한다. 메이요 클리닉은 두 부분에서 모두 뛰어나다. 메이요 클리닉은 중서부의 한 작은 마을을 '통합적 해결책'을 제시해주는 의료의 도시로 탈바꿈시켰다. 그런 통합적 해결책은 환자들의 호평으로 이어져 브랜드의 힘을 강화시켰고, 이 모델은 애리조나와 플로리다의 새로운 캠퍼스로 수출되었다.

포인트 2: 기술 도입으로 가치와 전략을 지켜나가라

기술은 조직이 자신이 원하는 것을 할 수 있도록 도와주는 도구이다. 기술을 사용하는 목적은 고객을 이롭게 하고, 고객의 성공을 돕고, 그들의 삶을 더 나아지게 만드는 것이다. 고객을 이롭게 하지 않고, 고객의 성공을 가로막고, 고객의 삶을 더 나빠지게 만드는 기술 투자는 결국 조직에게 막대한 대가를 치르게 한다. 오로지 비용을 절감하기 위해 기술 투자를 한다면 나중에는 돈을 더 낭비하게 되고 실망만 산더미처럼 쌓이게 될 것이다. 모든 기술은 조직의 핵심 가치와 전략이라는 맥락 속에서 실질적인 문제들을 해결하는 데 사용해야 한다.

메이요 클리닉은 큼직큼직한 기술 투자를 통해 큰 혜택을 꾸준히 누렸다. 이러한 투자는 클리닉의 핵심 가치와 전략에 직접적으로 관련된 것이라는 공통점이 있다. 개별 환자들을 위한 통합진료기록부, 케이블/승강기/투하기 같은 시설, 중앙예약관리데스크, '내려오는 예약'을 예측하는 컴퓨터 알고리즘 등 이런 기술의 목적은 환자를 위해 협력 진료를 하고 멀리서도 찾아올 만한 진료를 만들어내기 위한 것이다. 이런 기술 투자의 결과로 돈이 절약되는 경우도 많았지만 그것이 목표였던 경우는 거의 없다. 메이요의 기술 투자 방식을 배우기 위해 굳이 보건의료 계통에서 일을 해야 할 필요는 없을 것이다.

포인트 3: 혁신은 언제나 진행형이다

메이요 클리닉이 계획을 세울 때 내다보는 기간은 3년에서 5년 정도이지만 목표는 클리닉이 영원히 살아남는 것에 둔다. 메이요 클리닉의 건물은 100년, 아니 어쩌면 영원히 견딜 수 있을 만큼 견고하게 건축되었다. 윌리엄 박사는 플러머 박사가 개발한 통합진료기록부에 적응이 굉장히 느렸던 일부 의사들을 10년 동안이나 기다려 주었다. 로체스터 캠퍼스 의사들이 종이진료기록부에서 전자진료기록부로 옮겨가는 과정은 한 장씩 한 장씩 느리게 10년에 걸쳐 진행되었다. 하지만 결국 종이진료기록부의 시대는 막을 내리고 2005년 3월에 전자진료기록부로 완전히 대체되었다. 음성 인식 기술은 다른 곳에서도 쓸 만하다는 평가가 많은데도 메이요 클리닉에서는 아직 '얼리 어댑터'들만 사용하고 있는 형편이다. 메이요 클리닉은 행동을 강요하는 것을 싫어한다. 특히 진료 서비스를 제공하는 핵심 인력인 의사들에게는 더욱 그렇다. 그래서 메이요 클리닉은 강요하기보다는 증거와 자료를 통해 설득한다.

시스템 공학은 기술의 발전과 시장의 수요에 따라 꾸준히 점진적으로 발전한다. 중앙예약관리데스크는 1950년경에는 대단히 놀라운 혁신이었다. 컴퓨터 기술이 발전함에 따라 수십 년간 이 데스크는 점진적으로 개선되었다. 그러나 결국 대단히 적은 비용으로도 더 나은 서비스를 제공할 수 있는 예약 관리 소프트웨어가 나오자 더 이상 쓸모가 없어졌다. 역사를 돌아보면 종이진료기록부도 마찬가지로 일시적인 것이었다. 전자진료기록부도 마찬가지일 것이다. 메이요 클리닉의 그 누구도 전자진료기록부가 영원히 지금처럼 만족스러운 도구로 남아 있을 것이라 생각하지 않는다. 훌륭한 회사들이 다 그렇듯이, 메이요 클리닉도 자신이 아직 충분히 좋아지지 못했다고 생각한다.

메이요 클리닉에서 배우다

경쟁이 치열한 시장 환경에서도 메이요 클리닉은 효율적이고 효과적인 진료를 원하는 수천 명의 환자들이 최종적으로 선택해서 찾아오는 곳이 되었다. 메이요 클리닉의 신화적 이미지는 그저 이야기를 통해서 튀어나온 것이 아니다. 클리닉의 모든 구성원들이 보여준 직업 정신과 진정으로 핵심 가치와 전략에 따라 사는 그들의 삶은 극적인 이야기들을 만들어냈다. 때문에 환자들은 그 놀라운 이야기들을 다른 사람들과 함께 나누고 싶어 한다.

메이요 클리닉은 멀리서도 찾아오는 병원을 만드는 데 주춧돌 역할을 한 효율적인 진료를 한다. 그런 진료가 가능한 것은 클리닉이 의사가 주도하는 통합된 조직으로서 기능했기 때문이다. 시스템 사고와 기술 혁신 덕분에 진료 기록을 효율적으로 유지하고 찾아보기도 쉬워졌다. 또한 짜임새 있는 일정 관리가 가능해지고 진료 절차도 시간 낭비 없이 잘 조화시킬 수 있었다. 그 결과로 얻은 효율성으로 환자들의 불편은 최소한으로 줄어들고, 진료 팀도 필요한 정보들을 대단히 효과적으로 살펴볼 수 있게 되었다. 이러한 지원 시스템 덕분에 메이요 클리닉은 그 분턱을 넘어 들어오는 환자에게 마음을 다해 충실할 수 있었다.

가치와 전략을 지원하기 위해 새로운 기술을 도입하고 시스템 공학으로 혁신해서 고객의 문제를 총체적으로 해결하는 것, 이 기본적인 교훈은 고객이 최종적으로 찾는 서비스나 재화의 공급자가 되기를 원하는 기업들에게 많은 도움이 될 것이다.

5
CHAPTER

협력을 통한 리더십

MAYO CLINIC

"열흘도 지나지 않아서 이거 실수했구나 싶었습니다." 다시 메이요 클리닉 행정직으로 돌아온 조나단 커트라이트Jonathan Curtright는 이렇게 실수를 인정했다. 그는 2000년도에 꿈의 직장이라 여길 만한 자리가 생겨 메이요 클리닉을 떠났다. 커트라이트의 모교 의과대학 학장으로 새로 임명된 사람은 메이요 클리닉의 의사였다. 그는 커트라이트가 행정 분야에 재능이 있음을 잘 알고 있었다. 그래서 커트라이트에게 모교에서 의과대학 경영을 맡을 부학장직을 해보지 않겠느냐고 제안했던 것이다. 커트라이트와 가족의 입장에서는 마치 고향으로 돌아가는 것이나 마찬가지였다. 그의 부모님도 그 도시에 살고 있었고, 1826년 이후로 가족 소유였던 농장도 2시간 거리에 있었다. 그와 아내는 그 대학에 다니면서 처음 만났다. 거기서 받은 석사 학위도 2개나 있다. 하나는 보건행정 석사MHA이고 하나는 경영학 석사MBA이다. 커트라이트는 아마도 그곳에서 은퇴하지 않을까 생각했다.

하지만 그는 열 달 만에 메이요 클리닉으로 돌아오고 말았다. 커트라이트는 이렇게 말했다. "메이요 클리닉에 있는 동안에는 팀워크를 이뤄서 서로 협력하며 통합적으로 운영하는 이곳 방식이 너무 당연한 것이라고 생각했습니다. 하지만 메이요 클리닉 구석구석에 마치 공기처럼 스며 있는 이 문화는 정말 믿기 어려울 정도로 독특한 것입니다."

커트라이트는 이곳으로 다시 돌아온 이유를 자세히 설명했다. "바로 팀워크와 협력 관계죠. 의사든, 보건 관련 종사자든, 연구자든, 교육자든, 행정 직원이든 메이요 클리닉에 있는 모든 사람은 팀워크의 힘을 믿습니다. 그리고 겸손한 마음으로 함께 일하죠. 오해는 하지 마세요. 여기가 유토피아라는 말은 아닙니다. 하지만 이곳 문화 속에는 겸손함이 어느 정도 녹아 있어서 사람들이 팀원으로서, 파트너로서 함께 일하게 해준다고 생각해요. 하지만 거기에는 그게 없었어요." 커트라이트는 이렇게 결론 내린다. "마치 죽었다가 다시 살아난 것 같은 기분이에요. 다시 태어나 두 번째 삶을 사는 것이죠." 그는 자신의 남은 직장 생활을 여기서 마무리할 수 있기를 바라고 있다.

메이요 클리닉은 진료에서의 팀워크를 통해 환자 우선의 가치를 환자들이 직접 체험할 수 있도록 실천에 옮기고 있다. 1910년도에 윌리엄 박사는 환자 진료에서 팀워크의 중요성에 대해 공식적으로 언급했다. 하지만 꾸준히 성장 중이던 병원의 경영과 지배 문제에 관해 동생 찰스 박사와 협력한 것 말고는 여전히 팀워크를 도입하지 않았다. 그러나 10년 후에 드디어 메이요 클리닉의 장기적인 미래를 계획해야 할 시간이 찾아왔고, 지휘와 경영에서의 팀워크는 메이요 클리닉의 지워지지 않을 또 다른 표상으로 남게 되었다.

메이요 형제는 자연스럽게 협동과 협조의 길로 들어서게 되었다. 특히 환자를 보는 데서 팀워크가 잘 이루어졌다. 두 형제는 성격이나 일하는 방식이 달랐다. 이런 차이 때문에 자연스레 분업이 생겨났다. 찰스 박사는 개원하면서부터 형인 윌리엄 박사가 리더를 맡아야 한다고 생각했다. 찰스 박사의 아들인 찰스 W. 메이요는 이렇게 표현한다. "아버지는 일이 어떻게 마무리 되는지 그다지 신경 쓰시지 않았어요. 하지만 윌리엄 삼촌은 아주 실천가 타입이었죠. 추진력도 있었고요. 아이디어는 아버지로부터 나오는 경우도 있었지만, 그것을 밀어붙여서 끝을 보는 사람은 삼촌이었어요."[1] 해리 하윅Harry Harwick은 두 사람을 모두 잘 안다. 그는 메이요 클리닉의 첫 행정가로 거의 30년간 두 사람과 함께 일했다. 하윅은 두 사람을 이렇게 설명한다.

두 사람은 궁합이 완벽했습니다. 윌리엄 박사는 타고난 리더 타입이라서 속을 그리 잘 드러내지 않고 분석적이었죠. 오만하지는 않았지만 남들을 지배하는 스타일이었고, 자기 자신과 남들에게 가혹하리만큼 완벽을 요구하는 성격이었습니다. 그리고 앞날을 내다보는 신비한 능력도 있었습니다. 반면 찰스 박사는 따뜻하고, 이해심 많고, 유머감각도 좋은 사람이었습니다. 붙임성이 있었죠. 동생 덕분에 윌리엄 박사는 문제를 다룰 때 너무 딱딱해지지 않을 수 있었고, 형 덕분에 찰스 박사는 기분에 휩쓸리지 않고 조심스럽게 행동할 수 있었습니다.[2]

이 장에서는 두 형제와 해리 하윅이 어떤 '승계 계획'을 세웠기에 두 형제가 거의 40년 가까이 독단적으로 이끌어 갔던 클리닉이 광범위한 협력과 협조를 기반으로 세워진 리더십 단계로 넘어갈 수 있었는지를 알아보려고 한다. 먼저 우리는 21세기의 의사 주도형 문화에 대해 논의할 것이다.

또한 충성심을 키워 조나단 커트라이트 같은 사람을 다시 되돌아오게 만드는 이 조직의 지배 구조와 운영 방식이 어떤 시스템과 정책으로 가능했던 것인지 알아보려 한다. 여기서의 초점은 협력과 협조의 정신이 오늘날 메이요 클리닉의 경영과 지배 구조 속에 어떻게 스며들어 있는지 알아보는 것이다.

명령과 통제에서 협력 경영으로

1932년 12월 31일, 윌리엄 박사와 찰스 박사는 이사회 자리에서 물러나 메이요 클리닉의 공식 업무에서 멀어졌다. 윌리엄 박사는 이미 1928년 7월 1일, 67세의 나이로 수술에서 손을 뗐다. 찰스 박사도 수술을 집도하던 도중 망막 출혈로 고생하고 난 후에 1930년 1월 2일, 65세의 나이로 은퇴했다. 1932년에 시행에 옮긴 승계 계획은 당대에서 가장 유명한 외과의사였던 두 창립자가 물러난 이후에도 클리닉이 존속할 수 있게 해주었다. 승계 계획은 두 형제가 네 번의 서로 다른 기회를 잘 살려 메이요 클리닉의 장래를 위해 발걸음을 과감히 옮기는 과정에서 30년 넘게 다듬어진 것이다. 이런 과정들은 '승계 계획'이라기보다는 '승계 계획 수립 과정'이라고 부르는 것이 더 나을 듯하다. 이 혁명적인 과정은 그 첫 단계가 이미 19세기가 거의 끝날 무렵부터 시작됐기 때문이다.

1단계: 수입 배분에서만 동업

1890년대 말에 메이요 형제와 그들의 아버지는 찰스 박사의 처남이었던 크리스토퍼 그레이엄Christopher Graham 박사가 1894년에, 어거스터스 스팅크필드Augustus Stinchfield 박사가 1892년에 합류하면서 5인 동업 체제를 이루고 있었다. 그레이엄과 스팅크필드는 구두로만 계약한 비공식적인 동업 관계였다. 당시 두 형제의 아버지인 윌리엄 워렐 메이요 박사는 70대 후반이었고 중병을 앓고 있었다. 때문에 그가 사망한 이후에도 동업 체제가 지속될지 의문이었다. 윌리엄과 찰스는 유언 검인 판사가 유언을 집행하게 되면 사망한 파트너의 몫을 상속시킬 목적으로 동업 체제를 해체해서 자산을 다섯 등분할 가능성이 있음을 깨달았다. 문건으로 남아 있는 것은 없지만 두 형제는 병원의 명성이 높은 이유가 환자들의 수술 결과가 좋았기 때문이라는 것을 알고 있었을 것이다. 따라서 수술에 참여하지 않는 그레이엄과 스팅크필드는 병원 자체로 상징되는 순자산 가치에 기여하는 바가 크지 않았다.

다섯 파트너 중 어느 한 사람만 죽어도 병원의 운영과 환자 진료에 심각한 차질이 생길 수 있음을 알게 된 두 형제는 대안을 만들었다. 윌리엄 박사와 찰스 박사는 수입 배분에만 참여하는 제한된 동업 관계를 제안했다. 병원 자체와 모든 자산과 유가증권을 동업 계약에서 확실히 분리시키려는 것이다. 은퇴하거나 사망했을 때 파트너나 그 상속자는 '은퇴나 사망 전년도에 그 파트너가 벌어들인 총 수입에 해당하는 금액'을 수령한다는 내용이었다.[3] 윌리엄과 찰스는 그 계약서에 서명하고 다른 파트너들에게도 서명할 것을 요구했다. 그레이엄과 스팅크필드는 동업 체제에서는 모든 자산도 공유하는 것이라 생각했기 때문에

2년 동안 계약서에 서명하지 않고 버텼다. 역사학자 헬렌 클렙새틀에 의하면 윌리엄 박사의 내면에 숨어 있던 강철 같은 성품이 여기서 튀어 나왔다.⁴ 계약을 거부하던 두 사람은 서명하지 않으면 동업 관계를 그만두겠다는 말을 듣고서 어쩔 수 없이 서명을 해야 했다.

이때만 해도 윌리엄이나 찰스 모두 메이요 클리닉이 먼 미래에 어떻게 변할지, 심지어는 본인들의 살아생전에 어떻게 변할지도 상상하지 못했다. 아직은 여전히 작은 병원이었고, 메이요 클리닉으로 공식적으로 불리게 된 것도 이때부터 10년이나 지난 후였다. 그들은 근래에 지어 올린 프리메이슨 건물 한 편을 임대해서 거기서 일했다. 바깥 거리는 아직 비포장 상태였다. 건물 정면에서는 안장을 얹어 놓거나 마차를 매달아놓은 말들이 말뚝에 묶여 주인을 기다리고 있었다. 하지만 이렇게 수입만 배분하는 동업 관계를 만들어놓음으로써 윌리엄과 찰스는 자신도 모르는 사이에 미래의 메이요 클리닉을 위한 주춧돌 같은 조직적 기반을 마련한 것이다. 이 계약을 통해 두 형제는 조직의 모든 물리적, 재정적 자산을 보호할 수 있었고 이 자산들을 소유하고 통제할 수 있었다. 그 후 두 사람은 봉급받는 의사들을 고용했다.

이 두 사람이 파트너가 은퇴하거나 사망한 이후에도 환자 진료가 중단되지 않고 계속될 수 있게 하려는 의도를 넘어 더 큰 비전을 가지고 이런 조치를 취했다는 증거는 없다. 메이요 형제는 진료에서 자신의 동료들을 협력자이자 파트너로서 중시했다. 하지만 아직은 그런 협력 관계가 후에 그들이 남긴 커다란 유산이 된 병원 경영과 운영에서의 협력까지 확장되지는 않은 상태였다.

2단계: 메이요재산관리협회

1908년도에 윌리엄 박사는 고등학교를 졸업한 21세의 지방은행 사원 해리 하윅에게 부기를 맡겼다. 하윅은 44년 동안 메이요 클리닉에서 일하면서 수석행정관 자리까지 올라갔고, 메이요 형제가 클리닉의 장기적인 성공을 위한 계획을 수립하는 데 중요한 역할을 수행했다. 윌리엄 박사와 하윅은 공동으로 작업해서 지금까지도 메이요 클리닉에 남아 있는 기본적인 경영과 지배 구조를 발전시켰다. 하윅은 이 일이 가능했던 이유를 이렇게 설명한다. "메이요 형제는 흑자로 남은 돈을 자기 자신이나 파트너들의 수익으로 돌릴 것이 아니라 더 나은 의료의 형태로 공공 부분에 되돌려 주어야 한다고 믿었습니다."[5]

이 같은 메이요 형제의 확고한 도덕관은 세인트메리스 종합병원에서 일하는 성 프란체스코 수도회 수녀들의 도덕관과 잘 어울렸다. 수녀들의 서약 중에는 청빈의 서약도 있었기 때문이다. 그 수녀들은 보수도 없이 일주일에 6일이나 7일을 하루 12~18시간씩 일하면서 환자를 돌보고 메이요 클리닉의 의사들을 도왔다. 메이요 형제와 성 프란체스코 수도회 수녀들의 이런 숭고한 이타주의적 도덕관은 메이요 클리닉이 장기적으로 성공하는 데 크게 기여했다.

한편, 병원은 그곳을 방문하는 의사들에게 '메이요네 클리닉'[6]으로 불리면서 점차 커지고 있었다. 의사들도 추가로 더 뽑았고 프리메이슨 건물에 세를 놓은 공간도 점점 비좁아졌다. 형제는 병원을 운영하면서 번 수입을 개인적으로 모아두었다가 1914년에 형편이 닿아 외래 환자용 건물을 크게 열었다. 이 건물은 클리닉에 필요한 수요를 언제라도 감당할 수 있게 하려고 세운 것이다. 그러나 그 때문에 1917년에는 환자 수가 300퍼센트까지 극적으로 늘어나 역설적이게도 다시 공간이 부족하게 되었다.

1918년 즈음 윌리엄 박사와 찰스 박사는 자신들이 죽은 이후에도 그들의 독특한 병원 운영 방식으로 병원의 역사가 계속 이어질 수 있을 것이라고 확신했다. 1914년 건물을 개원하면서부터는 병원 이름도 메이요 클리닉으로 알려지게 됐다. 두 사람 모두 메이요 클리닉을 신뢰받는 조직으로 키워서 임상 진료만이 아니라 의학 연구와 교육 프로그램까지도 잘 꾸려나가고 싶어 했다. 하웍의 말에 의하면 두 사람은 이때부터 계획을 시작했다고 한다. 이때는 둘 다 원기 왕성한 중년이었고, 경력 면에서도 최고로 빛날 때였다. 이후에도 오랫동안 활동적으로 일할 수 있을 거라고 기대하지 못할 이유가 없었다.[7]

1년 정도 심도 있게 연구한 끝에 그들은 1919년에 메이요재산관리협회를 조직했다. 증여 증서에 서명하면서 형제는 메이요 클리닉을 영리 단체에서 비영리 단체로 바꾸었다. 형제는 현재의 수입과 미래의 수입 전부에 대한 권리와 모든 건물과 장비, 현금 및 유가증권에 대한 권리를 이 자선 단체에 넘겼다. 그들은 이렇게 개인 재산 대부분을 기부함으로써 자신의 이타주의적 가치관을 실천에 옮겼다. 은퇴한 최고행정책임자인 존 헤렐John Herrell은 이 기부액을 오늘날의 가치로 환산해보면 5,000만 달러가 넘을 것이라고 말했다. 두 형제가 그보다 20년 앞서 그레이엄 박사와 스팅크필드 박사에게 강요했던 법적 계약은 여기까지 생각이 미쳐서 그랬던 것은 아닐 것이다. 하지만 그 아픈 사연이 없었더라면 메이요 클리닉은 지금까지 존재하지 못했을 것이다.

메이요재산관리협회는 의학 교육 및 연구를 진작할 목적으로 재정 자산을 사용한다는 동의 아래 관리되었다. 하윅은 이렇게 말했다. "협회를 감독하는 일은 보수를 받지 않고, 유임 가능한 위원들로 구성된 위원회에서 담당하도록 했습니다. 그리고 문건을 통해 '이 기업에서 벌어들이는 순이익은 물론, 해산이나 파산 절차 시 기업의 자산 중 그 어느 일부분도 회원들 혹은 어느 특정 개인을 위해 사용해서는 안 된다'라고 공식적으로 못 박았습니다."[8] 이렇게 분명하게 조건을 제시함으로써 클리닉 운영에서 벌어들인 순수익은 보건의료 담당자들의 수입을 늘리는 데 사용할 것이 아니라 환자와 지역 공동체를 이롭게 하는 데 쓰여야 한다는 것을 강조했다. 이는 메이요 형제가 추구하는 기본 가치이다.

3단계: 이사회 체제로 전환

1920년 즈음에 와서 '협동의 과학'으로서의 임상 의학은 메이요 클리닉에 아주 잘 뿌리내리고 있었다. 헨리 플러머 박사가 1907년에 개발한 통합진료기록부를 통해 모든 의사와 간호사들은 입원 환자와 외래 환자를 통합적으로 관리할 수 있었다. 이것이 바로 환자 관리에서 협력을 가능하게 해준 가장 중요한 요소이다. 또한 플러머 박사는 1914년 건물 설계에도 참여해 그 건물이 클리닉의 팀 기반 임상 진료에 따르는 요구를 수용할 수 있도록 했다.

그런 발전에 비하면 메이요 클리닉의 경영과 지배 구조는 뒤처져 있었다. 그러나 재정 관리와 행정 운영을 위해서 해리 하윅을 고용함으로써 플러머 박사의 혁신적인 임상 진료 운영에 버금갈 만한 변화를 가져왔다. 1908년에 하윅이 일을 시작했을 때 12명의 의사들은 습관적으로 자신의 진료 요금을 마음대로 정했다. 가능한 장소와 시간이라면 가리지 않고 어디서든 진료비를 받아서 생각 없이 몇 날, 몇 주 동안 주머니에 넣고 다니기도 했다.[9] 의사들은 진료 서비스로 받은 진료비에 대한 기록을 전혀 남기지 않았다. 사용한 비용에 대해서도 마찬가지였다. 의사와 직원들은 필요한 것이 있으면 생각 없이 그냥 주문했다. 그래서 하윅이 기본적인 회계 절차와 처리를 시작했을 때 처음에는 반발에 부딪혔다.

1920년대 초반까지 메이요 클리닉의 지배 구조는 간단했다. 윌리엄 박사가 찰스 박사와 의논해서 결정을 내리는 것이다. 하지만 형제는 자기들도 언젠가 죽는다는 사실을 너무도 잘 알았다. 때문에 이런 모델로는 메이요 클리닉을 오래 이끌 수 없다는 것을 깨달았다. 그들은 임상에서 보이는 협력 구조에 걸맞은 행정 체제의 뒷받침이 필요했다. 자기들의 개인적인 재산 대부분을 메이요재산관리협회에 기부함으로써 이미 그들은 메이요 클리닉이 더 이상 가족 사업이 아님을 알렸다. 메이요 클리닉은 메이요 형제들 이상의 그 무엇이었다.

형제가 해리 하윅의 도움을 받아 경영과 지배 구조의 지속 가능한 모델로서 만들어낸 것은 1920년대부터 꾸린 메이요 클리닉 이사회였다. 이사회는 처음에 클리닉의 행정과 운영을 담당했지만 점차 성숙해짐에 따라 정책 수립 부분도 담당하게 되었다. 윌리엄 박사는 자신을 포함한 의사 7명과 하윅으로 구성된 이 모임을 만듦으로써 30년간 클리닉 관련 업무를 독자적으로 통제했던 지배 방식을 종결할 것이라는 의지를 밝혔다. 하윅의 말에 의하면 조직 내부에 이런 지도부 구성을 비웃는 사람들이 있었다고 한다. 윌리엄 박사가 1932년 말에 사임하기 전까지 이사회 회장을 맡고 있는 동안에는 이러한 변화가 의미 없어 보였기 때문이다. 물론 처음에는 논란의 여지가 있는 상황을 만나면 메이요 형제의 위세에 눌려 결정이 좌지우지되는 경우가 많았다. 하지만 이것은 점차 시간을 두고 변해갔다.[10]

윌리엄 박사는 선구적인 외과의사로 활동할 때 보여주었던 신중하고 엄격한 태도로 이런 변화에 대처해 나갔다. 그는 경영과 지배 구조를 전체 조직 동료들 간의 협력 구조로 대체하면서 '협동의 과학'으로 승화시켜 나갔다. 하윅에 의하면 윌리엄 박사는 그 이후로 몇 년 되지 않는 짧은 기간 동안에 이미 자신의 업무 일부를 이사회 내의 다른 회원들에게 넘겨주었다고 한다. 형제가 1932년에 클리닉의 모든 공식적 행정 업무에서 완전히 손을 뗐을 때도 차세대 경영진은 아무런 공백 없이 권한을 이양받을 수 있었다. 하지만 두 사람은 그 이후에도 로체스터에 있는 동안에는 건강이 허락하는 한 사무실로 나왔다. 그리고 누군가가 필요할 때는 선배로서 조언을 해주는 역할도 마다하지 않았다. 한번은 겨울을 보내러 투손에 가 있는 동안 클리닉으로부터 첫 보고서를 받았다. 헬렌 클렙새틀에 따르면 찰스는 그것을 읽고는 형을 보고 웃으면서 이렇게 얘기했다고 한다. "이런, 우리로서는 정말 섭섭한 일이로군요. 형님, 이제 우리가 없으니까 있을 때보다 더 잘하는데요?"[11]

지배자 타입의 리더였던 윌리엄 박사는 효과적으로 물러났다. 처음에는 수술에서 먼저 손을 뗐고, 그다음에는 의료계 모임에서 손을 뗐다. 그리고 마지막으로는 귀감이 될 만큼 기품 있는 모습으로 클리닉 경영에서 손을 떼었다. 그 각각의 경우마다 그의 말 한마디 한마디에는 차기 리더들을 존중하는 마음이 담겨 있었다. 그가 보여준 사례는 메이요 클리닉에서 경력을 마무리할 때가 가까워진 각 세대 임상과 행정 부분의 리더들에게 여전히 모범으로 남아 있다.

4단계: 위원회를 통한 참여형 지배 구조

이사회를 보조하기 위해 윌리엄 박사는 1923년과 1924년에 클리닉 경영의 다양한 측면(임상 진료, 교육, 연구, 인력 관리, 재정 관리 등)을 담당할 몇몇 운영위원회를 개설했다. 이런 변화는 해리 하윅의 반대에도 불구하고 이루어진 것이다. 그러나 20년 정도 지난 뒤에 하윅은 윌리엄 박사가 옳았음을 인정하지 않을 수 없었다. 운영위원회는 나중에 이사회나 임상 각 부서와 과에서 활동할 미래의 리더를 양성해내는 훈련소 역할을 해주었다. 이런 참여형 경영 시스템은 의료 분야의 직원들에게 의료 영역의 경영과 사업적 측면에 대한 이해를 넓혀주는 역할도 톡톡히 해냈다.

그 이후 세대의 리더들은 행정 분야에서든, 의료 부분에서든 두 형제가 시작했던 네 단계의 핵심 내용들을 계속 지켜나갔다. 그레이엄과 스팅크필드 박사가 봉급만 받고 일하기로 동의한 이후로 메이요 클리닉의 모든 의사들은 봉급을 받고 일했다. 윌리엄 박사와 찰스 박사가 1923년 공식적으로 동업 관계를 해산함에 따라 의사들이 모두 메이요 클리닉이라는 자발적 모임의 일원으로 편입되자 그들은 봉급제를 받아들였다. 메이요재산관리협회는 메이요 재단으로 거듭났다. 이 재단은 오늘날 메이요 클리닉의 운영과 자산 관리를 총괄하는 조직이 되었다. 메이요 클리닉의 민간 이사들은 여전히 보수 없이 봉사하고 있다.

이사회와 운영위원회 시스템은 조금 바뀐 것을 제외하고는 모두 큰 변화 없이 오랜 세월 유지되고 있다.

21세기형 파트너

1908년에는 윌리엄 박사와 찰스 박사를 포함한 의사 12명이 메이요 클리닉 의료진 구성의 전부였다. 지금은 2,500명의 의사들이 세 곳 캠퍼스에서 근무하고 있다. 이렇듯 몸집이 커졌는데도 메이요 클리닉은 여전히 집단 진료 체제로 남아 있다. 2007년 2월부터 메이요 클리닉의 최고행정책임자로 근무를 시작한 셜리 바이스에 따르면 이러한 특성은 이 조직을 이해하는 데 가장 핵심적인 부분이라고 한다. 해리 하윅은 이것을 '의사들의 자발적인 모임'이자 '목표와 목적을 가지고 있는 개인들의 모임'이라고 불렀다.[12] 바이스는 말한다. "오늘날 메이요 클리닉을 굴러가게 하는 원동력은 여기서 일하는 의사들이 이 클리닉을 자신들의 것이라고 생각한다는 사실입니다." 셜리 바이스의 전임 최고행정책임자인 로버트 스몰트 역시 이에 동의한다. 하지만 메이요 클리닉을 다른 집단 진료 기관과 다르게 만드는 것은 바로 의학 연구와 교육에 상당한 공헌을 한다는 점이라고 덧붙였다.

1993년부터 2001년까지 최고행정책임자를 맡았던 존 헤렐은 의사-행정가 협력 관계에 대해 분석하고 다음과 같이 적었다.

의사가 리더를 맡는다는 것이 모든 경영을 도맡는다는 것을 뜻하지는 않는다. 하지만 의사의 리더십은 모든 일의 방향을 설정하는 데 필수적인 요소로 작용한다. (중략) 메이요 클리닉이 다른 점은 클리닉에 어떤 일이 일어나든지 간에 조직 구조상 의사가 그에 대한 책임을 져야 한다는 점이다. 클리닉이 실패의 길을 걷는다면 의사들은 자기 자신을 탓할 수밖에 없다. 이러한 사실은 메이요 클리닉 의사들의 행동에 긍정적인 영향을 미친다. 클리닉과 자신의 이해관계가 일치하기 때문에 의사들은 언제나 마음속으로 어떻게 하면 클리닉에 도움이 될지를 생각하게 된다.[13]

의사들은 메이요 클리닉에서 진료하는 일이 환자뿐만이 아니라 자신도 만족시키는 관리 체계가 되도록 틀을 잡았다. 세 캠퍼스를 통틀어 자발적 이직률이 2.5퍼센트 이하라는 사실은 의사들의 만족도가 어떠한지를 보여준다. 내과전문의인 커크 로디실은 비공식적으로 전에 함께 미네소타 대학에서 레지던트로 근무했던 동료들에 대해 조사했다. 그 결과 그중에서 가장 행복하게 일하는 사람들은 메이요 클리닉 의사들이었고, 나머지 대부분의 의사들은 자기들 병원에 만족하지 못하는 것으로 나타났다. 그래서 그는 메이요 클리닉에 들어왔다.

메이요 클리닉은 언제나 의사들이 이끌어 왔다. 1999년에 회장이자 최고경영책임자 자리에서 은퇴한 로버트 월러Robert Waller 박사는 자조적으로 이런 말을 남겼다. "메이요 클리닉에서 회장은 한 사람이지만 부회장은 1,500명이나 된다." 월러 박사가 여기서 표현하고 싶었던 점은 그가 고등 교육을 받은 의사들로 구성된 조직을 이끌어야 했다는 것이다. 2005년에 로체스터 캠퍼스의 최고경영책임자 자리에서 은퇴한 휴 스미스 박사는 이렇게 말한다. "의사들 대부분은 의료 분야 전문가가 아닌 사람한테서 '아니오'라는 말을 듣는 것을 못마땅해합니다. 행정을 담당하는 사람들한테는 더욱 그렇죠." 메이요 클리닉이라고 모든 의사들의 의견을 하나같이 다 존중해주는 것은 아니다. 하지만 결정을 내리는 사람이 동료 의사라는 사실은 의사들에게 위안이 된다. 의사 리더는 메이요 클리닉의 집단 진료 체제를 함께 구성하고, 고등 교육을 받은 전문가인 의사들의 필요와 희망, 좌절을 다루는 과정에서 동료 대 동료의 관계를 구축한다.

경영진의 팀워크: 의사-행정가 파트너

해리 하웍과 윌리엄 박사 사이의 관계는 오늘날 메이요 클리닉에서 경영을 위해 맺어진 수백 가지 관계의 원형이라 할 수 있다. 윌리엄 박사가 지휘를 맡고 있던 것은 분명하지만 하웍과 그의 관계는 동료로서의 상호 존중이 바탕에 깔려 있었다. 그들은 현재의 경영 모델을 구축하는 과정에서 심도 있는 논의를 서로 주고받았다.

이 모델은 거의 한 세기 동안 조직 내의 다양한 관계에 계속 적용되었다. 하지만 오늘날까지도 이런 협력 관계를 지속할 수 있는 것은 단순히 창립자가 남긴 '100년을 이어갈 팀워크'라는 말 때문이 아니다. 그것은 재정상, 운영상의 문제가 생기더라도 이런 협력 관계가 있음으로 해서 흔들림 없이 환자의 필요에 초점을 맞추는 것이 가능했기 때문이다. 애리조나 캠퍼스의 최고행정책임자를 맡고 있는 제임스 앤더슨James Anderson은 의사-행정가 모델이 성공적인 이유를 다음과 같이 말한다. "환자를 먼저 생각하는 의사의 태도와 재정 문제에 대한 행정가의 책임감 사이의 바람직한 긴장을 통해서 높은 수준의 경영적 결단이 나옵니다." 이사들은 클리닉 운영을 위해서라도 매년 당기 순손익이 흑자를 기록하기를 기대한다. 먼 훗날까지도 클리닉의 사명을 계속 수행하기 위해서는 모든 의사-행정가 파트너들이 서비스 제공이나 재정 문제에 관심을 기울이고 협조해야만 한다. 존 헤렐은 이렇게 덧붙인다. "행정가들이 기관의 재정적 문제에 관심을 기울이는 것처럼 의사들도 그 문제에 관심을 가져야 합니다. 그리고 의사들과 마찬가지로 행정가들도 환자를 돌보는 데 신경을 써야 합니다."[14]

내과부 심장내과를 예로 들어서 이런 협력 관계의 특징에 대해 알아보자. 이것은 다른 모든 임상과에도 똑같이 적용된다. 심장내과 과장은 운영 행정가와 짝을 이룬다. 과장은 우선 심장내과의로 구성된 진료 팀의 임상 진료 활동, 즉 외래 환자 진료실, 초음파 심장 검사실이나 심장 카테터실 같은 심장 진단 검사실, 병실 운용 등에 대해 책임을 져야 한다. 무엇보다도 그 과의 비전과 전략적 방향을 제시하는 것이 가장 큰 책임이다. 또한 과장은 각각의 심장내과의에 대한 책임이 있어서 그들의 업무 능력 향상, 연구, 임상, 수행 평가 등도 담당한다.

운영 행정가는 심장내과의 일상적인 운영 행정을 담당한다. 이 일에는 클리닉을 운영하기 위해 필요한 보건 관련 종사자(비의료 인력)와 임상을 위해 필요한 임상 검사실 관리 감독도 포함된다. 운영 행정가는 직속으로 관리자나 감독관을 휘하에 둔다. 관리자나 감독관은 창구 운영이나 심장 카테터실처럼 보통 그들이 감독하는 임상이나 전문 기술 분야의 전문가들이다. 운영 행정가는 의사와 직접 공동 작업을 하기도 한다. 예를 들면, 그 과 의사 중 누군가가 임상 혁신안을 내놓으면 공동으로 함께 상부에 제안한다. 운영 행정가는 제안서를 다듬어 프레젠테이션을 준비한다. 또한 상부에서 그 안을 내부적으로 검토하고 실행 여부를 결정하는 데 필요한 자료 준비를 돕는다.

제임스 앤더슨은 운영 행정가의 역할을 또 다른 관점에서 바라본다.

의사들은 개개의 환자에게 최고의 서비스를 제공하는 일에 초점을 맞추어 창의적이고 독립적으로 행동하도록 교육받습니다. 반면 행정가들은 경영 개념이나 조직 이론 등을 행정에 접목시켜서 집단적으로 일을 수행하는 분위기를 조장합니다. 또한 양질의 서비스, 환자 만족, 재정적 성공을 가능하게 하는 시스템과 절차들을 제공하도록 훈련받습니다. 행정이 효율적으로 이뤄지면 정보를 모아 의사들에게 제공해 이를 바탕으로 더 큰 그림을 바라볼 수 있게 해줍니다. 의사들이 개별 환자의 검사 수치에만 몰두하지 않고 눈을 돌려 환자들 전체나 과의 행정적인 통계치에도 관심을 두게 해주는 것이죠.

그 과의 얼굴은 바로 과장직을 맡은 의사다. 행정가들은 겉으로는 잘 드러나지 않는다. 로체스터 캠퍼스의 최고행정책임자인 제프리 코스모Jeffrey Korsmo는 이런 관계를 연극 무대에 비유한다. "행정가들은 직접 환자를 돌보는 사람들이 제대로 일할 수 있는 환경을 만들어줍니다. 우리는 연극을 진행할 수 있도록 무대 뒤에서 자기의 역할을 하는 것이죠. 환자와 그 가족들은 관객인 셈이고요." 은퇴한 운영 행정가인 데이브 레너드Dave Leonard도 이 말에 공감한다. "행정가들은 모든 것을 한데 모으는 접착제 역할뿐만 아니라 그것들이 삐걱대지 않고 부드럽게 굴러갈 수 있게 윤활유 역할도 하지요." 의사의 행정상 부담을 최대한 덜어주는 것이 행정가들이 맡은 책임이다.

의사 리더들이 경영에 광범위하고 깊은 임상적인 지식을 보태주는 것은 사실이다. 그러나 행정가들도 경영 부분과 메이요 클리닉의 운영 방식에 그에 못지않은 지식들을 보태고 있다. 최고행정책임자 셜리 바이스는 이렇게 강조한다. "협력이 잘되게 하려면 행정가들도 상당한 가치를 창출해야 합니다. 우리는 우리만의 독특한 경험과 전문성을 살려서 기여할 필요가 있지요."

젊은 나이에 리더를 맡은 한 의사는 계획을 수립할 때 직원들의 도움 없이는 불가능하다는 것을 느꼈다. 그는 행정 파트너에게 자신이 원하는 것이 무엇인지 설명하려고 애썼다. 그러자 그의 파트너가 대답했다. "SWOT 분석을 해보면 되겠군요." 이것은 강점과 약점, 기회, 위험 요소가 무엇인지를 분석하는 도구이다. 행정가들 사이에서는 아주 기본적인 개념이지만 의과대학 교과 과정에서는 다룰 리가 없는 지식이다. 반면, 훌륭한 의사 리더들은 행정가들을 잘 인도해서 효율성을 추구하다가 환자가 누려야 할 권리를 손상하는 등의 누를 범하지 않게 도와준다. 메이요 클리닉에서 의사 리더들과 행정 파트너들은 서로에게 배운다. 그들은 자기 혼자서 할 때보다 협력해서 일할 때 훨씬 잘 한다. 메이요 클리닉의 리더들은 조직의 구조적 설계 덕분에 모두들 곁에 상담자를 두고 있는 셈이다.

하지만 이렇게 구성한 협력 관계가 잘 돌아가기 위해서는 행정가와 의사 모두 서로를 보완해주어야 한다는 책임감을 가지고 동료로서 상호 존중해주어야 한다. 로체스터 내과부 부부장을 맡고 있는 더글러스 우드 Douglas Wood 박사는 내과부 부장 니콜라스 라루소 Nicholas LaRusso

박사와 운영 행정가인 바바라 수프리어Barbara Spurrier와 8년간 함께 일했다. 그는 이렇게 말한다. "라루소 박사가 '이것은 이렇게 해야 할 것 같군.'이라고 말하면 저는 언제라도 반대 의견을 낼 수 있었습니다. 바바라도 마찬가지였죠. 그리고 충분한 토론을 거칩니다. 이렇게 해서 우리는 더 나은 결론을 내릴 수 있었습니다. 이것이야말로 진정한 협력 관계지요. 만약에 부장이 나서서 '이렇게 해야 해.'라고 말하고, 행정을 맡은 사람도 그저 '그러죠, 뭐.'라고 얘기한다면 그것은 협력이라고 부를 수 없어요."

내과 부분 각 과에서 분기별 검토서를 받으면 각 과의 의사 리더와 행정 담당자들은 라루소 박사와 우드 박사, 바바라 수프리어를 만나 토론했다. 물론 의사 리더들이 자기의 행정 파트너하고만 일을 하는 것은 아니다. 의사들 간의 협력 또한 중요한 부분이다. 내과 부분 부장의 입장에서는 소화기과, 내분비과, 알레르기과와 같은 각 하위 진료과에서 과장을 맡고 있는 의사들도 대단히 중요한 파트너들이다. 각 캠퍼스의 최고경영책임자 입장에서는 각 부서의 부장들이 가장 중요한 파트너 중 하나다. 또한 최고경영책임자는 임상진료위원회, 교육위원회, 연구위원회 등 주요 위원회 세 곳의 회장과의 협력 관계에 크게 의존하고 있다. 최고경영책임자와 이들 의사 리더들 간에 열린 마음으로 거리낌 없이 얘기하고, 상호 존중하며 신뢰하는 관계가 구축되지 않는다면 메이요 클리닉의 경영 모델은 효과적으로 작동하지 못할 것이다.

운영 행정가들은 최고행정책임자가 책임을 맡고 있는 행정 부서로 먼저 고용되어 그 이후에 다양한 행정적 요구에 따라 보통 5년에서 7년 임기로 배정된다. 그중 가장 중요한 부분은 임상 각 부서와 각 과로 배정되는 운영 행정가들이다. 따라서 정형외과부에서는 자신과 함께 일할 행정가들을 직접 고용하는 것이 아니라 행정 인력풀에서 뽑힌 사람을 배정받는다. 물론 이 경우에는 정형외과 부장이 사람을 뽑는 일에 함께 관여한다.

의사-행정가 협력 관계가 잘 유지되는 이유는 메이요 클리닉이 그것을 성공적으로 운용하기 때문이다. 의사-행정가 협력 관계의 '미학' 중 일부는 그 두 사람 간의 궁합이다. 메이요 클리닉에서는 적절한 사람을 짝 지워주기 위해 모든 노력을 기울인다. 새로 임무를 맡는 젊은 의사 리더의 경우에는 경력이 많고 내부 사정이 어떻게 돌아가는지 잘 아는 행정가와 파트너가 되는 경우가 많다. 그리고 젊은 운영 행정가라면 보통 겉으로 드러난 갈등이 없는 임상 영역에서 첫 임무를 수행하게 될 것이다. 또한 가급적이면 메이요 클리닉의 의사들과 어떻게 하면 성공적으로 협력할 수 있는지 잘 가르쳐줄 수 있는 좋은 의사와 파트너를 이루게 해준다. 궁합이 잘 맞지 않는다면 어느 한쪽이 잘못되었다는 생각을 하기보다는 일단 상황을 분석해본다. 만약 두 사람을 떼어놓는 것이 제일 좋은 선택이라고 판단되면 행정가를 다른 곳에 임명한다. 행정적인 기술은 다른 곳에서도 똑같이 적용할 수 있기 때문이다. 행정가는 새로운 곳에 임명받는다고 해서 수치스러워하지 않는다. 그러나 다른 협력 관계에서도 똑같은 패턴과 시나리오가 반복된다면 의사의 경우는 리더 자리에서 물러나야 하고, 행정가는 메이요 클리닉 안팎에서 더 잘 맞는 자리를 찾아봐야 한다.

의사든 행정가든 잘 지도할 수 있는 적절한 사람을 찾아내는 일만큼 중요한 것은 없다. 휴 스미스 박사에 따르면 메이요 클리닉은 의사

인력풀이 거대하기 때문에 거기서 잠재적인 리더들이 떠오른다고 한다. 하지만 새로 떠오르는 리더들의 타고난 재능에만 의존하는 것으로는 충분치 않다고 말한다. "의사 리더를 교육하는 것은 너무나 중요한 부분입니다."

의사 리더: 환자 관리에 중점을 둔다

메이요 클리닉에 대해 좋은 평판이 널리 퍼진 이유는 임상 진료의 우수함 때문이다. 메이요 클리닉의 의사들은 리더의 역할을 맡기 전에 우선 자기 전공 분야에서 뛰어남을 보여주어야 한다. 또한 연구자나 교육자로서 학문적으로 뛰어난 명성을 얻어야만 한다. 메이요 클리닉 문화의 또 다른 측면은 바로 '리더가 되기를 꺼리는 문화'다. 리더들은 보통 그 위치를 맡아달라는 요청을 받고 그 자리에 오른다. 동료들로부터 클리닉을 위해 희생해달라는 부탁을 받는 것이다. 플로리다 잭슨빌 캠퍼스의 최고경영책임자인 조지 바틀리는 이렇게 말한다. "지금 메이요 클리닉에서 리더 자리를 맡고 있는 사람 중에 애초에 그 자리를 목표로 했던 사람은 없습니다. 적어도 제가 알고 있는 사람들 중에서는 말이죠. 저는 수술을 하고 몇 년간 논문들을 쓰면서 너무도 행복했습니다. 행정 쪽 일을 맡아달라고 처음 부탁받기 전까지는 행정에 대해서 단 1초도 생각해본 적이 없습니다."

리더 자리를 맡게 되면 어쩔 수 없이 자기가 쌓아온 임상의로서, 그리고 학자로서의 경력 중 일부는 희생을 각오하지 않을 수 없다. 그래서 대부분은 상실감을 느끼는 경우가 많다고 고백한다. 만약 높은 자리에 오르고 싶어 하는 성향이 뚜렷한 의사가 있다면 그 사람은 뽑히지 않을 가능성이 크다. 리더의 자리에 대한 야망이 너무 크면 조직이 지나치게 정치화될 수도 있기 때문이다. 최고경영책임자가 되려면 의사는 보통 교수의 지위를 따야 한다. 또한 임상 부서나 과의 부장 혹은 과장을 맡아본 경력이 있어야 한다. 그에 더해서 지도력은 물론이고 소통 능력과 좋은 대인 관계 역시 기본적으로 필요한 요구사항이다.

반면 사업 경영 부분에 대한 공식적인 학력은 요구사항에 들어가지 않는다. 지금까지 메이요 클리닉에서 최고경영책임자급의 리더 자리를 맡았던 사람 중에 사업 부분에 석사 학위가 있었던 사람은 없었다. 리더의 가장 중요한 역할은 현재의 환자 권익과 미래의 보건의료 시스템에 대한 비전을 제시하고 지키는 것이다. 그뿐만 아니라 의료진의 신뢰를 받는 귀와 목소리 역할을 해야 하며, 조직에 영감과 동기를 부여해주는 역할을 해야 한다. 메이요 클리닉에서는 리더십 개발 프로그램에서 사업 경영 부분의 기초 교육 과정을 운영한다. 하지만 의사는 누가 뭐래도 행정가가 아닌 의사여야 한다. 메이요 클리닉의 최고경영책임자가 된다는 것은 의사 노릇은 이제 끝이라는 얘기가 아니다. 높은 리더 자리를 맡았다가 은퇴한 65세 이상의 사람들도 처음 몇 년 동안은 시간제 의사로 일하는 경우가 많다.

환자나 동료들과의 접촉을 유지하기 위해 의사 리더들은 몇몇 예외적인 경우를 제외하고는 일주일에 어느 정도의 시간을 내서 임상 진료에 임한다. 휴 스미스 박사는 의사 리더들도 다른 의사들과 함께 환자 진료에 동참해서 자기가 지도하고 있는 의사들의 사정을 잘 이해하고 그들의 신뢰를 얻어야 한다고 강조한다. 그는 이사회에서 다루었던 전자진료기록부의 새로운 환자 관리 도구 도입안 승인 요청을 예로 들었다. 실행 팀에서는 이것을 아주 매끄럽고 간단하게 도입할 수 있으며 아무런 문제가 없을 거라고 이사회를 설득했다. "그래서 저는 진료실로 내려가서 그날 오후에 그것을 한번 사용해보았습니다. 그리고 아주 좌절하고 말았지요. 그 훈련 과정을 설계한 사람들은 기술자들이었습니다. 자기들이 설계했으니 자기들 입장에서는 너무 쉽겠지요. 하지만 늘 바쁘게 사는 의료진 입장에서는 이건 생각지도 못했던 큰 부담일 수밖에 없겠더군요." 이렇게 직접 겪어본 덕분에 스미스 박사는 다른 의사들 수십 명이 비슷한 좌절감으로 헤매기 전에 개입할 수 있었다. 그는 이렇게 결론 내린다. "의사들과 접촉을 유지하고 그들의 신뢰를 얻어야만 리더 역할을 맡을 수 있습니다. 그것이 없다면 아무런 힘도 발휘할 수 없습니다."

의사 리더들은 대부분 임기를 마치고 나면 임상으로 돌아와야 하기 때문에 현재 가지고 있는 임상 기술을 잘 유지해야 한다. 로버트 해터리Robert Hattery 박사는 로체스터 캠퍼스의 최고경영책임자 4년 임기를 마친 이후에 진단방사선과로 돌아가 다시 일했다. 심장내과의 전직 과장 세 사람은 지금 현재 평사원으로 돌아가 심장내과의로 근무하고 있다. 사실상 거의 모든 의사 리더 자리는 임기 제한이 있다. 어떤 자리는 임기 제한이 대단히 엄격하다. 일례로 이사회 이사나 캠퍼스 집행이사회의 이사 자리는 4년씩 두 번까지 맡을 수 있지만 그 이상은 안 된다. 부장이나 과장은 10년이나 12년까지 가기도 하지만 보통은 임기가 8년이다. 부장은 대개 40대 중반이나 후반에 임명을 받기 때문에 은퇴하기까지 좀 더 생산적으로 활동할 수 있는 시기를 앞두고 자리에서 내려오게 된다. 메이요 클리닉 로체스터 캠퍼스 최고경영책임자인 글렌 포브스 박사는 메이요 클리닉의 리더 임기에 대해 얘기하면서 영국 왕 조지 3세가 즐겨 하던 말을 인용했다. "만약 조지 워싱턴이 새로운 식민지의 대통령을 지낸 후 어느 날 자발적으로 권력을 양도하고 평시민으로 돌아왔다면 그는 역사상 가장 위대한 사람 중 하나가 되었을 것이다." 포브스 박사는 또 이렇게 말한다. "메이요 클리닉에서는 리더의 자리에 무한정 오래 남아 있을 수 없습니다. 일정 기간 그 자리를 맡고 난 후에는 임상이나 연구 분야로 돌아가거나 다른 행정 일을 맡게 되지요."

조지 바틀리 박사는 안과에서 3년 레지던트 과정을 밟기 위해 메이요 클리닉으로 왔다. 그러다 1986년에 메이요 클리닉의 의료진으로 들어오라는 요청을 받았다. 그 이후로 그가 걸어온 경력을 보면 의사 리더가 되기까지의 전형적인 패턴을 따랐음을 알 수 있다. 그는 30대 중반이었던 1992년에 로체스터 캠퍼스의 안과 과장에 임명되었다. 이렇게 젊은 나이에 과장이 되었다는 것은 그가 과장 자리를 넘어 더 큰 책임을 맡을 수 있는 지도자감이라는 것을 보여주었다. 그가 과장을 맡고 있는 동안 로체스터 의사 지도부는 캠퍼스를 대상으로 활동하는 20개가 넘는 위원회 활동에 그를 참여시켰다. 이 과정에서 바틀리 박사는 안과의 영역을 넘어 캠퍼스 전반에서 이루어지는 행정과 경영상의 중요한 기능들이 어떻게 돌아가고, 거기서 어떤 이야기들이 오가는지를 직접 보고 경험할 수 있었다. 하지만 그에 못지않게 중요했던 것은 로체스터의 리더들이 바틀리 박사가 토론에 얼마나 큰 기여를 하는지, 직업윤리는 어떤지, 위원회 임무 수행에 어떤 지도력을 보이는지,

기관 내의 다양한 의사와 행정가들과의 대인 소통 능력이 어떤지를 관찰할 기회를 얻을 수 있었다는 점이다.

2001년에 바틀리 박사는 메이요 클리닉 로체스터 캠퍼스 이사회에서 의사에게 배정된 10개의 자리 중 한 자리에 선출되었다. 이 조직은 근래에 로체스터 집행이사회로 알려져 있다. 여기에 임명받으면서 그는 안과 과장직에서 물러나야 했다. 그리고 2002년도에는 잭슨빌 캠퍼스의 최고경영책임자 자리를 맡아달라는 요청을 받았다. 하지만 그는 여전히 원래 목표였던 외과의사, 연구자, 교육자로서의 모습에서 자신의 정체성을 찾고 있었다. 때문에 그는 매주 수요일 아침에 행정 사무실에서 나와 반나절 근무할 진료실이나 수술실로 향한다. 그러면서 동료들에게 이렇게 말한다. "일주일에 이 시간이 제일 좋아요."

지도부 자리를 돌아가며 맡는 메이요 클리닉의 전통상, 그가 은퇴할 때까지 잭슨빌의 최고경영책임자로 남아 있을 가능성은 별로 없다. 아마도 더 높은 리더의 자리가 그를 기다리고 있을 것이다. 그에게는 다양한 기회가 있다. 메이요 클리닉 연구 프로그램의 성과를 바탕으로 떠오른 생물 공학 영리 사업에 참여할 수도 있고, 아니면 다시 처음으로 돌아가 눈 성형이나 안구 수술 등의 임상 및 학술 분야로 돌아갈 수도 있을 것이다.

행정 리더: 운영에 중점을 둔다

미네소타의 라디오 진행자 개리슨 케일러Garrison Keillor는 이런 역설적인 말을 했다. "워비곤 호수에서는 모든 아이들이 평균 이상이다(워비곤 호수는 실제로는 존재하지 않는 미네소타의 마을로, 라디오 진행자인 개리슨 케일러는 라디오 프로그램에서 이 마을을 중심으로 벌어지는 가상의 이야기들을 소개한다. 이곳에서는 모든 아이들이 평균 이상이라고 생각한다. 여기서 힌트를 얻어, 사람들 대다수가 자신을 평균 이상이라고 생각하는 현상을 '워비곤 호수 효과'라고 부른다-옮긴이)." 하지만 메이요 클리닉의 의사들은 이렇게 표현해도 역설적이지 않다. 이들은 머리도 좋고, 힘든 수련을 받아 직업 정신도 투철하다. 때문에 리더로서 파트너 관계를 맺게 될 행정가들에 대해서도 기대치가 대단히 높다.

행정가들은 새로운 도전을 즐길 줄 알고 애매한 상황에서도 상황 파악이 빠른 사람이어야 한다. 행정가들은 함께 일할 의사들의 스타일과 장점, 관심사들을 보완하는 일에 잘 적응해야 한다. 그리고 가장 중요한 것은 단체 활동에 적합한 사람이어야 한다는 것이다. 즉 사람들과 함께 무언가 이루는 것이 개인적인 기여를 인정받는 것만큼이나 의미 있다고 느껴야 한다.

독자들 중에서는 메이요 클리닉의 제일 높은 자리는 모두 '의학 박사'라는 간판이 있는 사람들한테 돌아가는데 행정가들이 왜 구태여 이런 파트너 관계를 맺는지 이해하지 못하겠다는 사람도 있을 것이다. 셜리 바이스는 이렇게 강조한다. "행정가의 영향력은 막대합니다. 행정가들은 미리 충분한 검토를 통해 자료를 모으고, 그것을 이용해 의견을 제시해서 동료들과 의사 리더들을 이끌 수 있습니다. 때문에 그들은 비록 인정받지 못하더라도 그 일을 수행할 강한 의지를 가지고 있습니다."

행정가들도 의사들처럼 처음에는 가채용 상태로 들어온다. 3년이 지나고 나서야 의사들은 준회원에서 정식 회원이 되고 집행이사회 이사 투표에서 투표권을 행사할 수 있다. 행정가들도 비슷한 승진 과정을 거친다. 근무 기간이 5년이 넘고 중요한 행정직을 맡은 사람은 추천을 통해 투표권을 얻는다. 그러고 나면 의사들과 동등한 자격을 가진 것으로 인정받는다.

행정가들은 경력을 쌓기 시작하는 초기에 '메이요 클리닉의 운영 방식'을 이해할 수 있도록 주로 핵심 기능 관련 부서를 돌며 근무한다. 그들은 인사 관리, 재정 관리, 혹은 연구 행정 관련 업무 등을 하면서 클리닉의 다양한 문화와 기능을 접한다. 행정가가 되는 주요한 3가지 경로는 다음과 같다.

1. MBA나 MHA 학술 훈련 프로그램을 통해서 직접 들어오는 경우
2. 다른 클리닉이나 종합 병원에서 행정을 맡았던 경험이 있는 경우
3. 메이요 클리닉의 물리 치료실, 임상 검사실, 간호 분야 등에서 뛰어난 행정 능력을 보여준 경우

과거에 특정 임상과 근무 경험이 있다 해도 그에 맞춰서 자리를 주는 것은 아니다. 행정 부문에 들어오게 되면 어떤 임상 부서나 행정 부서에서 일하게 될지 알 수 없다. 마리 브라운Marie Brown이 걸어온 경력을 보면 이것을 확인할 수 있다.

브라운은 임상 검사실에서 13년간 근무하다가 뛰어난 리더십이 눈에 띄어 다양한 분야에 임명받아 활동했다. 그리고 1993년에는 마침내 행정 부문에 합류했다. 그녀가 배정받은 첫 임무는 각기 다른 내과

세 군데에서 행정가 역할을 하는 것이었다. 그녀는 동시에 다른 세 의사 파트너와 일했다. 그 후 1997년에 클리닉운영위원회 비서직을 맡아 달라는 요청을 받았다. 이 자리는 중요 행정직이라 거의 상근해야 했다. 이 위원회는 클리닉과 종합병원의 모든 운영 및 보건 종사자 인력 수급, 진료 공간 및 비품 예산 등을 감독한다.

3년 임기로 클리닉운영위원회 비서직을 마친 이후에는 2년간 외과부 행정가로 일했다. 그리고 다시 다른 주요 위원회 비서직을 맡았는데, 이번에는 캠퍼스에서 가장 높은 경영 단체인 메이요 클리닉 로체스터 집행이사회였다. 그 자리에서는 최고행정책임자에게 직접 보고서를 올렸고 행정 부문의 예산 편성, 계획 수립, 운영 추적 등의 업무까지도 도맡았다. 그녀는 2003년에 로체스터에서 '우수 행정가'로 뽑혔다.

2007년에는 그녀의 고향인 임상 검사실로 돌아왔다. 하지만 임상 병리 기사로 돌아온 것이 아니었다. 그녀는 이제 직원 수가 2,500명 정도 되는 임상 병리학과 의사 리더와 짝을 이루어 일하는 임상 운영 행정 이사다. 메이요 클리닉의 행정 리더 프로그램 덕분에 진단검사의학과 지도부는 브라운의 풍부한 경험에서 도움을 받을 수 있었다. 그녀는 외부의 시각으로 바라볼 수 있기 때문에 누구보다도 임상 검사실을 잘 이해하고 있었다. 검사실이 어떻게 돌아가는지, 전체 캠퍼스와 어떻게 상호 작용하는지를 잘 알고 있는 것이다. 그녀의 직업 관련 인맥은 메이요 클리닉 대부분의 행정가 및 의사 리더들에게까지 닿아 있다.

아마도 브라운은 은퇴할 때까지 계속 이 자리에 남아 있지는 않을 것이다. 어쩌면 새로 뽑힌 부장이 신선한 행정 아이디어를 얻고 싶어 그녀와 일하고 싶어 할지도 모른다. 그녀 자신도 애리조나 캠퍼스나 플로리다 캠퍼스에서 새로운 도전을 시도할지도 모른다. 어쩌면 최고행정책임자 자리에 중요한 업무가 생겨 그녀가 필요해질 수도 있다. 메이요 클리닉의 행정 조직 구성 방식과 문화의 가장 근본적인 장점은 이들 중 어떤 시나리오를 통해서든 그녀가 메이요 클리닉의 경영에 남아 있을 수 있다는 점이다. 메이요 클리닉의 전문 행정 시스템은 행정가들에게 신선한 도전 과제를 제시해주기 때문에 클리닉은 재능 있는 행정가들을 계속 붙잡아둘 수 있다.

전문 행정

일부 의사 리더들은 요즘에 의사들이 클리닉의 경영 전반에 직접 참여하는 비중이 예전에 비해 많이 줄었다는 점을 인정한다. 핵심 의료 활동에서 의사들의 역할은 그 어느 때보다도 더욱 중요하고 그 범위도 넓어지고 있다. 하지만 보건의료 분야의 행정과 경영이 날로 복잡해지다 보니 점차 전문성을 가진 행정가들에게 더욱 의지하지 않을 수 없게 되었다. 더글러스 우드 박사는 이렇게 말한다. "40년이나 50년 전만 해도 독점 금지법이나 노동법, 비영리 조직 관련 법률 및 법규, 노인 의료보험이나 국민 의료보장 등에 대해서는 거의 신경 쓸 필요가 없었죠." 의사 리더들이 직접 감독에 나서는 일이 드문 분야는 보통 기술적으로 복잡한 사업 영역이거나 기술적인 기반 시설 구축에 관계된 것들이다. 휴 스미스 박사가 얘기하듯이 '의사 리더들은 뭐니 뭐니 해도 환자와 관련된 일에서 가장 일을 잘하는 법'이다.

메이요 클리닉은 이런 다양한 영역의 사업 및 기술 분야 행정 전문 인력을 수백 명 고용한다. 이들 대부분은 조직의 제일 높은 단계에서 일하는 경우가 아니고는 의사 파트너 없이 일한다. 이런 분야의 기능이 잘 돌아가려면 특별한 지식이 필요하다. 때문에 행정가들 중에는 석사 학위를 가진 전문가도 꽤 많다. 이들은 정보 시스템, 자재 관리, 회계, 투자 관리, 기획, 홍보, 통신, 마케팅, 설비 등의 영역에서 자신의 경력 대부분을 보낸다. 하지만 이 경우에도 분야를 넘어 발전할 수 있는 기회가 있다. 따라서 행정가들도 마찬가지로 투표권을 행사하는 회원이 될 수 있다.

의사들이 이런 경영 기능에 참여하는 것은 임상 활동에 참여하는 것만큼 큰 의미를 가지지는 못한다. 그러나 마케팅위원회나 투자위원회, 설비위원회 등의 감독 위원회에서 활동함으로써 의료진들 역시 복잡한 보건 경영에 대해 그만큼 이해의 폭을 넓힐 수 있다.

둘에서 하나로: 클리닉과 종합병원을 통합하다

미국 내에서만 해도 집단 진료 기관은 수백 개가 넘는다. 하지만 메이요 클리닉은 그 기관들과 큰 차이가 있다. 일례로 의사가 50명이 넘는 집단 진료 기관은 3퍼센트에 불과한 반면, 메이요 클리닉에서는 의사가 2,500명이나 된다. 그리고 대부분의 집단 진료 기관은 방사선과나 외과, 혹은 병리학과 등 한 가지 전문 분야의 사람들이 모여 있는 곳이 많다.

반면 메이요 클리닉은 사실상 거의 모든 의료 전공 분야와 세부 전공 분야에서 모인 실력자들이 있는 다전공 협진 기관이다. 메이요 클리닉은 직접 종합병원 병실을 운영한다는 점에서 또 한 번 큰 차이가 난다. 대부분의 집단 진료 기관은 병실이 필요하면 지역 종합병원이나 의료학술 센터같이 독립적으로 운영되는 종합병원을 이용한다. 그런 종합병원들은 자체 이사회가 있기 마련이다. 또한 그 종합병원의 재정을 책임지는 행정가들과 그곳을 이용하는 집단 진료 기관들의 이해관계가 항상 일치하지도 않는다. 종합병원은 몇몇 집단 진료 기관에 의지해 운영하는 경우가 많기 때문에 그들은 서로 경쟁 관계에 놓인다. 그로 인해 행정가들과 의사들이 수단과 방법을 가리지 않고 유리한 입장에 서려 하기 때문에 갈등이 생긴다. 존 헤렐은 이렇게 말한다. "그들 간의 관계는 적대적이며 이해관계가 상충하는 경우도 많다."[15]

하지만 오늘날의 메이요 클리닉은 예산, 환자 서비스, 의료진, 행정 지도부가 외래 환자 클리닉과 종합병원 입원 환자 서비스 양쪽에서 모두 통합되어 있다. 이런 통합으로 인해 사명, 서비스, 성과를 하나로 모을 수 있었다. 이 장 첫머리에서 이야기한 조나단 커트라이트를 다시 끌어들인 매력은 바로 이것이었다.

로체스터의 세인트메리스 종합병원은 거의 한 세기 동안 성 프란체스코 수도회 수녀들이 운영했다. 하지만 이 병원은 그 시작부터 메이요 클리닉 의사들의 필요와 불가분의 관계를 유지해왔다. 양쪽이 개별 기관임을 생각하면 세인트메리스 종합병원과 메이요 클리닉 간의 제휴는 놀라울 정도로 긴밀한 것이었다. 메이요 형제와 그들의 아버지는 1880년대에 미국 전역을 돌면서 당시의 병원 설계 중 무엇이 가장 나은지 찾아다녔고, 수녀들은 그들의 원하는 바대로 건물을 지었다.

이렇게 의사들이 자신의 요구사항을 밝히면 종합병원 측에서는 그에 따라 최신의 시설을 만드는 순환관계가 계속되었다.

또 다른 예가 있다. 1950년대에 신경외과부의 수간호사였던 아마데우스 클라인 수녀에게는 골칫거리가 있었다. 6~7명 정도 되는 외과의사들이 막 수술을 마친 자기 환자들을 간호 스테이션 바로 옆방에 입원시켜서 잘 지켜봐달라고 부탁했기 때문이다. 이것은 물론 불가능했다. 수간호사는 병실마다 개인 간호사들을 뽑아 환자를 계속 지켜보게 할 수밖에 없었다. 그러나 마침내 그녀는 더 나은 해결책을 만들어냈다. 간호 스테이션에서 모든 환자들이 한눈에 보이도록 병실을 만드는 것이다. 이것은 돈이 많이 드는 대규모 개조 사업이었지만 그 결과 미국 최초의 중환자실이 만들어졌다.

자기의 경력 중 대부분을 세인트메리스 종합병원에서 보내고 은퇴한 행정가 제인 캠피온은 이렇게 말한다. "요즘 세상에서는 모두들 한 조각이라도 파이를 더 차지하려고 싸웁니다. 하지만 세인트메리스에서는 파이 조각을 더 차지하겠다고 싸우는 사람이 없습니다. 단지 공통의 비전을 위해 싸울 뿐이죠. 우리의 비전은 환자를 돌볼 수 있는 건물을 짓고 운영하는 것입니다. 정말 놀라운 협력 관계지요." 1986년에 성 프란체스코 수도회의 수녀들은 세인트메리스 종합병원의 소유권과 경영권을 메이요 클리닉으로 이전한다는 서류에 공식 서명했다.

오늘날 메이요 클리닉은 종합병원 네 곳을 운영한다. 먼저 세인트메리스 종합병원 외에 로체스터 메소디스트 종합병원이 있다. 1950년에 문을 연 이곳은 메이요 클리닉 의사들만 환자들을 돌보는 폐쇄형 종합병원이다. 로체스터 메소디스트 종합병원의 소유권과 경영권은 1986년도에 메이요 클리닉으로 이전되었다. 그 후 메이요 클리닉은 피닉스와 잭슨빌에 각각 1998년과 2008년도에 독자적으로 종합병원을 지었다. 이 네 곳에서는 대부분의 종합병원에서 보이는 전통적인 형태의 '병원 원무과'를 찾아볼 수 없다. 대신 각각의 캠퍼스에 있는 클리닉 운영위원회 산하 위원회이자 의사의 지휘를 받는 종합병원운영위원회가 메이요 종합병원을 운영한다. 이 위원회의 핵심 멤버, 즉 의사 리더, 간호사 리더, 지명받은 종합병원 행정가 세 사람은 3인 집단 지도 체제를 이루어서 종합병원의 매일매일의 운영 문제를 결정한다.

하지만 대부분의 경우 메이요 클리닉 운영에서 종합병원의 벽이 느껴지는 곳은 거의 없다. 예를 들면, 간호부 부장은 간호사들이 종합병원에서 근무하든 외래 환자 진료실에서 근무하든 상관없이 모든 간호사를 책임진다. 세 캠퍼스 각각에 있는 임상 검사실, 방사선과, 안전보안과, 관리 유지, 그리고 기타 대부분의 기능 부서들은 종합병원과 클리닉 양쪽 모두의 필요를 충족시키는 통합 서비스를 제공한다.

종합병원과 클리닉을 통합 운영함으로써 개별 환자들의 필요에 초점을 맞추는 것이 더욱 용의해졌다. 예산이 서로 깊게 맞물려 있기 때문에 종합병원이나 클리닉의 재정 문제를 따로 고민하는 것은 그다지 의미가 없다. 하지만 운영을 통합해서 생기는 가장 큰 이점은 의사들과 종합병원 행정 부서들의 이해관계가 상충하지 않기 때문에 갈등도 존재하지 않는다는 점이다. 이들은 같은 조직 아래서 일하고 봉급도 같은 계좌에서 지불된다. 때문에 어느 한쪽에 좋은 것은 다른 쪽에도 좋다.

문화를 창조하고 공감대를 쌓아가는 위원회

위원회는 메이요 클리닉의 경영과 지배에서 없어서는 안 되는 것이다. 그러나 모든 조직 구성 요소들 중에서 아마도 가장 논란이 많은 부분일 것이다. 개수만 봐도 가히 충격적이다. 각기 캠퍼스의 사안들을 담당하는 위원회만 80개 가까이 된다. 캠퍼스 규모로 활동하는 이들 위원회에 더해서 각 부서와 과들은 다시 내부에 위원회들을 두고 있다. 메이요 클리닉 경영 모델은 위원회를 기반으로 움직이기 때문에 한번 지나가고 나면 다시 쓸 수 없는 의사들의 귀한 시간을 수천 시간이나 거기에 투자해야 한다.

조직 내의 행정 업무 중 상당 부분은 위원회나 특별위원회를 통해서 처리한다. 브라운의 이력서를 보면 그녀가 13년간 진단 검사 및 병리학부에서 근무하는 동안 18개 위원회에서 활동한 것으로 나온다. 이들 위원회는 복장관리위원회부터 감염관리위원회, 도서관리위원회까지 다양하다. 1993년도에 행정 부서에 합류한 후로 브라운은 60개가 넘는 서로 다른 위원회의 위원을 맡았다. 이들 위원회 다수는 부서와 과의 실질적이고 구체적인 문제들을 처리한다.

메이요 클리닉에서는 중요한 결정을 동료들과 상의하지 않고 한두 사람이 독단으로 처리하는 경우가 드물다. 윈스턴 처칠은 이렇게 말했다. "민주주의는 지금까지 살아남은 정부 형태 중에 최악이다." 휴 스미스 박사는 윈스턴 처칠의 말을 빌려 위원회에 대한 자신의 생각을 이렇게 표현한다. "위원회는 지금까지 살아남은 보건의료 경영 및 지배 시스템 중에 최악이다." 그러나 위원회가 무언가를 결정하는 데는 느리지만 일단 공감대가 형성돼서 결정을 내리고 나면 실행에는 속도가 붙는다고 주장한다.

현직 최고경영책임자인 데니스 코르테스 박사는 요즘 메이요 클리닉이 위에서 결정을 내려서 아래로 내려 보내는 경우가 옛날처럼 많지 않다고 말한다. "저는 여기서 37년을 일했습니다. 그동안 조직이 커지면서 클리닉 내부의 관계가 점차 수평적으로 변했고, 위에서 아래로 지시하는 경우도 크게 줄었습니다. 1920년대만 해도 누군가 무엇을 하고 싶어도 메이요 형제가 아니라고 하면 그걸로 끝이었죠. 시간이 갈수록 사람들의 지지를 얻고 결정을 내리는 것이 더 어려워졌지만, 저는 그것이 우리가 그만큼 커졌다는 의미라고 생각합니다." 위원회는 메이요 클리닉의 수평적 의사 결정 구조에서 큰 부분을 차지한다.

2001년에서 2007년까지 메이요 클리닉 최고행정책임자를 맡았던 로버트 스몰트는 메이요 클리닉 위원회들이 때로 너무 느려 답답하기도 했다. 그러나 의사나 교수, 공학자, 변호사처럼 주요 인력이 리더와 동등한 학력을 가진 전문 인력들로 구성된 조직의 경우에는 참여형 경영 및 지배를 가능하게 해주는 위원회 형식이 제일 적합하다고 믿고 있다. 동료들과 접촉을 유지하는 리더는 계속 존경받을 수 있지만 위압적이지는 않다. 전문 직종의 사람들은 이성적으로 이해할 수 없으면 위에서 내려온 명령이라고 해도 잘 받아들이지 않는다. 그들은 '왜?'라는 질문을 던지게끔 훈련받은 사람들이기 때문이다.

메이요 클리닉의 위원회 시스템은 결정을 내리기 전에 의사들이 한데 모여 공감대를 형성할 수 있는 장을 마련해준다. 일례로, 1990년대에 로체스터 메이요 클리닉은 지역 내에서 클리닉의 존재를 더 널리 알리고 환자 의뢰 네트워크를 강화하기 위해 같은 지역에 있는 의사들과 종합병원과의 관계를 강화하기로 결정했다. 1992년 초에 첫 번째 실험을 한 결과 두 군데서 성과를 냈다. 짧게 평가 분석한 후에 지역전략위원회와 이사회는 네트워크와 그 사업 전략을 위한 운영 모델에 합의했다. 일단 여기까지 진행되자 위원회는 신속하게 행동해서 메이요 보건의료 시스템MHS, Mayo Health System이라는 브랜드를 출범시켰다. 1999년즈음 MHS는 거의 500명에 가까운 의사들을 고용했고, 55개의 다른 지역 공동체에서 환자들을 보았다.[16] 운영 규모는 계속 커져서 현재 고용된 의사가 800명이 넘고 16개 종합병원이 동참하고 있다. MHS는 15억 달러가 넘는 연간 총수입을 올리고 있다.

위원회 시스템이 가장 원활하지 못하게 돌아가는 경우는 똑같은 제안이 반복해서 여러 번 올라올 때다. 근래에는 몇 달간 질질 끈 경우도 있다. 하지만 제안된 안건이 위원회 시스템에서 오랫동안 방치될 때는 보통 제안을 더 다듬을 필요가 있기 때문인 경우가 많다. 그러나 위원회 문화가 너무 '겸손한' 나머지 차마 승인을 거부하지 못해서 그럴 수도 있다. 위원회 시스템이 의견을 직접적으로 밝히지 않고 슬쩍 흘리는 식으로 간접적인 대응을 보인다면 조직과 제안자 모두에게 도움이 되지 않는다.

때로는 위원회가 제안을 검토하는 과정에서 그 제안 사항이 뜻하지 않게 다른 분야에 영향을 미칠 것을 알게 되는 경우가 있다. 만약 어떤 제안이 다른 부서에 안 좋은 영향을 미칠 공산이 크다면 그 해당 부서의 의사들은 그것을 문제 삼을 것이다. 이런 경우 위원회는 제안을 승인하기 전에 보통 두 그룹 사이에 타협안을 내놓으라고 주문한다.

메이요 클리닉 행정직에서 35년이 넘게 근무한 로버트 스몰트는 위원회 시스템에 대해 이런 평가를 내린다. "이 시스템이 잘 굴러가는 이유는 위원회의 위원들이 메이요 클리닉에 헌신적이고, 클리닉이 잘되는 것을 보고 싶어 하기 때문입니다." 위원회의 위원들은 다양한 부서에서 차출된다. 때문에 토론할 때 아무래도 자기 과에 유리한 사안을 편들게 되는 것은 인지상정이다. 하지만 투표할 때가 되면 위원들은 메이요 클리닉의 입장을 대변하는 위치에 선다. 결과적으로 대부분의 경우에 위원회에 형성된 협력 관계는 공익에 부합하는 쪽으로 결론을 이끌어 간다.

지도 체제의 단일화

2006년에 메이요 클리닉은 신속한 결정이 가능하도록 지도 체제에 큰 변화를 주기 시작했다. 플로리다 잭슨빌과 애리조나 스코츠데일에 클리닉을 연 이후로 약 20년간 메이요 클리닉은 3개의 이사회를 통해 운영됐다. 이들 이사회에는 운영권 및 경영권이 있었다. 이 이사회 위로는 재단위원회 위원직을 겸하는 메이요 클리닉 리더들로 구성된 집행위원회가 있었다. 세 캠퍼스의 최고경영책임자들은 집행위원회 위원이었다. 분명 이런 시스템에는 중복되는 부분이 너무 많았다. 예를 들어, 홍보부에서 메이요 클리닉 웹사이트를 대대적으로 개편하자고 제안하려면 우선 집행위원회에 안건을 제출해야 한다. 하지만 거기서 받은 승인만으로는 부족하다. 이 제안은 자기 캠퍼스의 인터넷 사이트 운영에 책임을 지고 있는 세 캠퍼스 집행이사회를 순회 공연하듯 돌면서 승인을 받아야 한다. 그러나 2006년도에 집행위원회는 메이요 클리닉의 모든 운영에 대한 결정권을 가지는 단일 이사회로 승격되었다. 세 캠퍼스에 있었던 이사회는 캠퍼스의 경영과 운영을 감독하는 집행이사회로 바뀌었다. 요즘에는 메이요 클리닉 웹사이트를 개편하려면 이사회의 한 곳에만 제안을 제출하고 승인받으면 된다. 그러나 각각의 캠퍼스 의사 리더들이 자기 병원의 웹사이트가 말도 없이 바뀌어서 놀라지 않도록 그들에게 연락을 취하는 배려를 해주는 것이 좋을 것이다.

중대한 결정에 대한 궁극적인 책임은 메이요 클리닉 재단이사회가 맡는다. 재단이사회에는 17명의 민간 이사와 14명의 내부 출신 이사들이 포함된다. 내부 출신 이사들의 대부분은 이사회 위원들이다. 전임 연방 대법원장이자 메이요 클리닉 명예 재단 이사인 워렌 버거Warren Burger는 '공익을 위해 존재하는 사립 재단'이라는 간결한 말로 메이요 클리닉을 표현한다.[17] 외부에서 들어온 이사들이 보호해야 하는 것은 바로 이 공익이다. 민간 이사들은 최고경영책임자를 선출, 감시하고 메이요 클리닉이 재정적으로 깨끗하고 안전하게 잘 운영되는지를 확인한다. 또한 메이요 클리닉 지도부가 이 비영리 사조직의 공익 목적에 부합할 수 있도록 보조한다. 메이요 클리닉 재단이사회 명예회장인 버트 겟츠Bert Getz는 그가 겪어본 다른 수많은 비영리 단체나 회사 이사회 중 그 어디서도 이렇게 헌신적으로 자기 임무에 충실한 민간 이사들을 만나본 적이 없다고 말한다. "모임 때마다 출석률은 거의 100퍼센트에 가깝습니다." 또한 메이요 클리닉의 사명, 오랜 성공의 역사, 메이요 클리닉 리더들의 높은 수준이 이사들로 하여금 클리닉의 이익을 위해 힘

쓰는 데 영감을 불어넣는다고 말한다. "저는 메이요 클리닉 리더들처럼 사심 없고 헌신적인 사람들은 본 적이 없습니다."

봉급제가 메이요 클리닉의 문화에 미친 영향

메이요 클리닉의 임금 체계는 이 독특한 조직을 만들어낸 문화와 가치 속에 깊숙이 뿌리내리고 있다. 메이요 형제는 넘치게 많이는 못 주더라도 후하고 공정하게 임금을 주려고 애썼다. 휴 버트 박사는 1936년에 윌리엄 메이요 박사 밑에서 수련을 받았고 지금은 의사 일에서 은퇴했다. 그는 윌리엄 박사가 동생과 함께 세운 이 병원 모델에서 봉급을 받는 봉급의가 핵심적인 요소라고 생각한다. "윌리엄 박사는 이렇게 말했습니다. '자네도 알다시피 그들은 아무것도 걱정할 필요가 없네. 어떤 환자든, 환자를 보는 데 얼마나 시간이 걸리든, 어떤 병이든지 말일세. 의사들은 그저 눈앞에 앉아 있는 환자들을 위해 가장 좋은 것을 해주면 되는 것이지.'" 그 이후 세대에서도 역시 메이요 클리닉에서 동기를 부여하는 유일한 것은 최대한 환자를 이롭게 하자는 것이다. 의사와 행정가를 포함해서 메이요 클리닉의 모든 직원들의 임금은 공정한 봉급제에 기반하고 있다.

어떤 환자들은 메이요 클리닉 의사들이 검사나 치료를 권할 때 돈 문제로 이해관계에 얽힐 필요가 없다는 것을 알고 안심하는 경우도 있다. 환자들 중에는 메이요 클리닉 의사들이 전문성이 더 뛰어난 같은 의료 분야의 동료 의사에게 자기를 의뢰하는 것을 경험한 사람들도 많다. 일례로, 클리닉 직원의 형제 한 사람이 큰 부신종양으로 진단받고 캔자스에서 메이요 클리닉으로 온 적이 있었다. 그 환자와 처음 상담한 비뇨기과 의사는 CT 사진을 보며 말했다. "이건 꽤 어려운 수술이 되겠네요. 이런 형태의 암에 대해서는 저보다 더 경험이 많은 동료를 알고 있습니다." 무엇보다 환자의 필요가 우선시된 것이다. 물론 그 의사의 봉급에는 전혀 영향을 주지 않았다. 은퇴한 메이요 클리닉 최고경영책임자인 로버트 월러 박사는 봉급의를 가리켜 진료의 초점을 환자의 필요에 집중하게 해주는 '메이요 문화의 핵심 원리'라고 부른다.

메이요 클리닉의 봉급은 임금 조사 보고서를 바탕으로 결정한다. 의사들의 봉급은 다른 의료학술 센터와 일반 의사 인력 시장의 자료를 토대로 결정한다. 봉급 행정을 감독하는 것은 민간 이사로만 구성된 재단이사회 위원회의 주요 기능 중 하나다. 그러나 메이요 의사들은 보통 시장에서 받는 액수에 견줄 만한 보수를 받는다.

메이요의 내과의사 및 외과의사에 대한 임금 정책에서는 같은 서비스를 제공하는 의사들에게 균등한 봉급을 지급한다. 때문에 그 안에서 협력 관계를 도모할 수 있다. 보통 일반 내과의사와 외과의사의 봉급은 같지 않다. 그들의 봉급은 일반 시장에서의 임금 차이를 반영한다. 마찬가지로 심혈관 중재시술을 하는 심장의와 그렇지 않은 심장의들도 각각 시장 가격에 해당하는 봉급을 받는다. 그러나 메이요의 정책에 따르면 새로 고용된 의사들은 매년 봉급이 오르다가 5년 후에 최고액에 도달한다. 따라서 오래 근무한 사람이 휴가 기간은 더 늘어나겠지만, 5년을 근무한 38세의 내분비과 의사나 32년간 근무한 62세의 내분비과 의사나 봉급은 똑같다. 메이요 클리닉 의사들은 전임 강사, 조교수, 부교수, 정교수의 순서로 대학 교원 직위를 받게 된다. 하지만 직위가 높아질수록 명예도 커지지만 봉급이 달라지는 것은 아니다.

전반적으로 보면 메이요 클리닉의 문화는 스스로 생산성을 높여 나간다. 메이요 클리닉은 미국 직장 경영 사회비평가인 알피 콘Alfie Kohn의 관점을 잘 보여준다. "만약 일을 훌륭하게 해내는 것이 목표라면 인위적으로 외부에서 동기를 부여해도 결코 원초적으로 내면에서 솟아나는 동기를 따라잡을 수 없습니다. 일을 정말 잘하는 사람은 돈을 많이 받을수록 그만큼 더 기뻐하겠지요. 하지만 그들은 봉급을 좀 더 받아보겠다고 일하는 사람들이 아닙니다. 단지 그 일이 좋아서 하는 사람들이죠."[18] 조지 바틀리 박사는 그의 조언자이자 동료이자 전직 상관이었던 리처드 브루베이커Richard Brubaker 박사에게 들은 이야기를 떠올린다. "브루베이커 박사는 자기는 평생 단 하루도 일을 해본 적이 없노라고 말합니다. 그가 사무실에 들렀다가 클리닉으로 가고, 다시 병원 수술실과 검사실로 가는 것은 놀러가는 것과 같습니다. 그는 메이요 클리닉에서 근무한 30년을 일종의 놀이로 봅니다. 그러니 평생 일을 해본 적이 없다는 것이죠."

메이요 의사들은 대부분 평생 최고라는 소리를 들으며 살아왔다. 학생 때나 수련의 과정에서는 물론 운동, 음악, 토론, 지역 사회 봉사 등 여러 부분에서 항상 최고였다. 의사들은 정기적인 수행 평가의 일부로 임상과 학술 부문 양쪽에서 생산성을 평가받는다. 시간적 제약 때문에 임상, 교육, 연구 세 분야에서 모두 뛰어난 의사를 만나기는 힘들어졌지만 메이요 클리닉 의사들은 기본적으로 임상 진료에 있어서는 모두 뛰어나다. 또한 그 외 적어도 연구, 교육, 서비스/행정 분야들 중 한 분야에서 뛰어나다. 메이요 클리닉의 가치와 사명을 자기 것으로 받아들인 의사들은 굳이 금전적인 인센티브로 독려할 필요가 없었다.

최근에 바틀리 박사는 팀을 꾸려서 인센티브 제도에 대해 철저히 조사했다. 그와 팀이 내린 결론은 성과에 따른 인센티브 제도가 의사들의 생산성에 별다른 영향을 미치지 못한다는 것이다. 또한 그보다 더 중요한 것은 그것이 클리닉의 문화를 복구 불가능할 정도로 크게 훼손할 수 있다는 것이었다. 바틀리 박사에 따르면 이런 문화는 프랜시스 후쿠야마Francis Fukuyama가 설명한 조직의 한 예로 들 수 있다. "어느 조직의 목적이 경제적인 것에 우선적으로 맞춰져 있지 않다면 개인이 편협한 자기의 이해관계를 떠나 조직의 목표와 자신을 동일시하는 것은 대단히 쉬워진다."[19] 바틀리 박사는 높은 생산성을 유지하려면 가장 중요한 경영 목표를 '모든 구성원들이 하나라는 느낌을 가지고 신뢰할 수 있는 환경'을 가꾸는 일로 잡아야 한다고 말한다.

의사가 부장이나 과장 같은 리더 자리를 맡게 되면 더 큰 책임이 따르는 만큼 봉급도 인상된다. 하지만 인상분은 5퍼센트 내지 10퍼센트 정도로 그렇게 크지 않다. 그러나 이 증가분은 그 사람이 메이요 클리닉에 남아 있는 동안 계속 유지된다. 평생 살아갈 날을 생각하면 이 봉급 차이는 대단히 중요해진다. 의사의 연금 수령액은 퇴직 시 봉급이 얼마나 높은가에 따라 달라지기 때문이다. 리더 임기는 보통 8년에서 10년마다 돌아가기 때문에 이것은 무척 중요하다. 40대나 50대 초반의 젊은 나이에 리더 자리를 맡는 경우도 드물지 않은데, 이런 봉급 정책 덕택에 퇴직 전에 리더 자리에서 물러나더라도 경제적으로 불이익을 당하는 일은 없다.

휴 스미스 박사가 관찰한 바에 따르면 대부분의 학술 기관에서는 장을 맡은 사람이 자리에서 물러날 때 그에 따라 봉급도 내려간다. "그래서 사람들은 경제적인 이해관계 때문에 자리에서 내려오지 않으려고 하죠. 조심하지 않으면 그러다가 윗자리에 나이 든 사람들만 잔뜩 앉아 있게 됩니다. 그다지 바람직하지 않지요." 메이요 클리닉의 임금 정책을 보면 클리닉이 지도부를 늘 신선하고 활력 있게 유지하려고 얼마나 애쓰는지 알 수 있다.

메이요 클리닉의 임금 정책은 환자 우선, 그리고 팀워크라는 주요 가치 두 개를 보조하기 위해 설계된 것이다. 메이요 클리닉 직원들이 봉급에 대한 불만으로 그만두는 경우는 극히 드물다.

홀로 빛나는 스타가 아니라 별자리처럼 함께 빛나다

메이요 클리닉에 스타급 의사는 누구냐고 묻자 은퇴한 캠퍼스 최고 경영책임자는 이렇게 대답했다. "사실상 메이요 클리닉 의사들은 스타가 아닌 사람이 없어서 스타라기보다는 별자리라고 해야 하는 것이 아닌가 생각합니다. 하지만 북두칠성이나 북극성 같은 별은 없어요. 혼자 너무 밝게 빛나서 나머지 사람들을 희미하게 보이게 만드는 별은 없지요. 제가 메이요 클리닉에 스타가 없다고 하는 것은 한두 사람의 스타만 떠받드는 그런 스타 시스템은 없다는 뜻입니다."

메이요 클리닉의 리더 중 아무나 붙잡고 의사들 중 스타가 누구냐고 물어보면 놀라운 경력을 가진 뛰어난 의사들의 명단을 쭉 불러줄 것이다. 그중에는 전국이나 국제 규모의 전문 기관에서 리더 위치에 있는 사람들도 있고, 큰 의학 잡지의 편집을 맡거나 새내기 의사들이 공부하는 교재를 쓴 사람들도 있다. 어떤 사람은 새로운 의학 기술을 개발하기도 했고, 혁신적인 신약 개발에서 핵심 연구원으로 활약한 사람도 있다. 뛰어난 교육자들도 많다. 이들은 단순히 메이요 클리닉의 의대생과 레지던트들에게 끼친 영향만으로 평가받는 것이 아니라, 의학 교육 기관 인가를 내주는 데 기여한 공로로도 유명하다. 이런 뛰어난 사람들을 죽 나열한 다음에는 아마 이런 말을 덧붙일 것이다. "하지만 이 사람들 중에 스타로 취급받는 사람은 없습니다. 그 사람들도 바라지 않고요."

로버트 스몰트는 1970년대 후반에 정형외과부 행정직에서 일할 때 메이요 클리닉의 겸손한 스타들 중 한 사람과 함께했다.

마크 코번트리Mark Coventry 박사는 스타였습니다. 그는 미국에 전체 인공관절 치환술을 도입한 선구자 중 한 사람이었죠. 국제적으로도 그는 정말 스타였습니다. 하지만 메이요 클리닉에서는 다른 동료들과 똑같은 규칙을 준수했습니다. 클리닉에는 정형외과 진료실이 있는데, 거기에는 흥미로운 케이스는 없지만 외과의사들이 꼭 봐야 하는 환자들이 있었습니다. 코번트리 박사도 다른 사람들과 마찬가지로 그곳 업무를 순회하면서 담당했습니다. 제가 보기에 메이요 클리닉의 스타들은 환자를 중심에 두는 메이요 클리닉 시스템에 자기 자신을 맞추고, 환자를 스타 한 사람이 보는 것보다는 팀을 이루어 보는 것이 더 낫다고 느끼고 있었습니다.

뛰어난 메이요 클리닉 의사들 중에는 다른 곳으로 스카우트되는 경우가 종종 있다. 하지만 대부분은 메이요 클리닉의 공동 진료 시스템을 좋아하기 때문에 메이요에 남는다. 아주 오래전에는 일부 메이요 클리닉 의사들이 자신의 기호에 따라서 수술실 환경을 바꿔달라고 요구할 수 있었지만 요즘에는 그런 일이 없다. 그런 요구는 클리닉의 모든 외과의사들이 사용할 수 있게 수술실을 유지할 책임이 있는 의사 위원회에 해야 한다. 스타들이 별자리처럼 모여 있는 상황에서 메이요 클리닉은 모든 의사들의 요구사항에 부합하도록 전체 시스템을 유지할 수밖에 없다.

로버트 스몰트는 코번트리 박사가 은퇴를 앞두고 있을 때 큰 위기가 왔다고 생각했다. 그 당시에 코번트리 박사는 정형외과부에서 가장 유명한 의사였다. 그의 국제적인 명성이 워낙 대단해서 많은 환자들이 메이요 클리닉을 찾았다. 행정을 맡고 있던 스몰트는 코번트리 박사가 떠나면 정형외과부를 운영하는 데 큰 타격이 있을 거라 예상했다. 하지만 그가 은퇴하고 나서도 부서에는 눈곱만큼도 영향이 없었다. 메이요 팀에는 주전 선수를 대신하는 '벤치 후보군의 힘'이 워낙 막강했다. 때문에 유명한 의사가 은퇴하거나 휴가를 떠난다고 해도 진료의 질이나 환자가 고객으로서 체험하는 수준에 거의 영향이 없었던 것이다. 이는 행정가가 기관을 떠날 때도 마찬가지다.

경영인을 위한 핵심 전략

메이요 클리닉 지도부에서의 협력 관계는 임상 진료에서의 팀워크보다 늦게 생겨났다. 하지만 메이요 형제와 해리 하윅이 개발한 리더십 모델은 오래 지속할 수 있음이 증명되었다. 이렇게 오래 살아남을 수 있었다는 것은 메이요 클리닉의 경영 모델이 연구 가치가 있는 패러다임을 제공하고 있음을 말해준다. 이것이 다른 서비스 조직들도 메이요 클리닉의 경영 및 지배 구조를 그대로 받아들여야 한다는 뜻은 아니다. 그러나 메이요 클리닉의 협력 기반의 리더십 모델에서 배울 점은 대단히 많다.

포인트 1: 성공하려면 공조를 강화하라

존 헤렐은 메이요 클리닉에서 공동 경영 구조가 잘 작동하는 이유를 이렇게 설명한다. "의사들도 행정가들만큼 클리닉이 재정적으로 풍요로워지게 하는 데 관심을 기울여야 하고, 행정가들도 의사들과 마찬가지로 환자들을 돌보는 데 신경 써야 합니다." 이것은 너무 간단하고 당연한 말이라 진료 기관이라면 마땅히 그래야 한다고 생각할 수 있다. 그러나 실제로는 그렇지 못하다. 종합병원 내에서 경쟁하는 의사 단체들은 종종 치고받는 경우가 있다. 의사들은 지역 종합병원을 도우려 하기보다는 단일 전문 과목을 표방하는 자기 소유의 종합병원이나 외래 환자 진료 클리닉을 만들어 돈을 벌고 싶어 한다. 반면, 메이요 클리닉에서는 환자 관리의 모든 요소들이 유기체 같은 단일 조직으로 통합되어 있다. 이 유기체의 세포들은 자기를 제외한 다른 모든 세포들이 건강해야만 자신도 건강하게 생존할 수 있다.

특히 다른 조직들이 주목해야 할 부분이 있다. 의료는 우리 경제에서 아마 가장 복잡하고 경영이 어려운 사업 분야일 것이다. 그러나 메이요 클리닉은 3개 캠퍼스의 4만 2,000명이 넘는 직원들로부터 대단히 높은 수준의 공조 체제를 구축했다. 메이요 클리닉 인력 중 많은 수가 고등 교육을 받은 사람이지만 그렇다고 해서 공조가 쉬워지는 것은 아니다.

메이요 클리닉의 성공은 환자에게 필요한 것을 제공한다는 인간적인 가치를 바탕으로 이룬 것이다. 인심 좋은 고용주에게 후한 임금을 받기 때문에 모든 직원들은 경제적으로 얻는 것보다 더 높은 가치를 추구할 수 있다. 배관공은 급수 시스템을 잘 유지해서 의료진이 환자를 돌볼 수 있게 해준다. 건물 관리인들은 방을 청소해서 환자들을 만족시킨다. 몇 군데 다른 종합병원에서 6년 동안 일반 외과 수련 프로그램을 밟았고 이제 메이요 클리닉의 2년짜리 프로그램에 18개월째 참가 중인 한 외과의사는 이렇게 말한다. "저는 메이요 클리닉 의사들이 의사 휴게실에서 돈 문제로 얘기하는 것을 한 번도 들어본 적이 없어요." 이것은 그가 겪었던 다른 종합병원과는 정말 다른 점이었다.

포인트 2: 관대함은 관대함을 낳는다

윌리엄 박사와 찰스 박사는 재산 대부분을 기부해서 자신들이 죽은 이후에도 메이요 클리닉을 계속 이어갈 수 있는 기반을 닦았다는 점에서 이타주의의 귀감이 되었다. 이것은 허영심에서 나온 행동이 아니었다. 그들은 의료 활동을 통해 벌어들인 돈은 자신이나 동업자들의 경제적 부를 축적할 것이 아니라 더 나은 형태의 의료로 대중에서 돌려주어야 한다는 신념에 따라 산 것이다.

오늘날 회사들은 흥망성쇠를 거듭하고 최고경영책임자의 명성이나 봉급, 스톡옵션에는 거품이 낄 대로 껴 있다. 이런 초인플레이션 시대에 메이요 클리닉의 이야기는 상식에서 벗어나 보인다. 클리닉은 경기

침체와 인플레이션, 전쟁과 평화의 시기, 미국의 인구 변화, 그리고 수세대에 걸친 의료 기술의 숨 막힐 듯한 변화 속에서도 꾸준히 성공을 이어 왔다. '환자의 필요를 최우선으로'라는 핵심 가치는 개개인의 독자적인 판단에 따라 행동하는 자유 재량권과 협력 정신, 그리고 소속감을 고취시켜주는 문화와 경영 지배 구조가 보완해준다. 늘 새로운 도전으로 자극받는 리더들은 자기 자신보다 더 큰 신념을 위해 헌신한다.

윌리엄 박사와 찰스 박사는 평생 대중에게 자신의 삶보다 더 큰 가치를 실현한 스타로 각인되었다. 하지만 정작 그들은 유명 언론에서 자신에 대해 떠드는 내용을 믿지 않았다. 두 사람 모두 메이요 클리닉이 두 형제의 힘만으로 일구어낸 것이 아님을 잘 알고 있었기 때문이다. 의사, 간호사, 기사, 행정가 등의 동료들이 처음에는 수십 명, 그리고 나중에는 수백 명이 파트너로 힘을 합쳐 환자의 필요를 해결하는 데 집중함으로써 메이요 클리닉을 만들고 유지해온 것이다. 메이요 클리닉이 번영을 누릴 수 있었던 이유는 관대한 고용주가 직원들에게 관대하게 베푸는 정신을 심어주었기 때문이다. 개인적인 명예와 부를 누리고 싶어 하는 사람은 메이요 클리닉에 발을 붙일 수 없다.

포인트 3: 협력이 헌신을 이끌어낸다

메이요 클리닉에서는 경영상의 결정 대부분이 개인이 아니라 집단을 통해 내려진다. 메이요 클리닉의 최고경영책임자는 이사회의 결정을 대변하는 사람이다. 각 캠퍼스나 부서의 최고경영책임자도 마찬가지라고 할 수 있다. 동료들의 공감과 지지를 얻지 않은 상태에서 무언가를 공표하는 일은 극히 드물다. 환자와 직접 접촉하는 의사나 다른 직원들이 지적으로나 감성적으로나 폭넓은 참여와 지지를 보여주지 않는다면 진정 인간미 넘치는 의료 서비스를 제공하기는 힘들다. 물론 다른 서비스 기관도 마찬가지다.

공감대를 바탕으로 결정을 내리는 메이요 클리닉의 방식은 뛰어난 의사소통 구조가 있기에 가능했다. 위원회가 결정을 내리면 결정에 참여해 그 내용을 잘 이해하고 있는 10~20명 정도의 사람들이 동료들에게 돌아가 혹시나 있을지 모르는 막연한 두려움이나 오해들을 풀어준다. 때문에 그런 오해가 조직 내로 퍼져 나가지 않는다. 공감대가 형성되면 일에 집중할 수 있는 작업 환경을 만드는 데 도움이 된다. 메이요 클리닉 지도부의 결정을 신뢰한다는 것은 직원들이 직장을 잃을까봐 염려할 필요가 없다는 뜻이다. 갑자기 제 마음대로 성명을 발표하는 경우가 거의 없기 때문에 정치적인 음모가 들어설 자리도 그만큼 줄어든다. 이런 작업 환경으로 인해 정확하고 안전한 맞춤형 진료를 개개의 환자들에게 제공할 수 있는 여건이 마련된다.

포인트 4: 경영진의 후보 벤치를 강화하라

1932년에 메이요 형제가 은퇴한 이후로 클리닉의 미래가 한 사람의 건강이나 생존에 좌지우지되었던 경우는 단 한 번도 없다. 공감대를 바탕으로 하는 경영 및 지배 구조와 위원회 문화 덕분에 조직을 유지할 능력이 있는 뛰어난 후계자들이 70년 넘게 언제나 대기하고 있었다. 메이요 클리닉은 경영 및 지배 과정 속에 똑똑한 의사들과 행정가 수백 명을 참여시켰다. 그럼으로써 조직의 가치를 믿고, 그 가치에 따라 사는 차세대 리더들을 지속적으로 양육할 수 있었다. 대부분의 리더 자리는 임기에 제한을 두었기 때문에 과장, 부장, 이사, 집행위원, 심지어는 캠퍼스의 최고경영책임자까지도 돌아가며 맡는다. 메이요 클리닉의 행정 문화는 직원들에게 개인적 차원에서 신선한 도전의 기회를 주기 위해 수평적, 수직적 경력 변경의 기회를 자주 제공한다.

메이요 클리닉에서 배우다

메이요 클리닉 창시자들이 만들어낸 경영 모델은 오랫동안 기관을 잘 이끌어 왔다. 한 세기가 넘도록 메이요 클리닉은 성공 가도를 달려왔다. 성공을 향해 달리다 보면 어떤 회사든 사회적, 경제적, 기술적 순환 주기를 거치면서 내리막길과 오르막길을 번갈아 가게 된다. 메이요 클리닉은 지도부를 계속적으로 교체하면서 활기를 유지하는 리더십 모델과 공감대를 바탕으로 한 경영 및 지배 구조를 갖추었다. 그리고 이를 통해 그 길을 가는 동안 만나게 될 도전 과제를 극복할 수 있는 인재들과 아이디어를 찾아냈다. 메이요 클리닉의 명성과 브랜드 가치를 창조하고 유지해온 것은 인간미 넘치고 배려 가득한 맞춤형 진료였다. 그리고 이것을 가능하게 해준 내부 환경은 협력과 협조의 경영을 통해 만들어졌다.

물론 이와는 다른 모델을 통해서 성공한 사례들도 많다. 하지만 대부분의 기업들은 메이요 클리닉의 경영 모델에서 자신들의 도전 과제를 풀 수 있는 힌트를 얻을 수 있을 것이다.

CHAPTER 6

재능보다 가치가 우선이다

저는 미국 남부에 있는 유명한 의료학술 센터에서 일자리 제의를 받고 1978년에 남아프리카 공화국에서 미국으로 건너왔습니다. 미국에서 3주간 머무는 동안 다른 의료학술 기관도 같이 살펴보았습니다. 몇 군데서 제안이 들어오긴 했지만 저는 한 의사 친구한테 남아프리카 공화국에서도 잘 알려진 메이요 클리닉을 한번 둘러보고 싶다고 말했습니다. 그랬더니 친구가 이렇게 말하더군요. "문제없지. 내가 메이요 클리닉 심장내과 과장으로 있는 밥 브랜든버그Bob Brandenburg란 사람을 잘 알거든." 저는 밥 선생님에게서 아주 친절한 답장을 받았습니다. 거기에는 이렇게 써 있더군요. "저는 이제 심장내과 과장 자리에서 막 내려왔습니다. 보내주신 편지는 제 후임인 로버트 프라이Robert Frye 박사에게 전해주도록 하겠습니다."

제가 미국 남부의 의학 센터를 거의 선택할 뻔했던 이유 중 하나는 그곳에 노벨상 수상자를 비롯해 환상적인 연구원들이 포진하고 있었기 때문입니다. 하지만 역설적이게도 제가 걱정하고 망설였던 이유도 바로 그것이었습니다. 그곳은 정말 임상 의학에 대해서는 크게 신경 쓰지 않는 것 같더군요. 게다가 그곳의 한 리더는 저에게 이런 말을 했습니다. "우리가 신경 쓰는 부분은 미국국립보건원NIH, National Institutes of Health의 지원금을 받는 것입니다. 이 계통에서는 그것이 보증수표나 마찬가지니까요. 우리는 막대한 지원을 받고 있어 장차 미국 남부의 연구 중심지가 될 것입니다. 미국 남부의 하버드 대학이 되는 것이죠." 하지만 저는 학술과 임상 중 어느 하나도 놓치고 싶지 않았습니다.

당시에 몇몇 자리는 마음만 먹으면 충분히 들어갈 수 있었습니다. 저는 남아프리카 공화국에서 로즈 장학생으로 뽑혀 옥스퍼드 대학에서 박사 과정을 마쳤고, 논문도 꽤 많이 발표했습니다. 그래서 프라이 박사에게 격려 편지를 받고 며칠이 지난 후에야 메이요 클리닉을 찾아갔습니다. 그리고 그날 일과가 끝날 즈음에 프라이 박사에게 말했습니다. "혹시 제게 일자리를 주신다면 여기서 일하고 싶습니다." 제가 케이프타운에서 출발할 때는 늦여름이었지만, 메이요 클리닉을 찾아간 그날은 3월인데도 얼음이 얼고 눈이 내렸습니다. 그래도 저는 그렇게 얘기했습니다. 메이요 클리닉이 각별하게 느껴졌던 부분이 몇 가지 있었습니다. 그곳의 사람들, 동료애, 훌륭한 시설, 임상을 추구하는 자세, 연구 기회 같은 것들이었죠. 저는 한 사람의 직원으로서 그 핵심 가치들에 끌렸습니다. 사람들이 일하는 방식이 너무 마음에 들었고, 그 조용한 효율성에 큰 인상을 받았습니다. 하지만 가장 감동받은 부분은 이곳이 제가 개인적으로 학문적인 잠재력을 크게 펼칠 수 있는 곳이라는 점이었습니다. 이곳 분위기는 연구에 대한 제 관심사와도 맞아 떨어지지만 임상과 교육 분야에도 신경을 많이 쓰고 있었습니다. 저는 3가지 모두 다 하고 싶었습니다.

메이요 클리닉은 그 이름만으로도 고용 시장에서 막강한 경쟁력이 있다. 현재 의학 교수를 맡고 있는 버나드 거슈Bernard Gersh 박사는 윗글에서 1978년에 처음 미국으로 건너왔을 때 자신의 가치와 기술, 그리고 의사, 교육자, 연구가로서의 관심사 등에 가장 잘 맞아 떨어지는 곳이 메이요 클리닉이었다고 말한다. 그는 한때 메이요 클리닉을 떠나 다른 의료학술 센터에서 7년간 심장내과 과장직을 맡았다. 그리고 다시 새로운 자리를 알아보고 있던 1998년에 같은 결론에 도달했다. 그때도 역시 많은 자리가 있었지만 그는 다시 메이요 클리닉을 선택했다. 하지만 그는 이것이 쉽지 않은 결정이었다고 고백한다. 이때 다시 돌아오게 된 이유는 20년 전에 메이요를 선택했던 이유와는 좀 달랐다. 이번에 그가 감동받은 부분은 다음과 같다. "다른 의료학술 단체들이 모두 비관에 싸여 있는 시기에도 메이요 클리닉은 여전히 힘을 키워갔고 대단히 안정적이었죠. 메이요 클리닉의 그런 꾸준한 성공이 저를 매료시켰습니다. 그리고 또 하나 감동받은 부분은 메이요 클리닉 사람들이 굉장히 행복해 보인다는 것이었습니다. 제가 돌아오고 나서 1년 후에 이렇게 생각했던 것이 기억나는군요. '다시 여기서 일하니 무척 기쁘군. 돌아오길 정말 잘했어.'"

거슈 박사가 두 번이나 메이요 클리닉에 이끌렸던 데는 그곳에서 일하는 사람들의 영향이 컸다. 그는 의사나 과학자 동료들뿐만 아니라 사람들이 한데 어울려 조화롭게 일할 수 있는 환경을 만들어주는 직원들에 대해서도 감명을 받았다. 메이요 클리닉 명예 최고행정책임자인 로버트 C. 뢰슬러는 자신의 회고록의 이름을 『원칙과 사람: 메이요 클리닉의 핵심 요소Principles and People: Key Elements of Mayo』라고 지었다. 그가 말하는 클리닉의 정신은 다음과 같다. "메이요 클리닉의 정신은 결국 사람을 통해서만 살아남을 수 있다는 것이다. 메이요 클리닉의 성공을 가져온 가장 근본적인 요소는 바로 메이요 클리닉의 사람들이다."[1] 노동집약적인 서비스 기관의 생산물은 결국 사람이다. 레너드 베리는 자신의 저서 『위대한 서비스On Great Service』에서 이렇게 말하고 있다.

> 서비스는 결국 수행이고, 그것을 수행하는 것은 사람이다. 고객의 관점에서는 서비스를 수행하는 사람이 바로 그 회사다. (중략) 은행원이 무성의하면 은행은 곧바로 무성의한 은행이 되고 만다. 종업원이 무례하면 그 식당은 무례한 식당이 된다. 서비스 회사에서는 그 회사가 전달하려는 가치를 고객에게 잘 전달할 줄 아는 제대로 된 사람이 필요하다. (중략) 따라서 회사는 고객 시장 점유율 확보를 위한 경쟁에 힘쓰듯 인력 시장 점유율 확보를 위한 경쟁에도 총력을 다해야 한다.[2]

회사의 가치를 잘 전달할 수 있는 적절한 사람을 뽑아야 한다는 점은 고객들이 높은 기대를 가지고 찾아오는 보건의료 기관의 경우에도 적용된다. 보건의료 서비스는 프라이버시와도 크게 연관되는데, 고객들이 민망한 경험을 해야 하는 때도 종종 있다. 보건의료에서는 서비스를 제공하는 의사, 간호사, 임상 기사들이 권력을 쥐고 있다. 서비스를 받는 사람은 오히려 검사 테이블이나 병동 침실에서 자신의 사회적 지위를 드러내주던 장식들을 모두 벗고 획일화된 볼품없는 옷을 입은 채 가장 나약한 모습으로 누워 있다. 게다가 환자는 고통스럽고 두려운 절박한 상황에 놓여 있는 경우가 많다. 이렇게 극도로 예민해진 고객들을 직접 상대하는 일에서는 직원들을 제대로 뽑아서 유지하는 것이 대단히 중요하다. "다행히도 우리는 우리의 가치와 원칙들에 헌신하고 그 일을 자신의 사명으로 삼는 사람들을 끌어모을 수 있었습니다." 로체스터 캠퍼스 최고경영책임자인 글렌 포브스의 말이다.

거슈 박사의 이야기 속에는 경영자와 직원들이 메이요 클리닉에서 사람들을 고용했을 때나 자신이 고용되던 때를 떠올릴 때마다 반복해서 듣게 되는 주제가 들어 있다.

이 장에서는 메이요 클리닉이 어떻게 인력을 구성해서 인생의 밑바닥을 경험하고 있을지 모르는 사람들에게 높은 수준의 서비스를 제공하는 훌륭한 팀 플레이어로 만들어내는지를 살펴보도록 하겠다. 뢰슬러의 말을 빌리면 메이요 클리닉의 사람들은 자신이 개인적으로 추구하는 가치를 조직이 추구하는 가치와 조화시킨다. 또한 자신의 재능을 다른 사람들의 재능과 한데 모아 각각의 환자들에게 인간미 넘치는 서비스를 제공할 줄 아는 사람들이다.

가치가 우선이다

잭슨빌 최초의 최고행정책임자였던 칼튼 라이더Carleton Rider의 말에 따르면 새로운 곳에 병원을 열 때 이사회의 말 못할 가장 큰 걱정은 중서부 북부와 문화적으로 다른 곳에서 직원들을 제대로 뽑을 수 있을까 하는 점이었다. 그는 이렇게 말한다. "임원들은 로체스터와 같은 수준의 보건 관련 종사자들을 과연 여기서도 뽑을 수 있을지 걱정했습니다." 하지만 그것은 기우였다. 오늘날 분명해진 것은 직원들이 추구하는 개인적 가치가 메이요 클리닉의 주요 가치를 보완해야 한다는 점이다. 이런 보완적인 가치는 중서부 북부 사람들만 가지고 있는 것이 아니었다.

잭슨빌 캠퍼스 최고경영책임자 조지 바틀리 박사가 이상적인 직원에 대해 설명하는 것을 들어보면 제대로 된 직원을 고용하는 일은 무척 간단해 보인다. "환자의 필요가 최우선이라는 우리의 핵심 가치와 공명하는 가치를 추구하는 사람을 찾아내면 됩니다."

메이요 클리닉이 의료계에 널리 알려진 것은 클리닉이 추구하는 가치 때문이었다. 그만큼 환자를 돌보는 가치를 중시하는 사람들은 자신이 메이요 클리닉과 잘 맞는다고 생각하고 일자리를 알아보러 오는 경우가 많다. 공인 간호사이자 간호 인력 배치 담당자인 테레사 엘우드 Theresa Elwood는 이렇게 말한다. "여기 로체스터는 간호사로서 경력을 쌓기 좋은 근무 환경을 갖추고 있습니다. 이 사실은 소문을 타고 전국에 알려져 있죠. 그래서 이곳을 찾는 간호사들의 발길이 끊이지 않고 있습니다."

또한 애리조나에서 근무하는 한 직원은 이렇게 말한다. "사실 제가 메이요 클리닉을 선택한 이유는 이곳 사람들이 환자를 대하는 태도 때문이었습니다. 그들이 환자를 돌보는 방식과 조금이라도 더 봉사하려는 노력, 그런 것들 때문이었죠. 그들은 자기가 받은 것을 조직에 모두 되돌려 주려고 했습니다. 때문에 더 나은 치료법을 찾기 위해 더 많은 연구 노력을 기울였습니다. 저를 이곳에 오게 만든 것은 바로 그런 것들이었습니다."

바틀리 박사는 이에 대해 깊은 생각에 빠져들었다.

마치 메이요 클리닉 건물의 기초를 닦을 때 클리닉의 가치가 씨앗처럼 흙 속에 함께 심어지기라도 한 것 같습니다. 우리는 쉽게 그런 사람들을 찾을 수 있었습니다. 굳이 미네소타에서 사람들을 모아올 필요도 없었죠. 플로리다에서도 새로운 싹이 움텄습니다. 병동을 걸을 때나 종합병원과 클리닉의 직원들과 얘기할 때도 각각의 사람들 속에서 메이요 클리닉의 정신을 만납니다. 그 사람들은 로체스터에 가본 적이 없습니다. 그럼에도 불구하고 그들은 메이요 클리닉의 가치를 직관적으로 이해하고 있었습니다.

연구 결과를 살펴보면 실적이 좋은 서비스 기관들은 고용도 까다로운 것을 알 수 있다.[3] 그들은 제대로 된 직원을 뽑기 위해 필요한 만큼 충분한 시간을 들인다. 일례로, 메이요 클리닉의 한 경영인은 두 사람이 함께 일해야 하는 자리인데도 적당한 사람이 나올 때를 기다려 아홉 달 동안이나 혼자서 일한 적도 있다. "메이요 클리닉은 쉽게 취직할 수 있는 곳이 아닙니다." 애리조나 캠퍼스 인사관리부장을 맡았던 매튜 맥클라스는 이렇게 말한다. "우리는 신입사원 한 사람을 뽑을 때도 정말 많은 단계를 거칩니다. 지원자를 가려내고 면담하는 일에도 대단히 많은 사람들이 참여하죠. 그런 선별 과정에서 살아남은 지원자들은 정말 이곳에서 일하고 싶어 하는 사람들입니다." 여기서 매튜가 말하는 선별 과정은 지원자들을 시험해보기 위해 고안한 작전 같은 것이 아니다. 그것은 클리닉의 핵심 가치를 개인적으로 공유하고 그 가치를 유지하는 데 도움을 줄 수 있는 사람을 뽑기 위해 세심하고 철저한 절차를 거치는 과정인 것이다.

클리닉의 고용 절차는 다음과 같다. 우선 인사관리부에서 선별 과정을 거치고, 다시 고용 부서에서 선별 과정을 거친다. 그 후에 이를 통과한 서너 명 정도의 후보자가 캠퍼스를 방문한다. 그리고 고용 부서에서 나온 4명이나 8명, 혹은 그 이상의 패널들 앞에서 90분가량의 행동 면접behavioral interview을 받는다. 그 서너 명 중 한 사람만 뽑는 경우도 있고, 때로는 아무도 뽑지 않을 때도 있다. 패널 면접은 조직 내에서 누구나 거치는 절차다. 심지어 데니스 코르테스 박사도 당시 후보로 고려되었던 사람들 모두와 패널 면접을 거친 이후에 최고경영자로 선출되었다. 당시 코르테스 박사는 이미 잭슨빌 캠퍼스의 최고경영책임자였기 때문에 재단이사회 회장을 비롯한 패널들 모두 그를 잘 알고 있었다.

하지만 패널 면접은 그저 형식에 그치는 것이 아니다. 패널들은 질문을 세심하게 준비해서 후보들이 모두 그 질문에 어떻게 대답하는지를 충분한 시간을 두고 평가한다. 셜리 바이스도 다른 내부 지원자들과 함께 최고경영자와 이사회에서 나온 몇몇 의사들로 구성된 패널 앞에서 면접을 본 이후에 최고행정책임자가 되었다.

패널 면접에서는 메이요 클리닉에서 성공적으로 근무하기 위해 어떤 가치를 가져야 하고, 맡을 자리에 어떤 특정한 기술이 필요한지를 고려해서 질문을 만든다. 예를 들면, 이런 질문을 던질 수 있다. "실수를 막기 위해 상사의 의견에 맞서야 했던 때가 있었다면 말씀해주세요." 이런 질문에 대답하다 보면 상황에 대처하는 후보자들의 개인적 성향이 반드시 드러나게 된다. 또한 과거에 특별히 성공적으로 기획을 완수한 적이 있는지 물어보기도 한다. 패널들은 후보자가 '나'라는 표현을 쓰는지, 아니면 '우리'라는 표현을 쓰는지도 관심 있게 지켜본다.

90분간 면접을 진행하면서 패널들은 8~10개 정도의 질문에 대한 대답을 듣는다. 거기에 더 자세한 부분까지 질문해서 후보자들을 면밀히 살펴보기도 한다. 후보자들에게도 질문할 수 있는 기회를 주는데, 그를 통해서도 후보자에 대해 더 알아낼 수 있다. 예를 들면, 간호사는 이렇게 물어볼 수 있을 것이다. "그 자리에 들어가면 제 재량권은 얼마나 되나요?" 이런 질문이 나온다면 이 후보자는 메이요 클리닉이 팀워크를 강조한다는 사실을 놓치고 있음을 말해준다. 패널 면접과 개인 면접을 거치면서 패널들은 후보들에 대해 다양한 평가를 내린다. 그리고 최종 결정 때 패널들은 후보들이 조직과 맡아야 할 업무에 얼마나 어울리는지 서로 의견을 나눈다.

로체스터 캠퍼스에서는 간호사를 고용할 때 행동 면접에 임상 사례 시나리오도 집어넣는다. 임상 사례 시나리오는 간호사가 메이요 클리닉에서 실제로 경험할 수 있는 임상적 상황을 표준화한 것이다. 후보자들은 주어진 상황에서 어떻게 행동할 것인지를 잘 생각하고 설명해야 한다. "저희는 그 시나리오를 처리하는 과정에서 면접자가 어떤 단계를 밟아 나가는지를 관찰합니다." 간호 인력 배치 담당 공인 간호사인 루스 라르센Ruth Larsen은 이렇게 말한다.

의사나 연구직은 모두 이런 절차를 거치는 것은 아니지만 이와 비슷하게 엄격한 절차를 통해 뽑는다. 새로 들어오는 의사들 중에는 메이요 클리닉에서 수련받은 사람들이 많다. 2장에서 언급했듯이 메이요 클리닉 의사들 중 60퍼센트 이상이 수련의 일부를 메이요 클리닉에서 마쳤다.

혹자는 학술 기관의 구성원들 중 절반이 내부에서 수련을 받게 되면 우물 안 개구리가 될 위험이 크다고 비판하기도 한다. 하지만 그 과정에서 메이요 클리닉과 같은 가치를 추구하는 의사들을 더 많이 고용할 수 있다. 때문에 100년을 이어온 브랜드를 만들어낸 문화를 자연스레 지켜나갈 수 있는 것이다. 애리조나 캠퍼스 최고경영책임자인 빅터 트라스텍 박사는 이렇게 말한다. "우리 내부에서 수련받은 사람들을 고용하면 최고 중에서도 최고를 뽑을 수 있습니다. 그들은 우리가 하는 일을 쭉 지켜봤고, 여기 남기를 바라서 남는 것이니까요."

메이요 클리닉 의학 대학을 다녔거나 메이요 클리닉에서 레지던트, 혹은 펠로 과정을 밟은 사람들은 1년에서 7년, 혹은 그 이상의 기간 동안 '심층 면접'을 본 셈이다. 수련 담당 부서에서는 빈자리에 가장 잘 어울릴 사람이 누구인지 찾아내는 데 초점을 맞춘다. 수련 과정에서는 임상적, 문화적으로 잘 어울리는 의사를 정확히 찾아낼 수 있다. 이곳에서 수련받지 않은 의사들을 뽑는 경우는 메이요 클리닉의 누군가가 그 사람에 대해 잘 알고, 조직에 어울릴 것이라 판단해 초청한 경우가 대부분이다.

인사관리부 리더들은 후보의 자질 중에서도 클리닉과 같은 가치를 추구하는 것이 성공적인 메이요 클리닉 직원이 되기 위한 가장 중요한 요구 조건임을 의심하지 않는다.

"많은 경우 사람들은 능력을 먼저 보지만 저는 그 사람이 추구하는 가치를 먼저 봐야 한다고 생각합니다. 공통의 가치를 추구하지 않는다면 능력이 좋아도 결국 소용이 없으니까요."

— 애리조나 캠퍼스 전 인사관리부장 매튜 맥클라스

"누군가의 개인적 가치관을 변화시키는 일은 정말로 어렵고, 거의 불가능합니다. 그 사람의 행동을 변화시킬 수는 있겠지요. 하지만 그 밑에 깔려 있는 가치는 변하지 않고 남아 있습니다."

― 잭슨빌 인사관리부장 마이클 에스테스

"사람들은 우리가 추구하는 가치를 보고 함께 일하고 싶어 우리를 찾아옵니다. 그런 사람들은 자신이 생산하는 서비스에 만족하기 때문에 다른 사람들보다도 더 오래 여기서 일하지요. 그들은 우리의 가치와 공감하고 환자를 위해 봉사하기를 원합니다. 그것을 일하는 보람으로 여기죠. 우리는 팀의 일원이 되고 싶어 하며 다른 사람들과 협력하기를 원하는 사람들을 찾습니다. 또한 토론에 대해 열려 있고 자신을 남보다 더 똑똑하다고 생각하지 않는 사람을 찾으려고 합니다."

― 로체스터 캠퍼스 인사관리부장 케네스 슈나이더

메이요 클리닉 애리조나 캠퍼스는 개원하고 11년 동안 지역 종합병원을 이용해 환자들을 돌봤다. 그러다가 1998년에 자체적인 종합병원을 개설하기로 계획을 세웠다. 그러나 곧 1,200명이 넘는 직원을 어떻게 뽑아야 할까라는 큰 문제에 부딪혔다. 리더들은 지도부가 적절한 후보들을 찾는 것을 돕기 위해 한 컨설팅 회사와 함께 일하며 메이요 클리닉의 핵심 가치에 바탕을 둔 심사 도구를 개발했다. "우리는 이곳 직원들에게 심어주고 싶은 메이요 클리닉의 가치와 가장 일치하는 가치를 추구하는 지원자들을 면접 보는 일부터 시작했습니다." 메이요 클리닉 애리조나 캠퍼스 간호부장, 공인 간호사 데브라 펜더개스트

Debra Pendergast의 말이다. 종합병원을 열 당시에 애리조나는 수준 있는 보건의료 종사자를 구하기가 무척 어려운 상태였다. 그녀는 이렇게 말한다. "고도로 전문화된 기술직 분야에서는 인력난이 심했죠. 그래서 심사 도구에서 추구하는 가치가 좀 다른 사람이라도 일부 고용했었습니다. 물론 이렇게 예외를 두었던 것을 후회할 일이 생기고는 했죠." 하지만 전반적으로 봤을 때 종합병원 경영진들은 새로 뽑은 직원들에 대해 대체적으로 만족스러워했다. 흥미롭게도 메이요 클리닉의 다른 종합병원과 비교해봤을 때 애리조나 캠퍼스 종합병원은 개원한 후부터 지금까지 환자의 전반적 만족도 평가에서 줄곧 가장 높은 점수를 얻었다.

맞는 사람은 들이고, 맞지 않는 사람은 내친다

마이클 에스테스Michael Estes가 들려준 다음의 이야기는 조직에서 성공적인 직원이 되려면 어떤 태도가 중요한지를 보여준다. 그것은 바로 자신이 믿는 조직에 적합한 사람이 되려고 하는 의지다.

몇 년 전에 우리는 간호사직에 정말 딱 들어맞는 사람을 한 명 찾아냈습니다. 그 사람을 면접 본 사람들은 한결같이 이렇게 얘기했죠. "능력도 있고, 태도도 좋고, 정말 활력이 넘치는 사람이야. 가치관도 우리와 맞고 말이지. 마치 메이요 클리닉을 위해 태어난 사람 같다니까. 무슨 일이 있어도 여기 붙잡아 놔야 해." 하지만 그 사람에겐 딱 한 가지 문제가 있었습니다. 해군 복무 시절에 몸에 문신을 새겨놓은 것입니다. 우리는 그 사람을 앞에 앉혀

놓고 왜 외모가 중요한지, 왜 때로는 그것이 직업상의 결점이 될 수 있는지를 설명했습니다. 해결책은 간단했죠. 바로 긴소매 셔츠를 입는 것입니다. 우리는 이렇게 조언했습니다. "날씨가 아무리 찌는 듯이 덥고 습해도 우리와 환자를 존중하는 의미에서 긴소매 셔츠를 입어주세요." 그는 이렇게 대답하더군요. "아주 쉬운 일이네요. 여기 들어오기 위해서 필요한 일이라면 장갑이라도 끼고 있을게요!" 그 사람이 우리와 일한 지도 이제 5년이 넘었습니다. 그 사람은 우리의 기대치를 뛰어넘을 만큼 정말 일을 잘했습니다.

서로 맞추어 갈 필요는 있지만 메이요 클리닉 직원들이 복제한 것처럼 모두 똑같은 사람일 수는 없다. 메이요 클리닉의 핵심 가치를 4만 2,000명이 넘는 모든 직원들이 똑같은 방식으로 이해하고 적용하지는 못한다. 하지만 보람을 느끼면서 오랫동안 일하다 보면 사람들은 결국 고용주나 동료 직원들과 화해하고 평화롭게 지내게 된다. 제대로 된 인력을 꾸리는 데 있어서 이 부분은 종종 간과된다. 경영인들은 적절한 사람을 뽑는 일이 첫 번째고, 직원 오리엔테이션은 두 번째 단계일 뿐이라는 점을 명심해야 한다. 그러나 이 두 단계만으로는 조직에 오래 머물러 있을 믿음직한 직원을 만들어내는 데 충분하지 않다. 각각의 직원들은 자신이 그 조직과 편안하게 잘 어울린다는 느낌을 받아야 한다. 입사하고 첫 3년에서 5년간 메이요 클리닉의 문화에 적응해가는 동안 직원들은 환자와 장기 근속자들에게서 높은 만족도 점수를 받는 직원으로 거듭난다.

세인트메리스 종합병원과 메이요 클리닉에서 37년 근무한 명예 행정가 제인 캠피온은 이를 아주 잘 표현했다. "메이요 클리닉이 한 개인을 위해 변할 수는 없습니다. 개인이 메이요 클리닉의 문화에 적응해야 될 부분이 있지요." 트라스텍 박사가 그녀의 말을 거든다. "개인이 메이요 클리닉 시스템에 딴죽을 걸 수는 없습니다. 메이요 클리닉의 규칙을 따르겠다는 생각이 있어야 해요. 절이 싫다면 중이 나가야죠."

메이요 클리닉의 문화는 대단히 강하고 확고하며, 모든 직원들의 공감을 얻고 있다. 때문에 누군가 나서서 이것을 바꾸겠다고 해도 성공할 가능성은 거의 없다. 장기 근속자가 되려면 메이요 클리닉과 어울리는 사람이 되려고 노력해야 한다. 일부 고위층 리더들이 주목을 끌 만한 변화를 도입한 적이 있었다. 그러나 그들의 임기가 끝나고 나면 조직은 다시 원래의 모습으로 돌아갔다. 리더의 개성에 따라 겉으로 드러나는 문화가 달라지기도 했지만 그것은 리더가 그 자리에 있는 기간에 국한되었다. 메이요 클리닉의 문화가 점차적으로 변하는 경우도 있다. 하지만 그것은 어떤 취향이나 기호를 따라갔기 때문이 아니다. 변화는 객관적 자료가 밑바탕이 된 전략적 사례를 통해 이사회에게 변화의 필요성을 설득한 이후에만 일어난다.

제인 캠피온에 따르면 많은 직원들이 메이요 클리닉에 오면서 "제가 도울 일이 뭐가 있을까요?"라고 묻는다고 한다. 이 사람들은 긍정적인 방식으로 조직의 요구에 응답할 준비가 된 사람들이다. 그러나 메이요 클리닉에 대해 방관자적인 입장을 띠고 오는 사람들도 있었다. 이들은 메이요 클리닉에 적대적이지는 않지만 그렇다고 열광적이지도 않았다. 그러나 이들 중 많은 수가 일단 들어오고 나면 잘 적응한다고 한다. 이런 사람들도 어느 순간 갑자기 메이요 클리닉의 정신을 이해하고, 자신도 그 일부로 동참하기를 원하게 된다는 것이다.

조직 내에는 공식적과 비공식적인 조언자 프로그램이 존재한다. 그중 더 오래된 것은 사례를 통해서나 혹은 "메이요 클리닉에서는 이런 식으로 처리해요."라는 설명을 통해 동료들에게서 배우는 비공식적인 '훈련'이다. 이런 비공식적인 조언들에서 신입사원들은 메이요 클리닉의 문화를 이해하고, 그 문화에 적응할 수 있는 다양한 방법을 배운다. 때로는 점심 식사 때나 복도에서 오고 가는 대화 중에도 신입사원에게 회의 시간에 오갔던 중요한 내용에 대해서 설명해줄 수도 있다. 직원들은 대부분 입사 초기에 비공식적인 대화를 통해 메이요 클리닉의 방식을 배울 수 있게 도와줄 동료나 상관을 만난다. 하지만 비공식적인 프로그램만으로는 충분하지 않다. 따라서 공식적인 교육 프로그램도 잘 개발되어 있다. 일례로, 로체스터 캠퍼스의 내과 부서에서는 모든 신입 의사들에게 메이요 문화와 부서의 진료 스타일에 대해 설명해줄 조언자를 한 명씩 지정해준다. 신입 행정가들에게도 공식적인 조언자 프로그램이 있다.

사람들이 잘 적응할 수 있도록 돕는 이유가 모든 직원들이 고분고분 잘 따르는 밋밋하고 평범한 조직을 만들기 위한 것은 아니다. 메이요 클리닉의 문화 속에는 이사회 부회장인 니나 슈벵크가 '잔소리꾼'이라고 부르는 사람들이 있다. "이들은 경계를 넘어서지는 않지만 언제나 그 경계를 넓히려고 애쓰는 사람들이죠." 도전 정신이 강한 이 사람들은 클리닉운영위원회, 집행위원회, 혹은 이사회 등의 모임에서 일하면서 조직 문화에 점진적인 변화를 가져온다. 슈벵크 박사는 이렇게 설명한다. "예를 들어, 메이요 클리닉에서는 전통적으로 의사들의 전문성을 존중하기 위해 그들이 임상적인 결정을 내리는 데 많은 독립성을 주는 것이 중요하다고 생각해왔습니다. 고등 교육을 받은 의사들한테 환자를 볼 때 이래라 저래라 하기가 싫었던 거죠." 그러나 메이요 클리닉의 문화에서 절대로 건들지 못할 영역이라고 믿었던 전통에 한 외과의사가 반기를 들었다. 그때 이사회에서 뒤로 한 발 물러섰던 것을 그녀는 또렷하게 기억하고 있다.

그 외과의사는 메이요 클리닉 정형외과 부장과 미국 정형외과의사학회 회장을 역임한 버나드 모리Bernard Morrey 박사였다. 그는 자기 부서에서 인공관절 치환술 임상을 지켜보고 있었다. 환자에게 고관절이나 무릎관절 치환술을 할 때 외과의는 다양한 인공관절 보철물 중에 하나를 자신의 판단에 따라 골라서 이식할 수 있었다. 의사들은 모두 개인적으로 선호하는 제품들이 있었다. 그는 7가지 제품 중 아무것이나 골라놓고 그것을 환자를 위한 최선의 선택이라고 생각하는 게 도대체 말이 되느냐고 동료 의사들에게 물었다. 그리고 정형외과부와 이사회를 향해 객관적으로 입증된 최고의 치료법이 아닌 의사의 취향에 따라 달라지는 치료 방식에 대해 좀 더 엄격하게 생각해볼 필요가 있다고 주장했다.

슈벵크 박사는 몇몇 고위층 운영위에서 근무하는 동안 모리 박사 같은 사람을 몇 명 만나볼 수 있었다. "그런 사람들은 다른 사람들이 안주하게 가만 놔두지 않습니다. 그들은 사람들에게 자신 스스로, 혹은 조직이 그어놓은 경계와 맞서고 그런 경계를 만들어낸 근본 가정을 의심해보라고 재촉하지요. 이런 식으로 조직에게 쓴소리를 하면서 그들은 큰 가치를 만들어냅니다. 생각과 비전을 넓히고 개혁과 혁신을 불러오려면 이런 불편함은 감수해야죠. 이렇게 쓴소리를 하는 사람들은 사람들에게 존경과 신뢰를 받는 사람이어야 합니다. 그래야만 사람들이 대안을 생각해볼 테니까요. 아니면 재고의 여지도 없이 내팽개쳐 버릴 겁니다." 메이요 클리닉의 리더들은 보통 이런 충성스러운 반역자들을 전략을 짜는 위원회 같은 곳에 영입한다. 그래서 그들의 도전 정신에 어울리는 토론의 장을 만들어준다. 비전을 가져야 할 직원들이 속으로는 '다 당신 마음대로 하세요.'라고 생각하면서 겉으로만 "네, 알겠습니다."라고 고개 숙이는 조직이라면 성공하기 어렵다. 하지만 이런 잔소리꾼들 중 일부는 중요하다고 생각한 변화가 너무 느리거나 일어나지 않으면 실망한 나머지 클리닉을 떠나기도 한다.

분명 메이요 클리닉에서 일하다 보면 짜증나는 일도 있다. 메이요 클리닉에서는 학회 참석이나 논문 발표에 사용할 수 있는 연간 출장 일수 18일을 모든 사람에게 똑같이 부여한다. 때문에 출장 정책에 너무 제약이 많다며 일부 의사들과 연구자들은 불만을 터트리기도 한다. 특히 유명세를 타서 초빙 교수나 학회 주요 연사로 나서는 일이 잦은 일부 사람들은 그냥 학회 참석에만 출장 일수를 쓰는 사람들보다 자기가 메이요 클리닉의 명성을 유지하는 데 더 큰 공을 세우고 있다고 생각한다. 어떤 사람들은 명함에 올릴 수 있는 정보를 제한하는 정책에 불만이 있고, 어떤 사람들은 의상이 맘에 들지 않기도 한다. 거슈 박사는 이렇게 얘기한다. "조직과 그 규칙들을 이해해야 합니다. 가능하면 그것에 맞춰주세요. 그렇지 못하면 떠나는 수밖에 없습니다." 그는 또 이렇게 덧붙인다. "의사들만이 아니라 동료 직원들과도 잘 지내야 합니다. 어떤 사람들은 대단히 권위적이고, 심지어 고함을 치는 사람도 있습니다. 또 어떤 사람들은 자기 방식만 고집하기도 하죠. 그런 사람들은 여기 있으면 안 됩니다."

제인 캠피온 역시 이렇게 말한다. "그중에는 결국 적응하지 못하고 메이요 클리닉이 불편하다고 느끼는 사람들도 있습니다. 그런 사람들은 대부분 떠나고 말죠. 그건 오히려 좋은 일입니다. 우리는 진심으로 그들이 잘되기를 바랍니다. 대부분은 자기에게 잘 맞는 일자리를 찾아내죠." 메이요 클리닉에서는 신입사원을 뽑고 심사하고 면담하는 데 최선을 다하고 있다. 하지만 조직과 새로운 신입사원들 간의 가치 공유 정도를 평가해보면 대략 80퍼센트 선에 머문다. 마이클 에스테스는 이렇게 덧붙인다. "정말 운 좋은 날은 90퍼센트까지 올라가기도 합니다."

대부분의 경우 메이요의 문화가 불편하게 느껴지는 사람들은 입사후 일 이 년 안에 떠난다. 그러나 근무 기간이 5년 이상 된 직원들은 보통 가족 문제로 이사 가는 등의 문제가 생기지 않는 한 자신의 경력이 다할 때까지 머문다. 사실 자발적으로 퇴사하는 사람들 중 3분의 2 정도가 다시 메이요 클리닉에서 일하고 싶다고 한다. 일례로, 잭슨빌의 메이요 클리닉 세인트루크 종합병원의 한 직원은 이렇게 말했다. "메이요 클리닉을 떠나서 얼마나 섭섭한지, 그리고 여기서 근무하던 시간들을 정말 사랑했다는 말을 떠나기 전에 윗사람들한테 꼭 해주고 싶습니다. 저는 메이요 클리닉과 함께할 수 있어서 무척 행운이였다고 생각합니다." 매튜 맥클라스는 이렇게 얘기한다. "자발적 퇴사 인원 중 메이요 클리닉에서 일하는 것이 정말 만족스럽지 못해서 떠나는 경우는 3분의 1에 불과합니다. 3분의 2는 계속 머물고 싶지만 배우자가 자리를 옮기거나 그와 유사한 어쩔 수 없는 경우가 생긴 사람들입니다."

직원들 중에는 추구하는 가치가 메이요와 전혀 일치하지 않는데도 떠나지 않는 사람들이 소수 있다. 이런 사람들은 항상 그런 것은 아니지만 보통 조직에서 방출된다. 한 메이요 클리닉 리더의 말을 들어보자. "우리는 우리가 추구하는 것이 무엇인지를 분명히 밝히고 그것에 따라 살아가야 합니다. 우리의 이상은 숭고한 것이니까요. 우리는 흔들림 없이 끈질기게 그 이상을 추구해야 합니다. 내뱉은 말은 실천해야지요." 에스테스는 이렇게 말한다. "우리가 신봉하는 가치와 충돌하는 가치를 가진 사람이 있다면 우리는 그 사람에게 떠날 것을 권유합니다. 아무리 철저하게 심사해서 뽑아도 가치관이 맞지 않는 사람들이 생기기 마련이죠. 그런 사람들을 엄격하게 관리하지 않는다면 결국에는 문화와 가치를 망치게 됩니다."

가치가 진실성을 얻으려면 그 가치는 보건 관련 종사자, 간호사, 검사실 기사, 비서, 회계, 의사, 행정가 등 조직 구석구석에 똑같이 적용돼야 한다. 하지만 인터뷰한 일부 리더의 말을 들어보면 보건 관련 종사자 측 관리자들이 가치 조정 문제에 제일 적극적인 관심을 보였다. 특히 상호 존중의 관례를 깨는 행동을 지적하는 경우가 많았다고 한다. 1990년대 초부터 메이요 클리닉은 다양한 인력을 뽑고 유지하기 위한 혁신안의 일부로 상호 존중의 문제에 많은 신경을 썼다. 로체스터 인사위원회 위원장인 모리 거츠Morie Gertz 박사는 대부분의 의사들이 자기 팀 구성원들에게 모범적이고 신뢰할 만한 행동을 보였다고 강조한다. 사실 의사들의 일부 부적절한 행동을 오랫동안 그냥 지켜보기만 했던 적도 있었다. 하지만 그는 이런 극소수 예외 때문이 아니더라도 동료로서 상호 존중과 협력의 관계를 쌓고 스트레스 상황에서 침착하게 행동해야 할 이유들이 생기고 있다고 말한다. 첫째, 보건 관련 종사자들은 점차 무례하다고 생각되는 행동을 받아들이기를 거부하고 있다. 둘째, 의사들 입장에서도 실수를 막으려면 팀 내 다른 구성원들의 눈과 귀, 아이디어나 생각들이 필요하다는 것이 점점 분명해지고 있다. 셋째, 메이요 클리닉에서 요즘 2년 주기로 조사하는 직원 만족도 결과를 보면 보건 관련 종사자들에 대한 의사들의 문제 있는 행동들이 시정되지 않고 있다고 느끼는 것으로 나와 각 부서와 과의 의사 리더들을 긴장시키고 있다. 확실한 근거 자료가 제시된 상태에서 문제가 없는 척 넘어가기는 힘들다.

　세 캠퍼스의 인사위원회는 메이요 클리닉의 가치를 따르지 않거나 모든 팀 구성원들에게 존중과 협력의 태도를 보이지 않는 의사들의 문제에 대해 좀 더 적극적으로 대처하기 시작했다. 일부 의사들은 무급 정직을 당하거나 퇴사당하기도 했다. 메이요 클리닉 최고행정책임자인 셜리 바이스는 의사들이 행정 팀에 대해서도 좀 더 책임감 있는 태도를 보여주기를 바라고 있다. "제가 팀과 함께하고 싶은 일 중에 하나는 서로 눈을 똑바로 쳐다보면서 건설적인 토론을 나누는 것입니다. 만약 무언가 제대로 안 되고 있는 점이 있다면 우리는 솔직하고 열린 대화를 나눌 필요가 있어요. 하지만 아직은 이런 분위기가 골고루 뿌리내리지 못했다고 생각합니다."

　변화가 진행되고 있음을 말해주는 듯 로체스터 캠퍼스의 일부 임상 부서와 과들은 자발적으로 나서서 의사의 수행 능력 평가에 360도 피드백 평가를 포함시켰다. 360도 평가는 보건 관련 종사자들 모두가 참여한다. 그래서 동료 의사들뿐만 아니라 의사, 창구 직원, 비서 등 모두에게 의견을 듣는다. 의사를 포함해 모든 직원들이 클리닉의 핵심 가치에서 나온 5가지 원칙을 바탕으로 평가받는다.

1. 환자 진료, 교육, 연구를 위한 절차와 서비스를 꾸준히 개선하려 노력하는가
2. 상호 존중의 분위기를 장려하고 다양성을 추구하는 메이요 클리닉의 정신을 지지하는가
3. 팀워크, 개인적 책임감, 통합성, 혁신, 신뢰, 소통 등을 장려하는가
4. 개인적 행동, 사회적 행동에서 높은 기준을 따르려고 애쓰는가
5. 전문적 능력과 기술을 유지, 발전시키고 있는가

메이요 클리닉 직원들 대부분은 메이요의 문화와 잘 맞는다. 5장에서 언급했듯이 의사들의 자발적 이직률은 세 캠퍼스를 통틀어 연간 2.5퍼센트 정도다. 로체스터에서는 의사를 제외한 직원들의 자발적 이직률이 5퍼센트 정도다. 잭슨빌과 애리조나에서는 보건 관련 종사자들의 연간 자발적 이직률이 로체스터보다 두 배 정도 높다. 하지만 이런 이직률은 지역적 특성에 따른 것으로 이해해야 한다. 잭슨빌 캠퍼스의 10퍼센트 이직률은 북부 플로리다의 나머지 서비스 산업의 이직률에 비하면 거의 300퍼센트 더 낮은 수치다. 마이클 에스테스는 이렇게 말한다. "아직도 저 수치를 훨씬 더 낮게 끌어내리고 싶지만 지역 내의 우리와 비슷한 다른 조직들과 비교해보면 우리가 세 배 정도 더 나은 결과를 얻고 있습니다. 때문에 우리가 하고 있는 일이 전반적으로 잘 굴러가고 있다는 것을 알 수 있습니다."

재능 있는 사람을 뽑는다

메이요 클리닉은 올바른 가치관과 뛰어난 능력 모두를 갖춘 직원을 원한다. 잘나가는 조직의 입장에서는 자기가 맡은 자리에 어울리는 재능을 갖추지 못한 직원을 용납하기 어렵다. "먼저 뛰어난 의사가 되어야 합니다. 그래서 그 사람이 임상적으로 뛰어나다는 사실을 우리가 확인할 수 있어야 합니다. 메이요 클리닉의 존재 기반은 뛰어난 임상 진료니까요." 트라스텍 박사는 또한 이렇게 말한다. "뛰어난 연구가나 교육자라 해도 의사로서 훌륭하지 못하면 의미가 없습니다. 외과의사가 기술이 형편없다면 아무 소용없지요. 그들은 뛰어난 의사여야 하고 사람들을 어떻게 돌보는지 잘 알아야 합니다. 또한 내과의사라면 진단 능력이 뛰어나야 합니다. 이것들은 모두 기본적으로 갖추어야 할 사항들이죠."

"운 좋게도 로체스터에는 우수한 간호사 지원자들이 많습니다. 그래서 좋은 학교 출신에 성적도 평균 이상으로 높은 간호사들을 선별해서 뽑을 수 있었죠." 간호 인력 배치 담당자인 공인 간호사 루스 라르센은 이렇게 얘기한다. "물론 우리는 가치관도 매우 중요하게 생각하고, 특히 동정심과 팀워크를 강조합니다. 이런 가치관은 면접에서 평가합니다." 로체스터 간호부장인 공인 간호사 도린 프루스티Doreen Frusti는 간호 인력이 부족했던 상황들이 수년간 여러 번 있었지만 간호사 채용 기준은 언제나 엄격히 유지했다고 강조한다. "우리는 간호사에 대한 기대치가 대단히 높습니다." 그녀는 간호사를 고용하고 예산을 집행하는 일은 장기적 안목을 가지고 이루어진다고 설명한다. "우리는 신규 간호사를 채용하기 위해 보너스를 지급하기로 약속하는 따위의 일에 재정을 쓰지 않습니다. 대신 직원 수를 충분히 유지하고, 학교에서 배운 정석대로 환자를 돌보는 데 필요한 것들을 제공하기 위해 돈을 쓰지요. 우리는 운이 좋아서 리더들의 재정적 지원을 받아 대부분의 간호사 교육 프로그램에서 가르치는 이상적인 간호를 펼칠 수 있었습니다."

또한 루스 라르센은 이렇게 요약한다. "간호사가 열심히 환자를 돌보면 환자는 직원들을 칭찬하면서 그것을 고향에 있는 자기 친구들에게 얘기합니다. 또 이런 이야기를 들은 다른 간호사 중에는 메이요 클리닉에서 일하고 싶다며 찾아오는 사람들도 있지요. 이런 식으로 우리가 하는 일은 돌고 돕니다."

패널 면접은 지원자들의 가치관을 알아보는 일뿐만 아니라 능력을 평가하는 데도 무척 유용하다. 더욱이 패널 면접은 오히려 고용을 담당하는 팀에게 배움의 기회를 주기도 한다. 로체스터 차석 행정관인 낸 소여Nan Sawyer는 패널 면접 과정이 어떻게 진행될지 알 수 없다고 강조한다. 어떤 결과가 나올지 모르기 때문에 단순히 형식적으로 진행하는 일이 아니라는 것이다. 그녀와 팀원들은 중요한 리더 자리에 뽑을 내부 지원자들을 검토하고 있었다. "만약 우리가 이력서만 보고 뽑았다면 정말 뛰어난 지원자를 최종적으로 가려낼 수 없었을 것입니다. 패널 면접을 몇 번 진행하면서 들은 이야기에 대해 논의하다 보면 어느 자리에 무엇이 가장 필요한 핵심적인 능력인지를 깨닫게 되죠. 우리는 동료들의 도움을 받아 우리가 개인에게 필요로 하는 것이 무엇인지를 구체적으로 뽑아낼 수 있었습니다. 이는 직무 내용 설명서나 이력서를 봐서는 알 수 없는 것이죠."

직원들로부터 오래도록 변하지 않는 가치를 찾아내려면 그 직원의 고용 당시의 모습뿐만이 아니라 그가 장차 어떤 직원이 될 수 있을지도 신경 써야 한다. 메이요 클리닉의 신입사원들은 대부분 능력이 뛰어나지만 업무에 대한 탁월한 학습 능력이 있다는 것도 증명해야 한다. 의사들만큼 이런 능력이 중요한 사람들도 없다. 의학 지식 자체가 워낙 급속도로 변하고 있는데다 환자에 대한 메모나 관찰 내용, 진단, 치료 결과 등이 공동으로 사용하는 진료기록부에 적혀 다른 동료들에게 평가되는 상황에서 학습 기회가 많이 주어지기 때문이다. 의학에서의 변화는 조직 전체로 물결치듯 퍼져나가 영향을 미치기 때문에 직원들 대부분은 시간이 지나면 새로운 기술을 익혀야만 한다.

"고용 시장에서는 메이요 클리닉에서 일하려면 한 수 위의 실력을 갖추어야 한다는 생각이 퍼져 있습니다. 이 점은 한편으로는 좋습니다. 좋은 사람들이 스스로 걸러서 지원해 오니까요. 하지만 안 좋은 점도 있습니다. 사실은 메이요 클리닉에서 원하는 사람인데 지레 안 된다고 생각해서 지원하지 않는 경우들도 있거든요." 케네스 슈나이더Kenneth Schneider의 말이다. 메이요 직원들은 모두 실력이 뛰어나다는 명성 때문에 고학력보다는 일반 상식이나 대인 기술이 더 중요한 자리에 필요한 사람도 수천 명이나 된다는 사실이 자주 간과된다. 다른 큰 조직들과 마찬가지로 메이요 클리닉에는 대학을 우등으로 졸업하지 않아도 된다. 심지어 대학 졸업장조차도 필요 없는 일자리가 수천 개나 있다. 접수나 등록 창구에서 일하는 직원 수백 명은 부분적으로 메이요 클리닉의 얼굴 역할을 한다. 이런 자리에는 대학 학위가 필요하지 않지만 훌륭한 가치관에 기반을 둔 뛰어난 대인 기술과 문제 해결 능력이 요구된다. 반면 검사실에서 근무하는 임상 기사들 대부분은 최소한 준학사나 학사 학위 정도는 있어야 한다. 또한 몇몇 검사 절차에 대해 완전히 통달해야 한다. 이들 임상 기사들은 검사 절차와 규칙을 정확하게 따라야 하므로 교육에도 잘 적응하고 믿을 만한 사람이어야 한다. 목숨이 거기에 달려 있기 때문이다.

한 세기가 넘도록 메이요 클리닉은 임상에 필요한 기술자들을 교육시켜 왔다. 오늘날에는 그런 교육의 상당 부분을 메이요 클리닉 보건학 교실에서 맡고 있다. 이곳에서는 다양한 프로그램으로 세포유전학 기사, 방사선 치료사, 마취 전문 간호사 등 여러 영역의 기술과 전문성 습득을 돕고 있다. 이곳을 졸업한 사람들 중 60퍼센트 정도가 메이요 클리닉에 고용된다. 니나 슈벵크 박사는 이 교실이 메이요 클리닉에서 담당하는 역할에 대해 이렇게 얘기한다. "이곳은 우리가 사람들을 직접 길러내는 곳이죠. 우리는 이 속에서 일도 잘할 뿐 아니라 우리 문화와도 잘 어울리는 사람들을 뽑아냅니다. 일은 잘하지만 우리 문화와 맞지 않는 사람들은 졸업한 후에 이곳을 떠납니다. 그러나 기술적인 부분이 약해도 품성이 좋고 우리와 잘 맞는 사람이라면 고용해서 좀 더 교육을 시키는 경우가 종종 있습니다. 기술적으로 더 나아지게 교육하는 일보다 그 사람의 품성을 고치는 일이 더 힘들다고 생각하기 때문이죠."

메이요 클리닉은 입사 후 교육에도 막대한 투자를 한다. 그런 교육 과정 중 상당 부분은 한 번에 끝나는 몇 시간짜리 교육이지만 종종 며칠에 걸쳐 진행되는 경우도 있다. 이 프로그램들은 인사관리부에서 진행하기도 하고 간호, 재무, 방사선, 산업 안전, 정보 기술, 임상 검사실 등의 다양한 부서에서 진행하기도 한다. 로체스터의 인력 교육 및 개발 부서장을 맡고 있는 파트리샤 핸들러Patricia Handler는 이렇게 말한다. "이런 교육 프로그램들은 직원들의 기술을 향상시키거나 메이요 클리닉의 성공을 이어가는 중요한 가치관을 강화하는 데 도움을 줍니다." 이 교육 과정들은 조직의 전략상, 운영상의 계획과 발을 맞추고 있다. 2006년에는 캠퍼스 세 곳에 개설된 수천 개 교육 과정에 41만 7,000명 이상의 직원들이 등록했다. 평균을 내보면 직원 한 사람당 교육 과정 9개에 등록한 셈이다. 교육 과정을 살펴보면 일반 공통 과정, 임상 과정, 특정 전문 분야 과정 등이 있다.

- 변화를 주도하라: 신뢰를 얻고 자신감을 불어넣는 법
- 어려운 대화를 주도하는 기술
- 퀄리티 아카데미: TEAMS 훈련과 날씬한 사고 Lean Thinking
- 임금에 대한 어려운 질문에 대답하기: 경영인의 역할
- 경영인을 위한 상법의 기초
- 메이요 여행: 유리 그릇 제작자와 기계 공장
- 암 유발 물질에 대한 오해와 진실
- 통역사를 제대로 활용하는 법
- 개인적 성장과 직업적 발전을 위한 목표 설정
- HIPAA 프라이버시와 보안 교육(HIPAA는 건강 보험 양도 및 책임에 관한 법안을 말한다—옮긴이)
- 사내 폭력 대처 교실
- 상호 존중/성희롱

인사관리부를 통해 제공되는 수백 가지 교육 과정은 2가지 주요 목표를 가지고 있다. 첫째 목표는 행정가든 경영인이든 현재 자신의 위치에서 일을 더 잘 수행할 수 있도록 돕는 것이다. 이를 테면, 환자를 제일 먼저 대하는 직종에 있는 사람들은 감정을 이입해서 환자의 말에 귀 기울이는 법을 배운다. 그리고 경영인들은 성과 관리, 임무 대행, 효율적인 팀 리더가 되는 기술 등을 배운다. 둘째 목표는 직원들의 경력 개발이다. 직원들 중에는 관리직 자리를 맡고 싶다는 포부를 가지고 있거나 위원회를 더 효율적으로 운영해보고 싶은 사람도 있을 것이다. 또 지금 일하고 있는 부서 밖에서 새로운 도전을 해보고 싶은 사람도 있을지 모른다. 매년 수천 명의 직원들이 컴퓨터 소프트웨어나 메이요 클리닉의 임상 시스템을 좀 더 효율적으로 사용하는 법을 공부하기 위해 교육 과정에 등록한다.

직원들의 재능을 향상시키고 경력을 개발하는 또 다른 중요한 교육 과정은 직업 교육 지원 프로그램이다. 메이요 클리닉은 직원들이 지금 맡은 일이나 다른 일을 수행하는 데 필요한 직업 개발의 기회를 외부 교육을 통해서도 얻을 수 있도록 학비를 지원한다. 매년 3,500명이 넘는 직원들이 이 프로그램을 통해서 자격증이나 학사, 석박사 학위 등에 도전한다.

알맞은 역할을 찾아준다

휴 버트 박사는 1936년에 윌리엄 J. 메이요 박사의 수석 보조 외과의사를 석 달간 했던 적이 있다. 버트 박사는 그 기억을 떠올리면서 윌리엄 박사가 메이요 클리닉의 직원들에게 표현했던 아버지 같은 따듯한 마음을 전달하려고 애썼다. "윌리엄 박사는 이렇게 말했습니다. '우리는 가족입니다. 우리는 여기서 한 가족처럼 일합니다. 의사들을 간호사에게 줄 임금을 걱정할 필요가 없고, 자기가 받을 임금에 대해서도 걱정할 필요가 없습니다. 그들 모두는 이 훌륭한 기관에서 일하는 것에 만족합니다.'"

21세기가 된 지금도 가족이라는 비유를 여전히 사용하고 있다. 메이요 클리닉의 문화에서는 직원들을 경제적 자산이나 기계의 톱니바퀴, 혹은 예산안 지출 항목 따위로 보지 않고 인간적인 맥락에서 바라본다. 메이요 클리닉은 독특한 개성을 가진 개인들이 편안함을 느끼면서 그들이 맡은 역할을 통해 조직에 기여할 수 있도록 적절한 자리와 환경을 찾아주려고 노력한다.

메이요 클리닉 최고경영책임자 자리에서 은퇴한 로버트 월러 박사는 이렇게 회상한다. "그날은 제가 메이요 클리닉에서 일하면서 겪은 최악의 이틀 중 하루였지요." 한 메이요 클리닉 리더가 장기 근속자 두 명을 자기 사무실로 불러서 해고하겠다고 통보했다. 그는 경비원을 불러 그 두 사람을 사무실로 안내해서 개인 물품을 다 정리시켰다. 그리고 다시는 그들이 캠퍼스에 발을 붙이지 못하게 하라고 명령했다. 이것은 직원을 가족처럼 대하는 메이요 클리닉의 원칙과는 완전히 반대되는 행동이었다. 그 원칙은 수천 명의 직원들이 성실히 일하고 충성하게 만드는 기반이었다. 결국 몇 달 후에 그렇게 직원을 해고시켰던 리더도 메이요 클리닉을 떠났다.

버나드 거슈 박사는 말한다. "클리닉의 장점 중 하나는 거의 누구에게나 알맞은 자리가 있다는 점입니다. 저는 성공적인 메이요 클리닉 의사인지 따질 수 있는 판단 기준 같은 것은 존재하지 않는다고 생각합니다."

거슈 박사가 기여했던 분야는 다양하다. 심장내과 환자들을 진료하고 700건이 넘는 논문을 발표하는 한편, 교육을 담당하고 후배 교수진들의 학술 능력 개발에도 애썼다. 또한 국제적 연계 사업을 활발히 하고 클리닉의 국제적 위상을 높이는 데도 기여했다. 그의 동료인 제럴드 가우Gerald Gau 박사와 다른 많은 사람들도 진료에 중점을 둔 존경받는 임상의로서 심장내과에 많은 기여를 했다. 로버트 프라이 박사의 경력을 살펴보면 임상 진료, 연구, 학술 행정, 학회장 등 다양하다. 그는 로체스터 심장내과 과장으로 근무한 후에 미국 심장협회 회장을 역임했으며, 다시 로체스터 캠퍼스에서 내과부 부장을 역임한 후에 은퇴했다. 하지만 클리닉 행정 부분에는 깊숙이 관여하지 않았다. 그는 이사회 활동을 전혀 하지 않았다.

프라이 박사와 유사하게 휴 스미스 박사도 행정직을 맡기 전까지는 주로 학자와 의사로서 명성을 날리고 있었다. 그는 프라이 박사에 이어 로체스터 심장내과 과장을 맡았는데, 그 후 기업 전략과 행정 부분으로 경력을 옮겼다. 그리고 로체스터 이사회 회장 자리를 맡고 있다가 은퇴했다. 여기 언급한 사람들 모두 출발점은 같았다. 바로 평직원 심장내과의사였다.

메이요 클리닉 직원들은 대부분 조직 속에서 자기에게 잘 맞는 자리를 찾을 수 있다. 하지만 시간이 지나면서 마치 동그란 구멍에는 맞지 않는 사각형 쐐기와 같은 처지가 되어버린 직원들도 있다. 여기서 메이요 클리닉의 가족애와 인정 넘치는 경영이 작용한다. 클리닉 경영진은 우선 그 직원이 잘 적응할 수 있는 사각형 구멍을 찾을 수 있게 도울 것이다. 몇몇 고위층 행정가들은 더 이상 자기 자리에 적합하지 않게 된 직원들의 이야기를 들려주었다. 어떤 직원은 지도자나 경영자 자리를 맡는 동안 기력이 다해버렸다. 또 어떤 직원은 그 자리에 필요한 사항들이 너무 많이 바뀌어서 자신의 기술이 더 이상 그것을 못 따라가게 된 경우도 있었다. 그리고 평직원일 때 일을 워낙 잘해서 관리직으로 승진시켰는데, 그 자리가 직원의 기술이나 성격과는 맞지 않은 적도 있었다.

메이요 클리닉이 워낙 큰 조직이다 보니 직원들은 다른 기회를 잡을 수 있는 가능성이 많다. 메이요 클리닉에서는 행정 감독관이 개인의 결점보다는 장점을 보기를 기대한다. 세심한 일은 잘하는데 일반적인 리더 역할에는 맞지 않는 몇몇 경영인들은 꼼꼼한 성격이 오히려 장점이 되는 다른 일을 찾았다. 그들은 복잡한 기획을 중점적으로 관리하는 일을 맡아 비로소 보람을 느끼게 되었다.

또 다른 경우에서는 팀의 리더로 일하는 데 필요한 대인 기술이 모자란 사람을 날카로운 분석 기술이 필요한 자리로 발령하기도 했다. 클리닉 내부에서의 자리 이동은 무척이나 흔해서 과장이나 이사회 이사 같은 높은 자리에서도 자주 일어난다. 그래서 이런 변화들은 그저 일상적인 사업상의 일로 보일 뿐 극적인 사건으로 비치진 않는다. 대부분의 경우 메이요 클리닉은 업무 성적이 좋지 않은 직원이 있으면 그 사람의 성격과 능력에 맞는 적절한 자리를 찾아주려고 노력한다.

사람에 맞추어 일을 연결해주는 다른 행정적 사례들을 살펴보면 전반적인 행정은 잘 보지만 다른 부분에서는 잠재적으로 치명적인 약점을 가지고 있는 사람들의 경우가 있다. 어떤 리더는 확고한 비전이 있고, 사람들에게 영감도 불어넣을 줄도 알며, 아랫사람들에게 존경받고 있다. 그러나 재정이나 시간 관리 등의 구체적인 행정 영역에서는 수행 능력이 떨어진다. 이런 경우 클리닉에서는 회계원이나 보조 행정가를 붙여준다. 보통 최적의 관리를 위해서 파트타임으로 보낸다. 메이요 클리닉의 리더들은 어떤 경영진 자리는 아무리 뛰어난 행정가라 해도 혼자서 맡기에는 너무 벅찬 경우가 있음을 잘 알고 있다. 흠이나 약점으로 보일 수도 있는 부분들을 보완하고 지원해줌으로써 메이요 클리닉은 귀중한 직원들의 뛰어난 능력을 보존한다.

직원들은 보통 자신을 어떤 과나 부서의 직원이라고 생각하지 않고 크게 메이요 클리닉의 직원이라고 생각한다. 다른 보건의료 기관에서 근무하는 직원들은 이렇게 말할 것이다. "저는 카테터실에서 일해요." 혹은 방사선과, 인사관리부, 경비실 등에서 일한다고 말할 것이다. 하지만 메이요 클리닉 직원들한테 어디서 일하냐고 물어보면 그저 "메이요 클리닉이요."라고 대답할 것이다. 사실 이 이름은 미국인이라면 모르는 사람이 없지만, 직원들이 자신과 조직을 이렇게 동일시한다는 것은 그들이 자기가 지금 하고 있는 일을 뛰어넘는 더 큰 무언가와 연결되어 있음을 의미한다.

직원들이 잘 적응하며 조직을 믿고 따르는 만큼 조직도 직원들을 공정하고 책임감 있게 대해줄 것이라는 믿음은 메이요 클리닉에서 무언의 계약이다.

충성의 순환 고리

고용주인 메이요 클리닉은 중요한 존재다. 캐롤 휴즈는 캘리포니아 남부로 이사 가기 전까지 애리조나 캠퍼스 방사선과에서 5년 동안 방사선과 의료 비서로 근무했다. 2001년에 그녀는 피닉스로 돌아가기로 결심하고 다시 메이요 클리닉에 지원했다. "제가 지원할 곳은 메이요 클리닉밖에 없다고 저 스스로에게 얘기했죠. 피닉스에서 제가 일할 곳은 거기밖에 없었어요." 그녀는 이렇게 회상한다. 그리고 돌아온 지 7일 만에 메이요 클리닉에서 일을 시작했다. 이런 충성심은 돈을 주고 살 수 있는 것이 아니다. 직원들은 조직이 자신에게 충성스럽다고 믿을 때 그들 역시 조직에 충성한다. 메이요 클리닉 잭슨빌 캠퍼스에서 있었던 사례를 보면 이런 '충성의 순환 고리'를 살펴볼 수 있다.

2008년 4월에 메이요 클리닉은 잭슨빌 캠퍼스 안에 종합병원을 새로 열었다. 그전에는 클리닉 캠퍼스와 15킬로미터 정도 떨어진 곳에 있는 세인트루크 종합병원을 운영하고 있었다. 메이요 클리닉은 세인트루크 종합병원을 그 지역의 의사들도 이용할 수 있는 지역 종합병원으로 운영했다. 캠퍼스 안에 세운 새 종합병원은 그보다 100병상 작게 만들었고, 메이요 클리닉 의사들과 그 환자들만 사용할 수 있도록 했다. 100병상이 줄어든 것에서 계산해보니 새 종합병원에는 현재보다 500명 정도 줄어든 인원만 필요했다.

이사하기로 한 2008년 3월을 앞두고 메이요 클리닉 리더들은 서로 상반되는 2가지 목표 사이에서 균형을 잡아줄 전략을 수립해야 했다. 첫째 목표는 효과적인 인력 감축을 통해 새로 설정한 기준으로 직원

수를 조정하는 것이었다. 둘째 목표는 직원들이 빠져나가거나 애사심이 흔들리지 않도록 단속해서, 메이요 클리닉 환자 관리 모델과 높은 환자 진료 기준을 변함없이 유지하는 것이었다. 그러면서도 새로운 종합병원에 필요한 적정 비율로 직원을 유지해야 했다. 그런 과정을 진행하는 동안 메이요 클리닉 리더들은 새 주인인 세인트빈센트 종합병원이 세인트루크 종합병원에 남아 있는 지역 환자들 모두에게 안전하고 효과적인 진료를 제공할 수 있는 충분한 직원을 꾸릴 수 있도록 도왔다.

2006년 여름에 메이요 클리닉 경영진은 과감하게 움직였다. 그들은 모든 직원들과 만나는 자리에서, 그리고 주마다 출간되는 직원 사내 편지와 메이요 클리닉 사내 통신망을 통해서 다음과 같이 약속했다. "세인트루크 종합병원에 현재 근무하고 있는 직원들 중에서 메이요 클리닉과 함께 남기를 원하거나 이행 기간 동안 근무 성적이 좋은 사람들에게는 새로 통합된 클리닉과 종합병원 캠퍼스에서 그에 상응하는 자리를 줄 것입니다." 이것은 일부러 위험을 감수하는 일이었다. 원래는 직원을 500명 정도 줄여야 했기 때문이다. 하지만 메이요 클리닉 경영진에게는 이 전략으로 인해 겉으로 드러난 부정적인 위험보다는 보이지 않는 이점이 훨씬 커 보였다. 현직 종합병원 직원들의 일자리를 계속 유지해주겠다고 약속한 후에 메이요 클리닉은 훨씬 적은 수의 직원으로도 개원 첫날부터 인력이 모자라는 일이 생기지 않게, 그리고 단 한 명의 직원도 휴직시키는 일 없이 새로운 종합병원으로 옮겨간다는 목표를 달성하기 위해 전략 3개를 가동했다. 첫 번째 전략은 세인트루크 종합병원 2008 St. Luke's Hospital 2008, 즉 SLH08이라는 새로운 직원

분류를 만든 것이다. 이 분류로 고용된 직원들은 2008년도에 소유가 바뀔 때까지 근무 성적이 좋으면 세인트루크 종합병원에서 그에 상응하는 자리에 남아 있을 수 있었다. 이 정책 덕택에 메이요 클리닉은 옮기는 날까지 계속 새로운 직원들을 고용할 수 있었다. 또 SLH08 분류에 해당하는 직원들도 메이요에 빈자리가 있으면 그쪽으로 내부 지원을 할 수 있도록 허가해주었다.

두 번째 전략은 이행 기간 동안 일을 맡아줄 임시 계약직 직원들을 뽑는 것이다. 이 자리는 보통 2년에서 3년 정도 고용 기간을 두었고, 새로운 종합병원으로 옮기고 나면 3개월에서 6개월 사이에 이 자리를 없애는 방안을 만들었다.

세 번째 전략은 임시직 인력 지원회사와 계약해서 비의료직에 추가적으로 일부 직원들을 공급하는 것이다. 이런 사전 준비는 2005년 말쯤에 모두 마무리되어 전략을 시행에 옮길 일만 남게 되었다.

2007년에 메이요 클리닉은 메이요 클리닉 종합병원 일자리에 사람을 채우는 1단계 작업을 진행했다. 2006년 여름에 새로운 종합병원을 열 때 일자리를 유지해주겠다고 약속받은 직원들 중 98퍼센트 이상이 메이요 클리닉과 함께 남겠다는 의사를 밝혔다. 인사관리 부장 마이클 에스테스는 이렇게 말한다. "50명도 안 되는 아주 소수의 사람들만이 '집에서 가까워서 세인트루크 종합병원에 남을까 해요.'라든가 '선생님이 얘기하는 자리 말고 다른 메이요 클리닉 일자리에서 일해봤으면 좋겠어요.'라고 말했습니다."

종합병원을 개원할 즈음에는 메이요 클리닉에 남기로 한 직원들 외에 추가로 필요한 사람은 몇 명 정도였다. 에스테스와 잭슨빌 최고행정책임자인 로버트 브리검은 이런 바람직한 결과가 나온 이유가 메이요 클리닉이 자기의 가치관을 지키면서 솔선해서 직원들에게 충성심을 보여주었기 때문이라고 믿는다. 그들은 이것을 세인트빈센트 종합병원을 폄하하는 것으로 오해해서는 안 된다고 지적한다. SLH08 직원들을 꾸린 것은 매끄러운 이행을 위한 것이었다. 세인트빈센트 종합병원과 메이요 클리닉은 3년이 넘는 기간 동안 긴밀한 협조하에 이행 계획을 세웠으며, 결국 이 이행 과정은 양쪽 기관 모두에 득이 되는 방향으로 진행되었다.

경영인을 위한 핵심 전략

메이요 클리닉의 가치관은 직원을 뽑을 때나 그들의 업무를 평가할 때, 그리고 직원들을 적절한 자리에 배치하고 그들의 능력을 개발할 때도 영향을 미친다. 임상 진료부터 시작해서 재정 관리, 정보 시스템 관리, 혈액은행 관리, 약속 일정 관리 시스템 디자인에 이르기까지 병원 운영에 관계되는 모든 분야에서 대단히 높은 수준의 기술적 전문성이 필요하다. 때문에 메이요 클리닉에서는 모든 직원들이 자기의 역할에 필요한 기술을 갖추도록 고집했다.

포인트 1: 가치관이 우선이다

메이요 클리닉이 오랫동안 뛰어난 성과를 올리는 의료 기업으로 남을 수 있었던 것은 직원들 덕분이다. 보건의료 기관은 제공하는 서비스가 고객 개개인에게 철저하게 맞춰져야 한다. 때문에 어찌 보면 가장 복잡한 서비스를 운영하는 곳이라고 할 수 있다. 환자들은 모두 자기만의 독특한 문젯거리를 들고 온다. 이런 환자들에게 필요할 때마다 바로바로 개개인에게 맞춰진 서비스를 제공해야 하는 의료 분야는 아마도 가장 긴장되고 머리 아픈 직종인지도 모른다. 보건의료는 극도로 노동집약적이다. 환자 개개인에게 서비스를 맞춰줄 수 있는 것은 자발적으로 그런 서비스가 흘러나오게 하는 가치관이 그 밑바탕에 깔려 있기 때문이다. 친절과 인간적인 세심한 행동은 교육을 통해서보다는 밑바탕에 깔려 있는 가치관에서 나오는 것이라야 더 믿음이 간다. 사람들이 성인이 될 때까지 키워온 가치관은 무언가 큰 사건이 일어나지 않는 한 시간이 지나도 거의 변하지 않는다. 메이요 클리닉은 다른 성과 좋은 서비스 기관과 마찬가지로 사람들을 고용하기 전에 먼저 그 사람의 가치관을 파악하는 데 신경을 많이 쓴다. 메이요 클리닉에서도 종종 고용 부분에 실수가 생긴다. 그럴 때는 가치관의 불협화음을 잘 다룰 수 있어야 한다. 그것이 문화를 해치는 독으로 작용할 수 있기 때문이다.

다른 서비스들은 보건의료 서비스처럼 밀착된 형태로 진행되는 경우가 드물다. 하지만 대부분의 기관들은 메이요 클리닉이 고용에서 가치관을 우선하는 모습을 통해 배울 점이 많을 것이다. 친절과 인간적인 세심한 배려는 노동집약적이고 고객과 상호 작용하는 다른 형태의 서비스에서도 브랜드를 강화하는 긍정적인 효과를 보인다. 예를 들자면, 몸집이 큰 고객이라도 품위를 잃지 않고 자기 몸에 맞는 옷을 찾을 수 있도록 돕는 것이다. 식구가 늘어 새집을 구하려고 하는데 예산이 부족해서 고민 중인 부부에게 맘에 꼭 드는 저렴한 집을 찾아주려고 노력을 좀 더 기울이는 것도 이에 해당한다. 또한 악천후로 취소된 항공기 예약 고객을 위해 포기하지 않고 다른 대체 노선을 찾아주려 애쓰거나, 콜 센터로 전화해서 너무 기초적인 질문을 던지는 노인 고객에게 참을성 있게 답변을 해주는 노력 등을 들 수 있다. 서비스는 수행이고, 그 서비스를 수행하는 사람의 개인적 가치관은 보건의료 분야 안팎에서 모두 대단히 중요하다.

포인트 2: 성공의 순환 고리를 만들어라

메이요 클리닉은 직원들을 내치는 일이 별로 없다. 잭슨빌 캠퍼스 안에 새 종합병원을 열었을 당시 500명 정도의 인원을 감축해야 했다. 그러나 이런 상황에서도 근무 태도에 문제가 없던 직원들은 한 사람이라도 내치지 않으려고 갖은 수고를 마다하지 않았다. 이 이야기의 감동은 사람들의 머릿속에서 지워지지 않을 것이다.

메이요 클리닉은 그저 일자리를 찾는 사람이 아니라 평생의 직업을 찾으려는 사람을 고용한다. 메이요는 일하는 데 필요한 가치관과 재능, 성장 잠재력을 갖춘 뛰어난 직원을 찾아내려 각별히 신경을 쓴다. 또한 개개 직원들의 능력과 클리닉의 필요가 잘 어울리도록 노력을 멈추지 않는다. 보건 관련 종사직 직원이 자기 자리에 필요한 기술이 부족할 때 메이요 클리닉의 경영인들은 조직 내에서 그 직원에게 더 잘 맞는 자리를 찾아주려 노력한다. 또한 클리닉 직원 한 사람 한 사람을 채용하고 교육시키는 과정에 수천 달러를 투자한다. 메이요의 문화와 잘 맞는 직원들은 더 장래성 있는 자리에 앉힐 재원으로 대접받는다. 이것이 메이요 클리닉의 낮은 이직률과 그곳에서 경력을 쌓기를 원하는 직원들이 많은 이유이다.

메이요 클리닉이 직원들을 뽑고 교육하는 데 막대한 시간과 재능, 돈을 기꺼이 투자하는 이유는 직원들을 평생직장으로서 이곳에 머물 사람들이라고 가정하기 때문이다. 물론 떠나는 사람들도 있지만, 그런 가정은 직원에 대한 투자 방식 곳곳에 퍼져서 영향을 미치고 있다. 일자리가 아닌 '평생의 직업'을 찾으려 한다는 가정은 대단히 중요하고 독특한 부분이다. 다른 분야의 경영인들도 이것을 자기 조직에 적용할 수 있을지 고려해 보아야 할 것이다. 서비스 조직의 경영인들은 높은 직원 이직률을 당연한 것으로 보고 언제 떠날지 모르는 사람들에게 앞서 투자하는 것을 최소로 줄이려고 노력한다. 이렇게 해서 슐레진저Schlesinger와 헤스킷Heskett이 말하는 '실패의 악순환'이 생겨난다.[4] 직원에 대한 투자가 충분하지 않으면 직원들은 업무 수행 능력을 제대로 갖추지 못한다. 때문에 결국 일을 관두거나 해고된다. 이렇게 조직을 떠나는 직원들이 많아질수록 고용주는 투자를 꺼리게 된다. 또한 경험이 미숙하고 업무 수행 능력을 제대로 갖추지 못한 직원들이 늘어남에 따라 서비스의 질이 낮아지고, 고객들도 떨어져 나간다. 때문에 수익도 점점 떨어져 직원들에게 투자할 수 있는 여력도 점차로 줄어들고 마는 것이다.[5]

메이요 클리닉은 다른 성공적인 서비스 기관들이 그렇듯 '성공의 선순환'에 투자한다. 메이요 클리닉은 자기 문화에 잘 맞고, 업무 수행에 성공적이고, 오랫동안 남아 있을 사람들을 찾아내기 위해 상당히 큰 투자를 한다. 클리닉과 환자들은 메이요 클리닉다운 서비스 체험을 만들어내는 충성스러운 장기 근무 직원들의 덕을 톡톡히 보고 있다.[6]

포인트 3: 브로드웨이 쇼의 배역을 캐스팅하듯 사람을 뽑아라

서비스 기관의 전략적 행동 지침 첫 번째는 바로 뛰어난 사람을 고용하라는 것이다. 참을성 있게 뛰어난 사람을 찾는 메이요 클리닉의 모습은 그런 면에서 시사하는 바가 크다. 빈자리를 빨리 채우지 않으면 업무가 정말 미칠 듯이 힘들어지거나 훌륭한 지원자들도 지치게 만들 수 있다. 하지만 메이요 클리닉은 충분한 공을 들여 상호 협력 속에서 사람을 고용한다. 이런 고용 방침이야말로 메이요 클리닉이 꾸준한 성공을 이어올 수 있었던 초석이었다. 뛰어난 인재가 없이는 메이요 클리닉이 메이요 클리닉으로 남기 힘들기 때문이다. 팀을 이루어 협력 진료를 시행한다는 핵심 가치 및 전략도 팀을 구성할 뛰어난 사람들이 없다면 무용지물이 되고 만다. 선구적인 서비스 질에 대한 저자이자 강연자인 론 젬키Ron Zemke는 서비스 회사의 임원들에게 이렇게 충고한다. 사람을 고용하는 일을 마치 브로드웨이 쇼의 배역을 캐스팅하는 것과 비슷하게 생각하라는 것이다. 사람을 뽑는 일은 시간을 들여 천천히 해야 한다.[7] 메이요 클리닉은 '브로드웨이 쇼'식 고용의 상징이다. 패널 면접 과정은 캐스팅 후보들의 오디션에 해당한다. 후보자들이 몇 단계에 걸친 선별 과정에서 합격해야 한다는 점은 연극이나 기타 예능 프로그램의 배역 캐스팅에 사용되는 시스템과 비슷하다.

기관에서는 종종 고용 기준을 낮춰야 한다는 압력에 시달린다. 직원들이 갑자기 회사를 관둬서 빈자리가 생기는 경우도 있고, 혹은 고객 수요가 예상을 초과해서 한시바삐 직원을 보충해야 할 필요가 생기기도 한다. 어떤 일자리에서는 인력 공급 부족 현상이 나타나기도 한다. 또한 수익률 감소로 임금 비용 절감 쪽으로 관심의 초점이 갈 수도 있다. 하지만 메이요 클리닉은 이런 압력들이 있을 때도 고용 기준을 낮추지 않고 엄격하게 준수해왔다. 한 예를 살펴보면, 공인 간호사들은 갑작스럽게 간호사 인력이 부족해진 상황에서도 메이요 클리닉이 엄격하게 면접을 진행하는 것을 보고 대단히 놀랐다고 한다. 한 공인 간호사는 이렇게 말했다. "메이요 클리닉은 사람을 뽑을 때 대단히 까다로워요. 간호 인력이 부족한 상황이다 보니 경력이 17년이나 되는 저는 그냥 문을 열고 들어가기만 하면 될 줄 알았어요. 그런데 면접 때 세 사람이나 저에게 많은 질문을 던지더군요. 여기에 간호사로 지원하는 사람들이 모두 일자리를 얻지는 못해요. 정말 놀라운 일이죠."[8]

메이요 클리닉에서 배우다

직원들에 대한 투자는 개인과 조직 모두의 성공을 위한 것이다. 서비스 회사에서 서비스는 수행이고, 그것을 수행하는 사람은 바로 직원들이다. 메이요 클리닉의 예에서 보듯이 첫째 원칙은 올바른 사람을 고용하는 일이다. 그러면 자연스럽게 그 사람에 대한 지원과 보상이 뒤따른다. 잠재력 있는 직원을 고용하기 위한 몇 가지 기본적인 기준은 다음과 같다.

- 개인의 가치관이 회사의 기본적 가치관을 뒷받침한다.
- 조직에 순응해서 자신을 맞추어 가려는 의지가 있다. 그러나 필요하다면 현상 유지에 반대할 수 있는 용기도 가지고 있다.
- 전문 기술과 팀워크에 재능이 있다.

- 현재의 수준을 넘어서 전문성을 키우고 개발할 수 있는 잠재력이 있다.
- 단순히 일자리를 원하는 것이 아니라 평생의 직업을 찾는 일에 관심이 있다.
- 고용주에게 충성스럽다.

이처럼 세심하고 엄격한 선별 과정을 통해 면접관들은 뛰어난 사람들을 찾아낼 수 있다.

7
CHAPTER

단서 경영

일반 서비스와 메이요 클리닉 자원봉사 프로그램을 관리하는 메리 앤 모리스May Ann Morris는 그녀가 클리닉에 들어온 지 얼마 지나지 않았을 때 겪었던 일을 이야기하기를 좋아합니다.

그녀는 검사실에서 일하고 있었습니다. 거기서는 하얀 유니폼을 입고, 하얀 양말을 신어야 했지요. 어느 날 아침 아이 둘을 학교에 보내느라 정신없는 아침을 보내고 회사로 출근했는데 상사가 자기 신발을 쳐다보고 있는 것을 느꼈습니다. 상사는 신발 끈 부분이 지저분해진 것을 발견하고는 모리스에게 그것을 깨끗이 하라고 주문했습니다. 모리스는 기분이 나빠져서 자기는 환자를 대하지 않고 검사실에서 일하는데 그게 왜 문제가 되느냐고 따져 물었습니다. 그러자 상사는 그녀가 자신도 알지 못하는 사이에 환자와 접촉하고 있다고 말했습니다. 예를 들면, 메이요 이름표를 달고 거리에 나갈 때나 현관에서 환자와 그 가족들 앞을 지나갈 때와 같은 경우에 말이죠. 그리고 그렇게 메이요 클리닉을 대표하는 자리에서 그런 지저분한 신발 끈을 하고 있어서는 안 된다고 말했습니다.

"처음에는 모욕적이라 생각했습니다. 하지만 시간이 흐르면서 신발 끈에서 시작해서 제가 하는 그 모든 일들이 제가 환자들과 방문객들에게 얼마나 신경 쓰고 있는지를 상징하고 있다는 것을 깨닫게 되었습니다. 저는 아직도 제 자신과 동료들이 목표로 삼을 서비스 수준의 기준을 정하는 데 이 더러운 신발 끈 이야기를 사용하고 있지요."[1]

아픈 사람을 돌보는 데 지저분한 신발 끈이 무슨 큰 문제가 되냐고 생각하기 쉽다. 하지만 신발 끈은 불안에 떨고 있는 환자나 가족들 눈에 띌 수 있는 사소하지만 눈에 보이는 증거다. 이것은 조직이 어떻게 돌아가는지, 눈에 보이지 않는 기술적으로 복잡한 의료 서비스의 수준이 어떠한지를 나타내는 단서가 된다. 사실 신발 끈은 서비스 조직이 하고 싶은 이야기를 대신해서 들려주는 역할을 하고 있다. 신발 끈은 서비스의 품질을 말해주는 단서가 될 수 있으며, 메이요 클리닉은 이런 단서를 통해서 자신의 이야기를 특징적이고 밀착된 방식으로 흥미롭게 전달한다.

메이요 클리닉은 단서의 중요성을 직관적으로 이해했다. 그리고 이것을 목적의식적으로 정책에 적용해서 환자가 뛰어난 의료 서비스를 체험할 수 있도록 대단히 모범적인 단서 경영을 실천하고 있다. 이 장에서는 단서를 경영해서 고객이 훌륭한 서비스를 체험할 수 있게 한다는 개념 아래, 메이요 클리닉이 세밀하게는 신발 끈에서 시작해서 그 이상의 단계까지 단서를 어떻게 경영하고 있는지에 대해 알아보도록 하겠다.

고객은 탐정이다

고객이 기관과 상호 작용할 때는 언제나 일종의 체험을 하게 된다. 하지만 그것이 언제나 긍정적인 것은 아니다. 기관과 상호 작용하는 과정에서 고객들은 의식적이든 무의식적이든 그 경험 속에 내재된 단서들을 걸러내고 그것들을 엮어서 어떤 인상을 남기게 된다. 어떤 인상은 이성적인 판단에 따른 것이지만, 어떤 인상은 정서적인 느낌에서 비롯된다. 무언가를 보거나 혹은 없다는 것을 인식하면 그것은 그대로 경험적 단서가 된다. 고객이 무언가를 보고, 듣고, 맡고, 맛본다면 그것이 바로 단서다. 만약 앉아서 기다리고 있는 환자를 만나러 진찰실로 들어온 의사가 계속 서서 환자에게 질문을 던지는 상황을 생각해보자. 이런 의사는 들어오자마자 자리에 앉아서 환자와 같은 눈높이에서 이야기를 끌어가는 의사와는 다른 메시지를 전달할 가능성이 크다. 환자는 그 의사의 태도로 인해 부정적인 인식을 갖게 될 것이다. 단서는 특정한 메시지를 전달한다. 그리고 단서와 메시지는 서로 만나서 고객의 서비스 체험을 만들어내고, 이것은 다시 고객의 감정에 영향을 미친다. 환자가 무언가를 체험하는 동안 느끼는 감정 자체도 그 체험의 일부가 된다. 예를 들어보자. 서비스 체험이 고객으로 하여금 안전하고 효율적이며 세련되었다는 느낌, 존중받고 가치 있게 대접받고 있다는 느낌을 갖게 하는가, 아니면 그 반대의 느낌을 갖게 하는가? 서 있는 의사의 경우, 그 앞에서 환자는 존중받고 있다는 느낌을 받기 어려울 것이다. 만약 의사가 문 가까이 서 있다면 빨리 나가봐야 한다는 의도를 더 직접적으로 드러내고 있어서 환자가 받는 부정적인 느낌은 더욱 강해질 것이다.

서비스를 고르고 이용하는 과정에서 고객들은 경영인이나 서비스 공급자들이 생각하는 것보다 훨씬 많은 것을 보고, 더 많은 정보를 처리한다. 고객은 경험적 단서들을 가공해 감정을 유발하는 인상의 묶음으로 정리해낸다는 점에서 마치 '탐정'처럼 행동한다. 고객은 서비스를 구입할지 안 할지 결정할 때나, 서비스를 받고 있는 동안과 나중에 그 서비스를 평가할 때도 이런 단서들을 처리하고 있다. 서비스 간의 차이와 중요성, 복잡성이 커지고 개인적인 것일수록 고객도 더욱 경계심이 커지고 단서에 예민해진다. 소비에는 위험이 따르기 마련이다. 이렇게 위험이 커지는 경우에는 고객도 그만큼 더 탐정처럼 행동할 것이다.[2]

보건의료 서비스는 서비스에 투여되는 노동과 기술의 정도 차이에 따라 서비스 간의 격차와 중요성, 복잡성이 커진다. 또한 서비스 자체가 개인에게 맞춰져야 하는 만큼 큰 위험이 따른다. 의료 서비스에서는 환자의 삶의 질과 생명 그 자체가 달려 있다. 때문에 보건의료 기관의 입장에서는 경험적 단서를 어떻게 관리할 것인지가 특히 중요하다. 하지만 다른 형태의 서비스들도 위험이 커지는 특성을 가지는 경우가 많다. 따라서 단서 경영의 원칙들은 여타 다른 서비스 분야에서도 크게 참고할 만하다.

단서의 3가지 유형

경험적 단서들은 가장 강력한 방식으로 서비스를 대변해준다. 또한 뛰어난 서비스를 제공하는 것으로 알려진 성공적인 기관들은 체계적인 단서 경영을 통해 자신의 이야기를 효과적으로 전달한다. 단서는 3가지 유형으로 나눌 수 있다. 바로 기능적 단서, 기계적 단서, 인간적 단서이다. '기계적 단서'와 '인간적 단서'라는 용어는 루이스 카본Lewis Carbone과 스티븐 헤켈Stephen Haeckel이 1994년에 발표한 논문에서 처음 사용했다. '기능적 단서'라는 용어는 그 이후의 저작에서 추가되었다.[3]

'기능적 단서'는 서비스의 기술적인 수준과 관련이 있다. 말하자면 서비스가 얼마나 신뢰할 수 있고 기능적으로 잘 작동하고 있는지를 의미한다. 그것이 있느냐 없느냐에 따라 환자가 느끼는 기술적 수준에 영향을 끼친다면 그것은 기능적 단서이다. '기계적 단서'는 시각, 후각, 청각, 미각, 촉각을 자극하는 사물로부터 나온다. 시설, 장비, 가구, 장식, 조명 및 기타 감각적 단서들은 서비스를 시각적 상징으로 나타낸다. '인간적 단서'는 서비스 공급자의 행동이나 외모로부터 나오는 것이다. 예를 들면, 몸짓, 말투, 목소리의 높이, 열정적 태도, 적절한 의상 등을 들 수 있다.[4]

기능적 단서가 주로 '어떤 서비스를 제공하는가'와 관련이 있다면, 기계적 단서와 인간적 단서는 주로 '어떻게 서비스를 제공하는가'와 관련이 있다. 어떤 서비스는 기능적으로 대단히 잘 작동하는데도 그것을 고객에게 전달하는 과정에서의 문제 때문에 부정적인 느낌을 만들어낼 수 있다. 다른 의사의 의견을 묻고 싶어서 찾아간 환자의 경우를 상상해보자. 처음 만났던 의사는 환자의 의학적 문제를 진단하고서 수술이 필요하다고 결론을 내렸다. 두 번째 의사도 마찬가지 진단을 내리고 수술이 필요할 거라고 말했다. 두 의사는 모두 기능적으로 올바른 서비스를 제공했다. 하지만 두 사람의 행동은 사뭇 달랐다. 첫 번째 의사는 환자와 거리를 두는 듯 절대로 환자의 이름을 부르지 않았다. 반면 두 번째 의사는 대단히 친근감이 있었다. 그는 환자의 이름을 부르며 환자에 대한 동정심을 보여주었다. 두 경우의 기능적 단서는 비슷했지만 환자가 느끼는 인상과 감정은 차이가 날 수밖에 없다.

단서의 역할

기능적, 기계적, 인간적 단서는 환자의 서비스 체험에서 특별한 역할을 담당한다. 〈그림 7-1〉에서 나타냈듯이 기능적 단서는 환자가 이성적으로 체험을 인식하는 데 주로 영향을 미친다. 반면 기계적 단서와 인간적 단서는 정서적 인식에 영향을 미친다. 잘 경영되는 서비스 조직은 3가지 단서 관리에 투자를 아끼지 않는다. 그리고 서비스의 정서적 요소를 관리하는 데도 기능적 요소들을 관리하는 것만큼 적극적으로 노력한다. 이 여러 유형의 단서들의 효과는 단순히 더해지는 것이 아니라 서로 상승 작용을 보인다. 이 단서들이 서로 긴밀하게 작용했을 때의 경험적 효과의 합은 단서들이 각각 독립적으로 작용했을 때의 효과를 합친 것보다도 커진다.

효과적으로 단서 경영을 하고 있는 조직의 리더들이라도 '단서 경영'이라는 개념에 대해 들어본 적이 없을 수도 있다. 하지만 그들은 직관적으로 그것을 이해하고 있다. 윌리엄 J. 메이요 박사와 찰스 메이요 박사, 그리고 헨리 플러머 박사도 분명 그러했다. 메이요 클리닉은 '어떤' 서비스를 제공할 것인가 뿐만이 아니라 '어떻게' 서비스를 제공할 것인지에 대해서도 관심을 쏟고 투자를 아끼지 않았다. 이것은 메이요 클

〈그림 7-1〉 단서가 고객의 체험 인식에 미치는 영향

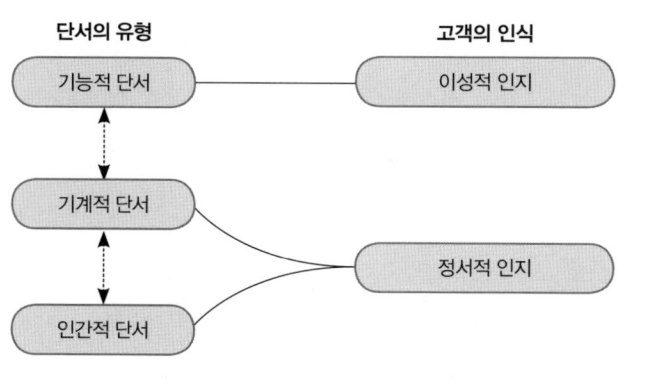

리츠의 초기 지도자들과 그 뒤를 이은 많은 사람들에게는 대단히 명예로운 일이다.

기능적 단서: 능력을 보여주고 확신을 불어넣는다

고객은 자기가 가진 문제 때문에 시장으로 나와 그 해결책을 산다. 고객은 휴대 전화를 사는 것이 아니라 다른 사람들과 소통할 수 있게 해주는 능력을 산다. 또한 비행기 표를 사는 것이 아니라 먼 거리를 이동할 수 있게 해주는 능력을 사는 것이다. 보건의료에서는 무릎 수술을 사는 것이 아니라 만성적인 통증을 가라앉히고 걷게 해주는 능력을 산다.

고객이 이런 해결책을 구입하는 이유는 서비스의 기능 때문이다. 양

질의 서비스를 제공하는 과정에서 약속한 서비스를 정확히 수행하는 것만큼 중요한 것은 없다. 발표된 연구 결과들에 따르면 서비스에 대한 환자의 기대에 부응하는 가장 중요한 차원은 바로 서비스 품질에 대한 신뢰라는 것이 계속해서 드러난다.[5] 고객들이 왜 한 서비스 회사에서 다른 서비스 회사로 옮겨가는지를 밝혀낸 한 연구 결과가 있다. 이 연구에 따르면 수잔 M. 키베니Susan M. Keaveney는 44퍼센트의 고객이 부분적으로, 혹은 전적으로 핵심 서비스의 실패, 즉 서투른 서비스 수행 때문에 회사를 바꾸었다고 한다. 서비스 공급자를 바꾼 이유로 핵심 서비스의 실패가 다른 어떤 이유보다도 많이 거론되었다.[6]

기능적 단서의 가장 중요한 역할은 고객이나 예비 고객에게 서비스가 믿을 만하다는 확신을 심어주는 것이다. 이 회사, 혹은 이 서비스 공급자가 능력이 있는가? 서비스를 제대로 수행하는 데 필요한 기술과 지식을 제대로 갖추고 있는가? 기능적 단서들은 이런 질문에 효과적으로 대답해야 한다. 서비스는 무형의 것이기 때문에 고객의 입장에서는 일반적인 상품보다 평가하기가 힘들다. 보건의료 같은 많은 서비스들은 기술적으로 복잡해서 고객들은 자연스레 그 기능을 평가하기 위해 단서에 더욱 의존한다. 서비스가 복잡하고 무형의 것이기 때문에 고객들은 단서에 더 예민해진다. 그리고 이런 현상은 서비스의 중요성, 다양성, 친밀성에 따라 더욱 심해진다.

환자를 중심에 두고 협력 진료, 멀리서도 찾아오는 진료를 하는 메이요 클리닉의 핵심 가치와 전략은 강력한 기능적 단서를 제공하는 데 눈에 띄는 큰 기여를 해왔다. 팀을 통한 협력 진료 모델은 메이요 클리닉이 가능한 모든 자원을 활용해서 최선의 진료를 한다는 느낌을 환자에게 준다. 이때 '협력'은 강력한 기능적 단서로 작용한다. 효율적이고 시간이 절약되는 통합 진료를 하는 데 필요한 시스템 및 기반 시설 투자도 환자와 그 가족들에게 클리닉의 기능성을 보여준다. 다음의 환자 인터뷰가 말해주듯이, 진료 기록을 차곡차곡 쌓아놓는 메이요 클리닉의 통합전자진료기록부도 환자를 안심시키는 역할을 한다. "제가 지난번에 갔을 때 의사 선생님께서는 지난 5년간의 제 검사치를 컴퓨터로 보여주셨어요. 그리고 검사치가 어떤 경향을 띠고 변해왔으며 앞으로 어떻게 해야 할지를 설명해주시는데, 참 대단하다고 느꼈어요."[7]

중병을 앓고 있는 환자들은 기능적 단서들에 극도로 예민해질 공산이 크다. 다음에 이어지는 이야기는 미국 남동부의 중간 규모 도시에서 메이요 클리닉을 찾아온 암 환자('데니'라고 부르도록 하자)의 사연이다. 이는 고객의 체험을 관리하는 데 기능적 단서가 얼마나 중요한 역할을 하는지 보여준다.

저는 2년 전부터 목구멍에 이상한 불편이 느껴졌어요. 그러나 병원에서 계속 걱정할 필요가 없다는 말만 들었죠. 한 1년 정도 더 지나고 나서 다른 의사에게 의뢰되었는데, 거기서는 제 혓바닥 뿌리에 암이 생겼다고 하더군요. 그 의사는 저에게 아주 큰 수술을 해야 한다고 말했어요. 그래서 저는 메이요 클리닉으로 가야겠다고 마음먹고 2주 후에 찾아갔지요.

저는 메이요 클리닉의 협력 진료에 깊은 감명을 받았습니다. 저는 이비인후과 전문의인 케리 올슨 박사님, 방사선 종양학자인 로버트 풋Robert Foote 박사님, 내과 종양학자인 줄리안 몰리나Julian Molina 박사님, 이렇게 의사 세 분을 만났습니다. 다른 곳에서는 절대로 경험하지 못한 부분이었죠. 올슨 박사님은 다른 치료 방법이 있기 때문에 수술은 하지 않겠다고 말씀하셨습니다. 그 한 마디 말이 저에게는 큰 감명이었습니다. 저는 최선의 진료를 받을 수 있을 거라는 확신을 얻었습니다. 진료 팀은 저에게 35회의 방사선 치료와 3회에 걸친 화학요법을 처방으로 내렸습니다. 진료 팀에 대한 첫 느낌이 너무도 좋았기 때문에 저는 메이요 클리닉에 머물면서 치료를 받기로 결정했습니다. 제 아내와 저는 석 달 동안 로체스터의 한 호텔에 가서 머물렀죠. 치료 과정은 고역이었습니다. 그래도 저는 메이요 클리닉에 있으니 축복받은 거라고 생각했죠. 치료 후 2년 동안 저는 후속 치료를 위해 석 달에 한 번씩 내원해서 진료 팀을 만났습니다. 지금은 여섯 달에 한 번씩 내원합니다.

또 하나 제가 바로 느낄 수 있었던 것은 메이요 클리닉의 효율적 운영이었습니다. 사람들 대부분에게 불확실성은 정말 견디기 힘든 감정이지요. 메이요 클리닉에서는 검사 결과나 촬영 결과를 아는 데 너무 오래 기다릴 필요가 없습니다. 그 덕에 환자들은 불확실성 속에 떨 필요가 없을 뿐 아니라 의사들도 정보를 신속하게 공유할 수 있습니다. 그래서 메이요 클리닉은 대단히 효과적이고 효율적인 진료를 통해 일을 올바르게, 그것도 아주 잘할 수 있는 것이죠.

방사선 치료를 받는 동안에 저는 마스크 속에 고정돼서 머리를 움직일 수 없었습니다. 마지막 치료들 중 하나를 받고 나서는 아주 힘들었습니다. 제가 받은 치료 대부분을 관리해주던 제이미라는 젊은 여성한테 저는 이렇게 얘기했습니다. "제이미 씨, 이 치료가 조금이라도 효과가 있기를 바라요." 그녀는 이렇게 힘주어 대답했습니다. "저는 효과가 있을 거라고 그저 바라기만 하지 않아요. 반드시 효과가 있을 거라는 걸 알거든요." 그녀는 바로 그 순간에 제게 정말 필요했던 말을 정확히 해주었어요. 육체적으로 저는 무척 힘들었지만 마음속으로는 사기가 오르고, 태도와 감정에도 희망이 솟구쳐 올랐죠.

저는 후속 치료를 받는 동안 내원할 때마다 제이미를 찾아가서 말했습니다. "저 아직 살아 있어요. 당신은 정말 내 삶을 바꿔주었어요." 석 달 동안 매일 그런 곳을 찾아가야 하는 상황이 되면 사람들은 제이미나 방사선 종양학과 접수 데스크에서 근무하는 로즈 같은 사람들한테 의지하게 됩니다. 힘든 인생의 시기를 보내고 있을 때 그런 사람들은 메이요 클리닉의 얼굴 중 큰 부분을 차지하게 되지요.

데니의 이야기는 기능적 단서의 중요성뿐 아니라 3가지 유형 단서들 간의 상호 작용이 얼마나 중요한지도 보여준다. 그래서 〈그림 7-1〉에 양쪽으로 화살표가 달린 수직 화살표를 그려 넣었다. 한 가지 자극이 한 가지 이상의 단서를 제공하는 경우가 많다. 제이미가 치료 효과가 있을 것이라고 강조해서 안심시켜준 것은 강력한 기능적 단서이면서 또한 인간적 단서의 역할도 했다. 그녀는 적절한 시간에 필요한 만큼 정서적으로 데니를 다독거려 준 것이다. 능력과 그에 겸비된 친절은 많은 것을 해낼 수 있다.

기계적 단서: 첫인상, 기대, 가치에 영향을 미친다

기계적 단서는 무형의 서비스를 물질적으로 상징하는 유형의 사물에서 나온다. 일반적으로 고객은 서비스를 실제로 체험하기 이전에 구입해야 한다. 기계적 단서의 가장 중요한 역할은 좋은 첫인상을 만들어내는 것이다. 고객들은 보통 기능적 단서나 인간적 단서를 체험하기 전에 어느 정도는 기계적 단서를 먼저 체험하게 된다. 기계적 단서는 고객이 어떤 서비스를 선택할지 결정하는 데 영향을 미치는 경우가 많다. 어떤 특정 서비스를 앞서 체험해본 적이 없는 고객, 예를 들자면 새로운 마을을 방문해서 호텔이나 식당을 고르려는 여행객들은 시설의 겉모양에 기대서 서비스를 선택하는 경우가 많다. 기능적 단서의 역할은 서비스를 받고 난 이후까지 고객에게 그 서비스의 수준에 대해 확신을 불어넣어 주는 것이다. 이에 비해 기계적 단서의 역할은 서비스를 골라야 하는 첫 단계에서 그 서비스를 구입하는 것이 낫겠다고 느끼게 만드는 것이다.

　기계적 단서는 첫인상을 만들어내기 때문에 서비스에 대한 환자의 기대치에도 영향을 미친다. 기관이 제공하는 서비스 질에 대한 고객의 인식은 자신이 생각한 서비스의 기대치와 비교해서 평가해 생기는 것이기 때문에 이것은 무척 중요하다.[8] 기계적 단서는 서비스가 어떠어떠할 것이라고 암묵적으로 약속하는 것이나 마찬가지다. 식탁보가 깔리고 은은한 조명이 비추는 품격 있는 레스토랑은 일반 식당보다 특별한 체험과 수준 높은 대인 서비스를 제공하겠다는 약속을 하는 셈이다. 따라서 기계적 단서를 디자인할 때는 기관이 원래 의도하는 바와 잘 어울리도록 해서 자신이 제공하려는 서비스 체험이 어떤 것인지를 정확하게 밝혀주어야 한다.

　기계적 단서는 고객 체험의 일부이기 때문에 고객이 체험에 대해 어떻게 느끼고, 그 가치를 어떻게 인식하는지에도 영향을 미친다. 고객이 서비스 시설에서 보내는 시간이 길어질수록 기계적 단서가 고객이 느끼는 가치에 미치는 영향도 커진다.[9] 스타벅스가 놀라운 성공을 거둔 이유는 커피의 품질이 꾸준하고 혁신적으로 다양한 상품을 제공했기 때문만은 아니다. 더 중요한 이유는 고객들에게 간단한 음식을 먹으면서 다른 사람들과 어울리거나 혼자 시간을 보낼 수 있는 편안한 공간을 제공했기 때문이다. 탁자들은 고객들이 사적인 대화를 나누거나 혼자 생각하는 데(혹은 노트북 컴퓨터를 사용하거나 책을 읽는 데) 방해받지 않도록 간격을 두고 배치했다. 스타벅스의 탁자는 둥글게 만들어졌다. 그것은 혼자 앉아 있는 고객들이 사각형 탁자보다 원형 탁자에 앉았을 때 심리적으로 더 편안함을 느낀다는 연구 결과에 따른 것이다.[10]

병원에 오고 싶어서 오는 사람은 없다

보건의료 부분에서 기계적 단서는 매우 중요하다. 보건의료는 고객에게 스트레스를 준다는 점을 포함해 많은 부분에서 독특하다. 고객치고 환자만큼 재미를 못 보는 고객도 없을 것이다. 환자는 질병을 얻거나 상처를 입어서 몸이 아프고 거동도 불편하다. 또한 검사나 예약된 절차, 그리고 미래에 대한 불확실성 등으로 불안해지는 등의 스트레스를 경험한다. 게다가 고객은 진료를 받는 시설에서 상당한 스트레스를 경험하기도 한다. 특히 종합병원에서는 시설 자체가 위협적으로 느껴진다. 시끄럽고 정서적으로 도움을 얻기도 힘든 데다 건물에 격리된 느낌 때문에 스트레스가 더 심해진다.[11]

보건의료 서비스는 서비스를 제공하는 진료 환경과 따로 떼어 생각할 수 없다.[12] 때문에 이런 환경을 이용해 환자와 환자를 사랑하는 사람들을 진정시키고 그들의 기분을 띄우며 낫는 느낌을 줄 수 있는 수많은 기회를 만들어낼 수 있다. 〈표 7-1〉에 나타냈듯이 메이요 클리닉의 설비 설계의 철학은 건물을 이용하는 환자, 가족, 여타 방문객 및 직원들의 스트레스를 풀어주는 데 초점을 맞추고 있다. 병원만큼 사람들이 스트레스를 많이 받는 건물을 상상하기는 힘들다. 그렇다 보니 메이요 클리닉 건축가와 디자이너들의 목표도 스트레스를 키우지 않고 완화시켜주는 공간을 만들어내는 것이었다.

메이요 클리닉의 피닉스 종합병원 로비 현관을 통해 안으로 들어서면 멋진 홀과 조각 작품, 실내 인공폭포, 피아노, 형형색색의 소파들, 그리고 멀리 산맥을 내다볼 수 있는 유리 벽들이 반겨 준다. 외래 환자 클리닉 건물도 로비에 커다란 분수 조각과 피아노가 있다. 종합병원과 클리닉 건물에는 그 지역 예술가들에게 임대한 예술 작품들이 전시되어 있다. 메이요 클리닉 애리조나 캠퍼스 시설 관리 서비스부장에서 은퇴한 브라이언 맥스웨니Bryan McSweeney는 이렇게 말한다. "우리 건물은 위압적으로 보일 수 있습니다. 그래서 재질이나 색상, 예술품 등으로 내부를 부드럽게 만들어서 이것을 상쇄하려고 하지요. 환자들은 스트레스를 받고 있습니다. 그래서 우리는 시설 분위기를 부드럽게 만들고 밝고 긍정적인 것들로 눈길을 끌어서 스트레스를 줄여주려고 노력하고 있습니다."

메이요 클리닉의 디자인 철학을 보여주는 또 하나의 건물은 2001년에 로체스터 캠퍼스로 들어가는 새 정문으로 세워진 20층짜리 곤다Gonda 빌딩이다. 곤다 빌딩은 로비가 훤히 트여 있고 복층 구조로 만들

〈표 7-1〉 메이요 클리닉의 시설 설계 철학

메이요 클리닉 건물은 다음의 사항을 준수함으로써 건물 이용객의 스트레스를 줄여주어야 한다.

- 안식처 제공
- 자연과의 교감
- 자연 조명 강조
- 소음 감소
- 밝고 긍정적인 요소 배치
- 관심과 존중 표현
- 능력을 상징적으로 표현
- 번잡한 인상을 최소화
- 쉬운 길 안내
- 가족들을 위한 공간 마련
- 직원들이 즐겁게 일할 수 있는 분위기
- 용이한 통합 운영

어져 붐비는 느낌이 덜하다. 또한 계단과 바닥은 대리석으로 만들어지고, 천장에는 커다란 치후리 샹들리에가 걸려 있다. 건물 벽은 모두 유리창으로 만들어져 바깥 정원이 내다보이고 공공장소에는 피아노들이 놓여 있다. 설비 및 시스템 지원부장인 크레이그 스몰트의 말에 의하면, 환자들이 세계 각국에서 모여들듯이 건물에 사용된 대리석과 돌도 세계 각국에서 모인 것들이라고 한다. 위층 로비 제일 좋은 구석자리에는 '슬래지 가족 암 교육 센터'가 있다. 그렇게 좋은 자리를 왜 저런 목적으로 사용하고 있냐고 물어보자 스몰트는 이렇게 대답했다. "암처럼 많은 사람들과 그 가족들에게 영향을 미치는 질병은 없습니다. 때문에 저렇게 센터를 눈에 띄는 곳에 놓아야 사람들이 암에 걸렸다는 수치심을 줄일 수 있습니다."

곤다 빌딩에는 환자들의 고통과 질병의 부담을 덜어주기 위해 끊임없이 단서들을 정비하려는 노력이 잘 드러나 있다. 건물은 방문객들에게 이렇게 말한다. "이곳에 오신 것을 환영합니다. 우리는 여러분의 안녕을 최우선으로 생각하고 있습니다." 의사로서 클리닉 시설운영위원회의 회장직을 맡고 있는 케리 올슨 박사는 이렇게 말한다. "우리는 전체적인 디자인뿐만 아니라 어떤 재료를, 어떻게 사용할지에 대해서도 각별하게 신경 쓰고 있습니다. 우리는 환자들이 문을 열고 들어서면 자신이 하나밖에 없는 독특한 장소에 와 있다는 느낌을 받게 하려고 노력하고 있습니다. 어떤 영속의 느낌, 전문적인 느낌, 보살펴주는 따듯한 느낌을 만들어내고 싶은 것이죠."

세밀한 부분까지 신경 쓴다

단서들은 조화롭게 한데 어울려 짜임새 있는 서비스를 표현하기도 하고, 서로 어지럽게 충돌하면서 흐트러진 서비스를 표현하기도 있다. 메이요 클리닉은 단서를 관리할 때 큰 단서를 관리하는 것만큼 섬세하게 자잘한 단서들까지도 관리한다. 그래서 커다란 단서인 로비 공간 안에 있는 작은 단서들도 마찬가지로 중요하다. 한 예로, 메이요 클리닉 시설관리 팀은 직접 대리석 채석장을 찾아가 벽이나 바닥에 사용할 대리석에 새겨진 무늬 중에 혹시라도 불편한 형상의 사람 모양이나 질병의 형태가 암시되어 있지는 않은지 면밀히 검사한다. 메이요 클리닉에서는 환자가 체험하는 영역 전반에서 효과적으로 단서들을 경영하기 위해 상당한 주의를 기울이고 있다. 병원 건물의 공공장소에서 좋은 첫인상을 만들어내는 일은 중요하다. 하지만 환자가 두려움을 경험하는 장소들은 보통 진찰실, 병실, 처치실 등의 닫힌 공간들이다. 환자가 가장 오래 머물거나 스트레스를 많이 받는 공간에서 단서 경영을 제일 잘해야 한다. 예를 들면, 메이요 클리닉 애리조나 종합병원이 건축 중이었을 때는 신체 재활 환자들이 남들이 보지 못하는 곳에서 차를 타고 내릴 수 있도록 승강기를 이용해 차를 건물 안으로 들어올렸다.[13]

병원에 오면 아이들만큼 무서워하고 스트레스를 많이 받는 환자들도 없을 것이다. 메이요 클리닉 로체스터 캠퍼스 시설을 보면 소아 환자를 진정시키고 아이들의 관심을 다른 데로 돌려 공포를 줄여주기 위해 세심하게 단서들을 관리한 흔적들을 엿볼 수 있다. 로체스터 캠퍼스 곳곳의 소아과 관련 시설에는 그 지역 학교 어린이들의 그림 수천 개를 형형색색의 세라믹 타일로 만들어 붙여 놓았다. 이 타일들이 볼거리를 제공해서 아이들의 관심을 진료와 관련된 것에서 떼어놓는다. 세인트메리스 종합병원 응급실 소아과 부문에서는 진찰실에 있는 응급 장비들을 큰 그림으로 가려 놓았다(장비가 필요하면 그림을 옆으로 밀어낼 수 있다).

2007년에는 소아과 진료만 전문적으로 담당하는 메이요 클리닉 T. 데니 샌포드 소아과 센터를 개설했다. 거기에는 3단 식수대를 설치했는데, 가장 낮은 단의 높이가 45센티미터 정도로 아장아장 걷는 아이의 키와 딱 맞다. 양탄자에는 강과 동물들이 다니는 길 모양을 그려 넣었고, 타일을 따라가면 진찰실이 나오게 했다. 메이요 클리닉 진찰실의 전통적인 형태도 어린이에 맞춰 변형했다. 의사들의 책상은 각진 모서리 없이 모두 둥글게 다듬어져 있다. 아이들이 방사선 촬영 장치에 눕게 되면 방음 천장 타일에 그려진 동물들을 보게 된다. 방을 꾸미는 주제는 미네소타 지역의 식물과 동물들이고, 디자인의 상당수는 아이들 눈높이에 놓인다. 즉, 그림은 벽에서 가장 낮은 75센티미터 위치에 그려 넣는다. 전반적으로 아이들을 진정시키고 차분하게 가라앉힐 수 있도록 환경을 조성했고 조명은 약하게 했다. 이곳에서는 자극적인 소리를 내는 것이 없다. 아이들이 벽을 따라 걸을 때 동물과 식물이 그려진 벽에 있는 전자 센서가 반딧불을 흉내내면서 약하게 반짝이는 것을 제외하면 번쩍이는 것도 없다.

클리닉의 기계적 단서 경영에서 조명은 대단히 중요한 역할을 한다. 벽을 비추는 데는 경계부 조명perimeter lighting을 필수적으로 설치한다. 메이요 잭슨빌 캠퍼스의 캠퍼스 설계 및 기획 감독관이자 세 캠퍼스 모두에서 일을 한 로버트 폰테인Robert Fontaine은 이렇게 설명한다. "메이요 클리닉에서 일할 때는 경계부 조명을 안 써본 적이 없어요. 그걸 사용하면 벽을 씻어 내리는 느낌을 주어서 방이 더 커 보입니다. 또한 상쾌하고 깨끗한 느낌을 줘서 즐거운 공간을 만들어주죠. 그 방에서 오래 머물고 있어도 전혀 불편하지 않을 겁니다."

메이요 클리닉의 진찰실은 의사들이 어느 방이라도 효율적으로 사용할 수 있도록 시스템에 상관없이 동일하게 설계했다. 이 진찰실들은 전형적인 진료실보다 커서 보통은 11평방미터인데 반해 이곳은 13~13.5평방미터 정도의 크기이다. 또한 이 방들은 조용하기 때문에 환자에게 사생활을 보호받고 있다는 느낌을 준다. 방은 '다섯 벽 상자' 구조를 사용해서 만들었다. 이는 천장도 다섯째 벽인 것처럼 대단히 두꺼운 구조로 만들었다는 의미이다. 예술품들로 꾸며진 방에서 환자들은 커튼이 쳐진 공간 안에 들어가 옷을 갈아입는다. 조명은 배경 조명과 검사용 조명 2가지 방식이 가능하다. 진찰용 탁자에는 탁자보나 장갑, 기구 등을 넣을 수 있는 서랍을 만들었다. 의사의 책상은 환자와 가족들이 앉는 소파 가까이 놓아 책상이 의사와 환자 사이를 가로막는 장벽이 되지 않게 했다. 로버트 폰테인은 현재 메이요 클리닉에서 사용하고 있는 한쪽 팔걸이만 있는 소파를 디자인했다. "이 소파에 대한 전체 아이디어는 대단히 중요한 것으로 플러머 박사와 그 동료들에게까지 거슬러 올라가지요. 그들은 개인용 의자는 소파 같은 융통성이 없다고 생각했습니다. 환자와 함께 오는 사람들이 서너 명이 될 수도 있으니까요. 또 환자가 불편한 경우는 누울 수도 있는데 개인용 의자로는 그런 부분을 수용하기 어려웠습니다. 한쪽 팔걸이만 있는 소파는 가장자리에 걸터앉을 수도 있어요. 이 소파는 서비스의 질을 말해주는 것입니다. 환자는 무언가 다르다고 느끼지요. 이런 소파는 어디에도 없으니까요."

조용히 해주시겠어요?

종합병원의 소음은 혈압을 높이고 심박 수를 증가시킨다. 또한 불면증을 야기하는 등 심리적으로 해로운 영향을 미치는 심각한 환경 스트레스 인자다.[14] 종합병원 소음의 원인은 호출기, 경고음, 복도 대화 등 다양하다. 간호사 업무 교대 시간, 의료 장비 사용이나 이동 때문에 소리가 클 때도 많고, 같은 병실을 쓰는 사람이 통증으로 울부짖어 스트레스를 주는 경우도 많다.[15]

메이요 클리닉을 비롯한 대다수의 종합병원에서는 소음의 부정적인 영향을 완화할 수 있는 기회가 많다. 세인트메리스 종합병원의 흉부 외과 준중환자실 간호사들은 소음 문제를 개선하기 위해 끊임없이 노력했다. 간호사들은 소음 측정기를 사용해서 병동의 소음 데시벨 연속 측정치를 얻어냈다. 가장 소음이 컸을 때는 장비를 이동할 때, 소란스럽게 근무를 교대할 때, 복도 전화기를 사용할 때, 병상 모니터의 경고음이 울릴 때 등이었다. 이동형 X-ray 장비를 움직이며 병실 앞을 지나갈 때는 98데시벨의 소음이 기록되었다. 이는 오토바이를 타고 방을 지나갈 때의 소음과 동일했다. 그들은 이러한 연구 결과를 바탕으로 개선 방안을 내놓았다. 근무 교대는 닫힌 방에서 실시하고, 복도 문과 전화기에는 '조용히'라는 표시를 붙였다. 밤에는 병동의 조명을 낮춤으로써 조용히 해야 한다는 분위기를 조성했다. 그리고 한밤중에는 병동 공급품 운반을 하지 않았고, 병상 옆에 있는 심장 모니터 경고음 크기를 낮추었다. 특별한 경우가 아니면 일상적인 X-ray 촬영은 저녁 일찍 촬영했고, 환자 병실 밖에서는 금속으로 된 진료기록부 받침 바닥에 패드를 댔다.[16]

첫 연구의 대표 저자였던 공인 간호사 셰릴 A. 크밀Cheryl A. Cmiel은 이 논문에서 설명하고 있는 개선 방안들이 아직까지도 유지되고 있다고 말한다. 하지만 해결해야 할 가장 큰 과제는 대화와 병동 내부의 활동에 의해서 야간에 발생되는 소음들이다. 로체스터 간호부장인 공인 간호사 도린 프루스티는 공인 간호사 지도부에 흉부외과 준중환자실 병동에서 올린 성과를 다른 곳에서도 이어가자고 제안했다. 곧 로체스터의 57개 간호부가 소음 인지도 조사에 참가하여 각각의 병동에서 최소한 한 가지 이상의 개선 방안을 선택해 실시했다. 그 이후에 다시 환자와 직원들을 대상으로 소음 인지도 조사를 반복 실시했다. 그리고 31개 간호 병동에서 소음 측정기를 설치했다. 후속 연구의 대표 연구자이자 수술후처치부의 간호사 행정가를 맡고 있는 공인 간호사 조이스 오버맨 듀베Joyce Overman Dube는 이렇게 말했다.[17] "조사 결과를 보면 각각의 병동에서 팀원들이 종합병원의 소음 문제를 해결하기 위해 성실하게 노력하면 눈에 띄게 소음을 줄일 수 있음을 알 수 있습니다." 병동 측에서는 기술부의 협조를 얻어 식사 운반용 손수레의 쟁반 받침을 조이고 일부 장비들에는 더 조용한 바퀴를 달아서 소음을 줄였다. 전화기 옆에 '낮은 목소리로'라는 표시를 달아준 것도 효과가 있었다. 병실 문을 살살 닫고 머리맡에서 호출기가 울리지 않도록 주의하는 등 상식을 따르는 개선안도 효과적이었다. 하지만 이런 개선안의 성공에도 불구하고 프루스티는 이렇게 지적한다. "아직도 소음이 너무 클 때가 많아요. 여전히 할 일이 많이 남아 있죠."

인간적 단서: 고객의 기대를 뛰어넘어라

서비스에서 경험하는 인간적인 상호 작용은 존중과 존경의 마음을 고객에게 확장하는 기회를 만들어낸다. 그 과정에서 고객의 기대를 뛰어넘고 신뢰를 강화하며 고객의 깊은 충성심을 이끌어낼 수 있다.[18] 노동집약도가 큰 경우에는 서비스에서 원하지 않는 결과들이 다양하게 나타날 수 있다. 하지만 반대로 서비스를 제공하는 사람이 예의 바르고 사려 깊고 헌신적으로 융통성 있게 잘 처신한다면 오히려 바람직한 결과들을 다양하게 이끌어낼 수도 있다. 서비스 제공자의 노력을 고객이 인식하고 있는 경우에는 고객 만족도와 충성심에 상당히 큰 영향을 미치는 것으로 조사 결과가 나와 있다.[19]

어떤 형태의 서비스든 간에 고객의 기대에 부합하기 위해서는 보통 기능적 단서가 가장 중요한 역할을 한다. 고객에게 가장 중요한 것은 문제를 해결하는 기능이기 때문이다. 하지만 노동집약적이고 고객과의 상호 작용이 일어나는 서비스인 경우 고객의 기대를 뛰어넘기 위해서는 일반적으로 인간적 단서가 가장 중요하다. 이런 체험에서는 고객을 어떻게 대하느냐가 가장 핵심적이다. 고객의 기대를 뛰어넘으려면 예상치 못했던 즐거움을 주어야 한다. 그런 즐거움을 줄 수 있는 가장 좋은 기회는 바로 고객이 서비스 제공자와 상호 작용을 할 때이다.[20]

이 책에 나와 있는 많은 사례들은 인간적 단서가 미치는 정서적 영향력을 잘 나타내고 있다. 이제 여기에 우리가 좋아하는 사례를 하나 들도록 하겠다. 이 사례는 훌륭한 인간적 단서의 본질, 즉 존중과 존경을 고객에게 확장하는 것을 아름답게 표현하고 있다. 이 이야기는 로체스터 캠퍼스 응급의학과 의사인 루이스 하로Luis Haro 박사와 그가 치료한 한 메이요 클리닉 직원의 노모 사이에 있었던 일이다. 그 직원은 2001년에 이 이야기를 응급의학과 과장이었던 와이어트 데커Wyatt Decker 박사에게 이메일로 보냈다. 발송인의 이름을 제외하고는 모두 그 내용을 그대로 옮긴 것이다.

데커 박사님, 안녕하십니까?

이 이메일을 더 일찍 보냈어야 했는데 제가 너무 게을렀습니다. 하지만 석 달 전에 응급실에서 루이스 하로 선생님과 있었던 일에 대해서 자세한 얘기를 들려드리고 싶었습니다. 그가 얼마나 훌륭한 의사인지 직접 박사님께 말씀드리고 싶습니다.

저는 심한 치매를 앓고 계시는 91세의 어머니를 모시고 삽니다. 석 달쯤 전에 집에 와보니 어머니께서 집 앞 잔디밭에 쓰러져 계시더군요. 어머니는 일어나지 못하고 계셨고, 팔꿈치가 심하게 멍들고 까져 있었습니다. 어머니는 무척 왜소하신 분이라 저는 힘들게나마 어머니를 일으켜 세워서 응급실로 직접 모셔왔습니다. 일단 도착하고 나니 진료도 빨리 받을 수 있었고, 모두들 어머니께 신경을 많이 써주시더군요. 어머니는 귀가 거의 안 들리시기 때문에 그렇게 신경 써드리는 일도 쉽지 않았을 것입니다.

하로 선생님은 자신을 소개한 후에 대단히 참을성 있고 친절하게 대해 주셨습니다. 그리고 어머니가 들을 수 있도록 아주 큰 소리로 얘기했죠. 어머니를 진찰하면서 선생님은 어머니더러 일어나서 몇 걸음만 걸어보라고 하셨습니다. 어머니는 그렇게 하려다가 그만 선생님한테로 넘어지고 말았습니다. 어머니는 한창 때 정말 재치 있는 분이셨고 그것이 아직도 조금은 남아 있었죠. 어머니는 선생님을 올려다보면서 이렇게 말했습니다. "아이고, 이 자세라면 우리 왈츠라도 출 수 있겠네요." 그러자 선생님이 이렇게 대답하시더군요. "그렇고말고요." 그러더니 선생님은 어머니를 팔로 안고 방 안에서 왈츠를 몇 스텝 추었습니다. 어머니는 워낙 춤을 좋아하시는 분이라 정말 신나 하셨고, 저는 눈물이 다 나더군요. 연세도 많으시고 왜소하고 연약한 어머니가 이렇게 제일 잘생긴 젊은 사내와 함께 왈츠를 추며 방 안을 도는 모습은 정말 감동적이었습니다. 그날 밤처럼 제가 메이요 클리닉 직원이라는 것이 자랑스러웠던 적은 없었습니다. 선생님과 어머니 사이에 일어나는 일을 보면서 이것이 바로 여기 메이요 클리닉에서 함께 일하는 의사들의 수준이라고 생각하니 정말 가슴이 벅차더군요. 우리 의사 선생님들은 의사로서의 전문성은 물론이고 동정심 많고 친절하고 됨됨이까지 모두 갖춘 훌륭한 분들입니다. 응급의학과를 크게 바라보는 입장에서 이런 이야기는 별로 중요하지 않다는 것을 잘 알고 있습니다. 어머니는 심하게 멍들고 찰과상을 입으셨지만 사실 큰 문제는 없으셨지요. 어머니 몸에 나타났던 증상들은 하루 이틀 사이에 다 가라앉았습니다. 하지만 그날 저녁 선생님과 만나면서 어머니에게 일어났던 '치유'야말로 메이요 클리닉을 남다르게 하는 것이라 생각합니다. 저는 그 기억을 영원히 잊지 않을 것입니다.

환자 가족의 입장에서 이 편지를 쓰면서 제가 박사님께 말씀드리고 싶은 것은 응급의학과와 메이요 클리닉이 하로 선생님을 직원으로 두고 있다는 것은 정말 큰 행운이라는 것입니다.

성공을 뒷받침해주는 복장

메이요 클리닉이 인간적 단서를 경영하는 한 가지 방법은 바로 복장 규정이다. 메이요 의사들은 평상복 차림으로 환자를 만나는 일이 없다. 메이요 의사들은 일할 때 정장을 입는다. 메이요 클리닉 환자 관리 모델을 살펴보면 이러한 복장 정책을 엿볼 수 있다. "흰색 코트보다 정장을 입는 것이 전문성과 존경심, 따뜻함과 친근함을 드러내는 우리만의 독특한 복장으로 환자들에게 인식될 것이다."[21] 어떤 사람들은 메이요 클리닉의 공식 복장 규정이 너무 거만해 보이지 않느냐고 할지도 모른다. 하지만 사실 그것은 기본적인 단서 경영의 일환이다. 항공사 여행객들이 비행기 조종사가 골프 셔츠를 입고 있는 것을 보면 좋

아하지 않듯이 아픈 환자들도 의사를 볼 때 마찬가지다.[22]

전통적으로 간호사들은 흰색 유니폼을 입는다. 최근에는 간호사 복장 기준이 완화되어 간호사들도 색상이 화려한 옷들을 입는 경우가 많다. 하지만 연구 결과를 보면 종합병원 환자들이 좋아하는 간호사 옷의 색은 하얀색이다. 때문에 애리조나 캠퍼스의 간호사들은 흰 옷을 입는다. 애리조나 종합병원 간호 팀장인 브리짓 자블론스키는 자신의 생각을 이렇게 표현한다.

저는 메이요 클리닉 간호사가 되면 흰색 옷을 입어야 하기 때문에 다른 곳에서 일하는 간호사들이 여기 오고 싶어 하지 않는다는 소문을 들었습니다. 저는 전통적인 흰색 유니폼을 입는 것이 자랑스럽습니다. 저는 아무 색이나 여러 모양의 옷을 입는 것을 금지하는 복장 규정이 메이요 클리닉의 직업 정신을 대변하는 역할을 한다고 생각해요. 그것이 높은 수준의 직업 정신을 유지하는 데 도움이 되고, 실제로 환자들이 원하는 것이라고 생각합니다. 종합병원을 열기 전에 행정 팀에서 환자들을 상대로 조사를 했는데, 환자들은 간호사들이 흰 옷을 입는 것을 좋아한다는 결과가 나왔다고 합니다. 이런 전통적인 유니폼을 입고 있으면 환자들은 간호사를 더 쉽게 알아볼 수 있지요. 하지만 우리 같은 복장 규정이 없는 다른 병원에서는 문을 열고 누가 방으로 들어와도 그 사람이 청소하러 온 사람인지, 간호사인지, 의사인지 환자가 분간하지 못합니다. 어두운 색을 입고 있어서 이름표를 읽기도 힘들고, 자기를 소개하지 않는 경우도 많다고 하더군요.

"우리는 1998년에 새로운 메이요 클리닉 종합병원을 열면서 이런 복장 규정을 적용하기로 결정했습니다." 메이요 클리닉 애리조나 캠퍼스 간호부장이자 공인 간호사인 데브라 펜더캐스트는 이렇게 말한다. "우리는 첫 환자를 받기 전에 먼저 메이요 클리닉 문화를 제대로 자리 잡아놓을 필요가 있다고 생각했습니다. 흰색 유니폼으로 복장을 통일하는 것은 그런 메시지의 일부였죠." 1,200명의 직원 대부분이 메이요 클리닉에 새로 들어온 사람들이었다. 때문에 이러한 복장 규정은 직원과 환자들에게 메이요 클리닉 종합병원이 다른 지역 종합병원과는 다르다는 것을 보여주는 단서 역할을 했다. "저희가 알고 있기로는 1998년에 간호사들에게 완전히 흰색 옷을 입도록 규정하는 종합병원은 없었습니다." 펜더캐스트의 말이다.

2008년에 잭슨빌 메이요 클리닉 종합병원을 개원했을 때도 복장 규정을 정하는 데 환자의 인식이 바탕이 되었다. 메이요 클리닉 잭슨빌 캠퍼스 수석 간호 사무관이자 공인 간호사인 데브라 헤르케Debra Hernke는 이렇게 말한다. "세인트루크 종합병원에서는 간호사들이 아무 색이나 자기가 원하는 것으로 날염 상의를 입고, 거기에 단색 바지를 맞춰 입었습니다. 하지만 외양에서 좀 더 전문성이 돋보이게 하기 위해 간호사는 물론 다른 직원들도 이제는 모두 단색 유니폼을 입습니다. 일례로 간호사들은 파란색 유니폼을 입습니다." 로체스터의 종합병원에서도 간호사 유니폼은 단서를 나타내는 문화의 일부로 자리 잡았다. "수술복도 단색을 입도록 하고 있지요." 로체스터 간호부장인 공인 간호사 도린 프루스티의 말이다. 그녀는 이런 결정을 내릴 때도 협력의 가치가 발휘된다고 말한다. "각 병동에서는 공식 승인된 색상 목록에서 어떤 색을 고를지 공감대를 형성해야 합니다."

의사의 이상적인 행동양식

메이요 클리닉 환자들을 대상으로 조사한 결과에 따르면 의사를 통해 전달되는 인간적 단서가 얼마나 중요한지가 드러난다. 또한 어떻게 하면 의사들이 그런 인간적 단서를 전달할 수 있는지 알 수 있다.[23] 이 조사는 최근에 14개 전문과에서 진료를 받은 다양한 외래 환자와 입원 환자들을 무작위로 선정해서 전화상으로 진행했다.

총 192명의 환자들을 성별로 거의 균등하게 나누어서 20분에서 50분 정도 진행되는 인터뷰에 참가시켰다. 인터뷰의 내용은 메이요 클리닉 의사들을 만났을 때 가장 좋았던 점과 가장 싫었던 점에 초점을 맞추었다.

응답자들은 오랫동안 메이요 클리닉에서 진료를 받은 환자들도 있고, 처음 와본 환자도 있었다. 응답자들에게는 메이요 클리닉 의사 중 어느 누구와 있었던 경험이라도 얘기해도 좋다고 했고, 최근의 방문에 국한된 내용이 아니어도 괜찮다는 조건을 달았다. 그 결과 응답자 192명 전원이 '가장 좋았던' 경험에 대해 진술했고, '가장 나빴던' 경험을 진술한 응답자는 89명에 불과했다. 나빴던 경험들은 대체로 바람직한 의사의 행동에서 약간씩 어긋났던 부분들을 반영하고 있었다.

〈표 7-2〉에서 보듯이 조사 결과 의사의 이상적인 행동양식은 7가지 분류로 압축되었다. 그것은 자신감, 감정 이입, 인간미, 친밀감, 솔직함, 존중, 철저이다. 이들 행동양식의 정의와 거기에 해당하는 환자 인터뷰 내용을 〈표 7-2〉에 실었다.

〈표 7-2〉 의사의 이상적인 행동양식의 정의와 해당 인터뷰

의사의 이상적 행동양식을 기술하는		
용어	정의	해당 인터뷰*
자신감	신뢰를 주는 확신에 찬 의사의 태도와 자신감이 나에게도 자신감을 주었다.	"의사 선생님의 태도를 보면 대단히 강하고 긍정적인 사람이며 저를 도울 수 있다는 자신감에 차 있었어요. 그렇게 자신 있는 태도를 보면서 저도 걱정에서 자유로워지는 느낌이 들었어요."
감정 이입	의사는 내가 육체적·정신적으로 느끼고 경험하는 것을 이해하려고 노력했다.	"한 의사 선생님은 제 남편이 삶의 마지막 나날을 보내는 동안 정말 사려 깊고 친절하게 대해 주셨어요. 또 제 몸속에서 폴립을 발견하고도 적당한 때를 기다렸다가 그 사실을 말씀해주셨죠. 제 남편이 소장암으로 죽었기 때문에 그 얘기를 들으면 제가 무서워하리라는 것을 알았던 거죠."
인간미	의사는 상냥하고 인정이 많았으며, 나에게 친절하게 대해주었다.	"제 류머티즘 담당 의사는 어떤 약을 처방하고, 어떤 절차를 거치게 되는지 전부 다 설명해줘요. 서두르는 느낌을 받은 적이 없어요. 아주 상냥한 사람이었죠. 전화를 하면 항상 약속을 잡아줍니다. 선생님은 제가 어떨 때 전화하는지 안다고 하셨어요. 그건 저에게 아주 중요한 부분이었죠. 그 선생님이 저를 믿어주셔서 정말 감사해요."
친밀감	의사는 나에게 환자 이상의 관심을 보여주면서 나와 교류하고, 나를 한 사람의 인간으로 기억해주었다.	"의사 선생님은 제 건강뿐만 아니라 제가 어떻게 지내는지, 가정생활은 어떤지도 물어보셨어요."
솔직함	의사는 내가 알고 싶은 것을 쉬운 말과 솔직한 태도로 말해주었다.	"그 선생님은 마치 일상적인 대화를 하듯 쉽게 설명했어요. 말을 빙빙 돌리지 않았죠."
존중	의사는 내 말을 진지하게 듣고 모든 치료 과정을 나와 함께했다.	"그 선생님은 항상 저에게 확인합니다. 또 저도 치료 과정에 동참하게 하지요. 그 선생님은 저에게 언제 검사받으면 좋겠는지, 어떻게 해야 일정을 맞추기 편한지 물어봅니다. 항상 제 말을 들어줘요. 정말 좋은 선생님입니다."
철저	의사는 마지막까지 세심하고 철저하게 진료했다.	"제 심장외과 의사는 전부 다 잘 설명해줍니다. 설명이 아주 철저하지요. 그 의사 선생님은 수술 후 회복에 대해서도 신경을 많이 썼습니다. 수술 후에도 어찌나 세심하게 저를 돌봐주시는지, 정말 특별했다고 생각했습니다. 외과의사들이 모두 그렇지는 않거든요. 보통은 수술을 마치고 나면 신경을 잘 안 쓰지요."

* 이 표에 나온 인용문들은 이보다 더 긴 인용문에서 발췌한 내용들이다. 응답자들은 의사들과의 경험 중 가장 좋았던 것을 설명할 때는 보통 다양한 특성을 한꺼번에 언급하는 경우가 많았다. 예를 들면, '인간미'를 나타내는 인용문에는 '존중'과 '철저'의 속성도 따라붙는 경우가 많아서 해당 특성에 따라 재분류했다.

출처: Neeli M. Bendapudi, Leonard L. Berry, Keith A. Frey, Janet T. Parish, and William L. Rayburn, *Patients' Perspectives on Ideal Physician Behaviors*, Mayo Clinic Proceedings, 2006. 3, p.340

이 연구 결과는 메이요 클리닉뿐만 아니라 다른 의료 기관이 기술 수준에만 의존해서는 높은 명성을 쌓아올릴 수 없음을 분명하게 보여준다. 환자 입장에서는 진료 서비스를 받은 이후에도 여간해서는 기술 수준을 판단하기가 힘들다. "메이요 클리닉에서 만난 의사들과 있었던 가장 좋았거나 가장 나빴던 경험들을 얘기해주세요."라는 질문은 내용을 국한하는 조건을 달지 않았다. 때문에 의사의 기술적 숙련도 부분을 배제하지 않았는데도 그것을 언급하는 경우는 드물었다.

물론 환자들이 메이요 클리닉이나 다른 선도적인 진료 기관을 찾는 가장 큰 이유는 높은 기술 수준이기 때문에 그것이 중요하지 않다는 의미는 아니다. 그러나 이와 마찬가지로 의사들이 환자와 어떻게 상호 교류하는지도 매우 중요하다. 환자들이 판단하기 쉬운 부분이 바로 이 영역이다. 환자들은 인간적 단서에 대해서는 대단히 노련한 탐정이다.

의사나 다른 직원들이 서두르거나 다른 데 정신을 쏟고 있다면 환자들은 이를 단박에 알아챈다. 또한 피곤해하거나 거리를 두며 무관심하게 대하는 것도 알고 있다. 그러나 진심으로 연민을 보이며 관심을 쏟고, 침착하고 자신감에 차 있다면 그것 역시 알아챌 수 있다.

진료 서비스는 긴장되고 복잡한 것이다. 또한 긴밀하며 사적이다. 이런 중요한 서비스에서는 환자에게 의료진의 기술적 능력만이 아니라 연민 어린 태도도 필요하다. 기능적 단서만이 아니라 인간적 단서도 메이요 클리닉이 하고 싶은 이야기를 들려준다.

환자 인터뷰 조사가 끝난 후, 거기에 참가했던 한 유방암 환자는 보건의료 서비스를 제공할 때 인간미가 어떤 역할을 하는지를 감동적인 글로 적어 조사 팀에게 보내주었다.

우리는 한 인간으로서 우리에게 필요한 것이 무엇인지를 이해하고 공감해주는 의사를 원합니다. 우리는 의사를 거의 신처럼 받들지만, 그렇다고 의사들이 우리 위에 군림하면서 우리를 얕보고 겁주기를 바라는 것은 아닙니다. 우리는 의사들이 자기 분야에 대해서 정말 놀랄 정도로 많이 알고 있다는 느낌을 받고 싶습니다. 하지만 의사들은 모두 그런 지식을 어떻게 현명하게 적용해야 할지 알 필요가 있습니다.

그리고 질병과 그 치료법을 이해한다는 점을 빼고는 우리와 별 다를 것 없는 그냥 평범한 사람들로서 우리와 함께 어울리기를 바랍니다. 오랜 시간 수천 명의 환자를 본 의사들에게 여전히 낙관적인 사람으로 남아서 우리에게 용기를 달라고 요구하는 것은 사실 욕심인지도 모르겠습니다. 하지만 의사가 우리를 단지 하나의 암 덩어리, 유방 한쪽, 한 희생자 정도로 보지 않았으면 좋겠습니다. 우리를 잘 알게 되면 분명 그들은 우리를 사랑하게 될 것입니다.[24]

경영인을 위한 핵심 전략

서비스는 수행이다. 서비스를 얻기 위해서 고객은 통신 회사, 항공 회사, 은행, 택배 회사, 미용실, 종합병원 등의 조직과 상호 작용한다. 고객들은 조직의 시설, 장비, 웹사이트, 전화 통화 시스템 등은 물론 하나나 그 이상의 서비스 제공 인력을 만나 교류한다.

고객이 조직과 만나면서 체험하는 내용 속에는 그 서비스의 질을 말해주는 이야기들이 담겨 있다. 경영인에게 문제가 되는 것은 과연 그런 단서들이 정말로 고객에게 서비스에 대한 이야기를 전하는지 여부가 아니다. 실제로 그런 이야기를 전달하고 있기 때문이다. 경영인에게 문제가 되는 것은 그 단서들이 정말 올바른 이야기를 전달하고 있는가라는 점이다. 경영인은 올바른 이야기가 전달되도록 경험적 단서들을 잘 조화시켜야 한다. 메이요 클리닉은 이 점에서 무척 뛰어나다. 메이요 클리닉의 단서 경영을 통해 다른 서비스 조직 경영인들도 대단히 유용한 식견을 얻을 수 있을 것이다.

포인트 1: 당신이 전하고 싶은 이야기가 무엇인지 알아야 한다

경영인이라면 이런 질문에 대답할 수 있어야 한다. "만약 우리 회사가 갑자기 사라져버리면 고객들이 우리를 그리워할까?" 이 질문에 솔직하게 대답했을 때 "아마도 그렇지 않을 거야." 또는 "별로 그럴 것 같지 않군."이라는 대답이 나온다면 그 회사는 일단 전략과 운영 면에서 스스로를 면밀히 돌아봐야 한다. 그리고 고객을 위한 가치를 창조해야 한다. 만약 "그렇다."는 답이 나왔다면 다음으로 이런 질문에 답해보

자. "고객들은 어떤 부분을 그리워할까?" 이 질문의 대답을 보면 조직이 단서를 통해 짜임새 있고 꾸준하게 들려주어야 할 이야기가 무엇인지 윤곽을 그릴 수 있다.

100년이 넘는 기간 동안 메이요 클리닉은 자신이 들려주고 싶은 이야기가 무엇인지를 잘 알고 있었다. 메이요 클리닉에서는 환자의 필요가 최우선이며, 클리닉은 환자에게 봉사하기 위해 존재한다. 또한 수천 명의 환자가 문을 열고 들어오더라도 각각의 모든 환자들을 보살필 것임을 약속한다. 메이요 클리닉은 환자의 의학적 문제를 해결하는 데 도움이 될 방법이 있다면 그것이 무엇이든 그 일을 기꺼이 맡아서 적절한 전문가들로 팀을 꾸린다. 또한 효율적인 기관으로서 일을 신속하고 매끄럽게 잘 마무리하는 것을 추구한다. 메이요 클리닉은 이런 메시지들을 특별한 단서들을 통해서 환자들에게 표현한다.

자신의 가치관을 통해 단서의 중요성을 직관적으로 이해한 메이요 클리닉은 이를 정책에 반영했다. 따라서 메이요 클리닉은 많은 환자와 그 가족들에게 이런 느낌을 준다. "이 사람들 정말 신경을 많이 쓰는군.", "이곳 사람들은 힘을 합쳐서 일해. 자기가 무슨 일을 하고 있는지도 잘 알고 있어.", "여기 왔으니까 내가 할 일은 다 했어. 여기서 나를 도울 수 없다면 다른 곳에 가도 소용없어."

복잡하거나 진단이 어렵고, 혹은 생명이 위독한 큰 병을 안고 메이요 클리닉을 찾는 많은 사람들에게 이곳에서 겪는 체험들은 희망과 자부심을 불어넣어 준다.

고객의 체험을 개선하기 바라는 경영인들은 고객이 체험에서 얻고 싶어 하는 가장 중요한 느낌이 어떤 것인지를 우선 파악해야 한다. 고객이 가장 원하는 것은 무엇인가? 고객의 선호를 결정하는 요인은 무엇인가? 이것을 파악하고 나면 경영인은 이 느낌들을 '체험 주제'라고 부르는 간략한 문구로 정리해서 경험적 단서 경영의 통합적인 틀로 사용할 수 있다. 이 모티브는 어떻게 단서들을 경영할지 안내해주는 등대가 될 수 있다. 모든 단서들은 올바른 이야기를 전달하는 데 기여해야 한다.[25]

포인트 2: 모든 유형의 단서 관리에 뛰어나야 한다

세계적인 브랜드를 쌓아올리는 조직은 무척 드물고, 그 브랜드 가치를 한 세기 동안 유지하는 조직은 그보다도 훨씬 적다. 메이요 클리닉이 브랜드의 명성을 쌓고 꾸준한 성공을 거둘 수 있었던 것은 기능적 단서, 기계적 단서, 인간적 단서 이 3가지 유형의 단서를 관리하는 데 아낌없이 투자했기 때문이다. 오랫동안 메이요 클리닉 리더들은 이런 용어를 사용하지 않았다. 하지만 이런 용어들 너머에 있는 실질적인 내용들은 분명하게 이해하고 있다. 그들은 진료 수준이 훌륭한 보건의료 서비스의 기반이지만, 그것이 전부는 아니라는 것을 잘 알고 있다. 병을 앓고 있는 환자들은 롤러코스터처럼 심한 감정의 기복을 겪는다. 때문에 의료진의 친절과 이해는 환자의 체험에서 핵심적인 부분을 차지한다. 메이요 클리닉은 의사와 간호사들이 기술적으로 숙련되어 있음은 물론이고, 그런 숙련도를 표현할 줄도 알아야 한다고 생각한다. 또한 건물은 기능적일 뿐 아니라 환자에게 자신감을 불어넣고 스트레스를 줄여줄 수 있어야 한다고 말한다.

메이요 클리닉이 유명한 이유는 뛰어난 의학적 전문성 때문이다. 그러나 그런 의학적 전문성에만 의존해서 그 명성을 유지한 것은 아니라는 점에서 중요한 교훈을 남긴다. 사람들을 감동시키고 그들과 더욱 강력한 유대감을 쌓기 위해 클리닉은 환자와 그 가족들이 체험하는 비기술적인 영역에서도 최고를 추구했다. 다른 유형의 단서들은 각기 다른 역할을 하는데, 클리닉은 그 모두에 투자했다. 때문에 다른 경쟁자들이 그것을 깨고 들어오기가 힘들었던 것이다. 미니애폴리스에 근거를 두고 있는 체험 공학Experience Engineering의 창시자인 루이스 카본은 이렇게 말했다. "일반적으로 놀라운 체험 속에는 매우 풍부한 정서적 유대감을 이끌어내어 자연스레 강한 호감과 충성심을 불러일으키는 기능적, 기계적, 인간적 단서들이 특별한 형태로 녹아들어 있다."

포인트 3: 사소한 것 속에 담긴 중요한 것

메이요 클리닉은 모든 유형의 단서들을 관리할 뿐 아니라 남들이 사소한 단서라고 생각하는 것에도 때로는 강박적이다 싶을 정도로 세심하게 신경을 쓴다. 이 장 첫머리에서 다룬 '신발 끈' 이야기는 세밀한 것에도 신경을 쓰는 메이요 클리닉을 잘 나타내고 있다. 클리닉은 큰 단서들뿐 아니라 작은 단서들을 관리하는 데도 대가다. 한쪽 팔걸이만 있는 진찰실 소파, 의사가 소파에 앉아 있는 환자들 앞으로 쉽게 움직여 갈 수 있도록 바퀴를 달아놓은 의사용 의자, 응급의학과 소아진찰실에 그림으로 숨겨 놓은 응급 장치, 커튼으로 쳐진 진찰실의 탈의 공간, 피아노와 유리 벽, 예술품들과 실외 정원 등 이런 '작은' 단서들에 대한 체험이 하나하나 쌓여서 강화되면 강력한 효과를 낼 수 있다. 이런 것들이 환자와 그 가족들이 의료 기관에서 얻고 싶어 하는 느낌들을 창조해낸다.

브린던 무어Breanndan Moore 박사는 오랫동안 메이요 클리닉 로체스터 캠퍼스에서 수혈의학과의 과장직을 맡았다. 그는 자신의 아버지가 메이요 클리닉을 방문해서 둘러보았던 이야기를 해주었다. 무어 박사의 이야기를 함께 들어보자.

하루를 마감하고 걸어서 건물 밖으로 나서면서 저는 아버지께 여쭤 보았습니다. "아버지, 오늘 메이요 클리닉에서 보신 것 중에 어떤 것이 제일 인상적이셨어요?" 저는 내심 아버지가 혈액은행에 대해서 말하면 좋겠다고 생각했지요. 아버지는 잠시 생각하시더니 말씀하셨습니다. "여기 검사실 뒤쪽 복도가 가장 인상 깊구나." 아버지는 또 이렇게 덧붙이셨습니다. "아마 환자나 중요한 고위 경영자가 이 복도로 걸어갔을 일은 전혀 없었을 거다. 그렇지 않냐?" "그렇죠. 아버지 말씀이 맞아요." "그런데도 얼마나 깨끗한지 한번 봐라. 이걸 보면 여기 청소부가 얼마나 정신 상태가 올바른 사람인지 알수 있지. 그렇다면 아마 그 위에 있는 사람들도 정신 상태가 아주 올바른 사람들일 게다. 그게 아주 인상적이로구나." 아버지가 너무 단순한 것을 말씀하셔서 처음에는 좀 실망했지만, 사실 그것은 대단히 의미심장한 얘기였습니다. 저는 늘 그 말씀을 간직하고 있습니다.

메이요 클리닉에서 배우다

서비스는 손으로 만질 수 없는 것이지만 그 본질은 고객에게 전달된다. 조직의 모든 측면은 서비스의 형식과 내용을 드러낸다. 이런 이유 때문에 메이요 클리닉은 신발 끈부터 CT 촬영기까지 그 무엇 하나 그냥 방치해두는 일이 없다. 기능적 단서, 기계적 단서, 인간적 단서 3가지를 잘 조화시켜 운용함으로써 이 복잡한 의료 기관은 개인에 맞춰진 환자 우선의 의료 서비스를 약속한다. 그리고 고객들은 그 약속이 지켜지고 있음을 증언하고 있다. 이것은 서비스의 질을 나타내는 단서들을 효율적으로 잘 관리하고 있다는 상장이나 마찬가지다.

CHAPTER 8

브랜드의 창조, 확장, 그리고 보호

저는 신장이식 수술을 진행할 수 있을지 확인하는 교차시험 결과를 보기 위해서 한밤중에 수혈실로 불려갔습니다. 일을 끝내고 나서는데 임상 기사 한 사람이 일을 하고 있는 것이 보였습니다. 당시 시간이 2시였기 때문에 이 문제는 나중에 물어봐야겠다고 생각했습니다. 다음 날 아침 저는 그녀를 사무실로 불러서 물었습니다. "새벽 2시에 거기서 뭘 하고 있었죠? 신장과 관련된 일을 하고 있지는 않았을 텐데. 저도 마침 거기 있어서 당신이 일하고 있는 것을 봤어요." 눈이 파랗고 금발인 이 젊은 미네소타 아가씨는 얼굴이 빨개지고 당황하는 기색을 역력하게 보이면서 말했습니다. "무어 박사님, 저를 보지 않으셨기를 바랐어요." 그 말에 저는 가슴이 철렁 내려앉았습니다. 저는 속으로 생각했죠. '세상에 대체 이 여자가 무슨 일을 저지른 거야?' 그녀는 말을 계속 이어갔습니다. "저는 낮에 혈소판 항체 검사를 하고 있었어요. 그런데 실수로 다른 용액을 사용하는 바람에 혈소판을 모두 잃고 말았어요. 그래서 그날 일과가 끝날 무렵에 환자들의 검사 결과를 보니 난리도 아니었어요. 판독이 불가능했죠. 그래서 돌아와 그 검사를 다시 하고 있었던 거예요."

"정말 대단하군요. 하지만 굳이 눈보라 치는 1월 늦은 한밤중에 다시 나올 필요 없이 오늘 와서 해도 별문제 없었을 텐데요?" 그녀가 대답했습니다. "무어 박사님, 제 실수 때문에 메이요 클리닉을 찾아온 환자들이 종합병원에서 하루 더 기다리게 할 수는 없었어요." 여기서 저는 입이 딱 벌어지고 말았습니다. "이거 정말 칭찬할 일이로군요. 꼭 시간외 근무 수당 청구를 하세요." 그러자 그녀는 마치 제가 가난한 교회 헌금함이라도 털라고 얘기한 것처럼 저를 바라봤습니다. 그녀는 말도 안 된다는 듯이 대답했습니다. "무어 박사님, 제가 실수한 것인데 메이요 클리닉이 그 비용을 치르게 할 수는 없어요!"

저는 가만히 앉아서 제 귀를 의심했습니다. 이 특별해 보이는 젊은 여성 임상 기사는 일도 대단히 열심히 하고 기술도 뛰어났지만, 사실 어찌 보면 우리 검사실에서 그 정도는 보통이라고 할 수 있습니다. 하지만 그녀의 태도와 직업윤리는 너무도 투철했습니다. 제가 새벽 2시에 일한 것에 대해서 시간외 근무 수당을 청구하라고 하자 그녀는 정색했습니다. 이런 직원들이 메이요 클리닉을 위대하게 만들어 가는 것입니다.

이 책 전반에 걸쳐 묘사했듯이 메이요 클리닉의 헌신적인 직원들은 복잡한 진료를 받으러 온 환자와 그 가족들에게 일상적인 기대를 뛰어넘는 수준의 서비스를 계속 반복해서 제공한다. 로체스터 캠퍼스 수혈의학과 과장을 맡았던 브린던 무어 박사가 들려준 이 이야기는 그 서비스가 눈에 띄지 않는 것이었기 때문에 특히나 주목할 만하다. 그 직원은 아무도 모르게 그 일을 처리하려 했고 누가 공로를 알아주기를 바라지도 않았다. 자신의 부주의로 실수했기 때문이기도 하지만 그녀는 환자들이 알아주지 않는 곳에서 열심히 일했다. 그녀는 그 추운 겨울밤의 노력에 대해서 누구 하나 꽃다발을 전해주거나 고맙다는 말 한 마디 하지 않을 것을 잘 알고 있었다. 그녀가 그 검사를 다음 날 근무시간에 한다고 해서 비난할 사람도 없었다. 하지만 혈액을 담은 시험관 말고는 환자와 접촉할 기회도 없는 이 직원은 자신이 다루고 있는 혈액의 주인인 환자의 편의를 먼저 떠올렸다. 그녀는 그 환자가 자신의 실수 때문에 종합병원 침상에서 하루를 더 보내야 할지도 모른다고 생각했다. 그래서 그 일을 미룰 수가 없었다.

메이요 클리닉에서는 이런 이야기들이 수천 번도 넘게 다시 탄생한다. 일부는 환자들의 눈에 띄는 곳에서, 일부는 환자들이 볼 수 없는 곳에서 직원들 대부분이 환자들이 일찍이 겪어 보지 못한 진료 체험을 만들기 위해 매일 노력하고 있다. 100년이 넘는 기간 동안 매일 생기는 이런 체험담들이 600만 명이 넘는 환자들의 입소문을 타고 퍼지면서 메이요 클리닉이라는 보건의료 브랜드를 만들어냈다. 앞 장에서 데니라고 부른 환자의 이야기에서 나타나듯, 알게 모르게 메이요 클리닉의 본질은 80퍼센트가 넘는 미국 사람들 머릿속에 스며들었다.

저는 암에 걸렸다는 얘기를 듣고 정말 충격을 받았습니다. 그 외과의사가 암 부위를 크게 들어내는 수술을 해야겠다고 말하자 정말 망연자실했죠. 차를 몰고 집으로 가면서 아내에게 전화했던 기억이 납니다. 제가 한 말은 정확히 이랬습니다. "여보, 내 말을 믿지 못할 거야. 나 암에 걸렸대. 메이요 클리닉에 가봐야겠어." 메이요 클리닉에 가서 진료를 받아도 의료보험이 적

CHAPTER 8 브랜드의 창조, 확장, 그리고 보호 295

용되는지는 생각해보지도 않았습니다. 그게 문제가 아니었으니까요. 그때 이후로 저는 어째서 저도 모르는 사이에 그 말이 불쑥 튀어나왔는지 정말 많이 생각해봤습니다. 미네소타 로체스터는 우리가 사는 곳에서 수천 킬로미터 떨어진 곳이었기 때문에 그 말을 하고서 저 자신도 조금 놀랐거든요. 저는 스스로에게 자주 물어봤습니다. "왜 메이요 클리닉이 튀어나왔을까?" 제가 생각하는 바는 이렇습니다. 종합병원은 어디에나 있어요. 하지만 제게 있어서 메이요 클리닉은 그냥 종합병원 이상이었습니다. 그곳은 위대한 정신이 있는 기업이고, 최신의 의학 연구, 최고 수준의 진료, 그리고 그곳에 머물기로 선택한 헌신적인 직원들이 있는 곳이었죠. 또 그곳은 제가 평생토록 들어왔던 '의학적 기적'이 종종 일어나는 곳이기도 했습니다. 제 문제는 다리가 부러졌거나 심장 혈관 우회로술(심장 혈관에 심한 협착이 일어났거나 폐쇄된 부위가 있는 경우에 이 부위를 우회하여 혈류가 흐를 수 있게 만들어주는 수술-옮긴이)이 필요하다든가 하는 것과는 차원이 달랐습니다. 전 암에 걸렸습니다. 앞으로 제게 일어날 힘들고 고통스러운 일들을 생각하면 저에게는 단순한 종합병원 이상의 것이 필요했습니다. 그래서 모든 요소를 고려한 결과 제가 암 치료를 받을 곳은 메이요 클리닉밖에 없다고 믿었고, 거기 가면 저에게도 기적이 일어날지 모른다고 생각했습니다.

수십 년 동안 데니는 무의식적으로 메이요 클리닉이라는 브랜드에 대한 이미지를 쌓아왔던 것이다. 그가 가지고 있는 브랜드 이미지에 따르면 메이요 클리닉은 그가 사는 지역의 대학병원 의료 센터를 포함한 여타의 의료 서비스 공급 기관과는 분명 다른 존재였다. 그는 자신의 머리 한편에 서류철을 만들어 두고 신문이나 뉴스, 혹은 사람들에게

들은 이야기, 영화나 텔레비전 쇼 같은 데서 본 내용들을 모아 참고문헌으로 쌓아놓았다. 시간이 흐르면서 그 서류에는 이런 특별한 딱지가 붙었다. '의학적으로 중요한 일이 생겼을 때 사용할 것'. 혹은 그가 얘기했듯이 이런 딱지가 붙었을지도 모른다. '의학적인 기적이 필요할 때 사용할 것'. 아내와 통화하는 동안 그는 자동적으로 저장해둔 의학 관련 브랜드 지식 창고에 접속해서 이런 말을 내뱉었다. "메이요 클리닉에 가봐야겠어."

사실 이러한 서비스 관련 이야기는 구체적인 세부 사항만 차이가 날 뿐 매년 먼 곳에서 메이요 클리닉을 찾아오는 수만 명 환자들에게 늘 일어나는 일이다. 모든 사람이 도움을 받는 것도 아니고, 서비스상의 착오도 일어난다. 하지만 대부분의 경우 클리닉의 가치관과 환자 관리 시스템은 환자나 그 가족들의 신뢰와 찬사를 얻어낸다. 이를 바탕으로 메이요 클리닉은 미국 소비자들 사이에서 가장 앞서 나가는 보건의료 브랜드를 만들어냈고, 세계적으로도 가장 강력한 서비스 브랜드의 위치를 구축했다. 2007년에 미국 가구에서 의료 기관 선택 결정권을 가지는 사람들을 대상으로 전국적인 조사를 실시했다. 그 조사에서는 만약 자신이나 가족 구성원 중에 암 치료나 심장 수술, 혹은 신경외과 수술 등으로 해결해야 할 심각한 의학적 문제가 생겼을 때, 의료보험상의 제약이나 재정적인 문제로부터 자유롭다면 어떤 보건의료 기관을 선택하겠느냐고 물어보았다. 응답자들이 대답하는 과정에서 예시를 들거나 기타 도움을 주지는 않았다. 그 결과 〈그림 8-1〉에서 보듯이 응답자의 16퍼센트 이상이 메이요 클리닉을 꼽았다. 메이요 클리닉에 대한 선호도는 조사에서 2위를 차지한 의료 기관과 비교할 때 거의

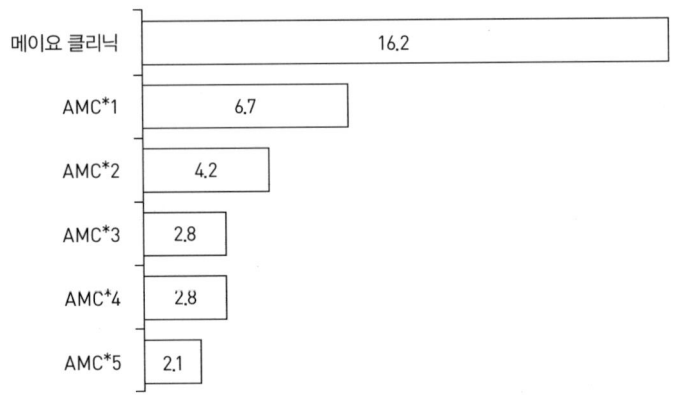

〈그림 8-1〉 미국 가구의 의료 기관에 대한 선호도 비율 조사

*AMC = 의료학술센터(Academic medical center)
출처: Professional Research Corporation, 표본 크기: 1,000

2.5배 정도 큰 것이었다.[1]

앞서 우리는 메이요 클리닉의 서비스가 어떻게 만들어지고 수행되는지 설명했다. 그것은 부분적으로 약속 관리 시스템 같은 시스템 공학의 성과이기도 하다. 그러나 가장 중요한 것은 메이요 클리닉의 밑바탕에 깔려 있는 가치관을 따르는 직원들의 자발적인 노력이다. 우리는 또한 서비스 문화를 유지해주는 행정상, 운영상의 기반이 무엇인지도 살펴보았다. 이 장의 목표는 브랜드의 핵심 요소가 무엇인지를 살펴보고 메이요 클리닉이 이 가장 소중한 자산을 어떻게 지켜왔는지 알아보는 것이다. 또한 날로 발전하는 의학과 의료 산업 환경 속에서 그것을 어떻게 이용하고 적응시켜 왔는지 살펴볼 것이다.[2]

메이요 클리닉의 브랜드는 인간미 넘치는 진료 서비스를 제공하기

위해 헌신하는 의사와 행정가, 그리고 수많은 직원들에 의해 만들어졌다. 어떤 마케팅 교과서나 컨설턴트도 브랜드를 어떻게 구축하는지 안내해준 적이 없다. 메이요 클리닉에서는 1986년에서 1992년까지 마케팅 직원을 딱 한 사람밖에 두지 않았다. 그리고 지금까지도 대중매체를 통한 광고는 거의 하지 않는다. 사실 메이요 클리닉이 브랜드의 명성을 쌓아온 이야기를 살펴보면 위대한 브랜드를 만들기 위해서는 광고에 막대한 투자를 해야 한다는 통념을 깨트린다.

〈그림 8-2〉에서는 서비스 조직이 고객 개개인에게 어떻게 서비스를 수행함으로써 세계적인 브랜드를 구축할 수 있는지를 보여주는 일반적인 서비스 브랜드 구축 모델을 나타냈다. 이를 살펴보고 메이요 클리닉이 이 모델을 사용해서 어떻게 브랜드를 창조하고, 확장하고, 보호해왔는지 알아보기로 하겠다.

체험이 브랜드를 창조한다

브랜드가 강하면 무형의 서비스에 대한 고객의 믿음이 커지기 때문에 서비스 조직에서 브랜드는 특별한 역할을 한다.[3] 서비스가 중요하고, 복잡하고, 다양하고, 개인적인 것일수록 고객은 더 확실한 브랜드를 통해 안심을 얻으려 한다. 이런 특징을 부분적으로 혹은 전적으로 띠고 있는 서비스를 받을 때는 고객들이 단서에 더 예민해지는 만큼(7장) 브랜드에 대해서도 민감해진다. 다양한 서비스 분야에서 고객들은 자신이 올바른 선택을 하고 있다는 확신을 얻고 싶어 한다. 댈러스에 기반을 둔 광고 대행사 리처드 그룹의 창시자인 스탠 리처드Stan

Richards는 한 발표에서 이렇게 얘기한 적이 있다. "강력한 브랜드는 고객의 입장에서 안전지대와 같다."[4]

서비스 브랜드는 본질적으로 미래의 만족을 약속하는 것이다. 브랜드란 다른 사람들과 조직 스스로 그 브랜드를 어떻게 평가하는지, 그리고 그 조직이 실제로 얼마나 서비스를 잘 수행하는지를 고객의 관점에서 합쳐 놓은 것이다. 브랜드는 고객이 그 조직을 어떻게 인식하고 있는지 말해준다(특별히 언급하지 않는 한 고객이란 용어를 이미 실제로 서비스를 체험한 사람과 아직 체험하지 않았지만 장래에 그럴 가능성이 있는 사람들을 모두 포함하는 의미로 사용하겠다).[5] 〈그림 8-2〉는 서비스 브랜드의 주요 요소들 간의 관계를 그림으로 나타낸 것이다. 굵은 선은 일차적인 영향을 나타내고, 점선은 이차적인 영향을 나타낸다.

'표방하는 브랜드'는 조직이 자신의 정체성과 원하는 브랜드 이미지를 퍼뜨리기 위해 브랜드 이름이나 로고, 광고, 웹사이트, 직원 유니폼, 시설 디자인 등을 통해 통제된 방식으로 소통하는 것을 말한다. 표방하는 브랜드는 조직이 개념화해서 퍼뜨리는 브랜드의 메시지이며, 조직이 분명한 목소리로 전달하려는 브랜드이다. 표방하는 브랜드는 '브랜드 인지도'에 직접적으로 영향을 미친다. '브랜드 인지도'는 고객이 브랜드를 알아보고 기억해내는 능력을 말한다. 고객의 브랜드 인지도는 고객이 브랜드를 어떻게 인식하고 있는지를 말하는 '브랜드 의미'에 영향을 미친다.

'외부 브랜드 커뮤니케이션'은 조직과는 독립적이지만 조직의 영향을 받은 정보원으로부터 제공된 조직에 대한 정보라고 정의할 수 있다. 외부 브랜드 커뮤니케이션의 2가지 가장 중요한 원천은 소문을 타

〈그림 8-2〉 서비스 브랜드 구축 모델

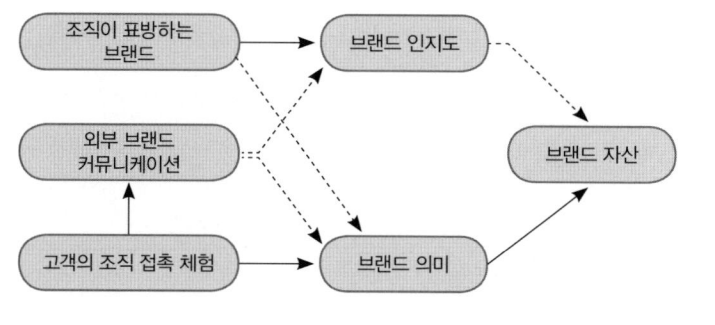

고 퍼지는 이야기들(인터넷을 통해 퍼지는 경우가 많다)과 뉴스 기사 등 대중매체를 통해 알려지는 내용들이다. 이런 커뮤니케이션들은 브랜드 인지도와 브랜드 의미에 모두 영향을 미칠 수 있다. 하지만 정보원이 조직과는 독립적이라는 면에서 볼 때 반드시 조직이 원하는 방향으로 일어나지는 않는다. 무형의 서비스를 구입하기 전에는 그것을 평가하는 일이 어려울 수밖에 없다. 때문에 고객들은 그런 독립적인 정보들을 적극적으로 받아들인다. 서비스와 관련된 위험이 클수록 고객들은 그에 대한 편견 없는 정보를 적극적으로 찾아다닐 가능성이 커진다. 따라서 변호사나 자동차 정비소, 수강 신청 과목, 의사, 종합병원 등을 선택할 때는 고객들끼리 서로 정보를 공유하는 경우가 많다.[6] 대중매체를 통한 알려지는 내용들도 브랜드를 구축하는 데 영향을 미칠 수 있다. 따라서 조직에 대한 이야기가 주요 뉴스 채널을 통해 알려지면 〈그림 8-2〉에 점선으로 표시된 영향력은 굵은 실선의 영향력으로 바뀔 수도 있다.

'고객의 조직 접촉 체험'은 고객이 조직과 접촉하면서 쌓은 경험을 말한다. 조직과 접촉해보지 않은 사람들은 조직이 표방하는 브랜드와 다른 사람이 말하는 것을 바탕으로 그 조직에 대한 인상을 가지게 된다. 하지만 경험이 쌓인 고객은 실제로 조직과 접촉한 경험에 의존해서 판단한다. 이런 경험들이 '브랜드 의미'를 창출하는 데 미치는 영향은 일률적이지 않다. 브랜드 의미란 고객이 그 브랜드에 대해 가지고 있는 주요 인식을 말한다. 브랜드 의미는 브랜드 약속에 대해 순간적으로 떠오르는 인상이다. 또한 조직과 관련해서 즉각적으로 마음속에 떠오른 명성이나 이미지이다.

브랜드 의미를 형성하는 데 고객이 실제로 조직과 접촉한 체험만큼 중요한 것은 없다. 광고처럼 조직이 통제해서 내보내는 커뮤니케이션 내용들은 인지도를 높이고, 고객에게 서비스를 이용하도록 유도한다. 또한 브랜드 약속의 틀을 설정하는 언어와 이미지를 제공해주는 등 브랜드를 개발하는 데 중요한 역할을 한다. 하지만 아무리 이런 커뮤니케이션을 잘해도 이것으로 형편없는 서비스 수준을 극복할 수는 없다. 고객이 체험하는 서비스가 광고가 전달하는 메시지와 맞지 않는다면 고객은 광고 내용보다는 체험을 믿는다. 현명한 경영책임자는 시간이 갈수록 광고의 효과는 광고에서 약속한 만큼 상품과 서비스의 질이 좋은가에 따라 달라진다는 점을 잘 알고 있다.

서비스를 체험한 고객에게는 브랜드 인지도와 브랜드 의미가 모두 '브랜드 자산'에 영향을 미친다. 그러나 브랜드 의미가 더 큰 영향력을 가지고 있다. 브랜드를 잘 알지만 좋아하지 않는 고객은 다른 대안을 찾을 것이다. 브랜드 자산이란 어느 한 브랜드가 이름이 없거나 가상의 이름을 붙여 놓은 경쟁자와 비교했을 때 영업 측면에서 이익(긍정적 자산)이나 불이익(부정적 자산)이 얼마나 되는지 그 정도를 말하는 것이다.[7]

서비스 브랜드 모델에서와 마찬가지로 상품 브랜드 모델에서도 고객의 실제 체험은 대단히 중요하다. 하지만 노동집약적이고 고객과 직접 상호 작용하는 서비스에서는 이런 체험들이 제조 상품을 통해서가 아니라 그 서비스를 수행하는 사람과의 관계 속에서 일어난다. 서비스 브랜드의 가치는 그 서비스를 수행하는 사람들의 수준에 달려 있다. 서비스를 실천하는 사람들의 수행 성과가 브랜드에 대한 조직의 포부를 실현한다.

메이요 클리닉의 리더들은 오랫동안 서비스를 수행하는 직원들이야말로 '살아 움직이는 브랜드'라는 점을 직관적으로 잘 이해하고 있었다. 직원들이 제공하는 서비스에 따라 조직의 명성은 강화되기도 하고 약화되기도 한다. 때문에 클리닉은 서비스 광고에 치중하기보다는 서비스를 제대로 수행하는 데 꾸준히 투자를 해왔다. 환자와 가족들의 긍정적인 체험을 통해서 메이요 클리닉에 대한 긍정적 인식을 심어주고(브랜드 의미), 입에서 입으로 전해지는 긍정적인 소문을 만들어 낸 것이다(외부 브랜드 커뮤니케이션). 메이요 클리닉 리더들은 서비스 연구자인 레슬리 드 체네토니Leslie de Chernatony와 프란체스카 달올모 라일리Francesca Dall'Olmo Riley가 말한 것처럼 "브랜드를 알리는 존재는 바로 두 발로 걸어 다니는 저 사람들이다."라는 것을 오래전부터 잘 알고 있었다.[8]

〈그림 8-2〉에서 '고객의 조직 체험'에서 나와 '외부 브랜드 커뮤니케

이션'으로 가는 수직 화살은 메이요 클리닉의 마케팅 철학의 본질을 잘 말해주고 있다. 그것은 바로 환자를 최우선으로 대하면 환자와 가족들이 그 경험에 대해 긍정적인 얘기를 하고 다닌다는 것이다. 클리닉이 오랫동안 마케팅 부서가 필요 없었던 이유는 바로 이것이다. 진정한 마케팅 담당자는 서비스를 제공하는 사람과 그 서비스를 받는 사람들이다.

작은 마을에서 태어난 큰 브랜드

미네소타 로체스터는 상징적인 보건의료 브랜드가 생겨날 만한 장소가 아니다. 그러나 메이요 형제와 그들 아버지는 뛰어난 임상 결과를 통해 농부들과 농장주뿐만 아니라 중서부 북부의 작은 지역 공동체에서 일하는 사업가들 사이에서 명성을 얻었다. 처음엔 수백 명, 그리고 이내 수천 명의 사람들이 메이요 형제와 아버지의 진료를 받고 목숨을 건지거나 병이 나았다.

의사들 사이에서는 이름이 더 늦게 알려졌다. 1899년도에 윌리엄 박사는 당시 최고의 월간 의학 잡지 중 하나였던 「미국 의과학 저널 American Journal of the Medical Sciences」에 논문을 게재했다. 그 논문은 윌리엄 박사가 개인적으로 시술했던 105건이 넘는 쓸개와 쓸개관 수술에 대한 보고였다. 잡지의 편집자는 이 논문에 언급된 수술 건수가 의심스러워서 조사를 시작했다. 로체스터 인구는 6,000명도 채 안 됐다. 필라델피아에 사는 의사들 중 그 누구도 이렇게 많은 쓸개 수술을 해보지 못했다. 지난해에 실시한 조사에 따르면 루이빌에서 일하는 모든 외과의사들의 수술 건수를 모두 합해도 106건에 불과했다. 편집자는 수술 건수를 믿을 수 없다고 결론 내리고 논문 게재를 거부했다.[9]

찰스 메이요 박사는 유명한 시카고 외과의사인 찰스 벡Charles Beck 박사의 수술을 보러 갔다가 그 사람의 눈에 띄었다. 찰스 메이요 박사는 대화 도중 무심결에 자기가 시술한 수술 건수를 언급했는데, 그 숫자는 찰스 벡 박사의 수술 건수보다도 많았다. 벡 박사는 이 사실을 한 동료에게 말했다. 그 동료는 자신도 윌리엄 박사가 미국의학협회 학회에서 시술 건수와 결과에 대해 발표한 것을 막 듣고 왔는데, 거기 참가했던 많은 외과의사들이 그 보고를 믿지 않았다고 얘기했다. 그는 벡 박사에게 로체스터의 초대에 응해서 메이요 형제가 말하는 내용이 사실인지 한번 확인해보라고 권했다. 일주일도 지나지 않아서 벡 박사는 그곳으로 갔다. 그리고 두 형제의 수술을 몇 건 지켜보았는데, 그 기술은 그가 여태까지 보지 못했던 뛰어난 것이었다. 종합병원을 둘러보고 클리닉에 붐비는 사람들을 보고 나서 벡 박사는 그들의 보고 내용과 성과가 믿을 만하다는 확신을 얻었다.[10] 이 방문 덕에 최고의 의학 잡지들이 메이요 형제에게 문을 열어주었고, 수많은 외과의사들이 전 세계에서 이 외딴 시골 로체스터로 그들의 기술을 보고 배우려고 꾸준히 몰려들었다.

메이요 형제가 병원을 개원했을 때는 현대 수술이 이제 막 태동하던 시기였다. 때문에 메이요 집안 의사들같이 창조적이고 혁신적인 임상가들은 이 분야에 광범위한 영향을 미칠 수 있었다. 1880년대에는 마취학의 등장으로 외과의사들이 복잡한 수술을 끝내는 데 필요한 충분한 시간을 얻을 수 있었다. 하지만 성공적으로 수술을 마친 이후에도 환자들이 사망할 수밖에 없었던 대부분의 이유는 바로 감염 때문이었다. 메이요 형제는 기술적으로 탁월한 외과의사임이 분명했다. 그러나 메이요 형제가 성공할 수 있었던 중요한 이유 중 하나는 무균 수술법을 일찍 도입했다는 것이다. 그와 더불어 '청결을 유지하는 것은 신을 공경하는 일 다음으로 중요하다.'라는 성 프란체스코 수도회 수녀들의 윤리 의식도 큰 몫을 했다. 결국 메이요 클리닉이라는 브랜드로 발전한 이런 명성은 처음에는 치료를 받으러 온 사람들의 입소문으로 퍼지다가, 나중에는 이런 임상 결과들이 최고의 의학 잡지를 통해 발표되어 의사들 사이에서 인정받기 시작하면서 생겨났다.

140년이 넘는 세월 동안 오직 환자의 필요에 집중함으로써 메이요 클리닉의 의사들과 리더들은 생각지도 않았던 강력한 보건의료 브랜드를 쌓아올렸다. 심지어 오늘날에도 일부 메이요 클리닉 리더들은 혹시나 환자의 필요보다는 보건의료 사업에 집중하는 핑계가 되지나 않을까 하는 걱정 때문에 메이요 클리닉을 브랜드로 생각하기를 꺼린다. 메이요 클리닉이라는 브랜드는 오랫동안 환자에 대한 서비스에 집중적으로 헌신해온 조직이 운 좋게 부산물로 얻은 것이라고 해도 틀린 말이 아닐 듯하다. 브랜드 구축보다는 차별화된 서비스에 투자함으로써 메이요 클리닉은 다른 어떤 자산보다도 가치 있는 브랜드와 명성으로 보상받았다.

언급할 가치가 있는 진료 서비스

메이요 클리닉은 입에서 입으로 자발적으로 전해지는 소문을 통해 알려졌다. 메이요 클리닉을 찾는 환자의 숫자가 미국과 전 세계 환자 인구 중에서 차지하는 비율은 티끌만큼 작다. 미국 전체 종합병원 입원 환자 수 중에서 메이요 클리닉이 차지하는 비율은 아주 작아서 세 캠퍼스 주변 지역 시장을 통해 받은 환자들을 모두 합쳐 계산해도 고작 0.37퍼센트 정도이다. 클리닉에서 수백 킬로미터 떨어진 주나 대도시에서는 한 해에 인구의 0.01퍼센트 정도만이 메이요 클리닉을 찾아온다. 따라서 만약 인구가 천만 명인 지역이 있더라도 거기서 메이요 클리닉을 찾아오는 환자는 1,000명에 불과하다. 이런 지역에서는 시장 점유율이 두 배로 뛴다고 해도 대중매체를 통한 광고 투자 전략은 긍정적인 효과를 보기가 어렵다. 그럼에도 불구하고 서비스에 만족을 느낀 환자들은 한 세기가 넘도록 메이요 클리닉의 마케팅을 대신해주었다. 메이요 클리닉의 시장 점유율이 대단히 작음에도 클리닉의 브랜드 조사 결과에 따르면 미국 가구에서 진료 기관 결정권을 가진 사람들 중 4분의 1이 메이요 클리닉 환자 중에 개인적으로 아는 사람이 있었다. 메이요 클리닉 환자들이 주변에 그 체험을 얘기하고 다녔기 때문이다. 환자들의 입소문을 연구한 최근의 조사 결과를 보면 91퍼센트가 누가 물어보지 않아도 나서서 남들에게 메이요 클리닉의 좋은 점에 대해 얘기한다고 한다. 몇 사람에게나 그런 이야기를 전하는지 물어본 결과 환자당 평균 40명 정도인 것으로 나타났다. 이것은 10년 동안 네 번에 걸쳐 반복한 조사에서 얻은 결과와 일치했다. 그 조사에서는 환자들에게 메이요 클리닉을 다른 사람에게도 추천했는지 물었고, 85퍼센트가 그렇다고 대답했다. 각각의 환자들은 수년에 걸쳐 대략 5명의 새로운 환자가 메이요 클리닉을 찾게 만들었다.[11]

자기 친구와 가족들에게 메이요 클리닉에 대한 좋은 칭찬을 늘어놓는 것 말고도 이 환자들 중에서는 기부를 통해 메이요 클리닉을 향한 충성심을 표현하는 경우가 많다. 예를 들면, 2007년에는 9만 7,000명이 넘는 기부자들이 메이요 클리닉을 위해서 3억 7,300만 달러가 넘는 돈을 기부했다. 그들 중 대다수는 감사의 마음을 표현하려는 환자들이었다. 2007년에 메이요 클리닉은 입소문 덕에 특별한 기부를 받게 되었다. 한 부유한 국제 사업가가 유서를 작성하려고 자기 변호사를 만났다. 그는 부모를 기리기 위해 변호사에게 자기 재산을 종합병원에 기부하고 싶다고 말했다. 변호사는 그에게 메이요 클리닉과 그 탁월함에 대해 얘기했다. 이 기부자는 메이요 클리닉 환자도 아니고 클리닉에 발 한번 들여놓아 본 적도 없었다. 하지만 메이요 클리닉의 이야기는 너무도 매력적이었다. 이렇게 클리닉의 브랜드가 그 고객에게 닿게 된 덕분에 메이요 클리닉은 400만 달러의 기부를 받게 되었다.

브랜드는 시장을 구성하는 사람들 내면에 자리를 잡아야만 그 회사의 자산이 된다. 1996년에 공식적으로 브랜드 경영을 시작하기 전에 메이요 클리닉은 수십 년 동안 클리닉의 명성을 마치 금고 속에 몰래 숨겨놓은 보물처럼 소중히 지키기 위해 온갖 노력을 기울였다. 메이요 클리닉 브랜드의 가치는 데니의 머릿속에 있는 '메이요 클리닉 서류철'처럼 환자들의 마음속에 저장되어 있는 정보, 이미지, 느낌, 믿음 같은 것에 바탕을 두고 생겨났다. 이는 메이요 클리닉의 많은 사람들에게는 뜻밖의 사실이었다. 브랜드는 시장을 구성하고 있는 고객들의 것이다. 하지만 〈그림 8-2〉의 브랜드 모델이 제시하고 있듯이, 조직은 시장에서 소비자들의 행동에 영향을 미치는 브랜드 개념과 브랜드 의미를 만들어내는 정보를 관리하는 데 최선을 다하고 있다.

메이요 클리닉 브랜드 조사 결과를 보면 환자와 비환자들이 클리닉을 어떻게 바라보고 있는지가 드러난다. 메이요 클리닉에 가본 적이 없는 디모인의 한 소비자는 메이요 클리닉을 이렇게 설명한다. "끔찍하게 아프거나 무서운 병에 걸린 사람들에게 메이요 클리닉은 마지막 희망의 불빛이죠. 저는 심각한 문제가 있지만 어디서도 해결하지 못하다가 메이요 클리닉에 가서 도움을 받은 사람들을 좀 알아요. 그 사람들은 메이요 클리닉에 가서야 구원받을 수 있었죠." 댈러스의 한 소비자도 이 말에 동의한다. "정말 심하게 아프면 메이요 클리닉에 가야죠. 좀 특별한 문제가 있다 싶으면 사람들은 메이요 클리닉 얘기밖에 안 해요." 텍사스에서 온 한 사람은 이렇게 말한다. "메이요 클리닉은 의료의 성지, 최고 중에서도 최고라고 할 수 있죠. 힘들고 어려운 치료나 질병도 거뜬히 해결하니까요." 또한 캘리포니아의 한 소비자는 이렇게 말한다. "저는 메이요 클리닉 얘기를 들으면서 자랐어요. 제가 아는 내용은 다 소문을 통해 들은 것들이죠. 하지만 메이요 클리닉은 전설이에요. 메이요 클리닉은 희망의 상징입니다." 10년간 진행한 메이요 브랜드 관찰 연구 결과를 보면 미국 가구에서 의료 기관 선택권이 있는 사람들 중 거의 4분의 3 정도가 메이요 클리닉이 있다는 사실을 아는 것만으로도 위안을 얻는다고 한다. 이런 강력한 브랜드 이미지와 위에서 다루었던 내용들은 사람들에게 의학적 도움이 절실한 순간에 어디로 손을 내밀어야 하는지 알려주고, 메이요 클리닉을 찾아가야겠다는 생각이 들게 해준다.

메이요 클리닉에서 진료받은 환자들은 그 경험을 통해서 메이요 클리닉의 환자 관리 모델과 가치관에 대해 직관적으로 많이 이해할 수 있었다고 한다. 예를 들면, 캘리포니아에서 온 한 환자는 메이요 클리닉을 화살표 4개가 가운데의 한 점을 가리키고 있는 그림으로 빗대어 설명했다. "중앙의 한 점은 바로 환자입니다."

또 다른 환자는 메이요 클리닉을 시계에 비유하면서 이렇게 얘기했다. "그 사람들은 시시각각 우리와 함께 머물고 있습니다. 정말 독특하죠." 반면 어떤 환자는 메이요 클리닉을 인간적인 면에서 설명한다. "수준 높고 세련되면서도 겸손합니다. 거만하거나 독선적이지 않아요. 능력이 있으면서도 목소리를 높이지 않지요." 다른 환자들도 메이요 클리닉 브랜드에 대해서 긍정적인 설명을 늘어놓는다.

"메이요 클리닉 의사들은 역사와 전통처럼 그들 자신보다 더 큰 무언가에 속해 있습니다."

"메이요 클리닉에서는 사업적 요소가 빠져 있습니다. 그들의 윤리 의식은 매우 높죠. 그래서 그들이 내놓은 진단에 더 큰 믿음이 가요."

"그곳 의사들은 돈이 아니라 의학을 사랑하는 사람들이에요."

"메이요 클리닉은 잘 연주되는 교향곡 같아요. 조화롭게 일하죠. 혼자서는 이런 일을 할 수 없어요. 팀워크, 협동, 화합이 있어야죠."

"메이요 클리닉이 독특한 점은 의사가 혼자 환자를 보지 않고 팀을 이뤄서 본다는 점이죠. 의사들은 서로에게 의문을 던집니다. 그래서 효율적이고, 철저하고, 협동적이며 끊임없이 발전해나가죠."

메이요 클리닉이 이런 말들을 홍보에 이용하려는 일 따위는 결코 없을 것이다. 하지만 팀워크, 환자 중시, 이타주의 등은 메이요 클리닉이 되고자 노력하는 모습의 핵심이다. 메이요 클리닉 리더들은 환자들이 클리닉의 의도를 직관적으로 잘 이해해줘서 대단히 만족하고 있다. 메이요 클리닉에 '사업적 요소'가 빠져 있다는 등의 표현은 과장된 면이 없지 않다. 하지만 이런 특성은 의사들의 봉급제와 연관이 있다. 5장에서 다루었듯이 이 제도 덕분에 의사들은 진료를 권유할 때 자신의 경제적 이해관계에 흔들릴 필요가 없다. 환자들은 클리닉을 체험하는 동안 많은 세세한 단서들을 알아챈다. 그리고 남들이 보면 부럽다 싶을 정도로 많은 사람들 앞에서 자주, 그리고 효과적으로 메이요 클리닉을 대신해서 광고를 해준다. 높은 위험이 따르는 특성 때문에 보건의료 서비스는 소문을 탈 좋은 기회가 많다. 사람들이 얘기하고 싶어지는 진료 경험을 제공함으로써 메이요 클리닉은 그런 기회를 잘 살려냈다.

브랜드의 확장

1980년대 중반까지는 메이요 클리닉의 브랜드를 체험하려면 직접 미네소타 로체스터를 찾아가는 수밖에 없었다. 하지만 70년대 중후반부터 클리닉 지도부는 두 번째 캠퍼스를 여는 것을 고려해왔다. 사실 이사회에서는 플로리다 잭슨빌에 두 번째 캠퍼스를 짓자는 구체적인 제안을 받았지만 당시에는 실행에 옮기지 않았다.[12] 하지만 건강관리기구HMO, Health maintenance organization(자발적 가입자들에게 미리 약정된 바에 따라 의료 서비스를 제공하는 공공 또는 민간 조직-옮긴이)의 초기 시험장이던 미네소타 한 곳에만 병원을 두고 있다는 사실 때문에 클리닉의 장래를 염려하고 있었다. 경영진은 만약 환자들이 폐쇄적 패널 HMO의 구속을 받아서 HMO와 계약한 의사의 진료만 받게 된다면 대단히 중요한 지역 시장의 서비스 판로가 막혀버릴까 봐 걱정했다(HMO는 두 종류로 나뉘는데, 폐쇄적 패널 HMO에서는 의사가 HMO와 계약한 특정한 의사 그룹이나 또는 HMO에 의해 직접 고용되며, 진료 서비스는 HMO가 보유한 병원을 통해 제공된다. 개방적 패널 HMO은 HMO가 요구하는 일정한 자격 조건을 충족시키는 일반 의사들과 계약을 체결해 가입자들에게 진료 서비스를 제공하는 방식이다-옮긴이). 더욱이 메디케어 비용이 정치적 쟁점이 되고 있는 중이었다. 메디케어 환자 진료는 수익성이 좋았다. 하지만 1980년대 중반에 '행위별 수가제도'가 '사례비율 수가제도case rates'로 바뀌면 수익률이 떨어질 가능성이 컸다. 이런 변화 자체가 메디케어의 보험금 지불 증가율을 반영하기 위해 실시하는 것이기 때문이다. 그리고 메이요 클리닉의 지도자들은 선벨트Sun Belt(미국 남부 15개 주에 걸쳐 있는 지역-옮긴이) 지역의 환자들에게 좀 더 쉽게 다가갈 수 있다면 장기적으로 클리닉의 안전한 미래를 담보하는 데 도움이 되리라 생각했다.

당시에는 브랜드 경영이라는 개념이 아직 나오지 않은 상태였다. 그러나 리더들은 메이요 클리닉이라는 이름이 브랜드 자산이 될 수 있음을 직관적으로 깨닫고 있었다. 또한 사업을 다각화해서 새로운 사업을 운영하는 데 힘을 보탤 수 있으리라고 생각했다. "잭슨빌로 확장하자는 초기 제안은 한 환자 기부자가 처음 제시했습니다. 몇몇 리더들은 그 제안을 옹호했지만 일치된 노력으로 이어지지는 못했습니다." 메이요 클리닉 전직 최고행정책임자인 로버트 스몰트는 회고한다. "하지만 1983년에는 3, 4개월간 이어진 회의를 통해서 공식적인 전략 계획을 세웠습니다. 이때 이사회는 정말 대단한 생각을 많이 내놓았습니다." 이 혁신안은 창립자 메이요 형제가 사망한 1939년 이후로 가장 중요한 변화를 가져왔다.

이 내용에 대해 논의하면서 우리는 4가지 브랜드 확장을 집중적으로 연구했다. 첫 3가지는 1983년에 거의 즉각적으로 이사회 승인을 받았다.

1. 지리적으로 확장하여 플로리다 잭슨빌과 애리조나 스코츠데일에 각각 1986년, 1987년에 분원을 개설한다.
2. 메이요 임상 검사실을 지역 서비스 체제에서 전국 및 국제적 서비스 체제로 변환한다.
3. 대중을 위한 건강 정보를 제공한다.
4. 지역 종합병원, 클리닉과 함께 메이요 보건의료 시스템Mayo Health System으로 알려진 네트워크를 만든다(이것은 1992년부터 시작했다).

전략적 관점에서 평가해보면 이 4가지 브랜드 확장은 성공적이었다. 또한 메이요라는 이름으로 제공된 서비스와 상품을 통해 메이요 브랜드 자산을 형성하는 데 긍정적으로 기여했다. 그러나 만약 이 브랜드 확장 전략이 부실하게 진행될 경우 브랜드의 가치를 깎아내릴 위험이 대단히 컸다.

지리적 확장

클리닉 운영을 지리적으로 확장하는 것은 임상 진료의 핵심 브랜드, 즉 메이요 클리닉 환자 체험에 관계된 문제였기 때문에 대단히 큰 위험을 띠고 있었다. 로체스터의 환자/고객 체험의 본질적 특성들을 잭슨빌과 스코츠데일의 새로운 캠퍼스로 그대로 옮겨오는 일이 핵심 과제였다. 이것은 메이요 클리닉을 잘 모르는 많은 직원들이 이 새로운 공간, 새로운 지역, 새로운 문화적 환경 속에서도 메이요 클리닉다운 진료 서비스를 빈틈없이 제공해야 함을 의미했다. 메이요 클리닉은 메이요 가족이 남긴 유산에 둘러싸여 1983년에 의사 810명과 보건 관련 종사자 7,500명의 직원을 거느리고 있었다. 돌아보면 이 100살짜리 로체스터 캠퍼스에서 제공하는 서비스 체험을 그대로 옮겨오겠다는 시도는 정말 무모한 것이었다. 새로 분원이 들어설 각각의 장소에는 40만 평방미터가 조금 넘는 캠퍼스 위에 큰 건물 하나만 달랑 세워져 있었다. 각각의 캠퍼스는 의사 40명과 임상 직원 및 보건 관련 종사자 250명 정도와 함께 문을 열었다.

메이요 클리닉이 브랜드가 훼손될 위험을 성공적으로 줄일 수 있었던 것은 세심한 계획과 환자 체험의 본질에 대한 깊은 이해가 있었기 때문이다. 위험을 줄이기 위해 2가지에 경영의 초점이 모아졌다. 첫째, 새로운 캠퍼스에서도 환자 체험을 최대한 똑같이 옮겨온다. 둘째, 경험이 많은 메이요 클리닉 의사들과 행정 리더들을 통해 잭슨빌과 스코츠데일에도 메이요 클리닉의 문화를 심는다.

건물 디자인은 새로운 캠퍼스에서 메이요 클리닉 환자 체험을 유지하는 데 중추적인 사안이었다. 그중에서도 환자 진찰실은 로체스터 캠퍼스의 것을 크기, 배치, 장비 같은 부분에서 거의 그대로 복사했다. 잭슨빌과 스코츠데일의 건물은 로체스터의 20층 건물보다는 작았지만 건축 설계나 내부 시설들은 로체스터 본 건물 구조와 같은 품질과 분위기로 만들어졌다. 로체스터에서 환자 약속 일정 관리, 진료기록부, 환자 통신 시스템을 들여와 개조해서 사용했기 때문에 환자 체험을 그대로 옮겨올 수 있었다. 새로운 각각의 시설에는 메이요 클리닉의 수준을 나타내는 요소들이 개원 첫날부터 잘 자리 잡았다. 사실 잭슨빌과 스코츠데일 캠퍼스를 운영하기 시작한 이후 환자 만족도를 조사했는데, 로체스터에서 조사한 결과와 만족도 수준에서 통계적으로 유의할 만한 차이가 나지 않았다.

잭슨빌과 스코츠데일 캠퍼스는 로체스터에서 온 경험 많은 메이요 클리닉 의사들과 행정 리더로 구성된 핵심부와 함께 출범했다. 각각의 클리닉이 개원할 때 있었던 의사 40명 중에 25명은 로체스터에서 온 사람들이었다. 모든 행정 팀과 대부분의 운영 리더들은 아래로는 관리인 수준까지도 모두 로체스터에서 왔다. 6장에서 살펴보았듯이 메이요 클리닉은 자신들과 가치관이 잘 맞는 직원들을 뽑는다. 게다가 직원들은 이런 브랜드를 가진 조직에서 일한다는 사실 자체에 큰 자부심을 느끼고 최고의 능력을 발휘한다. 직원들은 클리닉의 명성에 대해 잘 알고 있기 때문에 그 명성에 어울리지 못하게 일하는 것을 싫어한다. 애리조나 클리닉에서 입원 수속 담당 직원으로 일하는 한 젊은 여성은 자기가 맡은 임무를 넘어서는 일까지 하고 있다. 만약 환자가 혼란스러워하고 불안해 보이면 그녀는 환자를 직접 데리고 첫 예약 장소까지 안내해준다. 자신이 최선을 다하지 않아 '메이요 클리닉에 누를 끼치는 일'은 하고 싶지 않기 때문이다. 그녀는 다른 곳보다 메이요 클리닉에서 근무할 때가 더 열심히 일하는 좋은 직원이 될 수 있어서 감사하다고 말한다. 메이요 클리닉은 높은 수준의 서비스를 수행할 수 있는 도구와 시간을 직원들에게 충분히 제공함으로써 직원들이 환자에게 메이요 클리닉만의 체험을 제공할 수 있게 만들고 있다.

새 캠퍼스 두 곳 모두 처음부터 환자 체험을 성공적으로 재창조하는 데는 성공했지만, 다른 전략적 초점은 불분명한 상태였다. 거시 전략은 자리를 잡았지만 세부적인 부분에서는 그렇지 못했다. 잭슨빌의 초대 최고행정책임자인 칼튼 라이더의 말을 들어보자. "미시 전략, 그러니까 각기 캠퍼스만의 전략적 계획은 없는 상태였습니다. 우리는 작은 다전공 협진 클리닉으로 출발했지만 다음에 무엇을 해야 하는지에 대한 구체적인 계획이 없었습니다." 후에 메이요 클리닉 최고경영책임자가 된 로버트 윌러 박사는 경영다각화위원회 회장을 맡았다. 그는 1984년에 계획안을 개정하면서 부족한 계획안을 그대로 승인해 이사회에 제출했다. "일을 어떻게 진행해 갈지 구체적인 계획을 모두 세워놓지는 않았습니다." 그는 그 이유를 이렇게 설명했다. "새로운 지역에 새 집단 진료 시설을 개설한다고 결정하기 전에 건물은 어떻게 짓고, 어떤 시스템을 채용하고, 업무는 어떻게 진행할지 시시콜콜 모두 완벽하게 준비해야 한다면 시설을 짓기가 매우 힘들 겁니다."[13]

칼튼 라이더는 이렇게 말한다. "땅속에 메이요 클리닉의 씨앗을 심으면 새싹이 3개 올라옵니다. 바로 임상 진료, 연구, 교육이죠." 몇 년 지나지 않아 새 캠퍼스에서는 완전히 모양을 갖춘 메이요 클리닉이 되기 위한 계획을 시작했다. 메이요 클리닉 리더들은 어떻게 해야 하는지 잘 알고 있었다. 그보다 10년 전에 이사회가 새 컴퍼스 확장을 망설였을 때부터 그들은 이미 2개의 새로운 메이요 클리닉을 세우기 위해 차츰 움직여 왔던 것이다. 지금에 와서는 그렇게 망설였던 것이 잘못이었다고 생각하는 사람은 거의 없다.

하지만 예상치 못했던 브랜드의 위기가 찾아왔다. 이들 새로운 캠퍼스와 로체스터 캠퍼스 간의 관계를 어떻게 설정할 것인지에 대한 명확한 지침이 없었던 것이다. 때문에 그 관계는 마치 누더기 옷처럼 변하고 말았다. 최근에 리더 자리를 맡은 한 사람에 따르면 이런 애매모호한 관계 때문에 캠퍼스는 리더의 개성을 따라 독자적으로 움직이는 일이 많아졌다고 한다. 일부 임상 영역, 특히 신경과나 신경외과 같은 영역에서는 처음부터 협력 관계가 잘 이루어졌다. 하지만 다른 과에서는 새로운 지도자들이 로체스터와는 다른 프로그램으로 거리를 두기 원했다. 그리고 로체스터 캠퍼스를 동반자가 아닌 경쟁자로 인식하면서 갈등이 생겨났다.

2004년에 메이요 클리닉은 세 캠퍼스의 특성을 둘러싼 모호함을 제거하기 위해 움직였다. '하나의 메이요'가 전략적 목표이자 주문이 되었다. 이것이 강조하는 것은 캠퍼스들이 전략적, 행정적, 임상적으로 가능한 한 함께 일해야 한다는 점이었다. 그 결과 상당한 변화가 있었다. 예전에는 이사회가 3개였지만 이제는 지배 구조가 단일 이사회에

의한 지도 체제로 바뀌었다. 모든 캠퍼스들이 한 가지 전략적 계획 아래 움직인다. 2006년에는 캠퍼스 세 곳에서 최초의 공동 행정용 소프트웨어를 동시에 도입해 재정이나 인사 등의 기능을 관리했다. 미국국립암연구소에서는 메이요 클리닉 암 센터를 여러 캠퍼스를 아우르는 최초의 '종합 암 센터'로 인정했다. 이것은 암 연구와 치료에 캠퍼스들이 협력해서 공동으로 일하고 있다는 뜻이다. 메이요 클리닉 장기이식 센터도 캠퍼스들 간에 서로 협력해서 일하고 있으며 다른 임상 영역에서도 크고 작은 혁신안을 내놓아 협력하고 있다. 개발부, 구매부, 기획부, 홍보부, 인사부, 재정부, 정보시스템부 같은 행정 부서들도 한때 캠퍼스 직원들 사이를 가로막고 있던 벽을 많이 없앴다.

세 메이요 클리닉 캠퍼스는 여전히 진화를 거듭하고 있다. 애리조나와 플로리다 캠퍼스가 자리를 잡아가던 20년 동안 로체스터 캠퍼스 자체도 계속 성장했다는 점은 거의 알려지지 않았던 사실이다. 로체스터 캠퍼스는 직원 수도 더 늘리고, 남쪽의 두 캠퍼스의 건물 신축 면적을 합친 것에 버금가는 넓이로 새로운 건물들을 지어 올렸다. 하지만 메이요 클리닉 브랜드에 있어서 한 가지 분명하고 핵심적인 사항이 있다. 어느 캠퍼스에서든 메이요 클리닉이라는 이름을 걸고 제공하는 임상 진료의 기준은 모두 높은 수준을 만족시켜야 한다는 점이다.

칼튼 라이더에 따르면 메이요 클리닉 초창기 20년 동안 메이요 형제에게는 로체스터 캠퍼스에 대한 전략적 계획이 없었다고 한다. 그들에게 가장 중요한 협력자였던 성 프란체스코 수도회 수녀들은 토네이도 때문에 로체스터로 와서 윌리엄 워렐 메이요 박사가 협력하기를 망설이는 가운데 종합병원을 지었다. 메이요 클리닉 애리조나 캠퍼스 최고

경영책임자인 트라스텍 박사는 플로리다와 애리조나에서 일하는 사람들은 예전이나 지금이나 '진정한 개척자'라고 말한다. 그들은 대도시 시장에서 성공하는 메이요 클리닉 모델을 창조해가고 있기 때문이다. 그들은 아직도 이 새로운 시장에서 자신의 뒤를 이을 사람들을 위해 열심히 길을 닦고 있다.

메이요 임상 검사실

직원 800명을 거느리고 있는 메이요 임상 검사실MML, Mayo Medical Laboratories은 주로 의료학술 센터를 포함한 큰 종합병원을 주 고객으로 삼는 수탁 검사 기관이다. 실질적인 실험실 검사 및 분석은 메이요 클리닉의 임상 병리학과에서 수행한다. MML의 시장은 다른 임상 검사실에서는 잘 하지 않은 어려운 검사에 집중되어 있다. 일반적으로 이 사업은 주로 기업 간 전자상거래B2B, Business-to-business(기업과 소비자 간이 아닌, 기업과 기업 간에 이루어지는 제품이나 서비스, 또는 정보에 관한 거래-옮긴이)로 진행되기 때문에 소비자의 브랜드 인식에 영향을 미치지 않는다.

메이요 클리닉의 임상 병리학과에서는 1970년대 초에 로체스터와 그 주변의 의사, 그리고 종합병원을 상대로 복잡하고 비일상적인 임상 검사를 대행해주는 서비스를 제공하기 시작했다. 애초에 이런 서비스를 제공한 것은 검사실의 유휴 노동력을 이용해서 수익을 내기 위한 것이었다. 단순히 검사 결과치를 넘어서 그 이상을 제공하는 것을 전략으로 삼았다. 이 서비스가 남달랐던 부분은 메이요 클리닉 의사가 지역 의사들에게 검사 결과와 그 의미에 대해 상담 서비스를 제공했다는 것이다. 병리학자이자 은퇴한 애리조나 캠퍼스 최고경영책임자인 마이클 B. 오설리번Michael B. O'Sullivan과 은퇴한 행정가 제럴드 울너Gerald Wollner는 이런 혁신안을 처음 제출한 창립 리더였다. 오설리번 박사는 애초부터 메이요 클리닉이 지역 보건의료 단체들과 수익을 놓고 경쟁하는 관계가 아니라는 점을 강조했다. 오히려 메이요 클리닉의 목적은 지역 의사들이 그들 환자에게 높은 수준의 진료를 제공할 수 있도록 돕는 것이었다. 메이요 클리닉은 영업팀을 소규모로 꾸리고 조직 표본 운송 서비스를 이용해서 이 사업을 운영했다.

1980년대 중반에 MML은 지역 시장에서 전국 시장, 그리고 전 세계 시장으로 활동 범위를 넓혔다. 마찬가지로 정밀하고 복잡한 임상 검사에 초점을 맞추어 활동했다. 요즘에는 하루에 2만 5,000개에서 3만 개 정도의 표본이 메이요 클리닉 임상 검사실에서 처리된다. 이런 사업을 처음 시작했을 때를 떠올리며 오설리번 박사는 말한다. "당시에는 '브랜드 구축'이라는 개념이 유행하던 때도 아니었지만 우리는 메이요 클리닉의 명성을 해치는 일이 없도록 대단히 신경을 많이 썼습니다." 흥미롭게도 그가 1971년도에 제출한 이 프로그램의 초기 제안서를 보면 이렇게 나와 있다. "이 프로그램은 수익 지향 사업이지만 수익 창출은 이 프로그램의 일차적 동기가 아니며, 되어서도 안 된다."

한편 이사회에서는 MML에서 의학 연구와 의학 교육을 계속 지원할 수 있는 수입원이 될 수 있다는 가능성을 엿보았다. 메이요 형제 때부터 의학 연구와 교육을 위한 자금은 병원 운영에서 나오는 돈으로 충당했다. 하지만 메디케어 및 다른 의료비 지불 단체가 의료 서비스 제공 단체에게 의료보험 환급액을 낮추도록 압력을 가하고 있었다. 이런 상황에서 병원 운영에 따르는 순수익만으로는 이들 활동에 자금을 대기가 수월치 않았다.

MML을 통한 브랜드의 확장이 성공적일 수 있었던 이유는 임상 지식을 바탕으로 내실 있는 사업 업종을 구축했기 때문이다. 이 서비스는 메이요 클리닉 임상 검사실에서 매일 이루어지는 수준 높은 작업과 직접 연관된 것이었기 때문에 브랜드 자산을 크게 투자할 필요가 없었다. 여기에 따르는 위험은 일반적으로 표본을 전달받아 운송하고, 전자통신을 이용해 결과를 알려주고, 필요한 경우 통화로 검사 결과에 대한 상담을 해주는 등 일차적인 서비스 요소에 국한되었다. 하지만 메이요 클리닉 리더들은 대규모로 영리 목적의 임상 검사실을 운영하는 것이 비영리 단체로서의 메이요 클리닉의 순수성을 훼손할지도 모른다는 생각을 하고 있었다. 전국적으로 임상 검사실 영업팀을 꾸리는 등 메이요 클리닉이 상업화되는 것에 대해 이 보수적인 조직 안에는 불편한 느낌이 생겨났다.

수년간 두 자리 수 성장률을 거듭한 끝에 MML은 조직이 풀어야 할 과제와 만나는 데 이르렀다. 이 해결 과제는 성공 때문에 생겨난 것이었다. 2000년 미국에서는 수탁 검사 기관 7개가 이 사업 영역에서 주도권을 잡기 위해 경쟁했다. 현재는 MML을 포함해 네 곳만 남아 있다. MML은 이제 더 이상 임상 검사실에 있는 초과 설비를 사용하지 않는다. 그 대신 검사 분량의 거의 절반을 임상 병리학과에서 소화하고 있다. MML의 성장률이 메이요 클리닉의 핵심 환자 진료 시행 건수 성장률을 앞질러 왔기 때문에 전체 임상 건수에서 차지하는 비율은 대단히 크다. 임상 병리학과 과장 프랭클린 코커릴Franklin Cockerill 박사는 이렇게 말한다. "이런 문제가 있다는 것은 오히려 좋은 거죠. 우리가 이렇게 빠르게 성장했다는 것은 시장이 우리가 제공하는 차별화된 서비스를 원하고 있다는 것을 의미합니다. 우리는 단순히 검사 결과만을 제공하지 않습니다. 우리는 아직도 고객에게 검사 결과에 대해 150명의 전문 상담가와 직접 의견을 교환할 기회를 제공하고 있습니다. 이렇게 해서 의사 고객들이 검사 결과를 최대한으로 잘 이용할 수 있게 도와줍니다." MML은 대단히 성공적인 대규모 영리 사업으로 성장했다. 심지어 임상 검사 사업계에서 그 자체로 하나의 성공적인 브랜드로 자리 잡았다. 종합병원 고객과 의사 고객들에게 제공하는 수준 높은 서비스는 경제적 성공을 불러왔을 뿐만 아니라 메이요 클리닉이라는 브랜드를 달고 나오는 임상 서비스의 상업화에 따르는 위험도 완화시켰다.

건강 정보

1980년대 초에 메이요 클리닉 지도부는 건강 관련 정보 출판을 담당할 행정 부서 설립을 승인했다. 이 부서는 1983년에 「메이요 클리닉 건강 소식지」를 처음 발간했으며, 이어서 1990년에는 『메이요 클리닉 가족 건강서』를 발간했다. 이 결정으로 소비자 시장에서 처음으로 메이요 클리닉의 이름을 이용해 브랜드를 확장했다. 임상 연구와 교육에 쓰일 자금을 마련하기 위해 메이요 클리닉의 브랜드를 이용하면서 몇몇 리더들은 이타주의라는 클리닉의 명성이 상처 입는 것은 아닐까 걱정했다. 그러나 오늘날 메이요 클리닉은 출판과 전자미디어를 통해 소비자 건강 정보를 왕성하게 펴내는 조직을 두고 있다. 그 조직은 다방면으로 활동하는 건강 관리 사업 기관으로 진화했다.

보건의료 기관에서는 시장 소비자들에게 소식지를 발송하느라 매년 수십만 달러를 지출하는 경우가 많다. 메이요 클리닉은 이런 모델을 거꾸로 뒤집었다. 자신의 브랜드를 이용해 약 80만 명의 개인들이 매년 구독료를 지불하면서 「메이요 클리닉 건강 소식지」, 「메이요 클리닉 여성 건강 뉴스」라는 두 소식지를 받아보게 만들었다. 하지만 한 가지 대단히 중요한 차이점이 있다. 메이요 클리닉은 이 출판물에서 자신의 서비스를 영업하지 않는다. 이 소식지들은 쓸모 있고 믿을 만한 최신 건강 정보를 제공해서 소비자들을 교육한다. 또한 의학 전문성에 대한 메이요 클리닉의 명성을 강화한다. 1,448쪽짜리 소식지는 총 100만 부 이상 판매되었으며, 이제 3판까지 나와 있다. 그 이후로 요리책부터 주요 질병 관련 시리즈까지 다양한 책들이 출판되었다. 이렇듯 건강 정보 출판 규모가 방대해짐에 따라 클리닉은 직접 임상에서보다 훨씬 많은 사람들을 출판물을 통해 접하게 됐다. 브랜드는 융통성 있게 별 문제 없이 건강 정보 분야까지 영역을 넓혀 소비자들의 건강 관리를 돕고 있다. 시장 조사에 따르면 현재 나와 있는 건강 정보 상품들은 이런 평가 기준에 부합하는 것으로 나타났다.

건강관리자료관리부에서는 1990년대 초에 전자미디어의 중요성을 깨닫고 『메이요 클리닉 가족 건강서』를 포함해 다양한 CD-ROM 타이틀을 생산하기 시작했다. 그리고 건강 정보 웹사이트인 MayoHealthOasis.com을 1996년에 열었는데, 이것은 인터넷에 최초로 올라온 건강 정보 사이트 중 하나다. 일단 '메이요 클리닉'이라는 브랜드 이름 전체를 사이트에 사용하는 것에 부담이 없어지자, 2000년에는 사이트 이름을 MayoClinic.com으로 변경했다. 수상 경력도 있는 이 서비스는 이제 월간 방문자 수가 1,300만 명이 넘는다.

이런 인터넷 사이트 때문에 메이요 클리닉의 경계가 넓어졌다. 그러나 소비자가 메이요 클리닉을 비영리 브랜드라고 믿고 있는데, 거기에 닷컴(.com) 도메인 이름을 사용하는 것이 옳은가라는 의문이 제기되었다. 하지만 1990년대에 시장 조사를 한 바에 따르면 '.com'이 상업 도메인을 의미한다는 사실을 알고 있는 소비자는 거의 없었다. MayoClinic.com의 내용들은 소비자에게 무상으로 제공되며, 운영 비용은 건강 관련 상품과 서비스를 판매하는 회사들의 광고와 후원, 그리고 MayoClinic.com의 내용물을 허가받고 사용하는 다른 웹사이트들이 내는 신디케이트 비용으로 충당한다. 오늘날에도 건강 정보 관련 내용물이 그 질병을 치료하는 약을 생산하는 제약 회사의 후원을 받고 있다면 소비자들이 메이요 클리닉의 도덕성이 손상되었다고 생각할지 모른다는 내부 비판이 있다. 하지만 이런 광고를 거의 10년 동안 계속했는데도 메이요 클리닉의 도덕성에 대한 명성은 손상되지 않았다.

하지만 최근에 조직이 마주하고 있는 가장 큰 문젯거리는 소비자를 대상으로 하는 웹사이트가 2개로 나뉘어 있다는 점이다. MayoClinic.com은 소비자 건강 정보를 집중적으로 다루고 있고, MayoClinic.org는 임상 서비스, 진료 예약 정보, 환자를 위한 전자 서비스 등을 집중적으로 다루고 있다. 인터넷에서 검색해보면 두 사이트가 모두 올라온다. 이 웹사이트의 편집자들은 2개가 어떻게 다른지 확실히 구분할 수 있다. 하지만 건강 정보나 예약 정보를 찾아보려는 소비자 입장에서는 잘못해서 다른 사이트를 클릭해 들어갈 때 큰 혼동을 느낄 수 있다. 때문에 최근의 조직 개편에서는 양쪽 웹사이트 관리 팀을 한 지도부 아래 두어 점진적으로 사이트를 통합시켜 환자들의 혼동을 줄이고 더 나은 서비스를 제공하려 노력하고 있다.

1990년대 중반에서 후반에 걸쳐 건강관리자료관리부는 출판과 전자미디어를 통해 건강 정보를 제공하던 것을 그 범위를 넓혀 주요 고용주와 보험 회사를 상대로 그들의 고객들이 적극적으로 자신의 건강을 관리하도록 돕는 맞춤형 도구를 제공하기 시작했다. '메이요 클리닉 생활 방식 가이드'와 '메이요 클리닉에 물어보세요' 이 2가지가 고용주와 보험 회사를 대상으로 판매되는 전화 상담 서비스다.

생활 방식 가이드에서는 상담자가 일대일로 프로그램 참여자와 상담하면서 그들이 건강에 이로운 변화를 이끌어낼 수 있도록 돕는다. 2008년에 생활 방식 가이드 서비스에서 안내한 건강한 생활 방식 요소 5가지는 적당한 체중, 운동, 영양, 스트레스 관리, 금연이었다.

'메이요 클리닉에 물어보세요'라는 간호사 상담 서비스는 메이요 클리닉의 공인 간호사들이 담당한다. 그들은 질문에 답해주고 사람들이 보건의료 관련 문제로 결정을 내릴 때 도움이 될 정보를 제공한다. 또한 건강 관련 자료를 더 적절히 사용하도록 돕는다. 메이요 클리닉 금연 전화 상담 교실에서는 훈련받은 상담사를 고용해서 금연을 원하는 흡연자들을 돕고 있다. 고용주와 일부 주립 금연 프로그램에서는 메이요 클리닉 소속 니코틴 중독 센터에서 개발한 이 서비스와 계약을 맺어서 이용하고 있다.

일부 메이요 클리닉 현 지도자들의 관점에서 보면 브랜드를 위협하는 3가지 위험 요소가 있다. 첫째, 개발부에서 영업용 소식지를 우편으로 직접 발송하고 MayoClinic.com에 광고를 내보내는 등, 격에 맞지 않는 방식으로 브랜드를 상업화함으로써 메이요 클리닉의 도덕적 명성을 해칠 위험이다. 둘째, 의도와는 달리 심각한 의학적 문제를 해결하기 위해 일차적으로 찾는 의료 기관보다는 그저 건강 정보 제공자로 메이요 클리닉이 자리매김하게 될 위험이다. 셋째, 몇몇 메이요 클리닉 소속 기관에서는 환자의 필요를 최우선으로 하는 임상 서비스라는 커다란 사명에 비할 때 부차적인 내용을 너무 자주, 그리고 너무 다양한 방식으로 대중과 접촉한다는 점이다.

첫 번째 위험과 관련해서 일부 사람들은 돋보이는 캠퍼스의 서비스 품질과는 너무 대조적인 방식으로 운영을 함으로써 메이요 클리닉의 명성을 더럽혔다고 보았다. 그러나 질적인 부분과 양적인 부분에서 시장 조사를 해본 결과에 따르면 이런 영업 방식이 브랜드에 부정적인 영향을 미쳤다고 결론 내리기는 힘들다.

물론 시장 조사가 실제로 일어나고 있는 일들을 놓칠 가능성도 없지 않다. 홍보부 부장인 존 라 포지아John La Forgia는 메이요 클리닉처럼 이미 자리를 잡은 브랜드를 별빛에 비유한다. "우리가 오늘 바라보고 있는 별빛은 이미 그 별의 머나먼 과거의 모습입니다. 지금 소비자의 마음속에 자리 잡은 메이요 클리닉의 이미지도 할아버지, 할머니의 경험이 투영된 것일 수도 있죠." 따라서 오늘날 저지르고 있는 실수들이 오랫동안 조사에서 드러나지 않다가 결국 회복하기엔 너무 늦어졌을 때

나타날 수도 있다.

　두 번째 위험으로 지적한 자리매김의 문제는 훨씬 불분명하다. 인쇄물이나 웹을 통해서 건강 정보를 읽은 사람이 의사와 직접 접촉하는 환자와는 매우 다른 브랜드 경험을 하게 되리라는 점은 분명하다. 시장 조사에 의하면 건강 정보 이용자는 환자에 비해 브랜드에 대해서 피상적인 관점만을 가지게 된다. 그러나 높은 수준의 진료를 받고 싶을 때 가야 할 곳이라는 메이요 클리닉의 중요한 정체성은 건강 정보 이용자들 사이에서도 힘을 잃지 않았다. 사실 막연하게 메이요 클리닉이 '최후의 보루'라는 얘기만 들어온 다른 대다수의 소비자들에 비하면 건강 정보 이용자들은 메이요 클리닉에 대해 더 많이 이해하고 있었다.

　세 번째 위험, 즉 부차적인 사명들 간의 충돌은 메이요 클리닉의 복잡한 이해관계를 보여준다. 건강 정보 그룹에서는 매년 소식지 구독을 종용하는 우편물을 수백만 통 보내고 있다. 그뿐만 아니라 개발부에서는 장기 기증 대상자들에게도 권유 편지를 보내고 있다. 판매 대리인들은 건강 관리 자료를 판매하기 위해 회사들을 방문한다. 이런 모든 활동들은 가치가 있고 조직의 승인도 받은 것이다. 그러나 이것들 중에 메이요 클리닉의 핵심이자 본체라 할 수 있는 수십 억 규모의 의료 기업 활동과 직접 관련된 것은 없다. 메이요 클리닉은 매년 50만 명이 넘는 환자에게 진료 서비스를 제공하는 기업이다. "너무 자주, 그리고 너무 다양한 내용으로 소비자들과 접촉하기 때문에 메이요 클리닉의 분명한 메시지를 전달하는 일이 복잡해지고 말았습니다." 라고 포지아는 얘기한다.

메이요 보건의료 시스템

1980년대에 건강관리기구, 즉 HMO는 병원이 환자를 마음대로 볼 수 없게 하겠다고 의료계를 위협했다. 그 이후 1992년에 빌 클린턴 대통령이 보건의료 개혁이라는 기치 아래 당선되면서 그런 위협은 더욱 가시화되었다. 보건의료 계열의 경영을 맡고 있던 많은 사람들은 HMO와 다른 보험 회사/의료 비용 지불 주체들이 의사와 종합병원과 함께 손을 잡고 폐쇄형 지역 네트워크를 시스템을 구축해 특정 인구에 대한 모든 의료 서비스를 책임지는 형태로 미국의 보건의료계가 재편될 것이라고 예상했다. 이런 의사-종합병원 네트워크에 가입하지 않는 환자들은 주머니에서 빠져나갈 비용이 커질 것이다. 전국의 종합병원과 의사 단체들은 이 네트워크에 끼지 못해 고립되지 않기 위해서 파트너를 찾으려 혈안이 되었다.

메이요 클리닉 로체스터 캠퍼스도 이런 걱정에서 자유롭지 못했다. 로체스터 곳곳의 대형 클리닉과 종합병원들은 인수와 합병을 통해서 네트워크를 짜기 시작했다. 로체스터의 환자 중 50퍼센트 이상이 로체스터에서 반경 200킬로미터 내에 있는 농장, 마을, 소도시에서 오고 있었다. 이런 상황에서 주요 사업을 경쟁자들에게 뺏기지 않으려면 메이요 클리닉도 자기 구역을 지켜야 했다. 메이요 클리닉은 매력적인 파트너 대상이었기 때문에 몇몇 클리닉과 종합병원의 행정가들이 메이요와 어떤 방식으로든 함께할 방법을 찾으려고 대화를 시작했다. 그리고 1992년 말, 다전공 클리닉 두 곳과 한 지역 종합병원과 함께 이 시대의 가장 성공적인 합병 중 하나로 평가될 의료 네트워크를 시작했다.[14]

우선 아이오와 데코라에 있는 클리닉에 '데코라 클리닉-메이요 지역 병원'이라는 브랜드가 붙여졌다. 그리고 나중에 위스콘신의 오클레어에 있는 미델포르트 클리닉이 네트워크에 참여하면서 역시 그에 맞는 브랜드가 붙여졌다. 또한 미델포르트 클리닉이 주로 이용하고 있던 루터 종합병원이 네트워크에 참여하면서 '루터 종합병원-메이요 지역 종합병원'이라는 이름으로 그 지역에 얼굴을 내밀었다. 다른 기관들은 어느 한 곳을 인수하고 나면 자신의 기업 이름을 따르게 하고 거기에 지역 이름을 붙인다. 이에 반해 메이요 클리닉이 브랜드 이름을 붙이는 방식은 그와 대조적이었다.

하지만 '메이요 지역 종합병원', '메이요 지역 병원'이라고 지칭하는 것은 메이요 클리닉이 원래 구상했던 조직 구조와는 잘 맞지 않았다. 20년 전 젊은 병리학자였을 때 MML 설립을 도왔던 마이클 오설리번 박사는 1990년대에 다시 클리닉과 종합병원의 지역 네트워크 개발 업무를 이끌었다. 그는 이렇게 말한다. "우리는 메이요 클리닉과 두 로체스터 종합병원의 합병을 경험한 지 10년도 채 되지 않습니다. 이런 가운데 이들 지역 사회에서 클리닉과 종합병원들을 통합하는 데 힘써야 한다는 점은 분명했습니다. 우리는 종합병원과 클리닉을 하나로 합치기를 바랐죠." 미델포르트 클리닉의 회장이었던 윌리엄 러프 박사는 이 모델을 개발하고 실행에 옮겨서 오클레어에서의 합병을 거들었다. 이것은 그 후 12년간 메이요 보건의료 시스템에서 진행된 종합병원-의사 그룹 합병 13건 중 첫 사례였다.

최종 브랜드 구축 전략은 여전히 미결 문제로 남아 있었다. 메이요 클리닉은 몇 가지 고려하고 있는 사항이 있었다. 첫째, 메이요 클리닉 측에서는 혹시나 자신들이 지역 사회로 쳐들어와 그 지역의 보건의료 기관들을 집어삼키려는 '덩치 큰 고릴라'로 비쳐지지는 않을까 촉각을 곤두세웠다. 네트워크 개발을 경영권을 빼앗아 가려는 시도로 인식하지 않게 만드는 것이 중요했다. 둘째, 메이요 보건의료 시스템의 초대 행정 리더를 맡았고 현재 애리조나 캠퍼스 최고행정책임자인 제임스 G. 앤더슨은 이렇게 말했다. "우리는 그 사람들에게 병원 운영 방식에 참견할 의사가 전혀 없다고 분명히 밝혔습니다. 우리는 메이요 클리닉으로 환자 의뢰를 받고 싶지만, 환자를 의뢰할지 말지는 전적으로 그들의 선택이라고 말했죠. 그 대신 함께 더 큰 비전을 세워가자고 얘기하면서 환자들에게 더 잘할 수 있게 도우려고 했습니다." 브랜드 이름에도 이런 독립적 경영이 실제로 이루어지고 있다는 것을 반영할 필요가 있었다.

셋째, 지방 종합병원들은 모두 비영리 단체였고 지역 사회의 소유였다. 이 종합병원과 클리닉들 중 길게는 세 세대에 걸쳐 그 지역의 가족들에게 봉사해온 곳도 있었다. 그 지역 사람들이 기증한 곳은 메이요 클리닉이 아니라 그 지역 종합병원이었다. 그래서 브랜드 구축 전략에는 그 지역 사회가 자신의 종합병원에 대해 가지고 있던 애정과 충성심을 존중하는 방안이 들어 있어야 했다. 게다가 이들 지방 종합병원과 클리닉은 그 지역 시장에서 자신만의 브랜드 자산을 쌓아올린 상태였다.

또한 이들 기관이 메이요 재단과 합병하면서 생긴 제휴 관계를 메이요 클리닉 그 자체로 인식하게 할 수는 없었다. 메이요 클리닉이라는 브랜드의 의미는 수준 높은 3차, 4차 진료 기관이라는 것과 연관되어 있었다. 그러나 대부분의 지역 사회에서는 이런 수준의 진료가 불가능했다. 메이요 클리닉은 누구도 도와줄 수 없을 때 마지막으로 찾아가는 곳이다. 반면 메이요 보건의료 시스템은 문제가 생겼을 때 제일 처음 찾는 곳이었다. 오늘날에도 일부 좀 더 큰 클리닉에서는 몇몇 전문의들을 데리고 있는 경우가 더러 있다. 하지만 메이요 보건의료 시스템의 의사들 중 70퍼센트는 일차 진료를 담당하는 사람들이다.

이것을 해결하는 방법은 가능한 한 지역 종합병원과 클리닉의 정체성을 유지하면서 메이요와 제휴했다는 것을 분명하게 밝히는 것이었다. 오클레어에서는 미델포르트 클리닉과 루터 종합병원이 운영을 합병하면서 '루터 미델포르트—메이요 보건의료 시스템'이라고 불리게 되었다. 어떤 지역에서는 종합병원과 클리닉이 합병하면서 '오스틴 의료센터—메이요 보건의료 시스템'처럼 그 도시의 이름에 의료 센터를 붙여 사용했다. 오클레어에서 종합병원 이름과 클리닉 이름을 합쳐 새로운 이름을 만든 예에서 보듯이, 이 종합병원—의사 조직의 일차적인 정체성은 그 지역 사람들에게 친숙한 이름으로 남아 있게 되었다(〈그림 8-3〉 참조).

로고를 디자인할 때는 지역 종합병원 이름 아래에 그보다 작은 서체로 '메이요 보건의료 시스템'을 달아놓아 브랜드 인증 전략을 표현했다. '메이요 클리닉'보다는 '메이요'라는 이름을 의도적으로 사용해서 메이요 클리닉과는 어느 정도 거리를 두려고 했다. 하지만 승인 도장처럼 '메이요'라는 이름을 남겨두어 메이요가 인정하는 기관임을 나타내었다. 그리고 이런 제휴는 메이요 클리닉이 이 지역에서 수준 높은 진료를 보장하도록 노력하겠다는 암묵적인 약속이었다.

〈그림 8-3〉 메이요 보건의료 시스템 로고

Luther Midelfort
Mayo Health System

이 보건의료 시스템은 메이요 클리닉과 지역 사회 모두에서 대단히 성공적이었다.

"메이요 보건의료 시스템을 통해서 지역 사회의 보건의료 서비스가 안정될 수 있었고, 이제는 점점 더 개선되고 있습니다. 종합병원과 종합병원 서비스는 종종 운영에 위기를 맞거든요. 하지만 제휴한 지역에서는 의사 수가 두 배로 불었지요." 메이요 보건의료 시스템의 진료 이사인 피터 캐리어Peter Carryer 박사는 이렇게 말한다. "그와 더불어 병원 운영이 효율적으로 바뀌면서 지역 의료 기관들이 시설을 획기적으로 개선할 여력이 생겼습니다. 메이요 보건의료 시스템 덕분에 매년 흑자를 기록했죠. 가장 중요한 점은 67개 지역에서 진료 수준이 나아진 것입니다. 결국에는 환자가 가장 중요하니까요."

이들 지역에서 메이요 클리닉 로체스터 캠퍼스로 찾아오는 환자 수도 꾸준히 증가하고 있다. 어느 모로 보나 이것은 대단히 성공적인 브랜드 확장이었다.

브랜드를 지키다

애당초 클리닉의 목표는 그저 가족의 이름과 명예를 지키자는 것이었다. 메이요 형제가 쌓아올린 명사의 지위에는 적대적인 의심의 눈초리, 냉소, 잡음 등의 어두운 그림자가 뒤따랐다. 의사 사회에서 가장 심한 반감을 드러냈고, 특히 중서부 북부 의사들 사이에서 제일 심했다. 이런 갈등이 생긴 것은 황색 언론이 제3자로 끼어들어 선정적으로 근거 없는 메이요 가문의 이야기를 자세히 보도했기 때문이다. 가장 선정적인 기사는 「휴먼 라이프Human life」 1909년 4월호에 보도된 내용이었다. 이 기사에서 기자는 메이요 형제의 업적에 대해 말도 안 되는 주장을 펼쳤다. '메이요 형제의 수술 칼 아래서는 단 한 명의 사망자도 없어', '독일 황제가 메이요 형제에게 독일에 와서 살라고 간곡히 부탁', '전 세계 병자들이 마지막으로 기댈 수 있는 언덕' 등 심하게 과장된 내용이었다. 이 출판사는 엉뚱하게도 마케팅 차원에서 전국 방방곡곡의 의사들에게 이 기사를 무료로 배포했다. 하지만 의사들은 메이요 형제가 자기 과시를 위해서 사비를 털어 남들은 관심도 없는 이 따위 기사를 돌렸다고 생각했다. 사실 그 기자는 두 형제를 만나 인터뷰를 한 적도 없었다.

윌리엄 박사는 아이오와의 한 동료가 편지를 보내 이 기사 때문에 아이오와주 의사들이 단단히 화가 나 있는 상태라서 미국의학협회 주모임에 부탁했던 강연을 취소해야겠다고 하는 바람에 톡톡히 망신을 당했다. 결국 메이요 형제는 「미국의학협회지」에 기사를 올려 대응했다. 형제는 자신과 아버지의 명예를 위해 그들이 당한 일을 공표했다.

"의식이 있는 의사라면 「휴먼 라이프」가 펴낸 이 기사를 읽고 우리가 그 출판에 어떤 식으로든 관여한 적이 없다는 사실을 알 수 있을 것입니다. 나이가 40이 넘은 두 사람과 이제 90세가 된 사람이 어떻게 이제 와서 평생 쌓아올린 업적을 깎아내리는 일을 일부러 할 수 있다고 생각하는 것인지 이해할 수가 없습니다."[15] 「휴먼 라이프」지 사건 이전에도 메이요 형제는 대중적 인기를 끄는 것에 대해 대단히 조심스러웠다. 1908년 한 신문사에서 인터뷰 요청이 있자 윌리엄 박사는 다음과 같은 편지를 보내서 인터뷰를 거절했다. "대중이 정말 명망 있는 사람과 협잡꾼을 구별할 수 있는 유일한 방법은 그 사람의 대중적 인기를 의심해보는 것입니다. 정말 존경받을 만한 사람이라면 자기 이름을 그런 식으로 사용하지는 않을 테니까요."[16] 그 후로도 수십 년 동안 메이요 클리닉에는 대중적 인기를 경계하는 태도가 팽배했다.

지금의 메이요 클리닉 지도자들은 창립자들이 중요하게 생각했던 것이 무엇인지 잘 알고 있다. 바로 메이요 클리닉의 명성인 브랜드야말로 가장 값진 자산이라는 것이다. 존 라 포지아는 이렇게 얘기한다. "브랜드의 경제적 가치가 얼마나 되는지는 따져 보지 않았습니다. 이 브랜드는 값을 매길 수 없을 만큼 귀하고, 명성 그 자체인 브랜드를 한번 잃어버리고 나면 영원히 돌이킬 수 없다는 것을 아는 것만으로 충분하기 때문이죠. 브랜드의 가치를 잃고 나면 기껏 회복한다 해도 부분적일 수밖에 없습니다."

1997년에 메이요 클리닉은 브랜드를 지켜낼 공식 경영 절차를 마련했다. 브랜드 보호의 일차적 담당자는 브랜드 팀, 법무 팀, 이사회다. 충성스러운 환자와 직원들도 브랜드 보호에서 중요한 역할을 담당한다. 이 사람들은 브랜드 감시관을 자처하고 나서서 말썽의 소지가 있는 부분들을 브랜드 팀에 알려주기 때문이다.

브랜드를 관리 아래 두기 위해서는 외부의 힘에 대항해서 브랜드를 보호하는 행동을 취할 필요가 있다. 예를 들면, 한 기관에서 메이요 클리닉의 허가 없이 광고나 영업 자료에 메이요의 이름을 사용하려고 하면 사내 법률 고문이 적절한 조치를 취한다. 캐나다에서 휴가를 보내고 있던 한 메이요 클리닉 변호사는 그곳에서 새로 개원한 병원이 '북부의 메이요 클리닉'이라는 이름의 사용을 고려 중이라는 글을 읽고 깜짝 놀랐다. 이 일은 법무 팀에서 편지를 한 장 보내는 것으로 해결되었다. 사실상 새로 등록되는 도메인 이름을 매주 검색함으로써 상표권으로 보호받는 메이요 이름을 이용하는 것을 거의 모두 잡아낼 수 있다. 메이요 클리닉의 브랜드는 국제적으로 등록되어 보호받는다. 그런데 2006년에 웹 검색에서 영국의 한 제모 전문점이 '메이요 클리닉'이라는 간판을 달고 최근에 영업을 시작한 것을 발견했다. 메이요 클리닉 변호사는 그 점주와 접촉해 사명을 바꾸는 선에서 합의를 보고 마무리 지었다. 이런 사례에서 보듯이 외부에서 발생한 문제는 메이요 클리닉의 지적 소유권 담당 변호사를 통해 대부분 해결된다. 법률 시스템은 진행이 더디고 비용이 많이 들기는 하지만 결국 확실한 결론을 얻어낼 수 있다.

브랜드에 대한 가장 큰 위협은 메이요 클리닉 내부에서 나온다. 사람들은 좋은 뜻에서 이런저런 제안을 내놓는다. 그러나 어떤 제안들은 시장에서 실행에 옮기면 브랜드의 명성에 상처를 입힐 가능성이 큰 것들도 있다. 브랜드에 대한 풍부한 시장 조사 자료를 접할 수 있는 브랜드 팀이 이런 일들을 심사한다. 여기에는 메이요 클리닉의 브랜드와 문화에 대한 심도 깊은 이해를 바탕으로 개발한 '메이요 클리닉 브랜드 경영 지침'이라는 4가지 핵심 원칙이 있다.

1. '메이요' 혹은 '메이요 클리닉'이라는 브랜드 이름을 사용하는 상품, 서비스, 협력 관계는 메이요 클리닉이 소유하거나 메이요 클리닉의 완전한 관리하에 있어야 한다

이 원칙은 1990년대 초에서 중반까지 메이요 보건의료 시스템을 개발하는 동안에 만들어졌다. 메이요 클리닉은 제휴에 관심을 보이던 몇몇 종합병원과 의사 그룹에까지 논의를 확대했지만 성과 없이 끝나 버린 경우도 있었다. 그들 중 다수는 진료 수준이 뛰어나며 규모도 크고 성공적인 곳이었다. 메이요 보건의료 시스템에 합류한 종합병원이나 클리닉과는 달리, 이들 중 일부는 합병 수준에는 미치지 않는 제휴에 관심을 보였다. 하지만 진지하고 광범위하게 협상을 벌이고 난 뒤 메이요 클리닉은 협력 관계를 즉각적이고 완전하게 통제할 수 있는 상황이 되어야만 안심할 수 있다는 것을 깨달았다. 메이요 보건의료 시스템 회원 병원들은 모두 로체스터에서 200킬로미터 이내의 거리에 있었기 때문에 밀착해서 협력 관계를 관리할 수 있었다. 그러나 메이요 클리닉은 브랜드를 프랜차이즈 비슷하게 사용해서는 메이요 클리닉이 과거 수백만 명의 환자를 보면서 쌓아온 소중한 약속을 지킬 수 없을 것이라고 생각했다. 메이요 클리닉이 자기 이름을 팔아서 돈을 벌려고 한다는 말은 듣고 싶지 않았다. 오늘날 이 원칙은 클리닉 운영만이 아니라 브랜드 이름이 들어가는 모든 상품에도 적용된다.

2. 서비스, 상품, 혹은 협력 관계를 성공시키거나 이름을 알리기 위한 목적만으로 메이요 클리닉 이름을 이용해서는 안 된다

때때로 메이요 클리닉은 내부에서 상품 구상을 제안한다. 그리고 시장에서 성공시키기 위해 메이요의 이름을 사용해야 한다는 주장이 나오면 그것에 대해 결정을 내려야 하는 경우가 있다. 하지만 메이요 클리닉은 상품이 출시되면 우선 메이요 브랜드 없이도 시장에서 살아남을 수 있어야 하고, 그렇게 성공한 서비스나 상품만이 브랜드 덕을 추가로 볼 수 있게 한다는 원칙을 고수해왔다. 클리닉은 필요를 충족시켜주고 브랜드 자산을 키워줄 높은 수준의 상품과 서비스를 내부적으로 개발해서 거기에 브랜드 이름을 사용하려 한다. 메이요 브랜드를 시장에서 수익을 내기 위한 목적으로 사용해서 그 가치를 깎아내리는 일은 없어야 한다. 1997년 이전의 브랜드 항목 구성을 보면 이 기준에 걸맞지 않는 것들이 보일 것이다. 이제 그런 일은 없다. 이런 변화는 브랜드 관리자 측에서 공식적으로 어떤 행동을 취해서 그런 것이 아니라 시장 원리를 따라 자연스럽게 이루어진 것이다.

3. 메이요 클리닉 브랜드는 그 이름과 기관을 하찮게 만들어버리는 방식으로 사용해서는 안 된다

이 주관적인 원칙은 브랜드가 표방하는 이미지와 관련된 다양한 결정에 영향을 미친다. 예를 들면, 메이요 건강 정보를 판매하는 대형 소매점과 연합 광고 프로그램을 운영하는 과정에서 클리닉의 브랜드 지도부가 합의점을 찾지 못하는 바람에 결국 협력 관계는 끝나고 말았다. 그 협력 업체에서는 성공적인 광고 방식으로 발전시키긴 했지만 너무 가볍고 유머적인 방법을 사용했다. 때문에 목숨을 위협하는 심각한 병을 앓고 있는 많은 사람들이 '최후의 보루'로 여기는 메이요 클리닉의 이미지와는 어울리지 않았다. 이 원칙은 주관적인 것이기 때문에 내부의 동료들이 제안한 것을 거부하다 보면 조직이 힘써 가꿔온 협동 정신에 문제가 생길 수도 있다. 그러나 상당수의 제안이 의도는 좋지만 공모를 통해 이름을 정하고, 판촉 포스터 디자인은 직원들이 한 것이라 아마추어의 한계를 넘기는 힘들었다. 이 원칙을 적용해서 메이요 클리닉 애드벌룬, 티셔츠 디자인, 기타 다양한 판촉 아이디어 등 다양한 제안이 거절되었다.

4. 메이요 클리닉 브랜드 경영 지침이 힘을 발휘하기 위해서는 메이요 클리닉 조직의 어떤 부분이든지 간에 다른 보건의료 서비스 기관이나 산업, 혹은 다른 브랜드와 함께 일하려 할 때 동의가 있어야 한다

최근 의료학술 센터들은 의학 연구자들과 제약 회사, 혹은 의료 장비 회사 사이의 관계에 대해서 점차 대중들의 감시의 눈길이 늘어가고 있는 상황에 처해 있다. 이것은 오랫동안 메이요 클리닉이 관심을 가져온 부분이기도 했다. 1910년부터 메이요 클리닉은 산업계와의 관계를 관찰할 감시 그룹을 두고 운영해왔다. 현재의 의료/산업관계위원회는 그 그룹의 최신 버전일 뿐이다. 그 위원회가 책임지고 있는 핵심 사항은 메이요 클리닉과 의료 서비스 기관, 그리고 환자들을 위해 일하는 기업들 간의 이해관계 충돌에 대한 것이다. 위원회의 임무는 모든 사업적 협력 관계에서 환자의 이해관계를 최우선적으로 반영할 것을 강조하고 있다.

연구를 진행하고 미래의 치료법과 기술들을 개발하고 있는 메이요 클리닉이나 다른 대부분의 학술 기관 입장에서 이 부분은 해결해야 할 큰 과제이다. 시장에 내놓을 수 있을 때까지 상품을 개발하는 데 필요한 자금을 확충하기 위해서는 산업계와 협력할 필요가 있다. 의료/산업관계위원회는 모든 의사, 연구자, 행정가들이 영리 조직들과 어떻게 상담하고 연구 관계를 유지하고 있는지를 감독한다. 때문에 그 중요성이 커지고 할 일도 많아졌다. 이 부분의 일을 전담하는 변호사 그룹에서는 계약 내용을 협상하고 모든 커뮤니케이션 내용들을 승인받고 사용하도록 못 박는다. 브랜드 팀에서는 이렇듯 때로 과제로 다가오는 브랜드 관계를 해결하기 위해서 복잡한 민사법상의 지침을 개발해 놓았다.

이해관계가 충돌되는 사안만 있는 것은 아니다. 간단하게 윈-윈의 원칙을 따르는 경우도 있다. 예를 들면, 메이요 클리닉에 상품이나 서비스를 제공하는 회사들 중에서는 그 사실을 자기 영업 자료에 올리기를 바라는 경우가 많다. 메이요의 이름을 이용해서 메이요가 그 상품을 추천하는 것처럼 보이게 하려는 것이다. 이를 막기 위해 메이요 클리닉은 이름을 다섯이나 그 이상의 기관명과 함께 목록으로 묶어서 올린다. 그리고 모든 기관명은 똑같은 크기로 쓰고 알파벳 순서로 나열되게 처리하고 있다.

마지막으로 메이요 클리닉은 브랜드 구축과 관련된 결정을 내리는 데 사용할 엄격한 심사 기준을 개발했다(《표 8-1》 참조). 관련 활동은 조직의 가치관과 원칙에 어긋나지 않아야 하고, 광범위한 브랜드 조사를

〈표 8-1〉 브랜드 경영 심사 기준

제안을 받은 상품, 서비스 혹은 협력 관계가 메이요 클리닉의 이름을 드높이는 데 도움이 되는지를 결정할 때는 다음의 기준을 적용한다.

1. 메이요 클리닉의 비전, 핵심 원칙과 어울리는가?
2. 환자와 소비자들이 메이요 클리닉을 생각할 때 떠올리는 브랜드의 특성과 본질, 가치관을 강화하는가?
3. 이용자들과 산업계의 기준으로 볼 때 그 분야에서 최고로 평가받고 있는가?
4. 분명 건강과 치유와 관련된 서비스, 혹은 제품인가?
5. 상품이나 서비스가 고객의 마음속에 메이요 클리닉이 부의 축적이나 다른 상업적 목적이 아니라 무엇보다도 인간애를 최우선으로 하고 있다는 사실을 상기시키는가?
6. 서비스, 상품, 협력 관계가 환자와 소비자들이 메이요 클리닉에서 얻고자 하는 이점들을 제공하는가?

통해 확인된 클리닉의 특성과 본질을 강화하는 것이어야 한다. 메이요의 브랜드 탄력성 조사 결과를 보면 시장에서는 메이요가 최고 수준의 상품과 서비스만을 제공하기를 기대하고 있다. 또한 사람들은 메이요 클리닉이 스타일이나 유행, 허영심과 관련된 것들을 뛰어넘어서 운영되기를 기대한다. 선글라스, 화장품, 스포츠 패션 의류 같은 것들은 뛰어난 임상 브랜드를 시시한 것으로 깎아내릴 것이다. 브랜드를 확장하는 문제에서 메이요 클리닉은 부의 축적이 아니라 환자의 필요와 인간애를 지키는 데 집중하는 모습으로 남아야 한다.

브랜드를 지키는 일은 과학보다 예술에 가깝다. 일례로, 브랜드 조사를 하기 전인 1990년대 중반에 한 기업체에서 이런 제안을 했다. 메이요 클리닉 피부과에서 시장에 나와 있는 타사의 상품보다 뛰어나다고 평가를 내린 화장품을 메이요 클리닉 브랜드를 이용해서 출시하자고 한 것이다. 그러나 이사회에서는 그것을 거절했다. 그 이유는 수익성을 염려해서가 아니라 이사들이 느끼기에 그 제품이 메이요 클리닉과는 어울리지 않았기 때문이다. 리더들은 조직이 표방하는 브랜드, 외부 브랜드 커뮤니케이션, 고객의 조직 접촉 체험 등 서비스 브랜드 구축 모델에 포함된 각각의 요소들을 솜씨 좋게 다룰 수 있어야 한다. 이제는 브랜드 조사를 통해서 브랜드를 잘 이해하고 결정을 내리는 데 도움이 될 자료를 얻을 수 있다. 그러나 이런 자료가 있다고 해서 언제나 칼로 자르듯 분명한 결론이 나오는 것은 아니다. 결국 리더들은 자신의 문화와 가치관에 대한 진정한 이해를 바탕으로 나오는 자신의 육감에 의지해야 한다. 기록으로 살펴보면 지금까지 메이요 클리닉의 점수는 상당히 긍정적이다.

경영인을 위한 핵심 전략

100년 넘게 브랜드를 선두에서 유지하는 것은 무척 드문 일이지만, 메이요 클리닉은 이 일을 해냈다. 이렇게 오랫동안 브랜드의 힘을 유지하기란 무척 힘든 일이다. 경영인들은 메이요 클리닉의 사례 연구를 통해서 브랜드 구축에 대해 다양한 지혜를 얻을 수 있을 것이다. 그중에서도 특별히 두드러진 것 3가지를 여기서 알아보도록 하자.

포인트 1: 서비스를 수행하는 사람에게 초점을 맞춰라

노동집약적인 서비스 브랜드는 경험을 창조하여 브랜드 의미를 만들어내는 사람들이 훌륭해야 한다. 2장에서 다루었듯이 서비스 수행 인력의 개인적 가치관은 그 사람이 제공하는 서비스의 질과 가치에 직접적으로 영향을 미친다. 메이요 클리닉이 브랜드를 플로리다와 애리조나로 확장했을 때 그들은 단순히 올바른 가치관과 재능을 가진 사람을 뽑는 데서 그치지 않았다. 그들은 거의 모든 부서 지도부에 경험이 많은 로체스터 직원들을 배치시켜서 메이요 클리닉의 서비스와 문화를 옮겨왔다.

서비스를 수행하는 '무대'는 그 관객인 환자뿐만이 아니라 직원들에게도 어떤 단서를 제공한다. 메이요 클리닉은 잭슨빌과 스코츠데일의 새 공간을 세심하게 디자인해서 메이요 클리닉 브랜드의 수준에 대한 단서를 환자에게 보여주었다. 뿐만 아니라 직원들에게도 높은 수준의 서비스를 기대한다는 암시를 주었다. 메이요 클리닉에는 아름다운 목재들과 돌 조각, 매력적이고 흥미로운 예술 작품, 질 좋은 가구 등이 갖춰져 있다. 이는 멋진 실내 장식과 깨끗한 탁자보가 깔린 식탁, 공식 유니폼을 입은 웨이터가 대기하고 있는 훌륭한 레스토랑에 비유할 수 있을 것이다. 메이요 클리닉의 환경은 직원들이 브랜드의 가치관, 문화, 역사에 어울리는 서비스를 제공하도록 유도한다.

또한 메이요 형제에 의해 지금도 메이요 클리닉 내부에 널리 퍼져 있는 관용의 정신은 직원들이 서비스 제공자로서 자기 역할에서 자발적으로 관용의 정신을 실천할 수 있도록 돕는다. 직원들 각각에게 어울리는 자리를 찾아주려는 메이요 클리닉의 노력은 그들의 눈에 대단히 관대한 모습으로 비친다. 그리고 직원들의 복지에도 넉넉한 투자를 함으로써 메이요 클리닉이 인심 좋은 고용주라는 인상을 심어준다. 고용주인 메이요 클리닉이 직원들을 배려하고 잘 대해줄수록 직원들도 자기가 봉사하는 고객들에게 최선을 다할 가능성이 그만큼 커진다.

포인트 2 : 수비만이 아니라 공격도 해야 한다

1983년에 메이요 클리닉은 플로리다와 애리조나로 지리적인 확장, MML 전략의 공격적인 변화, 소비자 건강 정보지 발간 등 역사상 가장 대담한 혁신 3가지를 공격적으로 수행했다. 메이요 클리닉이 한 세기 넘게 운영해온 방식을 생각해보면 이런 공격적 운영은 다소 예외적이었다. 공격적 운영보다 극적인 면은 덜 하지만 더욱 중요한 것은 메이요 클리닉의 꾸준한 브랜드 방어였다. 메이요 클리닉은 성장보다 질과 일관성을 높이 사며 신중하게 움직이는 기관이다. 메이요 클리닉이 방어하려는 명성은 이제 더 이상 창립자인 메이요 가문의 것이 아니다. 그것은 오늘날 4만 2,000명의 직원이 쌓아올린 조직의 명성이다. 메이요는 신뢰의 브랜드이다. 경영진은 메이요 클리닉으로 환자를 의뢰하는 의사들과 환자들의 신뢰야말로 어떤 대가를 치르더라도 지켜야 할 값진 자원이라 생각한다. 메이요 클리닉이 정성 들여 짜놓은 위원회 구조, 분명하게 밝힌 브랜드 경영 지침, 또 그것을 강화하기 위해 만든 브랜드 팀, 그리고 조직의 핵심 가치관 등은 메이요 클리닉 브랜드의 본질인 신뢰를 지켜내는 데 큰 도움이 되었다. 메이요 클리닉은 브랜드 방어에는 공격적이고, 브랜드를 이용한 공격에는 조심스럽다.

포인트 3: 고객을 영업사원으로 만들라

메이요 클리닉 환자 중 91퍼센트라는 놀라운 비율의 사람들이 메이요 클리닉에 대해 다른 사람에게 칭찬을 늘어놓는다.[17] 메이요 클리닉 환자들이 광고를 해주는 것이다. 보건의료 서비스처럼 중요하고, 복잡하며, 다양성이 높은 서비스는 특히나 입소문을 타는 경우가 많다. 예비 고객들은 경험이 있는 고객에게서 부풀리지 않은 믿을 만한 정보들을 얻는다. 하지만 입소문을 제대로 이용하려면 환자의 기대를 뛰어넘는 서비스를 제공해야만 한다. 고객의 기대를 만족시키는 서비스는 흔하다. 그러나 입소문을 만들어내는 서비스는 그런 기대를 뛰어넘는 것이어야 한다. 팀을 이루어 진료하는 메이요 클리닉의 방식은 환자들이 자기 지역에서는 겪어 보지 못한 경험을 하게 해준다. 또한 효율적인 시스템과 뛰어난 대인 서비스를 강조함으로써 더욱 훌륭한 서비스를 창조해낸다. 클리닉은 환자들에게 깜짝 놀랄 만한 즐거움을 준다. 환자의 기대를 뛰어넘으려면 이런 점이 필요하다. 환자들은 다른 사람들에게 메이요 클리닉에 대한 이야기를 꺼내고 싶어 한다. 서비스 브랜드 구축 분야의 일반적 상식은 마케팅 부서와 광고를 통해서 브랜드가 만들어진다는 것이다. 하지만 앞서 제시한 브랜드 구축 모델과 메이요 클리닉의 사례에서 보듯이 브랜드를 만들어내는 영웅들은 산업 공학자와 그런 서비스 절차를 디자인한 리더들, 그리고 환자 한 사람 한 사람에게 맞춘 개별화된 서비스를 제공하는 현장 직원들이다.

메이요 클리닉에서 배우다

우리가 이 장에서 다룬 서비스 브랜드 구축 모델을 메이요 클리닉만큼 잘 보여주는 기관도 없다. 메이요 클리닉이 영향력 있는 브랜드라는 데는 논란의 여지가 없다. 또한 이 브랜드가 환자들의 필요에 꾸준히 초점을 맞추는 과정에서 그 부산물로 얻어진 것이라는 사실도 분명하다. 중대하고, 복잡하고, 다양하며, 개인적인 서비스를 제공하는 기관에서는 서비스를 어떻게 수행하는가가 대단히 중요하다. 이러한 서비스를 받는 고객들은 지인이나 사랑하는 사람들에게 도움이 될 만한 정보를 실어 나르는 역할을 기꺼이 떠맡는다. 결국 위대한 서비스 브랜드는 환자가 겪는 놀라운 경험 위에 세워지며, 이것이야말로 메이요 클리닉이 우리에게 가르쳐주는 브랜드를 초월하는 브랜드 구축의 지혜다.

CHAPTER 9
조직의 내일에 투자하다

1994년에 우리는 무릎 관절과 고관절 치환술 분야에서 적자를 보고 있는 것을 알게 됐습니다. 실질적으로 매년 200만 달러 정도를 손해보고 있었죠. 만약 당신이 정형외과 의사로서 아주 열심히 일하고 다른 동료 의사들이 의뢰한 환자까지도 맡고 있는데, 적자를 보고 있다는 얘기를 들으면 정말 받아들이기 어려울 것입니다. 부분적으로 이것은 우리 임상 과정의 특징 때문이기도 했습니다. 인공관절이 실패해서 재수술하는 경우가 꽤 많았던 것입니다. 그리고 환자를 종합병원에 너무 오래 잡아둔 것도 한 이유였습니다. 하지만 가장 중요한 문제는 우리가 사용하는 인공관절 보철물이었습니다. 우리는 한 가지 적응증에 대해서도 6가지 주요 디자인에 따라오는 10개에서 12개 정도의 많은 변형 디자인을 사용하고 있었습니다. 분명 무언가 변해야 할 필요가 있었습니다.

하지만 메이요 클리닉의 문화는 대단히 완고합니다. 제 동료들과 저는 개인 병원을 차려서 엄청난 돈을 벌 수 있는 기회를 다 포기하고 온 사람들입니다. 우리는 공익을 추구하고 환자에게 가장 이로운 일을 하자는 문화를 찾아 여기에 왔습니다. "환자 진료에 들어가는 비용을 줄여야 합니다."라는 말을 이런 사람들한테 해보십시오. 그 말은 우리가 여기서 하고 있는 일을 전면적으로 부정하는 것이 되고 맙니다.

의사들은 환자 진료 방식을 바꿔야 한다는 것을 분명하게 나타내는 정보와 마주하게 되면 원초적 본능 속으로 숨어 들어가고 맙니다. 그들은 바위 뒤로 숨기 시작합니다. 그 첫 번째 바위는 '자료의 질'입니다. 그들은 이렇게 따져 물을 것입니다. "당신 자료에는 문제가 있어요. 돌아가서 다시 한 번 살펴보세요." 메이요 클리닉 문화에서 이것이 의미하는 바는 "우리는 변하고 싶은 마음이 없어요."라는 뜻입니다. 그래서 우리는 의사들에게 내보이는 자료에 정확을 기하려고 노력합니다. 메이요 클리닉은 의사가 주도하는 기관이기 때문에 그런 대화는 재정분석가 대 의사가 아니라 의사 대 의사 사이에서 이루어집니다. 그래서 저는 이렇게 얘기할 수 있죠. "이 자료는 의문의 여지없이 정확한 것입니다. 하지만 당신이 부정확한 부분을 지적해주면 저도 다시 수정하겠습니다. 그 부분을 제시하지 못한다면 당신은 이 자료가 정확하다는 것을 인정해야 합니다." 이렇게 하면 첫 번째 바위는 치워버릴 수 있죠.

그러나 대부분의 의사들은 다시 '진료의 질'이라는 바위 뒤로 숨습니다. 보통은 이와 비슷한 형태로 이야기하죠. "저는 환자의 이해관계를 제일 먼저 생각하는 사람입니다. 그런 일은 하지 않을 겁니다." 우리는 이런 변화들이 필요해진 것도 우리 문화의 일부임을 의사들에게 논리적으로 설득해서 이해시켜야 했습니다. 오랫동안 우리는 환자의 이해관계를 최우선에 둔다는 입장을 강하게 고수해왔습니다. 때문에 의사들이 이 바위 뒤로 숨어버리면 그들이 임상적으로 선호하는 부분에 대해서 이래라 저래라 참견하기가 어려웠습니다. 이렇게 의사들이 개인적으로 제일 낫다고 생각하는 것들을 모두 사용하다 보니 결국에는 지나치게 다양한 재료를 사용하게 된 것이죠.

변화의 첫 번째 단계는 우선 동료들에게 이 12가지 서로 다른 인공관절 보철물이 환자에게 가장 이로운 선택이 아닐 수도 있다는 것을 인정하게 만드는 것이었습니다. 특히 외과의사들이 개인적으로 선호하는 인공관절이 따로 있는데, 그 가격이 천차만별일 때는 더욱 그렇다는 것을 인정하게 해야 했습니다.

또한 적자가 나는 상황이다 보니 비용 절감 문제가 현실로 다가왔습니다. 그래서 의학을 다루는 과학자로서 우리는 지나치게 다양한 보철물을 사용하는 것보다 그것을 표준화하는 것이 비용도 절감하고 진료의 질도 높일 수 있는 방법이라는 것을 이해하게 됐습니다. 우리는 이런 규칙을 정해서 '진료의 질'이라는 바위를 치울 수 있었습니다. 즉, '우리는 환자에게 가장 이로운 것이 무엇인지를 판단할 때 증거에 바탕을 둔 기준을 사용하고, 진료의 질에 나쁜 영향을 미치지 않는 인공관절 보철물 중에 가장 저렴한 것을 선택해서 사용한다'는 원칙을 세운 것이죠. 우리는 모든 임상 적응증에 대해서 선택의 폭을 2가지 보철물로 좁히는 것을 목표로 삼았습니다.

그래서 우리는 인공관절 보철물 제조업자들과 협상하는 공급망 관리 담당 동료들과 협력했습니다. 결국 2년 만에 무릎 및 고관절 인공관절 치환술 부문이 적자에서 흑자로 돌아섰습니다. 로체스터 캠퍼스에서만 800만 달러 정도 흑자가 났습니다. 그보다 더 중요한 것은 진료에서도 전혀 부정적인 결과가 나오지 않았다는 점이죠. 환자에서 부작용 발생 비율은 변화가 없었습니다. 이런 절약 과정은 10년간 계속 이어졌습니다. 플로리다 캠퍼스와 애리조나 캠퍼스, 그리고 메이요 보건의료 시스템도 이런 접근 방식을 사용하자 절약 액수가 크게 늘었습니다.

전 정형외과 과장이자 이사회 이사였던 버나드 모리 박사가 들려준 이 이야기는 메이요 클리닉이 미래에 투자할 때 적용하는 일차적 원칙을 잘 보여준다. 즉 메이요 클리닉은 메이요 클리닉 본래의 모습으로 남아 있을 때 가장 큰 성공을 거둔다는 것이다.

모리 박사가 동료들에게 이런 임상적인 변화를 설득할 때 '환자의 필요를 최우선으로'라는 핵심 가치를 훼손하는 일은 전혀 없었다. 사실 함께 힘을 모아 일을 해결하는 과정에서 그들은 팀워크라는 가치를 더욱 잘 살렸다. 이와 동시에 임상 결과를 악화시키는 일 없이 비용을 낮춤으로써 개별 환자의 필요에 더욱 잘 부합할 수 있었다. 이 사례는 메이요 클리닉이 펼친 다른 혁신안의 기본 모델이 되었다. 메이요 클리닉 공급망 관리부 부장인 제임스 R. 프란시스에 따르면, 약학부에서도 비슷한 기획을 시행해서 지난 5년간 4,000만 달러 이상을 절약할 수 있었다고 한다. 모두 의사가 주도한 다른 기획들도 순환기내과, 위장관내과, 방사선과, 자본 설비부 등에서 효율성 향상을 가져왔다.

이들 공급망 관리 사례들의 원칙을 살펴보면 그 부서들은 내부적으로도 결속이 잘되어 있었다. 또한 고객의 필요와 미래의 환자들을 위해 메이요 클리닉을 유지하는 데 필요한 경제적 요구에도 동시에 초점을 잘 맞추고 있다는 것을 알 수 있다. 이 뒤에서 다시 다루겠지만 메이요 클리닉은 이제 증거에 기반해서 질을 측정하는 방식을 조직 전체에 도입하고 있다. 서비스 조직에서는 "운명을 지배하는 것이 성공을 지탱하는 열쇠다. (중략) 그 운명을 결정하는 것은 경쟁자도, 채권자도, 주주도, 노동조합도, 공급자도, 지역사회 운동가도, 미디어도, 정치인도 아니다. 조직이 고객을 위해 뛰어난 가치를 창조하는 데 집중하게 만드는 것은 바로 고위 리더들이고, 이러한 집중이 조직의 미래를 보장하는 힘이 된다."[1]

이 장에서는 메이요 클리닉이 오늘날 추구하고 있는 전략적 우선순위를 통해 클리닉이 미래에 어떻게 투자하고 있는지를 살펴볼 것이다. 첫 번째로 세 캠퍼스를 묶어 매끄럽게 기능하는 하나의 조직으로 통합하는 문제를 살펴보겠다. 그에 이어서 임상의 질과 안전 문제 개선, 고부가가치 진료, 보건의료 서비스의 혁신, 보건의료 행정과 정책 개혁에서 최우선하는 환자의 이해관계, 리더십 개발 등을 알아보겠다.

통합의 힘을 깨닫다

메이요 클리닉 최고경영책임자인 데니스 코르테스 박사의 입장은 분명하다. "메이요 클리닉 평생의 목표는 바로 환자를 잘 돌보는 것입니다. 우리는 개개 환자에게 초점을 맞추는 의료 서비스 전달 체계를 100년에 걸쳐 만들어 왔습니다." 메이요 클리닉은 자신이 어디에서 왔고, 또 어디로 가기를 원하는지 잘 알고 있다. 하지만 지금 현재 메이요 클리닉은 역사상 가장 복잡한 과학적, 사회적, 정치적 환경 속에서 운명을 개척하고 있는 중이다. 미국은 보건의료 전달 체계에 대한 전국적인 논란에 휩싸여 있다. 대부분의 분석가들은 합의를 보지 못했다. 이렇게 빈정대는 사람도 있다. "시스템이라니?"

그리고 미국인들이 기대하는 보건의료를 재정적으로 어떻게 뒷받침할 것인가라는 의문도 점차 생겨나고 있다. 의료 산업계 전체가 변화를 요구하는 사회적·정치적 목소리와 상대하고 있다. 코르테스 박사는 메이요가 개발한 비전인 '가치가 높고, 치료 결과 안정성이 좋아진 더 나은 서비스를 제공하면서 서로 다른 서비스 제공자와 기관들 사이의 통합과 조율을 통해 진료 비용을 낮추는 한편, 환자 개개인에게 초점을 맞추는 보건의료 전달 체계'를 향해 나가고 있는 전국적인 움직임을 느끼고 있다. 그는 단언한다. "메이요 클리닉은 다른 어떤 큰 규모의 기관보다도 이런 환경을 잘 뚫고 나아갈 준비가 되어 있습니다." 하지만 메이요 클리닉도 완벽하지는 않다. 경영진에서는 조직이 명성을 이어 갈 수 있도록 하기 위해 열심히 노력하고 있다. 그래서 심한 병에 걸리면 메이요 클리닉을 떠올리는 사람들의 마음속에 위안과 평화를 주겠다는 브랜드의 암묵적인 약속을 꾸준히 지켜 갈 수 있기를 바란다.

코르테스 박사가 회장이자 최고경영책임자 자리에 오르면서 제일 먼저 착수한 사업은 세 캠퍼스를 단일 조직으로 통합하는 것이었다. 8장에서 언급했듯이 플로리다와 애리조나 캠퍼스가 문을 열었을 때는 그 캠퍼스들을 단일 조직의 일부분으로 기능하게 할 것인지도 분명히 정해지지 않았다. 메이요 클리닉 리더들 중 일부는 당시 메이요 재단으로 알려져 있던 모기관이 다양한 사업 부분을 거느리는 지주 회사로 기능하면서 그 사업 부분에는 상당한 자율성을 주어야 한다고 생각했다. 1983년에 클리닉을 확장하기로 결정했을 때 메이요 클리닉 경영진은 직원 수가 8,000명이 채 안 되는 외래 환자 클리닉이었던 로체스터 메이요 클리닉만을 책임지고 있었다. 당시 조직의 리더들 중 상당

수가 메이요 클리닉이 효과적으로 경영할 수 있는 한계 규모에 거의 도달했다고 믿고 있었다. 더욱이 1983년에 메이요 클리닉 로체스터 캠퍼스에서는 세인트메리스와 메소디스트, 두 지역 종합병원의 경영 책임을 1986년부터 맡기로 한 상태였다. 이것은 단순히 직원 수가 두 배로 불어나는 것을 넘어서 로체스터 캠퍼스의 운영이 훨씬 복잡해질 것이라는 의미였다. 이런 과제 앞에서 메이요 클리닉 리더들은 새 캠퍼스 두 곳의 문제에 깊이 관여하기를 꺼렸다. 또한 그 두 캠퍼스는 새롭고 낯선 지역 시장에서 운영하기 때문에 로체스터 캠퍼스의 문화와는 조금 거리를 둘 수 있게 허용하는 것이 합리적으로 보였다.

하지만 2003년에 코르테스 박사가 최고경영책임자 자리에 오를 때는 메이요 클리닉을 단일 조직으로 통합할 필요가 있음이 명확해졌다. 던 밀리너 박사는 클리닉운영고문그룹 장이다. 이 고문단은 세 캠퍼스 각각의 클리닉운영위원회 출신 리더들로 구성되며, 메이요 클리닉 운영 전반의 협력 증대를 임무로 한다. 클리닉운영고문그룹의 장으로서 밀리너 박사는 캠퍼스 통합 프로젝트의 중심에 있었다. "우리가 처음 시작했을 때는 사람들은 서로 잘 알지도 못했고 누가 전문성을 가지고 있는지도 몰랐습니다. 우리의 성장 속도가 너무 빨랐고 지리적으로도 멀리 떨어져 있었기 때문이죠." 1960년대 후반부터 메이요 클리닉은 강력한 호출 시스템을 구축했다. 때문에 누구든 호출하면 몇 초 안으로 전화 연결이 가능했다. 이 시스템은 1980년대에 잭슨빌과 스코츠데일 캠퍼스까지 확장되었다. 이것은 대단히 중요한 소통 수단이었다. 각각의 캠퍼스 안에서 근무하고 있는 직원들 사이에서는 특히나 중요했다. 하지만 이 기술로는 근본적인 문제를 해결할 수 없었다.

서로 알지 못하는 사람들끼리는 사용할 수 없었던 것이다. 플로리다와 애리조나 캠퍼스를 열고 난 후로는 영상 회의도 가능해졌다. 그러나 이것도 역시 어느 정도는 안면을 트고 난 후에야 제대로 효과를 볼 수 있었다. 최고행정책임자 셜리 바이스는 메이요 클리닉이 통합을 촉진하려면 캠퍼스 사람들 간에 개인적인 친분을 쌓는 것이 중요하다는 것을 깨달았다. 이것은 과거보다 더 자주 움직여야 함을 뜻한다.

밀리너 박사는 이런 통합 프로젝트를 메이요 형제가 살아생전에 달성했던 목표, 즉 환자 개개인을 위해 가동할 수 있는 모든 자원을 활용한다는 목표를 다시 달성할 수 있는 기회로 여기고 있다. 그녀는 이렇게 말한다. "오늘날에는 전문성을 가진 사람이 우리 시스템 어디에 있든, 또 환자가 진료를 받고 있는 곳이 어디든 상관없이 메이요 클리닉이 할 수 있는 최선의 진료를 각각의 환자에게 제공할 수 있는 놀라운 기회가 펼쳐 있습니다. 디지털 시대에 살고 있는 우리는 소통 도구를 사용하면 훨씬 큰 규모의 조직에서도 통합을 이룰 수 있습니다." 예를 들어, 전자진료기록부나 디지털 CT 촬영을 전화나 이메일과 결합해서 사용하면 지리적 위치에 상관없이 2,500명의 메이요 클리닉 의사들 중 최고의 전문성을 갖고 있는 사람과 실시간으로 상담할 수 있다. 이 장 뒤쪽에서 다시 살펴보겠지만, 기업 학습 시스템enterprise learning system은 보기 드문 임상 소견을 나타내는 환자를 진료하는 메이요 클리닉 의사에게 환자 관리에 필요한 정보를 자동으로 제 시간에 맞추어 제공할 수 있는 잠재력이 있다. 밀리너 박사는 이렇게 결론 내린다. "어려운 일이라 달성하기가 만만치는 않을 것입니다. 하지만 제가 흥미를 느끼는 부분은 우리가 뜻하지 않게 잃어버렸던 부분, 즉 각기 환자의 필요를 해결하는 데 우리 시스템 전체를 사용할 수 있는 능력을 다시 되찾을 수 있다는 것이죠."

통합은 현재진행 중이기 때문에 그것이 어떤 의미를 가질지는 아직 분명하지 않다. 하지만 이미 조직에서는 통합이 메이요 조직에 어떤 의미를 가지는지 조금씩 이해하고 있다. 가장 중요한 부분은 환자가 어느 캠퍼스를 사용하든지 똑같이 질 좋은 서비스와 진단, 치료를 받을 수 있게 된다는 점이다. 즉, 어느 캠퍼스에 고용된 의사든지 간에 다른 두 캠퍼스에서 일할 수 있는 자격도 같이 주어지는 셈이다. 그래서 오늘날에는 과거와 달리 고용 심사를 할 때 다른 캠퍼스의 임상 동료들도 심사에 참가하는 경우가 늘고 있다. 지금은 진료 예약 사무실이 세 곳이지만 결국에는 하나만 남게 될지도 모른다. 통합 때문에 각각의 캠퍼스에서는 독자적인 소프트웨어 인프라를 구축하는 대신 공동의 정보처리 시스템을 사용하는 방향으로 가고 있다. 그리고 어떻게 투자하고, 어떻게 성장 전략을 이끌어 갈지 결정할 때 개개의 캠퍼스보다는 메이요 클리닉 전체를 위해서 무엇이 최선인지를 반영한다는 점도 대단히 중요하다. 코르테스 박사는 이렇게 말한다. "오늘날의 메이요 클리닉은 전체가 하나의 유기체처럼 움직입니다. 그래서 만약 어느 한 부분에 문제가 있으면 유기체 전체가 영향을 받게 되지요."

우리는 더 잘할 수 있습니다

메이요 클리닉은 질을 개선하기 위해 더 분발하고 투자를 아끼지 않음으로써 자신의 운명을 개척하고 있다. 코르테스 박사는 임상적 성과, 안정성, 서비스 등으로 평가할 때 메이요 클리닉의 질이 매우 뛰어나다고 설명한다. 하지만 그는 이보다 더 잘할 수 있다고 믿는다. 방사선과 교수이자 메이요 클리닉 품질 관리 이사인 스티븐 스웬센 박사는 이렇게 말한다. "진료 성과, 안정성, 서비스, 예방 가능한 사망, 이미 가지고 있던 의학적 문제 및 건강 상태를 고려해서 조정한 사망률, 환자에게 해를 끼치는 불미한 사고 등에 대한 객관적인 측정치를 살펴보면 메이요 클리닉은 미국의 다른 모든 기관들을 앞서고 있습니다. 예를 들자면, 2년 전에 종합병원 표준 사망률을 처음 공표했을 때 세인트메리스 종합병원은 미국과 영국의 일반 종합병원들 중에서 가장 낮은 사망률을 나타냈습니다. 이 측정치들을 모두 종합해서 살펴보면 메이요는 최고의 성적을 보여줍니다." 그는 이런 경고를 덧붙인다. "하지만 그것은 그저 우리가 엘리트 그룹에서 우위를 점했다는 것뿐입니다. 우리가 욕심내는 수준에는 아직 도달하지 못했습니다." 스웬센 박사가 말한 경고는 그대로 조직 전체가 추구하는 기치가 되었다. 스웬센 박사는 메이요 클리닉이 도전에 기꺼이 응할 것이라고 자신한다. "우리는 팀워크를 소중히 하고 간호사, 기사, 의사, 약사, 행정가 등 기능적 구분을 넘어서 좀 더 수평적으로 꾸린 팀의 장점을 이해합니다. 또한 우리처럼 한 세기 동안 그에 걸맞은 시스템 공학자들의 도움을 받아 환자 중심의 진료를 이어 온 역사를 가지고 있는 통합 협진 기관만큼 임상적 신뢰를 줄 수 있는 곳은 없을 것입니다." 메이요 클리닉 리더들과의 인터뷰 내용으로 보아 그들이 개선을 기대하고 있음은 분명하다.

메이요 클리닉이 다른 보건의료 시스템과 완전히 분리된 것은 아니다. 메이요 클리닉 의사들 중 60퍼센트 이상이 적어도 부분적으로는 메이요 클리닉에서 수련을 받았다. 하지만 메이요 클리닉 내부에서만 수련을 받은 사람은 극소수이다. 밀리너 박사는 이렇게 설명한다. "우리 미국 의료인들은 실수나 못마땅한 치료 결과를 어느 정도는 피치 못할 것으로 받아들였습니다. 우리는 스스로 이렇게 변명했죠. '복잡한 병을 치료할 때는 어쩔 수 없어. 부작용은 조금씩 생기게 마련이고 그것을 완전히 피할 수는 없다고.' 이런 마음가짐으로 일하는 사람들은 안 좋은 치료 결과를 개선할 생각은 하지 않고 그저 더 나빠지지 않으려고만 노력했습니다." 밀리너 박사는 1960년대와 1980년대 말 사이에 미국 의학계가 엄청난 기술적 발전을 경험했다는 점도 지적한다. "모두들 새로운 치료법 개발을 통해서만 치료 결과를 개선하려고 했습니다. 판단 착오나 인수인계에서 발생하는 문제, 그리고 안전 문제 등에 대해서는 별다른 관심을 두지 않았습니다."

2000년에 미국의학연구소는 미국 내 종합병원에서 매년 9만 8,000명 정도의 환자가 불필요하게 죽어 간다고 주장해서 사람들을 깜짝 놀라게 했다.[2] 메이요 클리닉은 다른 미국 보건의료 업계와 함께 이 주장에 관심을 나타냈다. 밀리너 박사는 이렇게 제안한다. "우리는 스스로를 비평적인 시각으로 바라볼 필요가 있습니다. 메이요 클리닉은 애초부터 변화의 물결의 선두에 서서 달려왔습니다. 하지만 지금은 그 변화의 물결 자체가 방향을 틀고 있습니다. 지금도 우리는 잘하고 있지만 아직 충분하지 않습니다. 아직 우리가 할 수 있는 최선에 도달한 것이 아닙니다."

질을 개선하자는 목소리를 높이는 것은 한편으로는 시정 조치로 볼 수 있다. 메이요 클리닉 초기 시절에 의사들은 분명한 표준 절차를 확립해서 그에 따라 임상에 임했다. 스웬센 박사는 이렇게 말한다. "방사선과 기록물을 살펴보면 예전에는 바륨 검사를 할 때 심지어 기사가 환자에게 어떻게 컵을 건넬 것인가에 대해서까지 모든 절차를 세세하고 엄격하게 규정해서 그것을 따랐습니다. 지금은 그런 엄격한 표준에서 멀어져 좀 더 자율적으로 임상을 진행하고 있습니다. 의사들이 자기가 원하는 방식으로 진료하도록 놔두고 있지요. 그러다 보니 진료 방식이 중구난방으로 다양해졌는데, 이러면 전적으로 신뢰할 수 있는 안전한 환경을 보장해줄 수가 없습니다." 메이요 클리닉은 뛰어난 의사들과 협력 직원들을 고용하기 때문에 치료 결과 역시 훌륭하다. 하지만 공개적으로 발표된 자료들을 살펴보면 현재 메이요 클리닉은 전체적으로 볼 때 간발의 차이로 선두를 유지하고 있다. 또한 특정 사례에서는 다른 우수 보건의료 기관보다 뒤처지는 경우도 있다. "우리는 최고의 진료를 하고 있고 언제나 세계적인 수준의 치료 결과를 내놓고 있다는 자기만족에 빠져서 더 나아질 수 있는 기회를 놓치고 있습니다." 스웬센 박사는 이렇게 덧붙인다.

이런 광범위한 혁신에서 투명성은 변화를 촉진할 수 있는 촉매가 될 수 있다. 임상 그룹의 수행 성과를 메이요 클리닉 대외에 공개하는 것이다. 코르테스 박사는 이렇게 말한다. "투명성을 확보한다는 것은 우리의 수행 성과를 측정해서 얻은 내용을 공유하는 것입니다. 함께 힘을 합쳐 개선 방안을 찾아내고 다시 그 결과를 보고해서 우리가 목표에 부합하고 있는지를 자기 자신과 외부에 솔직하게 알리는 것입니다. 실수는 변화를 유도하는 강력한 촉매가 될 수 있습니다. 실수를 통해 배워야만 실수가 다시 일어나는 것을 막을 수 있습니다." 스웬센 박사는 다음과 같이 결론 내린다. "우리의 수행 성과에 대해서 더 많이 공유할수록 우리는 변화의 촉매제를 더 많이 얻어 우리가 도달할 수 있는 최고 수준에 그만큼 다가설 수 있을 것입니다." 메이요 클리닉은 2007년 10월부터 사내 통신망을 통해 각기 캠퍼스의 수행 성과를 발표하기 시작했다. 이들 성과 발표는 2007년 12월부터 www.MayoClinic.org 인터넷 사이트를 통해 대중에게도 공개됐다.

우선적으로 질 개선을 측면에서 보조해줄 수 있는 2가지 전략을 추가할 수 있다. 바로 '개개인을 위한 맞춤형 진료'와 '보건의료 서비스 전달의 과학화'이다. 개개인을 위한 맞춤형 진료는 최근 게놈 연구의 발전으로 가능해졌다. 게놈 연구는 사람의 모든 유전자를 연구하는 학문으로, 유전자들 사이의 상호 작용 및 유전자와 개인 환경과의 상호 작용을 연구한다.[3] 이 과학으로 새로운 시대가 문을 열었다. 게놈학의 도구들을 사용하면 질병 발생을 예측할 수 있고 최적의 예방 및 치료 전략을 알아낼 수 있다. 예를 들면, 대장암 조기 발병과 연관된 유전자를 가지고 있는 환자라면 통상 50세부터 시작하는 대장 내시경을 30세부터 시작해서 발병을 추적할 수 있다. 그렇게 하면 전암병소인 폴립을 조기에 발견하고 제거함으로써 대장암을 예방할 수 있다. 맞춤형 진료는 암 치료에도 적용할 수 있다. 어떤 경우에서는 그 환자의 유전자에 따라서 무슨 항암제를 선택할지 결정할 수도 있을 것이다.

스웬센 박사는 한 비극적인 이야기를 들려주었다. 이 이야기는 게놈학의 성과를 이용하고 보건의료 서비스 전달을 과학화해서 진료 성과, 안전성, 서비스의 질을 높이는 것이 얼마나 중요하고 효과적인지를 알려준다. 최근에 한 젊은 메이요 클리닉 환자가 불필요하게 죽어야 했다. 스웬센 박사는 얘기한다. "그것은 막을 수 있는 죽음이었습니다. 그 환자가 사망한 이유는 '메이요 클리닉이 알고 있는 것을 메이요 클리닉이 몰랐기 때문'입니다." 그 환자는 심장에 문제가 있었는데, 심전도에서 보기 드문 'QT 간격 연장 long QT interval'이었다. 그것은 심장의 전기전도 시스템에 생긴 장애였다. 그 환자는 심장내과에서 후속 진료를 받기로 예약이 되어 있었는데 약속 일주일 전에 죽고 말았다.

메이요 클리닉 소아 심장내과의인 마이클 애커먼 Michael Ackerman 박사는 QT 간격 연장 분야에 있어 세계적인 권위자였다. 그는 이온 채널(심장에 있는 칼륨 채널)의 유전자 염기 서열을 밝혀내기도 했다. 또한 인간의 게놈에 있는 30억 개의 뉴클레오티드 중에서 어느 특정 뉴클레오티드가 잘못되면 치명적인 심장 부정맥을 야기할 수 있다는 것도 밝혀냈다. 심전도 상에서 나타나는 QT 간격 연장은 이 보기 드문 유전적 증후군과 종종 연관된다. 이 증후군 때문에 갑작스레 사망하는 어린이나 젊은 성인이 매년 나타나고 있다. 치명적인 부정맥이 나타날 때 그것을 알아채고 활성화되는 심장 충격기를 이식하면 이들의 생명을 구할 수 있다. 애커먼 박사가 확립한 치료 지침을 보면 이런 증후군을 보이는 환자에게 사용해야 하는 약물과 하지 말아야 할 약물을 알 수 있다. 하지만 애커먼 박사가 알고 있는 내용을 메이요 클리닉 의료진이 모두 알지는 못한다. 그의 지식을 기관 전체에 널리 알리기 위해서는 보건의료 서비스 전달을 좀 더 과학화시킬 필요가 있었다.

한 사망 환자의 부모가 메이요 클리닉이 좀 더 신뢰할 수 있는 진료를 할 수 있게 보태 달라면서 큰 액수를 기부했다. 그 후 초기 프로젝트를 통해서 의사가 필요한 정보를 모르는 상황일지라도 그 정보를 자동으로 전달해주는 전자통신 시스템이 세상에 나왔다. 특히 메이요 클리닉 시스템 공학자들은 심전도 검사 결과를 분석하는 컴퓨터와 그 검사를 지시한 의사를 서로 연결해주는 방법을 고안해냈다. 요즘에는 심전도 분석 컴퓨터가 QT 간격 연장을 발견하고 심장내과의가 그것을 확인한다. 그러면 심전도 분석 컴퓨터가 그 정보를 외래 환자용 전자진료기록부에 기록하고, 심전도를 지시한 의사에게도 자동으로 메시지를 송신한다. 여기에는 의사가 그 메시지를 받았는지 확인하는 피드백 시스템도 갖추고 있다. 자동 송신 메시지에는 메이요 클리닉의 기업 학습 시스템이 연결되어 있다. 그곳에 들어가면 우선 그 질병에 대한 메이요 클리닉 전문가의 목록이 나열된다. 그리고 '자주 하는 질문'에 대한 답변, 질병에 대한 핵심 내용, 임상 지침들이 제공된다. 이 전자통신 시스템은 환자를 관리하는 의사에게 안전한 치료에 필요한 사항을 알 수 있도록 특화된 지식을 제공해준다. 보건의료 서비스 전달의 과학화라는 이 혁신은 환자들이 메이요 클리닉 어디에서, 누구에게라도 최고의 진료를 받을 수 있도록 보장해준다.

기업 학습 시스템은 보건의료 서비스 전달 과학화를 위해 대규모로 이루어진 핵심적인 투자의 결과다. 교육기술 센터 감독관인 파렐 로이드Farrell Lloyd 박사는 의사들이 오늘날 발간되는 모든 의학 문헌들을 다 읽고 따라잡는 것은 근본적으로 불가능하다는 점을 강조한다. 메드라인Medline(미국 국립의학도서관에서 제공하는 온라인 서비스로 발간된 의료 연구 자료를 모아놓은 데이터베이스-옮긴이)에 새로 추가되는 자료만 해도 매년 50만 건이 넘기 때문이다. 국회 증언에서 의학도서관 총책임자는 1년간 매일 두 편의 논문을 꾸준히 읽은 성실한 의사라고 해도 1년이 지나고 나면 새로운 출판물을 모두 읽는 데 648년이나 뒤처지게 된다고 말했다.[4] 연구 결과로 얻은 지식을 환자 진료에 적용하는 일은 무척 느리고 어렵다. 한 연구 결과를 보면 연구 내용의 14퍼센트를 환자 치료에 직접 적용하는 데 17년이란 세월이 걸렸다고 한다.[5] 오늘날 의학 교육은 그 목표를 암기에서 자료를 검색하는 기술로 옮기고 있다. 진료를 하다가 필요한 순간에 핵심 정보를 찾아내서 사용할 수 있도록 교육하자는 것이다. 로이드 박사는 말한다. "기업 학습 시스템은 의사들이 필요한 정보에 최대한 빠르고 쉽게 접근할 수 있도록 해주는 메이요 클리닉의 방식입니다."

스웬센 박사는 이렇게 인정한다. "사실 어떤 치료 방식을 표준으로 정해놓고 그것을 따르라고 하면 의사들은 펄쩍 뛸 것입니다. 그것은 옆에 있는 의사들이나 다른 캠퍼스에서 근무하는 의사들과 똑같은 방식으로 치료하라는 뜻이니까요. 의사들은 요리책에 나온 대로 똑같이 요리하듯 진료한다고 해서 그것을 '요리책 진료'라고 부르죠. 하지만 메이요 클리닉 환자 관리 모델은 환자를 중심에 두고 생각합니다. 환자가 원하는 것이 무엇일까요? 환자들은 세계적 수준의 진료를 받으려고 메이요 클리닉을 찾아옵니다. 어느 문을 열고 들어오든 그런 진료를 받을 수 있어야 합니다. 우리의 품질 관리 혁신 방안에서는 다른 캠퍼스 간의 벽을 허물고 환자 관리 모델을 이용해서 신뢰할 수 있는 진료를 하려고 합니다."

다른 사람들도 스웬센 박사의 말에 동감한다. 애리조나 캠퍼스의 최고경영책임자이며 메이요 클리닉 안팎에서 보건의료 행정에 거의 40년째 몸담고 있는 제임스 G. 앤더슨은 단호하게 말한다. "우리가 메이요 클리닉으로 알고 있는 모델, 즉 통합 진료, 의사-행정가 공동 경영, 의사 봉급제도, 의학 연구와 교육으로 보완되는 임상 등은 시장에서도 대단히 강력하고 차별화된 모델로 인정받고 있습니다. 우리가 결과에 만족하지 못하는 경우가 있더라도 그것은 실천상의 문제이지, 우리의 본질이나 시장에 대한 전략적 접근 방법 자체에 문제가 있는 것은 아닙니다." 최고로 거듭난 메이요 클리닉은 막강하다. 스웬센 박사는 메이요 클리닉이 품질 개선을 위한 접근을 통해서 어떻게 최고로 거듭날 수 있었는지 자세히 묘사한다.

우리는 먼저 프로젝트를 책임지고 핵심 팀원들을 뽑을 의사 리더를 발굴합니다. 핵심 팀원에는 프로젝트를 진행하는 100일 동안 오직 이 일만 신경 쓸 시스템 공학자, 프로젝트를 관리할 행정가, 데이터 전문가가 포함됩니다. 거기에 대상 질환에 전문가인 의사와 간호사, 기술자, 약사, 의료 기사 등 다양한 직종의 사람들을 메이요 클리닉 세 캠퍼스에서 뽑아서 팀을 구성합니다. 그런 다음에 점검 기간을 갖습니다. 기본적으로 100일의 기간을 주어 그동안 집중적으로 개선안을 만들어내게 합니다. 우리 팀은 종합병원에서 폐렴 치료에 적용할 수 있는 최고의 임상 절차 개발에 참여한 적이 있었습니다. 우리는 개발한 임상 과정을 실제로 적용해보고 그것이 좀 더 개선된 효과를 가져왔는지 평가했습니다. 이렇게 해서 우리는 환자가 병원에 머무는 기간을 줄이고 재입원률을 낮췄습니다. 그리고 최적의 치료를 받은 폐렴 환자는 특정 질병 사망률도 떨어질 수 있다는 것을 증명했죠. 우리는 이미 훌륭한 진료를 수행하던 상태에서 출발했지만 더 나아질 수 있다고 생각했습니다. 그리고 결국 그것을 해냈습니다.

오늘날 메이요 클리닉은 이렇게 믿고 있다. 최고의 진료 결과, 믿음이 가는 안전한 환경, 뛰어난 서비스는 동료들이 힘을 합쳐 개별 환자들을 위한 최고의 환자 관리 방법을 찾아내고 이를 환자가 경험할 수 있도록 메이요 클리닉의 모든 병원에서 꾸준히 실천할 때 얻을 수 있다고 말이다. 다른 말로 표현하자면, 환자가 어떤 문을 통해 들어오더라도 똑같은 경험을 제공한다는 것이다. "일단 훌륭한 표준을 만들고 나면 비교 대상이 있기 때문에 그것을 바탕으로 혁신을 이룰 수 있는 것입니다." 스웬센 박사는 이렇게 결론 내린다. "품질 개선을 위한 노력은 과학과 증거를 바탕으로 이루어져야 합니다. 우리는 대조 차트와 생물통계학자가 필요합니다. 이것이야말로 보건의료 서비스 전달의 과학화입니다."

경제적인 고부가가치 진료

한 메이요 클리닉 리더는 이렇게 말한 적이 있다. "우리가 질을 높이려 하는 이유는 다른 것이 아니라 우리 진료의 성과와 안전성, 신뢰도를 개선하기 위한 것입니다. 이것이야말로 올바른 목표라는 점에는 의문의 여지가 없습니다." 물론 거기에는 쓸데없이 다양해진 치료 방법으로 인한 손실을 줄이고, 진료 과정에서 발생하는 낭비나 문제점들을 없애려는 사업적인 이유도 포함되어 있다. 보건의료 계열이 아닌 조직들의 경우 이런 혁신을 시도하는 이유는 순이익을 더 많이 내기 위한 것이다. 하지만 메이요 클리닉은 연간 보고서에 올릴 순이익을 높이기 위해 그런 사업을 하는 게 아니다. 그보다는 메이요 클리닉 통합 관리 모델의 경제적 효율성을 확인하려는 것이다. 메이요 클리닉은 환자와 보험 회사, 혹은 고용주들에게 이 수준 높은 진료가 불필요한 사치품이 아니라 경제적인 고부가가치 서비스임을 설득할 수 있어야 한다.

보건의료는 미국에서 가장 거대한 사업 영역이지만 효율성과 결함을 따져 보면 다른 모든 영역보다 뒤처져 있다. 보건의료는 고부가가치 서비스가 아닌 경우가 많다. 「뉴잉글랜드 의학저널New England Journal of Medicine」에 발표된 최근 연구를 보면 미국 의사들이 하고 있는 진료의 거의 절반 정도가 최신 기술과는 동떨어져 있었다.[6] 4장에서 다루었듯이 메이요 클리닉은 시간을 효율적으로 활용하기 때문에 환자들 사이에서 좋은 평판을 얻고 있다. 하지만 일부 보험 회사와 환자들은 메이요 클리닉에서의 치료가 경제적으로도 효율적인가에 대해서는 확신하지 못하고 있다. 메이요 클리닉의 요금 청구서는 의사 진찰비, 임상 검사비, 입원비 등이 모두 한 장에 합산되어 나와 금액이 커 보일 수 있다. 보통 진료를 여러 의료 기관에서 나누어 받는 경우가 많기 때문에 요금 청구서가 통합되어 한 장으로 나오는 것은 일반적이지 않다.

메이요 클리닉 최고행정책임자 자리에서 최근에 은퇴한 로버트 스몰트와 회장이자 최고경영책임자인 데니스 코르테스 박사는 메이요 클리닉의 치료가 고부가가치 진료 서비스임을 밝히기 위해 내부적으로 많은 노력을 기울였다. 그들은 '고부가가치 여부'야말로 전국의 의료 서비스 중에서 질 높고, 가격 면에서 효율적인 진료 서비스를 가려낼 수 있는 가장 좋은 기준이라고 주장한다. 최근의 논문에서 그들은 진료의 질(진료 결과, 안정성, 서비스)을 시간당 환자가 치른 비용으로 나눈 가치 방정식을 선보였다.[7] 코르테스 박사는 이렇게 말한다. "청구서상의 개별 항목당 청구 금액은 거의 최고 수준일 겁니다. 하지만 우리는 다른 기관들처럼 진료를 여러 번 하지 않기 때문에 시간에 따른 비용은 적절한 수준입니다." 메이요 클리닉 의사들은 모든 검사 후 결과를 살필 때 방사선 보고서와 다른 의사들의 의견을 참고할 수 있다. 때문에 그런 검사를 반복할 필요가 없어서 경제적 효율성이 좋아진다고 한다. 게다가 한 환자가 2형 당뇨병 같은 병이 발생하지 않도록 예방할 수 있다면 시간에 따른 가치는 대단히 높아진다. 당뇨병은 만성 질환으로 삶의 균형을 깨뜨리지 않도록 유지하려면 대단히 많은 비용이 들어간다. 관리를 잘못하면 다양한 합병증이 생겨 훨씬 많은 비용이 발생하고 환자의 삶의 질도 떨어진다. 코르테스 박사는 이렇게 말한다. "유방암이나 당뇨병 같은 경우 발병 가능성을 예측해 가능한 한 그것을 예방할 수 있습니다. 발생했을 때도 정확히 진단해서 특화된 치료를 함으로써 우리는 시간이 흐를수록 수준 높은 고부가가치의 진료를 제공할 수 있는 것입니다."

이 가치 방정식 연구를 담당하는 전담반을 이끌었던 던 밀리너 박사는 비용 문제를 큰 그림으로 바라본다. "미국에서 보건의료를 실천하고 있는 사람들 모두 한 걸음 뒤로 물러서서 스스로에게 이렇게 물어봐야 합니다. '미국의 보건의료 시스템이 이렇게 고비용 저효율 구조인 이유가 무엇일까?' 이 문제를 비판적으로 바라보지 않는다면 메이요 클리닉은 책임 있는 보건의료 담당자가 될 수 없습니다. 메이요 클리닉은 보건의료가 더 나은 가치를 제공할 수 있도록 힘을 모으는 데 자기 몫을 해야 합니다. 이것은 우리 환자들의 이해관계와도 연관되어 있기 때문에 그들에 대한 우리의 책임이기도 합니다. 이는 우리의 으뜸 가치와도 아귀가 잘 맞는 부분이죠." 보건의료 서비스를 구매하는 주체들, 즉 연방 정부, 거대 고용주, 의료보험사들도 의료 서비스 공급자들의 서비스 향상을 촉진하기 위해 직접 인센티브를 걸고 나왔다. '행위별 지급'이라는 일반적인 원칙 아래, 이들 지불 주체들은 보건의료 서비스 수혜자들이 높은 수준의 진료를 받게 하려는 노력의 일환으로 보험 환급금을 조금 더 많이 지불해왔다. 하지만 스몰트와 코르테스 박사는 이들 프로그램이 진료 성과가 어떤가를 바탕으로 하는 것이 아니라 어떤 진료 과정을 거쳤느냐에 따라 돈을 지불하고 있다고 주장한다. 더욱이, 일부 프로그램에서는 진료비에 대해 일정 비율로 돈을 지급하고 있다. 따라서 진료비가 높고 비효율적인 서비스 공급자일수록 효율적인 공급자들보다 더 많은 돈을 벌게 된다.

스몰트의 말을 들어 보자. "우리는 메이요 클리닉의 환자 관리 모델이 고부가가치 진료 서비스를 제공한다는 증거를 꽤 많이 가지고 있습니다." 그는 「다트머스 보건의료 아틀라스The Dartmouth Atlas of Health Care」를 최고의 자료로 꼽는다.[8] 다트머스 대학의 연구자들은 사망 전 각각 6개월과 2년 동안 들어간 보건의료 서비스 비용에 대한 자료가 서비스의 효율성을 측정할 수 있는 좋은 방법이라고 주장했다. 이 비용은 높을 수밖에 없다. 개별 환자들에게 들어가는 메디케어 총 지출의 약 3분의 1 정도가 그 사람의 사망에 앞선 2년 동안에 지출되기 때문이다. 미국 메디케어 환자 모두를 대상으로 하는 대규모 자료 조사를 바탕으로 다트머스 대학 연구자들은 진료를 더 많이 한다고 해서 그 결과도 필연적으로 더 좋아지는 것은 아니라고 주장했다. "지출을 늘리고, 좀 더 많은 자원을 사용하고, 의사를 더 자주 만나고, 입원과 진단용 검사를 더 많이 한다고 해서 수명이 연장되거나 삶의 질이 향상되는 것은 아니다. 문제가 되는 부분은 진료 서비스의 낭비와 남용이었지, 진료 서비스의 부족한 사용이나 보건의료 배급제가 아니었다."[9] 다트머스 대학 연구자들이 의료학술 센터에 대해 다룬 내용을 보면, 생의 마지막 6개월 동안 뉴욕시의 한 대학 종합병원을 이용한 환자들은 한 사람당 평균 76번 의사의 진료를 받았다. 반면 메이요 클리닉 환자들은 겨우 24번만 진료를 받았다고 한다. 생의 마지막 2년 동안의 진료 기록들을 조사한 연구 결과를 보면, 캘리포니아의 한 대학 종합병원에 다닌 환자들은 메이요 클리닉에 다닌 환자들보다 두 배나 많은 의사 노동력을 이용했다.[10] 보고서는 의료학술 센터 그룹 중 메이요 클리닉이 모든 면에서 최고의 효율성을 보이는 것은 아니지만, 가장 효율적인 그룹에 꾸준히 속하는 것으로 보고했다. 보고서는 죽음을 앞둔 환자 대부분이 자신의 진료를 전적으로 담당하는 사람을 두지 못했다고 결론 내리고 있다. 하지만 이렇게 덧붙이고 있다. "메이요 클리닉 같은 대규모 협진 진료 기관이나 인터마운틴 헬스케어 같은 통합 서비스 제공 시스템의 경우를 보면 그런 부분을 어떻게 해결하는지 볼 수 있다."[11]

결국 고부가가치 서비스 공급자를 찾아내어 보상하는 사례를 만들어냄으로써 메이요 클리닉은 환자를 대변하고 있다. 그들은 양질의 임상 결과와 안전한 치료, 더 나은 서비스를 만들어내고 있다. 메이요 클리닉 리더들은 증거를 바탕으로 가치 점수를 매기는 시스템을 통해 2가지 보답을 받을 수 있다고 생각한다. 첫째, 이 시스템은 의사, 종합병원, 의료비용 지불 주체, 보건의료 정책 입안자 등 미국의 보건의료 관계자들이 미래의 지불 시스템에 대해 고민할 때 서비스의 질과 치료

기간에 따른 비용 양쪽 모두를 고려하도록 유도할 것이다. 둘째, 메이요 클리닉을 경제적인 고부가가치 서비스를 공급하는 주체로 자리매김하게 해줄 것이다.

건강을 지켜드립니다

니콜라스 라루소 박사는 메이요 클리닉이 앞으로 다가오는 보건의료 전달 시스템의 개혁에서 선두에 서기를 바라고 있다. 전통적인 보건의료 사업을 붕괴시킬 것이 확실한 여러 가지 요소들이 등장하면서 그 주변으로 변화의 지상 과제가 서서히 모습을 갖추어가고 있다. 그 요소는 게놈학, 통신 기술, 파편화된 고비용 저효율의 보건의료 시스템, 온라인 세대의 등장 등이며 이것들은 이미 상당수의 통상적 규칙을 무너뜨리고 있다. 메이요 클리닉 혁신 및 보건의료개혁 센터의 창립 이사인 라루소 박사는 새로운 일에 집중하고 있다. 그는 질병 치료보다 건강 유지를 강조하는 보건의료 전달 시스템에 특히 많은 관심을 보이고 있다. 이것은 의학의 오늘과 내일을 가르는 구분선이 될지도 모른다.

1980년대 초반에 클리닉의 리더들은 환자들이 진료를 받으러 더 이상 미네소타 로체스터까지 멀리 찾아오지 않을지도 모른다고 크게 염려했다. 요즘의 리더들도 그와 비슷한 걱정이 끊이지 않는다. 그들은 보건의료 전달 체계에 근본적인 혁명이 일어나게 되면 지금처럼 병원에 직접 찾아와서 진료받는 형식 중 일부는 쓸모없게 되지 않을까 걱정하고 있다. 특히 통신 기술의 발달로 환자와 의사가 얼굴을 맞대고 상담하는 형식의 진료가 일부 대체될 것이라고 예상하고 있다. 로체스터

내과부 부장을 맡았던 라루소 박사는 병력을 청취하고 머리부터 발끝까지 신체검사를 하는 정기 검진은 무의미해질 가능성이 큰 것으로 내다보고 있다. 환자의 유전자 분석과 건강 위험도 평가를 결합하면 결국 전통적 방식의 일반 신체검사로 질병을 발견했던 것보다 훨씬 효율적으로 질병을 예측하게 될 것이다. "개인별 게놈 정보에 기반한 맞춤형 의학이 진화하고 있는 영상 기술과 결합하면 의학에 혁명을 가져와 기존의 의학을 무너뜨리게 될 것입니다." 라루소 박사는 말한다. "메이요 클리닉은 의학적 발견의 혁명에 참여하겠지만, 의학 전달 체계의 혁명 또한 선도해야 합니다. 우리는 실전에 적용할 수 있는 상황이 왔을 때 이런 혁신적 성과들을 가급적 빨리 도입할 수 있는 의료 전달 시스템을 만들어내야 합니다."

로체스터 캠퍼스 최고경영책임자인 글렌 포브스 박사는 이렇게 얘기한다. "개개인의 유전자 구성을 파악할 수 있게 되면 미래의 사람들과 의료계는 예측과 예방 부분으로 관심의 초점이 이동할 것입니다." 그는 혁신 및 보건의료개혁 센터의 역할은 양방향으로 상호 작용하는 건강 관리 서비스에 필요한 혁신안을 개발하는 것이라고 본다. 포브스 박사는 이렇게 가정한다.

미래에 저는 이곳이 아닌 세계 어딘가에서 살고 있을지 모릅니다. 혹은 여행 중일 수도 있습니다. 그러나 저는 메이요 클리닉과 건강 관리 제휴를 맺고 있기 때문에 메이요 클리닉과 어떤 형식으로든 통신하고 있을 것입니다. 통신 방법으로 컴퓨터 칩을 카드나 제 몸속에 삽입했을 것입니다. 메이요 클리닉은 제 유전자 구성을 알고 있습니다. 그리고 제 유전적 특성을 수백만 건의 변이와 대조해보고 저와 비슷한 상황의 동일 연령 집단과 대조해서 예측 및 예방과 관련된 사항을 몇 가지 확인해놓았습니다. 메이요 클리닉은 제 취약점, 위험, 강점이 무엇인지 알고 있습니다. 그것은 제 데이터베이스의 일부입니다.

저는 컨디션이 좋지만 이따금씩 검사해 봅니다. 만약 몸속에 칩을 삽입해놓았다면 알지도 못하는 사이에 검사를 받고 있을지도 모릅니다. 일주일마다 한 번씩 메이요 클리닉은 제 혈당치를 검사합니다. 그리고 116에서 124로 상승했으니 쿠키 섭취를 줄이라는 메시지를 보낼 것입니다. 이런 정보와 조언을 제공하는 것은 제가 맺은 제휴 조건의 일부입니다. 제 자신을 위해 구입하기로 결정한 서비스의 일부죠.

만약 제가 프랑스를 여행 중인데 몸이 안 좋아졌다면 메이요 클리닉과 바로 접촉할 수 있습니다. 칩이 플라스틱 카드에 삽입된 경우라면 칩을 활성화하기 위해서 그 카드를 호텔에 있는 건강 관리 자동화기기에 삽입합니다. 그러면 자동화기기는 파리 길거리에서 은행 카드를 사용하면 은행이 저를 인식하는 것처럼 저를 인식할 것입니다. 저는 메이요 클리닉에 제 상황을 설명합니다. 예를 들면, 두통 같은 것이 있다고 말하죠. 그러면 메이요 클리닉은 이렇게 대답합니다. "당신의 유전자 분석 결과에 의하면 당신은 파스타를 너무 많이 먹을 경우 두통을 일으킬 가능성이 커집니다. 의사와 상담하기를 원하시면 안내해드리겠습니다. GPS 정보에 의하면 지금 계신 곳에서 3킬로미터 거리에 메이요 클리닉 동창이 운영하는 제휴 병원이 있습니다. 여기 그 병원 위치가 나와 있습니다. 이미 그 병원에는 당신이 찾아갈지도 모른다고 알려두었습니다." 이렇게 메이요 클리닉과 제휴를 맺으면 필요할 때마다 가능한 모든 통신 기술을 이용해서 훌륭한 상담을 받을 수 있습니다.

그러나 이렇게 새로운 시대가 열려도 의사들은 여전히 임상 데이터를 분석하고 그 의미를 해석해서 환자들에게 알려주고 있을 것이다. 이때도 역시 환자들과 대화하려면 듣는 기술과 개별 환자만의 독특한 특성들을 잡아내는 감수성이 필요하다. 하지만 환자의 유전적 특성을 통해 확인한 위험성도 진단을 내리는 데 새로운 요소로 추가될 것이다. 라루소 박사는 이렇게 설명한다. "우리는 이미 유방암에 걸릴 가능성을 예측할 수 있는 유전자 패턴을 2가지 알고 있습니다. BRCA1$_{\text{breast cancer gene mutation 1}}$과 BRCA2죠. 하지만 이 2가지 유전자로는 유방암 중 일부분만을 설명할 수 있습니다. 우리가 BRCA3, 4, 5, 6, …… 10을 발견하게 되면 유방암 조기 발병에 관여하는 유전자 패턴을 확인할 수 있을지 모릅니다. 그런 패턴을 가진 사람들은 20세부터 유방 X-ray 사진 촬영이나 다른 특수 진단용 검사를 시작해야 할 것입니다. 어떤 유전자 패턴은 여성이 아이를 가지기에 최적의 연령대를 알려줄 수도 있을 것입니다." 그와 비슷하게 어떤 환자들은 폐경 이후의 암 발생과 관련된 유전자 패턴을 가지고 있을지 모른다. 그렇다면 유방 X-ray 사진 촬영을 요즘 권고하는 시기보다 더 늦추어서 시작해도 별 문제가 없을 것이다.

이런 검사와 정보 교환의 상당 부분은 환자가 직접 의사를 만날 필요가 없다. 새로운 통신 기술의 발달로 이런 진료는 점차적으로 전 세계 모든 환자들에게 제공될 것이다. "이런 변화 때문에 멀리서도 찾아오는 의료 센터라는 메이요 클리닉의 개념이 바뀌게 될지 모릅니다. 바로 URL 주소를 찾아오는 것으로 말이죠." 라루소 박사는 이렇게 말한다. "메이요 클리닉에 진료 예약이 되어 있다고 해서 항상 집을 나설 필요는 없다는 것입니다."

사실 메이요 클리닉은 미네소타의 블루 크로스 블루 실드Blue Cross Blue Shield(미국 내 39개 의료보험 조직과 의료보험 회사의 연합-옮긴이)와 제휴를 맺고 미네소타 덜루스 지역의 클리닉들과 메이요 클리닉 로체스터 캠퍼스 간의 협력 사업 타당성 조사를 이미 실시하고 있다. 만약 덜루스에 있는 환자와 일차 진료 담당 의사가 로체스터로 의뢰할 필요성이 있다면 그들은 '가상 상담'을 선택할 수 있다. 가상 상담에 들어가면 로체스터 캠퍼스의 의사는 보안이 된 포털사이트를 이용해 환자의 정보를 받아서 그것을 검토한다. 그리고 그에 대한 의견을 48시간 이내로 전자통신을 이용해서 공유한다. 이런 형식의 서비스 사업 모델은 이미 시험 단계에 들어가 있다. "우리는 개념 검증 시험을 통해서 이런 가상 모델을 사용하면 환자나 일차 진료 담당 의사가 로체스터 캠퍼스로 찾아올 필요 없이 서비스를 받을 수 있음을 확인했습니다." 메이요 클리닉 혁신 및 보건의료개혁 센터 고위 행정가인 바바라 수프리어는 이렇게 말한다. "만약 환자가 직접 메이요 클리닉 캠퍼스로 와서 큰 수술을 받아야 하는 경우가 생기더라도 가상 상담을 진행했기 때문에 치료의 진행이 훨씬 빨라질 것입니다."

믿을 수 있고 환자를 우선하는 것으로 명성이 높은 덕분에 메이요 클리닉은 이런 보건의료 정보 교환 사업에서도 유리한 위치를 차지할 수 있을 것이다. 하지만 새로운 아이디어를 시장에서 실제로 적용하려면 먼저 그 아이디어는 고객이 실제로 경험할 수 있는 형태로 구체화되고 확실한 사업 계획안이 나와야 한다. 이 시점에서 새로운 센터가 무대에 등장한다. 바바라 수프리어는 메이요 클리닉이 개혁 아이디어와 혁신안을 실천하는 데 필요한 전문성을 아직 완전히 갖추지 못했다고 강조한다. "혁신은 하나의 단련 과정이라 생각하고 접근해야 할 것입니다."

혁신 센터는 라루소 박사와 수프리어의 지도 아래 내과부를 기반으로 진행되었던 SPARC(see, plan, act, refine, communicate) 프로젝트에서 생겼다. 수프리어는 당시 내과부 행정 리더였다. SPARC는 병원 내 보건의료 서비스 전달 방법을 재정비하는 데 초점을 맞추어 왔다. 그래서 로체스터 캠퍼스 외래 환자 진료 시설에 있는 커다란 진료실이나 진찰실 공간을 진료용 검사실로 개조했다. 공간 개조의 특징을 살펴보자면, 벽은 효율적 공간 활용을 위해 다양한 방식으로 공간을 분할해서 사용할 수 있도록 이동식으로 설치했다. 진료 서비스 전달 모델 원형을 만들어낸 후에는 의사들과 환자들이 실제로 원형의 공간을 이용해 외래 진료를 진행하면서 그 효율성을 실시간으로 연구했다. SPARC가 탐구를 진행한 주요 진료 서비스 전달 원형은 25개가 넘는다.

라루소 박사와 포브스 박사는 구상 중인 개혁이 이루어진다 해도 건물로 세워진 실물 기관이 불필요해지는 것은 아니라고 강조한다. 건강 관리 보건의료에서 형성된 서비스 관계가 질병 관리 보건의료로 전환될 수도 있다. 또한 필요하다면 사람들은 결국 메이요 클리닉을 찾을 것이다.

"환자들은 여전히 의료진의 손길이 필요하고, 치료나 수술을 받으려면 직접 병원을 찾아야 합니다. 복잡한 진단 및 치료 장비를 사용해야 할 경우에도 그렇지요." 포브스 박사는 말한다. "우리는 메이요 클리닉을 환자들이 찾아오고 싶은 매력적인 장소로 만들려고 합니다. 실제의 물리적 공간과 가상의 공간 양쪽 모두에서 말이죠."

환자의 입장을 대변한다

2006년에 메이요 클리닉 보건의료정책 센터는 보건의료 개혁에 대한 수준 높은 대중적 논의에 공식적으로 참여했다. "우리 민간 이사들이 그들에게 메이요 클리닉의 명성을 이용해 미국 보건의료 시스템 개혁 토론에 참가해서 환자들의 입장을 대변해달라고 요청했습니다." 2005년도에 보건의료정책 센터의 창립 이사가 된 메이요 클리닉 최고 행정책임자 로버트 스몰트의 말이다. 1980년대에 나왔던 제안들과 클린턴 행정부가 1993년부터 기울인 노력들을 되돌아보면, 정책 입안자들이 좋은 아이디어라고 생각했던 것들은 결국 환자들에 의해 거부되었다. 환자들은 선택권을 원했고, 환자에게 임상적으로 가장 필요한 것을 제공하겠다는 의지를 가진 의사와 종합병원에서 진료받기를 원했다. "메이요 클리닉은 오랫동안 성공을 누려 왔습니다. 환자 만족도도 높고, 고부가가치의 의료 서비스를 제공한다는 증거도 일찍부터 나와 있었죠. 때문에 토론에서 우리 목소리는 많은 신뢰를 얻을 수 있었습니다." 스몰트는 말한다.

다음의 3가지 신조는 보건의료 개혁에서의 메이요 클리닉의 입장을 대변하고 있다. 첫째, 모든 미국인은 의료보험이 필요하다. 둘째, 모든 사람이 통합 진료를 받을 수 있어야 한다. 이것은 모든 지역 의료에 다음의 핵심 요소들이 반영되어야 함을 의미한다. 즉, 통합진료기록부를 사용할 것, 의사들이 협력해서 일하고 전문 분야 간에도 빈틈없이 인수인계를 이행할 것, 의사와 종합병원은 환자의 이해관계를 최선의 가치로 두고 함께 매끄럽게 일해야 한다는 것이다. 셋째, 모든 보건의료 서비스는 임상 결과 및 시간에 따른 비용을 고려하는 가치 척도에 따라 평가한다. 이러한 입장은 환자와 시민 단체, 그리고 2006년부터 메이요 클리닉이 후원하는 심포지엄이나 미국 도처의 운영위원회에 참가했던 선도적 보건의료 사상가들에 의해 공식적으로 체계화되었다. 스몰트는 잠시 망설이다가 이러한 이야기를 들려주었다.

저는 메이요 클리닉에 들어온 1970년대 초기에 당시 방사선과 과장이자 이사회 임원이었던 잭 호지슨 박사 밑에서 일하고 있었습니다. 그도 우리들처럼 메이요 클리닉을 대단히 사랑했습니다. 그는 메이요 클리닉 관련 업무 밖에서는 열렬하고 극성스러운 평화주의자였습니다. 그와 한 1년쯤 알고 지낸 어느 날, 그가 묻더군요. "자네, 메이요 클리닉을 어떻게 생각하나?" 제가 얼른 대답하지 못하고 머뭇거리자 그가 계속 말을 이어갔습니다. "자네도 알다시피 난 평화주의자 아닌가? 하지만 말이지, 난 메이요 클리닉을 위해서라면 사람이라도 죽일 수 있을 것 같아."

스몰트는 자신도 호지슨 박사처럼 두 마음이 함께 공존한다는 것을 인정했다. 첫 번째 마음은 환자의 필요에 초점을 맞춘 보건의료 정책을 강조하는 이타적인 마음이다. 두 번째 마음은 미래 세대의 환자들을 위해서 메이요 클리닉 같은 조직이 잘 보호받고, 보존되었으면 하는 개인적인 소망이다. 스몰트의 두 번째 마음은 혼자만의 생각이 아니다. 메이요 클리닉 이사와 리더들, 그리고 환자들도 모두 이런 생각을 함께 나누고 있다. 보건의료는 시장의 힘만으로는 완전히 통제할 수 없다. 메디케어와 메디케이드 환자는 메이요 클리닉 각각의 캠퍼스에 따라서 전체 치료 환자의 30~60퍼센트가량을 차지한다. 이 환자들은 시장 시세에 따라 요금을 지불하지 않는다. 공공 정책에 의해서 요금 상한제가 적용되기 때문이다. 보건의료 서비스 공급자들이 일하는 시장은 공공 정책, 정치 철학, 정치적 거래 등으로 윤택한 혜택을 입을 수도 있고, 파괴적인 영향력 아래 놓일 수도 있는 곳이다. 스몰트는 계속해서 말을 이었다.

보건의료정책 센터에서 일하는 우리들은 다가올 10년 안에 미국이 보건의료 개혁을 대대적으로 진행하거나 메디케어 프로그램을 개혁해야 한다고 생각합니다. 사람들에게 제공할 수 있는 의료 혜택이 날로 다양해지고 있는 요즘, 베이비 붐 세대가 대량으로 이런 의료 환경 속으로 유입되고 있는 상황이 지속되면 현재의 메디케어 프로그램은 유지될 수 없습니다. 무슨 조치를 취해야 합니다. 이렇게 묻는 사람도 있습니다. "당신은 메디케어가 어떻게 개혁되는지에 따라서 메이요 클리닉이 큰 영향을 받는다고 생각하십니까?" 저는 그 영향이 대단할 것이라고 생각합니다. 스스로를 위해서라도 메이요 클리닉은 이 논의에 활발하게 참여해야 합니다. 그리고 메이요 클리닉이 오랫동안 이어온 환자 중심의 진료 전통을 이어갈 수 있는 방안을 찾아내야 할 것입니다.

내일의 지도자를 양성한다

메이요 클리닉의 상급 리더들은 의사 리더를 포함해서 차기 리더로 누구를 뽑아야 할지 거의 걱정하지 않는다. 사실 두 세대를 책임질 미래의 리더들이 이미 캠퍼스 내에 포진해 있다. 그들은 상급 지도자 위치에 걸맞은 능력을 갖추도록 차근차근 준비 단계를 밟고 있다. 폭넓은 인력풀이 준비되어 있어 나중에 중요한 자리에 공백이 생기면 그들 중 일부가 후보자로 나서게 될 것이다. 이것은 메이요 클리닉이 전념하고 있는 2가지 중요한 사항을 말해준다.

첫째, 메이요 클리닉은 자신의 가치관과 문화, 그리고 오랫동안 대단히 효과적임이 증명된 진료 모델을 유지해줄 인재를 내부에서 찾는다. 최고경영책임자를 외부에서 영입해본 적은 단 한 번도 없다. 상급 행정 리더 자리를 채우기 위해 외부 사람을 영입한 경우가 몇 사례 있을 뿐이다. 둘째, 메이요 클리닉은 의사 리더와 고위층 행정 리더를 양성하는 데 세심한 주의를 기울이고 있다. 인력풀은 과거보다 더 깊어졌는데, 그것은 메이요 클리닉의 경력 및 리더십 개발 프로그램의 덕을 본 부분도 있다.

현재 운영하고 있는 프로그램은 1990년대 중반부터 캠퍼스에서 시행했던 교육 과정의 뒤를 잇는 것이다. 처음에는 재정, 마케팅, 경영 교육 과정에서 일반 경영 기술과 핵심 사항에 대한 일반적인 사항만 짧게 다루고 넘어갔다. 그러나 21세기에 필요한 의사·과학자 리더들을 양성하는 데 부족하다는 판단 아래 2005년도부터 새로운 프로그램이 형태를 갖추어 나가기 시작했다.

메이요 클리닉 경력 및 리더십 개발 프로그램 장을 맡고 있고, 로체스터 집행이사회 이사이기도 한 테레사 루만스Teresa Rummans는 이렇게 말한다. "외부 프로그램은 메이요 클리닉에 필요한 사항을 다룰 만큼 충분히 구체적이지 못한 것이 대부분이었습니다. 우리 프로그램은 메이요 클리닉과 미래의 지도자들에게 필요한 사항들을 경제적으로 실현 가능한 방식으로 만들고 있습니다." 프로그램 진행자와 발표자는 주로 내부 인사들이지만 자기 개발과 변화 관리처럼 학계가 주도하고 있는 주제들에 대해서는 외부 인사를 초청하기도 한다.

"이 프로그램은 보건의료 경영 분야에서 포괄적인 변화를 이끌어 갈 수 있는 리더를 양산하기 위해 애쓰고 있습니다." 이 프로그램을 디자인한 사람의 말이다.[12] 보건의료에서의 변화는 리더가 아랫사람들이 아니라 동료들을 이끄는 것이기 때문에 쉽지 않다. 의사 리더는 의사들에게 변화를 설득하고 동기를 부여해야 한다. 로버트 네스Robert Nesse 박사는 현재 위스콘신 라크로스의 메이요 보건의료 시스템 기관인 프란시스칸 스켐프Franciscan Skemp의 최고경영책임자를 맡고 있으며, 이사회 이사로 활동하고 있다. 그는 이렇게 말한다. "메이요 클리닉은 다양한 위원회로 구성되고 공감에 바탕을 둔 경영을 중요시합니다. 우리는 이런 곳에서 어떻게 하면 변화를 주도할 수 있는지를 교육생들에게 설명하려고 노력합니다." 네스 박사는 라크로스로 가기 전 로체스터 캠퍼스에서 지도부에 깊이 관여했던 경험 때문에 교육 프로그램 발표자로 뽑혔다. 그는 메이요 클리닉의 경영 문화는 클리닉 외부 사람이 결코 따라가기 힘든 것이라고 말한다.

프로그램은 〈표 9-1〉의 왼쪽 행에 나타낸 3가지 과정으로 시작하며, 의사들은 모두 이 과정을 밟는다. 이 3가지 과정은 일주일에 걸쳐 진행된다. 2단계 프로그램은 3일 반나절 동안 교육을 진행한다. 새로 장을 맡은 모든 사람과 그 소속 지도부 팀원들이 대상이다. 이 프로그램에는 의사와 행정가 모두 참여한다. 3단계에서는 부장이나 다른 리

〈표 9-1〉 메이요 클리닉 경력 및 리더십 개발 프로그램

경력 및 리더십 개발 1단계	경력 및 리더십 개발 2단계	경력 및 리더십 개발 3단계	경력 및 리더십 개발 4단계
신입 직원	새로 임명된 리더와 그 소속 지도부 팀원들	경험 많은 리더들	고위층 경영진
과정 I-A 메이요 클리닉의 유산: 메이요 클리닉 소개	과정 II-A 리더로서의 자신의 역할 이해	과정 III-A 가치 부여: 최고의 성과를 올리기 위해 질, 안전, 서비스의 문화를 구축하기	과정 IV-A 전략적 계획: 방향 설정과 변화의 실천
과정 I-B 개인 대상: 자기 개발	과정 II-B 사명을 위해 재정적 성과를 최대로 끌어 올리기	과정 III-B 가치 부여: 비용 절감을 통한 가장 합리적인 진료비 산출	과정 IV-B 수행 평가: 진척 사항 평가 및 필요시의 계획 수정
과정 I-C 팀 대상: 팀 개발	과정 II-C 조직의 변화를 주도하기 과정 II-D 우리 팀원들을 발전시키기		

더들을 뽑아서 교육한다. 경우에 따라서는 250명 정도에 이르기도 한다. 이 프로그램은 하루 반나절 동안 진행한다. 마지막으로 4단계에서는 세 캠퍼스의 집행이사회 멤버들과 이사회 이사들이 함께 참가한다. 루만스는 이렇게 설명이다. "이 프로그램의 한 가지 특징은 필요할 때마다 그때그때 가르친다는 것입니다. 이 교육 과정은 참가자들이 처음 정보가 필요해지기 시작할 때를 전후로 진행합니다."

네스 박사는 이 프로그램의 또 하나의 목표가 앞으로 다가올 10년 내지 20년 동안 서로 교류하게 될 새로 임명된 젊은 리더들을 위한 '만남

의 장'을 마련해주는 것이라고 한다. 자기 스스로를 그저 안과 의사, 병리학자, 류머티즘 의사가 아니라 리더라고 생각한다면 메이요 클리닉 경영진의 한 사람으로서 새로운 역할을 잘 받아들일 수 있을 것이다.

경영인을 위한 핵심 전략

위대한 리더라면 조직의 미래를 창조해야 한다. 이것은 21세기를 헤쳐 나가고 있는 회사들에게는 쉽지 않은 요구이다. 보건의료계에서는 특히나 어려운 과제다. 미래의 보건의료 전달 시스템은 오늘날 보건의료계를 둘러싼 다양한 힘에 의해 모양을 갖춰 나가고 있다. 이런 힘은 메이요 클리닉 같은 대형 서비스 조직이라 해도 영향은 미칠 수 있으나 통제할 수는 없는 것들이다. 전 세계 도처의 대학과 기업 실험실에서는 새로운 과학 기술을 개발하고 있다. 행정 회의실과 의사당 본회의장에서는 헌신적인 사람들이 보건의료의 정책과 비용, 통제 문제를 붙들고 씨름하고 있다. 그리고 사회는 보건의료계가 제공하는 최고의 서비스의 혜택을 누가 입을 것인지 결정하는 형평성 및 권리 문제에 매달리고 있다. 의사들은 자신들과 종합병원, 보험 회사, 고용주, 제약 회사들로 구성된 보건의료 시스템 안에서 서로 상충하는 이해관계로 종종 싸우기도 한다. 하지만 환자들을 위한 의료 전달 체계를 구축하기 위해 노력한다.

이렇게 이해관계와 수많은 당사자들이 그물처럼 얽혀 있는 복잡한 망에 참가한 한 주체로서 메이요 클리닉은 자신의 핵심 가치관과 전략에 충실하고 있다. 그럼으로써 자신의 운명을 개척하려 노력하는 한

편, 전략적 타당성을 유지하고 수준 높은 미래의 리더를 양성하기 위해 투자를 아끼지 않는다. 메이요 클리닉에서는 권력이 넓게 분산된다. 리더는 이끌 수 있으나 지배하지는 않는다. 다른 경영인들은 이 속에서 배울 점이 많을 것이다.

포인트 1: 탁월함에 이르는 길은 끝이 없다

탁월함에 이르는 길은 계속해서 이어지는 여정이며, 결함이 전혀 없는 완벽함이란 잡히지 않는 신기루일 뿐이다. 메이요 클리닉이 탁월해질 수 있었던 첫 번째 위대한 도약은 메이요 형제가 수술과 수술 사이에 손을 씻기로 결정했을 때 일어났다. 이런 생각 자체는 다른 사람에게서 얻은 것이었다. 처음에 그들의 아버지는 이 생각을 비웃었다. 하지만 그 이후 수술 사망률이 떨어지는 것을 보고는 확신을 얻었다. 그렇게 해서 병원은 초기의 명성을 쌓아 나갔다. 한 세기가 지난 지금까지도 병원 내 감염과의 싸움에서 우리는 완전한 승리를 거두지 못하고 있다. 메이요 형제와 다른 보건의료 기관이 처음 손을 씻으면서 시작했던 여정은 아직도 계속 이어지고 있다.

탁월해지고자 애쓰는 모든 조직들은 먼저 목표를 정하고 그 여정을 지도로 그려봐야 한다. 메이요 클리닉은 뛰어난 그룹 속에서 선두를 차지했다는 것만으로는 만족할 수 없었다. 때문에 공격적인 노력을 통해서 그 격차를 벌리려고 애썼다. 메이요 클리닉이 따라간 지도는 '메이요 클리닉만의 방식'을 보여준다. 그 속에는 환자를 위해 사용할 수 있는 모든 자원을 활용해서 좀 더 양질의 진료 서비스를 만들어내려는 협동 정신이 녹아 있다. 이것은 쉽지 않은 일이다. 때문에 도전을 멈추지 않고 영감으로 충만한 리더들은 이 여행길에서 직원들에게 힘을 실어주는 기름 역할을 마다하지 않는다.

다행히도 메이요 클리닉 직원들은 내면의 동기에 이끌려 일을 한다. 메이요 클리닉에서는 수고를 많이 한다고 보너스나 휴가를 더 주지 않는다. 메이요 클리닉에서는 최고의 사람을 뽑으려고 노력한다. 그들은 학창시절에 시험을 보고 자기 이름을 성적표 맨 위에 올려놓지 않으면 성이 차지 않았던 사람들이다. 메이요 클리닉은 직원들이 학습에 충실하고 뛰어난 성과를 얻기 원한다. 또한 고객들에게 최선을 다하려 노력한다. 이런 조직이라면 조직의 현재 모습과 도달할 수 있는 최고의 모습 사이에 존재하는 간격을 투명하게 공개하는 것이 더 큰 힘을 불어넣어 줄 수 있다.

미국에서 가장 강한 보건의료 브랜드인 메이요 클리닉은 하루라도 빨리 서비스의 질을 개선하고 서비스의 영역을 확장해야 한다는 생각하고 있다. 다양한 영역에서 업계 선두를 달리고 있지만 메이요는 늘 더 나아지기를 갈망하고 있다. 가장 심한 병을 앓는 환자들을 진료하면서 눈부신 명성을 쌓아올린 메이요 클리닉은 이제 질병 예방 사업 분야로 환자 관리 모델의 영역을 더욱 넓히는 일에 착수했다. 메이요 클리닉 같은 탁월한 조직은 언제나 더욱 나아지려는 데 자신의 에너지를 집중한다. 이 부분은 모든 경영인들에게 가치 있는 교훈이 될 것이다.

포인트 2: 브랜드에 어울리는 구조를 만들라

브랜드는 어느 장소에서 무엇을 제공하든 한결같아야 한다. 메이요 클리닉의 환자들은 메이요라는 이름이 적혀 있는 곳이라면 어느 문을 열고 들어가든, 어느 포털사이트를 들어가든 참다운 메이요 클리닉을 만나기를 기대한다. 환자 만족도 조사를 보면 플로리다와 애리조나의 새로운 캠퍼스에도 서비스 문화가 성공적으로 이식된 것으로 나온다. 그러나 15년간 운영하는 동안 무언가 모자란 부분이 있는 것은 사실이었다. 자매 기관들이 서로 경쟁하며 수천 킬로미터 떨어진 곳의 의사 동료들을 낯설게 느끼고, 중앙의 자원 배분 문제로 리더들의 불만이 쌓여갈 때 협동적 팀워크라는 가치는 흔들린다. 메이요 클리닉에서 제공하는 임상 서비스가 그 서비스를 시작한 캠퍼스에서 항상 마무리될 수 있는 것은 아니다. 치료가 복잡해지면 때로는 다른 캠퍼스로 넘겨야 하는 경우도 있다. 따라서 각각의 캠퍼스가 메이요 환자 관리 모델을 독립적으로 실천하는 것으로는 충분하지 못하다. 환자들이 동등한 수준의 팀워크가 다른 캠퍼스 간에도 적용되기를 기대하는 것은 당연하다.

조직의 운명을 개척하려면 서비스 인력과 경영 인력들을 잘 조화시킬 필요가 있다. 드물긴 하지만 가끔 일어나는 서비스 착오를 보면 다른 캠퍼스에서 지주 회사 모델이 제대로 작동하지 않았다는 사실을 분명히 알 수 있다.

'하나의 메이요'가 새로운 화두로 떠오르며 직원들이 개인적으로 인간관계를 쌓고 임상에서 협동하는 노력이 나타나고 있다. 또한 공동 시스템 개발에 투자하고 캠퍼스 간에 직원 이동을 촉진해서 여러 캠퍼스를 경험하게 하는 등의 노력을 통해 '하나의 메이요'라는 개념이 점차 무르익고 있다. 예를 들면, 와이어트 데커 박사는 로체스터 캠퍼스와 잭슨빌 캠퍼스 양쪽에서 응급의학과 과장을 맡고 있다. 그리고 신경과는 그 밑으로 임상신경생리학과, 행동신경학과 등의 세분화된 '분과'를 두고 있다. 연구와 교육 부분의 조율을 위해서 분과의 회원은 세 캠퍼스 사람들이 모두 포함되게 구성한다. 고위 경영자들은 마음을 굳게 먹고 '하나의 메이요'를 위해 막대한 투자를 하고 있다. 메이요 클리닉은 통합 다전공 협력 진료라는 개념을 만들어낸 조직이다. 이런 조직이 지리적으로 확장하기로 결정을 내렸을 때부터 각 캠퍼스 간의 팀워크를 강화하는 노력을 펼칠 것이라는 점은 애초부터 필연적인 일이었다. 하느냐, 마느냐의 문제가 아니라 '언제, 어떻게 할까'의 문제였던 것이다. 하지만 문화의 역할은 거기까지다. 그 후의 실천은 조직 구조의 몫이다.

여러 단위로 구성된 조직을 이끄는 리더들에게 가장 성가신 문제 중 하나는 중앙 집권과 지방 분권 간의 균형을 어떻게 설정하고 적용할 것인가라는 문제다. 여기서 문제가 되는 사안은 '어떤 것이 가장 좋은 구조일까?'가 아니라 '전략을 수행하기에 가장 좋은 구조가 무엇일까?'라는 것이다. 8장에서 논의했듯이 브랜드란 서비스 품질에 대한 약속이다. 메이요 클리닉 경영진이 '하나의 메이요'라는 내부 브랜드를 이용해서 자신의 외부 브랜드를 강화하고 있다는 점은 많은 시사점을 준다.

포인트 3: 서비스 개선은 서비스를 수행하는 사람에게 맡겨라

직업에 상관없이 자기 일에 숙달된 직원이라면 경영진이나 자기 일을 잘 모르는 외부 사람의 충고를 곱게 받아들이는 경우가 거의 없다. 하지만 메이요 클리닉 의사들은 팀워크 문화 때문에 이런 일에 더 원만한 편이다. 그들은 임상적 결정을 함께 내리는 경우가 많고, 메이요 클리닉에서 일하기 위해 자율권을 어느 정도 포기했기 때문이다. 이 장 앞에서 다루었던 예를 살펴보면, 의사들은 자기 동료들의 임상을 성공적으로 변화시키고 있다. 그 예로 폐렴 치료에 좀 더 수준 높은 임상 기준을 도입한다든가, 로체스터 정형외과에서 원가 절감으로 800만 달러를 절약한 사례들을 들 수 있다. 후자의 사례에서 외과의사들은 증거에 기반한 연구를 통해 메이요 클리닉의 밑바탕에 깔린 가치관을 존중하면서 과학적인 방법으로 자신의 임상에 어떤 변화를 줄지 결정했다. 최고경영책임자나 최고재무책임자, 심지어는 과장도 아닌 일반 의사들이 그런 변화를 실천에 옮긴 것이다.

내일을 준비하는 오늘, 메이요는 조직의 모든 부분을 개선하기 위해 노력을 배가하고 있다. 메이요 클리닉은 그 일을 가장 잘 아는 사람들에게 개선을 맡긴다. 직접 서비스를 수행하는 사람에게 서비스 개선을 맡기는 것이다. 클리닉은 직원들로 팀을 구성해서 더 높은 임상 기준 도입의 책임을 맡긴다. 이끄는 사람은 의사지만 간호사, 치료사, 기사, 컴퓨터 프로그래머, 시스템 공학자 등 모든 업무 팀에서 대표들이 한데 모여 같이 문제를 해결한다. 그 팀원들은 '하나의 메이요'라는 정신 아래 다양한 캠퍼스에서 모인 사람들이다. 이들 전문가들은 함께 힘을 합쳐 진료 지침을 개발하고, 적용 계획을 짜고, 그 결과를 평가한다. 조직을 좀 더 높은 수준으로 이끌고 갈 권한은 그 일을 하는 해당 전문가들에게 있다. 리더는 비전을 분명히 밝히고 그 중요성을 설득하며 필요한 시간과 도구를 제공해준다. 하지만 일단 팀이 서비스 개혁을 진행하는 동안에는 그저 관심을 가지고 지켜볼 뿐이다.

메이요 클리닉에서 배우다

서비스 제공자들이 모두 던져봐야 할 핵심적인 질문이 있다. "온라인 세대의 등장이 우리 조직에 미치는 영향은 무엇일까?" 미래에 투자하려면 이러한 질문에 대답할 수 있어야 한다. 훌륭한 조직을 그대로 유지하는 한편 동시에 새로운 세대의 고객들에게 서비스할 수 있도록 조직을 확장한다는 것은 결국 개혁의 필요성을 의미한다. 하지만 개혁은 핵심 가치관에 대한 헌신을 바탕으로 자신의 정체성을 분명히 인식하는 데서 시작해야 한다. 개혁에는 혁신과 변화를 이끌어 갈 리더가 필요하다. 개혁의 성공은 성과를 개선하려 노력하는 사람에게 달려 있다. 개혁은 매일매일의 도전이며, 내일의 고객에게 필요한 것을 해결하기 위한 끊임없는 탐구이다.

10
CHAPTER

인간의 잠재력을 일깨우다

저는 오랫동안 공인 간호사로 일하면서 대부분 응급 처치나 마취 회복실 업무를 맡았죠. 임상에서도 일했고, 리더 자리도 맡았습니다. 2000년에서 2004년까지 애리조나 메이요 클리닉에 근무하다가 남편 직장 문제로 뉴저지로 이사 왔죠. 지금은 법률 상담 간호사로 일하고 있습니다.

저는 매일 메이요 클리닉을 그리워합니다. 이사 온 뒤로 지역 종합병원에서 시간제로 일하려고 노력도 해봤어요. 하지만 한번 메이요 클리닉 간호사로 일하고 나면 다른 곳에서 일하기는 정말 힘들어요. 메이요 클리닉은 간호사에게는 정말 환상적인 곳이죠. 저는 그곳을 '간호사를 위한 디즈니랜드'라고 불러요. 간호 경력 17년 만에 그곳에서 결국 제가 항상 바라던 간호사가 될 수 있었거든요. 메이요에서는 정말 환자를 최우선으로 합니다. 언제나 팀을 이루어 환자를 치료하죠. 제가 처음 메이요 클리닉에서 일을 시작했을 때 적극적인 협력 진료를 통해 큰 재앙을 막아내는 것을 보고 정말 놀랐던 기억이 납니다. 제가 전에 일하던 곳이라면 살아서 집으로 돌아가기 힘든 환자들이 여기 오면 정상적인 삶을 살 수 있게 되었어요. 진료 팀 사람들이 해결책을 내놓기 위해 머리를 맞대고 고민하는 모습도 흔히 볼 수 있었죠. 모든 팀 구성원들에게 노력을 기울일 것을 요구했고, 그런 노력은 그만한 평가를 받았습니다. 이 팀에는 의사, 간호사, 물리치료사, 호흡치료사, 사회복지사, 그리고 환자의 가족들도 함께 들어갔습니다.

메이요 클리닉에서는 모든 보건의료 관련 종사자들 간에 상호 존중이 있었어요. 어느 날에는 한 물리치료사가 병실로 들어와 수술을 마친 환자가 침대에서 내려오는 것을 도와주었습니다. 환자가 화장실에 가고 싶어 했거든요. 저는 바로 병실로 달려와 환자를 도우려고 했는데 물리치료사가 이렇게 말하더군요. "괜찮아요. 제가 할 테니까 가서 보던 일 마저 보세요." 제가 전에 일하던 곳에서는 몸 쓰는 일은 모두 간호사의 몫이었어요. 하지만 메이요 클리닉에서는 "그건 제 일이 아니에요."라고 말하는 소리를 한 번도 못 들었습니다.

메이요 클리닉에서는 사람을 고용하는 일에 무척 까다로워요. 그래서 사람을 뽑아 메이요의 방식에 맞추려 하기보다는 애초에 메이요 클리닉의 비전에 잘 맞는 사람을 뽑습니다. 제가 다른 곳에서 간호사로 일할 때, 거기서는 종합병원의 사명과 비전을 저에게 숟가락으로 떠먹이듯이 주입하기에 급급했어요. 그리고 그것을 외워서 검사받도록 했죠. 누구도 제가 그런 가치관들을 이미 가지고 있다고 믿지 않았어요. 하지만 메이요 클리닉은 믿어주었죠.

메이요 클리닉에 있는 동안에는 제가 원하는 방식으로 환자를 돌볼 수 있는 충분한 시간과 자원을 사용할 수 있었어요. 조금이라도 통증을 줄일 수 있도록 환자에게 진통제를 투여하고 한 시간을 들여서 소독 붕대를 천천히 갈아주어도 문제가 없었어요. 다른 환자에게 신경 쓸 필요 없이 이 과정을 마무리할 수 있을 거라는 사실을 알고 있었죠. 제 동료가 기꺼이 시간을 내서 제 다른 환자들을 봐줄 테니까요. 그것이 우리의 문화였어요.

저는 한 시간 정도 시간을 내서 환자 가족들의 회의에 참석할 수도 있고, 죽어가는 환자의 가족들을 위로할 수도 있었어요. 여기서는 그런 일들을 쓸데없다고 하지 않고 제 업무 중 일부로 생각하니까요. 종합병원에서는 보통 중환자를 간호하는 데 간호 시간을 더 할당하지요. 하지만 메이요 클리닉은 달랐어요. 여기서는 입원 환자들 모두 똑같이 특별한 간호가 필요한 사람들이라 생각하기 때문에 인력 배정도 그런 생각을 따라갑니다. 물론 언제나 완벽한 것은 아니었어요. 분명 시간이 부족한 날도 있었죠. 하지만 90퍼센트 이상은 제가 말한 대로였어요.

마지막 장은 많은 경험과 수상 경력을 가진 종합병원 간호사 로리 플레이트Lori Plate의 이야기로 문을 열었다. 그녀는 훌륭한 서비스로 메이요 클리닉 동료들의 인정을 받았다. 그녀의 이야기는 메이요 클리닉을 다른 곳과는 다른 모범적인 의료 서비스 기관으로 유지해주는 가장 중요한 특성이 무엇인지를 잘 보여준다. 그것은 바로 사람이다. 노동집약적인 서비스 조직은 그 직원들이 뛰어난 서비스를 수행하지 못한다면 결코 훌륭한 조직이 될 수 없다. 순수 서비스 조직의 본질은 그 조직의 '생산물'이 연속적인 수행의 결과물이라는 사실이다. 따라서 생산물의 질은 서비스 수행인의 수준에 달려 있다. 메이요 클리닉 사람들은 꾸준하게 대단히 수준 높은 서비스를 수행한다. 환자의 삶의 질과 때로는 목숨 그 자체가 그들의 능력에 달려 있기 때문이다.

대부분의 서비스 회사들은 보건의료 서비스처럼 취약한 상태에 놓인 고객을 상대하지는 않는다. 하지만 메이요 클리닉에서 배우는 교훈들은 보건의료 서비스만이 아니라 그 외의 서비스 계열에서도 마찬가지로 중요하다. 메이요 클리닉은 100년 넘게 살아남아 왕성하게 규모를 확장하고 구조도 복잡해졌다. 그러나 90퍼센트가 넘는 환자가 남들에게 칭찬하지 않고는 못 견딜 정도로 훌륭한 서비스를 제공하고 있다. 이처럼 메이요 클리닉이 기술집약적이고 노동집약적인 서비스를 어떻게 수행하는지를 살펴봄으로써(8장 참조) 모든 서비스 분야의 경영인들은 많은 교훈을 얻을 수 있을 것이다.

보건의료 서비스 분야에서는 보통 자동차로 올 수 있는 거리에 사는 사람들에게 서비스를 제공하기 때문에 세계적인 브랜드가 만들어지기 어렵다. 우리가 조사 연구를 하고 이 책을 쓴 이유는 어떻게 19세기에 작은 중부 지역에서 문을 연 가족 병원이 세계적인 브랜드로 발돋움할 수 있었는지 알아보려는 것이었다. 어떻게 이런 일이 일어났을까? 우리는 깊이 탐구하여 조사하고, 각각의 경험에 비추어 서로 배운 내용을 검토하며 얻은 교훈을 독자들과 나누고자 했다. 베리는 오랜 경력의 서비스 연구 학자로서 메이요 클리닉에서 안식년을 이용해 서비스 연구를 심도 깊게 진행했다. 또한 셀트먼은 1992년에서 2006년까지 메이요 클리닉 영업이사로 재직했던 보건의료 영업 임직원이다. 이 책을 쓰기로 결정하기 전에 이미 우리는 메이요 클리닉에 대해서 많은 것을 알고 있었다. 하지만 우리가 쓰고 싶었던 책, 즉 '어떻게 이런 일이 일어났을까?'라는 질문에 대답할 수 있는 책을 쓸 만큼 충분히 알지는 못했다. 독자들을 대신해 이 질문에 대답하기 위해서는 먼저 우리가 직접 그 해답을 찾아내야 했다.

이 앞 장에는 우리가 발견한 내용들을 글로 옮겼다. 그리고 이 마지막 장에서는 우리가 연구하고 그 내용을 글로 옮기면서 배운 것이 무엇인지 검토해보려 한다. 메이요 클리닉은 대단히 놀라운 기관이다. 한 세기 이상을 살아남은 것만으로도 그 조직은 '놀랍다'는 수식을 받을 자격이 있다. 그러나 그렇게 오랜 기간 살아남으면서 동시에 존경까지 받고 아직도 많은 사람들이 찾는 조직이라면 그 자격은 더욱 충분하다고 할 것이다.

메이요 클리닉의 이야기는 인간의 잠재력을 일깨우는 과정이었다. 이 이야기는 환자를 보는 일, 검사 표본을 다루는 일, 병실을 청소하는 일에 이르기까지 모든 일을 탁월하게 해낸 뛰어난 사람들의 이야기이다. 이 장에서는 메이요 클리닉의 오랜 성공에 숨어 있는 교훈들을 알아볼까 한다. 우리는 이 마지막 장까지 오기 위해서 계단을 오르듯 차근차근 단계를 밟아 왔다. 이 원칙은 독자들에게도 똑같이 적용된다. 이 책은 뒤쪽부터 먼저 읽을 수 있는 책이 아니다. 독자들도 계단을 오르듯 차근차근 앞에서 읽어 와야 한다.

3가지 큰 전략

메이요 클리닉은 3가지 큰 전략을 바탕으로 세워졌다. 첫째는 환자의 이해관계를 다른 어떤 이해관계보다도 제일 앞에 두는 것이다. 둘째는 윌리엄 J. 메이요 박사가 '힘 합치기'라고 부른, 재능을 한데 모으는 일이다. 셋째는 효율적인 방식으로 진료 서비스를 제공하는 것이다. 우리는 4장에서 이것을 '멀리서도 찾아오는 진료'라고 불렀다. '환자의 이해관계를 최우선으로 한다'라는 것은 '포부'를 밝힌 것이다. 이것은 클리닉이 이루고자 하는 목표다. 메이요 클리닉 직원들은 보통 이것을 '으뜸 가치'라고 부른다. '협력 진료'와 '멀리서도 찾아오는 진료'는 클리닉이 환자의 이해관계에 따라 서비스를 제공하는 방법에 관한 것이다. '협력 진료'는 환자를 위해 특별한 팀을 꾸리고, 이 팀의 구성원들은 각자의 기술과 지식을 통합해서 환자를 위해 사용한다. 그리고 '멀리서도 찾아오는 진료'는 임상 서비스를 제공하기로 결정하고 그것을 실천에 옮기기까지 불필요한 시간 지체를 없애 효율적인 서비스를 제공한다. 이 후자 2개는 '실천'에 관한 것이다.

사업에 대해 다루는 지침서나 학자들은 조직의 가치관과 전략을 나눠서 설명한다. 그러나 메이요 클리닉의 정신과 그 창립자들이 남긴 유산을 고려해보면 그러한 구분을 내리기가 쉽지 않다. 일반적으로 표현하자면 환자를 우선하는 것은 목적이고, 협력 진료와 멀리서도 찾아오는 진료를 하는 것은 그 목적에 도달하기 위한 전략이다. 메이요 클리닉은 이 3가지 전략을 모두 소중히 여겨 핵심 가치로 승화시켰다.

메이요 클리닉에서는 핵심 가치와 핵심 전략이 서로 겹친다. 핵심 전략들은 메이요 클리닉과 분리할 수 없을 만큼 깊숙이 스며들었기 때문에 가치관 그 자체가 되었다.

3장에서 말했듯이 사업에서 일반적으로 받아들이는 통념은 회사의 핵심 가치는 변함없이 유지하더라도 그 전략과 전술은 시간에 따라 변해야 한다는 것이다. 하지만 메이요 클리닉의 사례를 보면 뛰어난 조직에서는 하나 또는 그 이상의 전략이 조직의 신념에서 핵심적인 자리를 차지하고 존재 방식에 없어서는 안 될 부분이 되었다면, 방법론적인 측면일지라도 핵심 가치의 위치로 격상시킬 수 있음을 볼 수 있다.

큰 전략만으로는 충분하지 않다

메이요 클리닉의 큰 전략들은 처음부터 지금까지 온전히 남아 있다. 그렇지 않을 이유가 있겠는가? 심한 중병이나 이름 모를 병을 앓고 있는 환자들 대부분은 자기의 이해관계를 우선시해주기를 바란다. 또한 전문적인 의학 지식이나 기술들을 한데 모아서 협력 진료를 해주고, 효율적이고 시간 지체 없는 진료를 바란다. 9장에서 다루었듯이 질병을 예방한다는 또 하나의 큰 전략이 메이요 클리닉의 미래에 놓여 있다. 하지만 이것만으로는 충분하지 않다. 이 전략들은 오리엔테이션 교실이나 관리 모델 안내 책자에서 벗어나 환자의 실제 경험으로 전환되어야 한다. 전략은 실천에 옮겨야 한다. 실천하지 않는다면 무의미하다.

위대한 서비스 조직은 실천에 초점을 맞춘다. 그들은 자신이 약속하고 고객이 기대하는 서비스를 수행하는 데 중점을 둔다. 전략을 숨길 수는 없다. 성공하면 그것을 모방하는 사람들이 생기기 마련이다. 다른 경쟁자들이 다전공 통합 협진 기관 같은 혁신을 따라 할 것이 분명한 상황에서 그들을 물리칠 수 있는 실천 가능한 유일한 방법은 그들보다 더 나은 성과를 이루어내는 것이다. 다른 보건의료 기관들은 적어도 일부 측면에서 메이요 클리닉의 모델을 따라 했다. 하지만 8장의 자료들이 보여주듯이 메이요는 아직도 선도적인 보건의료 브랜드로 남아 있다. 그 핵심은 실천이다. 연구 조사를 하고 이 책을 쓰면서 우리가 내린 결론은 메이요 클리닉이 한 세기가 넘도록 자기의 핵심 가치관과 핵심 전략을 정말 잘 실천해왔다는 것이다. 서비스를 수행하는 존재인 메이요 클리닉의 직원들이야말로 클리닉의 지속적인 성공을 설명해줄 수 있는 핵심 변수였다. 레너드 베리는 이전 작업에서 이렇게 말한 적이 있다. "위대한 사람들을 끌어들이는 것이야말로 실천의 첫 번째 규칙이다. 위대한 서비스 회사는 서비스를 수행할 뛰어난 사람들을 끌어들인다. 이것은 무척 간단하고도 강력한 전략이다. 하지만 회사들 대부분이 좀처럼 달성하기 힘든 전략이다."[1]

메이요 클리닉 직원의 수준에 영향을 미치는 3가지 요소가 있다. 이번에는 반대로 조직의 특성이 직원에게 영향을 미치는 것이다. 첫째 요소는 메이요 클리닉이 최고 수준의 사람들을 끌어들여서 유지한다는 점이다. 6장에서 전략을 성공적으로 수행할 수 있는 능력과 배경뿐만 아니라 성공적인 개인적 가치관을 가진 직원을 끌어들이기 위해 투자하는 클리닉의 노력에 대해 살펴본 바 있다. 조직과 일치하는 가치관을 가진 사람을 찾기 위한 아낌없는 투자 덕분에 메이요 클리닉은 상당한 이득을 누리고 있다. 클리닉의 가치관은 대단히 환자 중심적이고 협동을 강조한다. 때문에 이와 마찬가지로 환자 중심적이고 협동적인 사람들이 메이요 클리닉으로 모여들게 된다. 가치관에 바탕을 둔 전략을 실천하는 가장 좋은 방법은 이미 그런 바람직한 가치관을 가진 사람들을 고용하는 것이다. 메이요 클리닉은 이 일을 매우 잘한다. 개인과 조직의 가치관이 잘 조화되면 재능 있는 직원들이 바라는 좋은 근무 환경이 만들어지기 때문에 사람들은 그곳에 오래 머문다.

6장에서 지적했듯이 모든 사람이 메이요 클리닉에 잘 맞는 것은 아니다. 하지만 일부 사람들에게는 대단히 잘 맞는 일터다. 클리닉의 직원 이직률은 보건의료 산업 평균치에 비해 매우 낮고, 경력이 오래된 직원들이 많다. 메이요 클리닉은 필수적인 가치관을 가진 뛰어난 사람들을 끌어들이기 때문에 경영진 자리를 맡을 사람을 찾기 위해 외부로 눈을 돌리는 일이 거의 없다. 따라서 조직 내에서 사람을 골라 경영진 자리로 승진시키기 때문에 그 사람의 가치관을 잘 알고 있다. 이것은 핵심 가치관을 지키는 데 도움이 된다.[2]

노동집약적이고, 고객과 상호 작용하는 서비스 조직에서는 서비스를 수행하는 사람의 개인적 가치관이 서비스의 질과 가치에 직접적으로 영향을 미친다. 이것은 메이요 클리닉의 성공을 이해하는 데 핵심적인 부분이다. 클리닉의 가치관이 바로 전략이고, 전략이 곧 가치관이다. 메이요 클리닉이 메이요 클리닉이 되기 위해서는 인간적 가치관을 가진 뛰어난 사람이 필요하다. 메이요 클리닉은 그 이름만으로도 인간미 넘치는 가치관을 가진 재능 있는 사람들을 불러 모은다. 흉부외과 의사이자 메이요 클리닉 애리조나 캠퍼스 최고경영책임자인 빅터 트라스텍 박사는 이렇게 말한다. "제 동료, 그리고 저와 함께 일하는 직원들은 정말 뛰어난 사람들입니다. 환자를 돕기 위해서라면 그들이 저를 위해서, 그리고 저는 그들을 위해서 하지 못할 일이 없지요. 도와달라고 두 번 말을 꺼낼 필요도 없습니다."

둘째 요소는 메이요 클리닉의 문화와 따뜻한 분위기의 결합이다. 이 2가지 결합이 사람들로부터 최선의 노력을 이끌어낸다. 때문에 클리닉은 뛰어난 인력풀과, 아울러 자신의 잠재력을 최대한으로 살려 일하는 직원들 덕도 많이 보고 있다. 경영인의 핵심 질문은 이것이어야 한다. "우리 직원들이 자기 잠재력을 최대한으로 살려 일하고 있는가, 아니면 전혀 살리지 못하고 있는가?" 메이요 클리닉에서는 직원들 대부분이 클리닉의 위상, 핵심 가치, 협력적 문화 속에 내재된 동료들의 높은 기대에 수준을 맞추기 위해 노력하고 있다. 적당히 노력하는 것은 메이요 클리닉 직원들의 수준에서 보면 만족스럽지 못한 경우가 많다. 물론 그런 직원들도 없지 않지만 대부분은 강한 자발적 노력을 보여준다. 그들은 말썽을 피하기 위해 필요한 최소한의 노력에 그치기보다는 자기가 할 수 있는 최대의 노력을 발휘한다.[3] 이 장 처음에서 얘기했듯이, 로리 플레이트 간호사는 동료 직원의 입에서 "그건 제 일이 아니에요."라는 소리가 흘러나오는 것을 한 번도 듣지 못했다.

    셋째 요소는 협력적인 문화가 개인의 성장을 불러온다는 것이다. 메이요 사람들은 열심히 일할 뿐 아니라 끊임없이 기술과 지식을 개선하고 증진시키고 있다. 동료 직원에게 받는 압박감이 좀 더 많은 노력을 발휘하게 한다면, 동료 직원의 가르침은 개인적인 성장을 가져온다. 메이요 직원들은 자기 팀 동료로부터 배운다. 자기 스스로 발전하려는 이유도 있지만 이를 도와주려는 의지를 가진 스승도 있다. 1장에서 지적했듯이 윌리엄 J. 메이요 박사가 클리닉이 미래에 성공하기 위해 필수적이라고 생각한 3가지 조건 중 하나가 바로 '병원 내의 모든 구성원들이 서로의 직업적인 발전에 지속적으로 관심을 가지는 것'이었다. 클리닉에서 한 직원이 거의 다른 직원들 모두와 개인적으로 알고 지내던 시절은 이제 멀어진 지 오래다. 하지만 협력 진료 모델, 충고를 아끼지 않는 문화, 최첨단 무선 호출 시스템과 통합 전자진료기록부같이 원격 교육을 가능하게 해주는 커뮤니케이션 기술에 대한 투자 등은 모두 이런 정신을 이어가는 데 큰 기여를 하고 있다.

5장에서 설명한 메이요 클리닉의 행정직 교대 임명 시스템은 의사와 행정 리더들을 짝 지어주는 것과 마찬가지로 개인적인 성장을 불러온다. 9장에서 설명한 경력 및 리더십 개발 프로그램은 개인의 리더십 개발을 더욱 돕기 위한 투자다.

어느 산업 분야에서 일하는 경영인이든 뛰어난 직원을 뽑아서 그들이 훌륭히 일을 수행할 수 있도록 능력을 이끌어내는 것은 대단히 가치 있는 목표다. 특히 그 생산물이 본질적으로 직원들의 서비스 수행인 경우라면 그 중요성은 이루 말로 표현할 수 없다. 메이요 클리닉은 어떻게 그런 뛰어난 사람들을 끌어들여 그들에게서 최선의 노력을 이끌어내고 개개인의 발전을 도와줄 수 있는 것일까? 독자들은 이 책의 각 장에서 중요한 통찰을 얻을 수 있을 것이다. 이 마무리 장에서는 이러한 통찰 중 일부를 더 큰 틀 속에서 다시 되새겨보고, 어떻게 메이요 클리닉이 인적 수행 부분에서 'A' 학점을 받을 수 있었는지 알아보겠다.

숭고한 목적의 힘

메이요 클리닉의 존재 이유는 아픈 사람들을 돕겠다는 것이다. 이런 인간적인 가치관은 자기 일을 좀 더 잘해보고 싶은 사람들, 즉 고되고 힘든 서비스 업무를 뛰어나게 수행하는 사람들의 마음속에 공감을 불러일으킨다. 모든 사람이 팀으로 일하고 싶어 하는 건 아니다. 하지만 그것을 원하는 사람이라면 메이요 클리닉은 정말 좋은 팀 구성원이 될 수 있는 기회를 준다. 기대치와 위험이 하늘을 찌를 듯 높은 곳에서 일하기를 원하는 사람은 별로 없을 것이다. 그럼에도 이를 감수할 수 있는 사람이라면 메이요 클리닉은 완벽한 기회를 제공한다. 또한 자신의 일을 통해서 사람들의 삶의 질을 높여주기를 원하는 사람에게 메이요 클리닉은 그것을 가능하게 해준다.

보건의료계는 메이요 클리닉이 필요하다. 메이요 클리닉은 교육이나 연구, 그리고 다른 보건 관련 분야에 기여하는 것 말고도 세계 각국 어디에서도 찾아보기 힘든 보건의료 서비스 대안 모델을 보여주고 있다. 많은 환자들이 메이요 클리닉을 마지막 희망의 보루로 생각한다. 그곳에 가면 어려운 병의 진단도 신속하게 내리고 다른 병원에서는 할 수 없는 특별한 수술도 할 수 있을 것이라 여기고 있다. 경영인들이 던져야 할 가장 중요한 질문은 이것이다. "만약 우리 조직이 하룻밤 사이에 사라져 버린다면 고객들은 우리를 그리워할까?" 분명 메이요 클리닉의 경우 그 대답은 '그렇다'이다. 클리닉이 하는 일은 대단히 중요한 것이다. 이 때문에 재능 있는 사람들이 메이요를 찾아와 최선을 다해 일하는 것이다.

메이요 클리닉 직원들 중 상당수는 클리닉의 핵심 가치관을 받아들이고 있다. 그들은 환자에게 봉사하기 위해 보건의료계에 발을 들여놓은 사람들이다. 때문에 클리닉의 초석인 환자 중심의 가치는 처음부터 그런 사람들을 끌어들였고, 일단 클리닉에 들어온 이후에는 자발적으로 나서서 일하도록 영감을 불어넣었다.

메이요 클리닉에서 일한다는 것은 효과적이고 효율적으로 환자에게 봉사한다는 핵심 가치관을 진보적으로 적용할 수 있는 기회가 매일 펼쳐진다는 것을 의미한다. 1장에서 메이요 클리닉을 '현대적이면서 전통적인 기업'이라고 했던 의미가 바로 이것이다. 이 가치관은 매일 다양한 방식으로 강화되면서 어떻게 결정을 내리고 자원을 분배할지 정하는 나침반 역할을 한다. 이 가치관이 그 일을 하는 사람들을 인도하고, 환기시키고, 그들에게 힘을 불어넣는다. 응급의학 의사로서 애니 사도스티는 이렇게 말한다. "이 가치 체계는 의식적이든 무의식적이든 매일 우리 머릿속으로 들어옵니다. 저는 메이요 클리닉에서 수련받지는 않았지만 '환자의 필요를 최우선'이라는 구호를 여기서 25년간 근무한 사람만큼이나 유창하게 외우는 데 그리 오래 걸리지 않았어요. 저는 그 문장 하나가 우리를 하나로 묶어주고 있다고 생각해요. 우리 모두 그 문장의 의미를 알고 있지요."

훌륭한 업무에 필요한 자원

메이요 클리닉이 훌륭한 사람들을 뽑아서 유지하고 그들에게 힘을 불어넣을 수 있었던 것은 부분적으로는 스스로 정의내린 성공을 좇아 헌신했기 때문이다. 메이요 클리닉은 성공이란 경제적 이익이 아니라 사회적 이익을 남기는 것이라는 입장을 분명하게 고수해왔다. 사회적 이익은 사회를 더 나은 곳으로 만드는 일이다. 메이요 클리닉은 환자 진료와 의학 연구를 통해서 그것을 추구해왔다. 메이요 클리닉의 존재 이유는 더 많은 순익을 남기기 위해서가 아니라 더 나은 삶의 질을 창조하기 위한 것이다. 이 일의 씨앗은 이른 시기에 뿌려졌다. 윌리엄 메이요 박사는 1921년에 이렇게 적었다. "의료는 미국이 행복해지는 데 가장 중요한 요소이다. 한 나라의 가장 큰 재산은 바로 그 국민들의 건강이기 때문이다."[4]

물론 메이요 클리닉이 재정 부분에 전혀 신경을 쓰지 않는 것은 아니다. 클리닉에서는 의료보험 수익률 감소와 병원 확장에 따른 자본 확충의 필요성, 그리고 연구와 교육 활동에 필요한 자금 조성의 필요성이 대두되었다. 이에 따라 적어도 지난 사반세기 동안 메이요 클리닉의 지도자들은 병원을 재정적으로 독립 운영한다는 원칙을 고수해왔다. 메이요 클리닉이 자기의 운명을 개척해 나가기 위해서는 이런 재정 원칙을 지켜야 한다. 전통을 지키고 사명을 다하기 위해서는 재정적으로 뛰어나야 한다. 따라서 메이요 클리닉도 돈 문제는 중요하다. 하지만 영리 단체이든 비영리 단체이든 다른 많은 기관들과 메이요의 차이점은 돈을 위해 일하지 않는다는 점이다. 메이요 클리닉은 사명을 위해 일한다. 그리고 이것이 메이요 클리닉이 자질이 훌륭한 좋은 직원들을 끌어들일 수 있는 핵심적인 이유다. 1999년에 메이요 클리닉 최고경영책임자로 은퇴한 로버트 월러 박사는 이렇게 얘기한다. "미네소타 로체스터 캠퍼스는 정말 좋은 곳입니다. 하지만 사람들이 로체스터 캠퍼스에 머무는 이유는 기후가 좋거나 돈 벌기가 좋아서 그런 것은 아닙니다."

사업적인 측면이 있다고 해서 그것이 클리닉의 사명을 유린하는 것은 아니다. 재정적으로 독립하기 위해 노력한다는 이유로 훌륭한 업무에 필요한 자원을 아끼는 일은 거의 없다. 메이요 직원들은 자기 일을 올바르게 처리하는 데 필요한 시간, 장비, 시설들을 사용할 수 있다.

"제가 항상 바라던 간호사가 될 수 있었어요."라는 로리 플레이트의 말은 많은 메이요 클리닉 직원들이 자신의 일을 어떻게 바라보고 있는지를 정확히 대변해주고 있다. 그들은 훌륭하게 일을 처리하기 위해서라면 필요한 자원들을 마음대로 사용할 수 있다.

메이요 클리닉이 의사가 주도하는 기관이라는 사실은 이익보다 사명을 중시하는 문화를 만들어 가는 데 크게 기여한다. 5장에서 얘기했듯이 클리닉에서는 의사 리더와 행정 리더를 한 팀으로 묶어줌으로써 사업과 경영상의 혜안을 얻게 해준다. 하지만 양측의 의견이 갈릴 때는 의사의 관점에 손을 들어준다. 행정가들은 파트너지만 동등하지는 않다. 이것은 일부러 그렇게 정한 것이다. 애리조나 클리닉 최고행정책임자인 제임스 앤더슨은 그 이유를 이렇게 설명한다.

우리는 임상적 측면과 사업적 측면 모두에서 지도력을 발휘해야 합니다. 그래서 이런 협력 관계가 생겨난 것이죠. 그렇다면 왜 '행정가가 주도하는 기관'이 아니라 '의사가 주도하는 기관'이 되었을까요? 그것은 의사가 결정을 주도해야만 메이요 클리닉 창립의 바탕이 된 환자의 이해관계를 다른 무엇보다 우선시하는 으뜸 가치 쪽에 좀 더 많은 비중을 실을 수 있기 때문입니다. 어려운 결정을 내려야 하거나 교착 상태에 빠질 때 의사가 자신의 훈련과 본능을 바탕으로 결정을 내리는 것이 임상적 측면에 좀 더 비중을 실어줍니다. 우리가 원한 것은 그런 것이죠. 우리는 매일 내려야 하는 수많은 결정에서 임상적 측면에 좀 더 비중이 실리기를 바랍니다. 우리 모델에서는 그만큼 환자와 의사에게 중심이 더 쏠리기를 바라는 것이죠.

예산을 한 바구니에서 꺼내 쓴다는 철학도 사명을 우선시하는 문화를 형성하는 데 도움이 된다. 메이요 클리닉의 지배 구조에서는 모든 수익을 중앙으로 모았다가 다시 사명의 중요도에 따라 분배하는 방식을 따르고 있다. 의료보험 환급 정책 때문에 어떤 의료 서비스 부분은 수익이 높고, 어떤 부분은 낮다. 그래도 메이요 클리닉에서는 수익에 따라 예산을 배분하지는 않는다. 예산은 재정적 부분만을 고려하지 않고 그 과가 환자에게 얼마나 잘 봉사하고 연구와 교육에도 얼마나 노력을 다하고 있는가를 고려해서 배분한다. 어느 특정 부서가 클리닉 전체를 위해서 무엇을 하고 있는가가 정말 중요하다. 이런 시스템 때문에 자기 부서가 예산을 더 받아야 한다고 생각하는 그룹들 간에 갈등이 생길 수도 있다. 수익을 누가 차지하느냐를 두고 내부적으로 논란이 생기기도 한다. 하지만 이 시스템이 급하게 바뀌는 일은 없을 것이다. 이런 시스템 덕분에 통합된 다전공 협진 의료 서비스를 훌륭히 제공하겠다는 약속을 지킬 수 있었기 때문이다. 월러 박사는 이렇게 설명한다.

사람들은 어떤 서비스에 대해서는 돈을 잘 쓰지만 어떤 서비스에 대해서는 그렇지 않습니다. 우리가 하는 일은 사람들이 돈을 잘 쓰는 부분에서 생긴 이득을 모아 한 바구니에 담는 것이죠. 우리 경영진과 이사들은 돈을 어떻게 배분할지 결정합니다. '한 바구니' 철학 덕분에 우리는 정신과나 소아과에 최신 시설을 지어주고, 보험 환급을 별로 받지 못하지만 필요성이 큰 다른 부분에도 투자할 수 있었죠. 이런 접근 방식 덕분에 우리는 환자에게 필요한 진료를 제공할 수 있습니다.

존중하는 문화

　메이요 클리닉의 핵심 가치관은 존중하는 문화를 이끌어 직장 생활의 질을 높이는 데 기여한다. 무언가 신봉하는 것이 있으면(가치관), 행동이 그것을 따라간다(문화). 메이요 직원들이 환자나 서로에게, 그리고 조직에 대해 보여주는 존중은 손에 잡힐 듯 확연히 드러난다. 환자의 이해관계를 최우선에 둔다고 자부하는 기관에서 환자가 말을 꺼내는데도 그것을 무시하고 환자의 품위를 짓밟거나 그들의 약점을 보호해주지 않는다면 환자나 그 가족의 신뢰를 잃게 될 것이다. 심각하고 복잡한 병을 가진 환자들이 모여드는 기관에서 동료의 기여를 존중해주지 않는 것은 바보 같은 짓이다. 메이요 클리닉에서 협력 진료는 단순히 핵심 가치로 그치는 것이 아니라 필수적인 것이다. 또한 인간애를 실천하며 그토록 오랫동안 성공적으로 일을 수행해온 기관을 존중하지 않는 것은 건방진 일이다. 메이요 클리닉에는 다양한 면이 있지만 자만한 것과는 거리가 멀다. 메이요 클리닉은 자부심이 있으며 자기의 명성을 지키려 하고 전략적 결정을 내리는 데 신중하다. 그러나 자만하지 않는다. 스티븐 스웬센 박사는 이렇게 말한다. "메이요 클리닉에서는 행정가, 간호사, 의사 등 그 누구라도 주인공이 되는 것을 대단히 불편하게 생각합니다. 그것을 좋아하는 사람들도 있지만 우리가 그런 사람을 뽑는 경우는 거의 없습니다. 설사 그런 경우라도 그들은 오래 견디지 못하죠."

　메이요 클리닉을 처음 방문한 환자들은 의사들이 자기에게 많은 시간을 내주는 것을 보고 놀라는 경우가 많다. 메이요 클리닉은 진료할 때 서두르지 않는다. 이것은 2장에 나온 환자 관리 모델의 신조이기도 하다. 창립자까지 거슬러 올라가는 이 신조는 정확한 진단을 위해 꼼꼼히 검사할 필요가 있기 때문이기도 하지만, 그 밑바탕에는 기본적으로 환자의 말과 믿음에 대한 존중이 깔려 있다. 메이요의 환자들은 첫 진료 약속을 잡으려면 석 달을 기다려야 한다. 하지만 일단 시스템 안에 발을 들여놓기만 하면 각별한 존중 속에 특별 대우를 받는다.

합의를 중요시하는 메이요 클리닉의 문화 때문에 결정을 내리는 과정이 끔찍하게 느려지기도 한다. 하지만 이것은 기관의 행동거지가 대단히 조심스럽기도 하지만 기본적으로는 동료의 목소리를 존중하기 때문에 생기는 일이다. 전직 행정 부문 부장이었던 로버트 플레밍은 1986년 클리닉 관리인들에게 메이요 클리닉 문화에 대해 연설했다. 그는 이 연설에서 의과학자인 루이스 토머스Lewis Thomas가 합의에 대해 설명한 부분을 인용하며 그 말이 메이요 클리닉에도 마찬가지로 적용된다고 주장했다.

우리는 다른 사람들과 대화를 나눕니다. 그리고 자신의 일이 다른 사람들에게 어떻게 평가받는지를 곰곰이 생각합니다. 우리는 시를 읽습니다. 문학을 접하면서 깊은 생각에 빠지죠. 또한 우리는 음악을 연주합니다. 이를 통해 우리는 마음을 바꾸고 결국 서로 이해하게 되지요. 세상은 이런 식으로 진화해 나갑니다. 고함치고 남을 깎아내리며 진화하는 것이 아니라 서로를 이해할 줄 아는 훌륭한 사람들의 위대한 능력을 통해 진화해가는 것이죠.[5]

기관에 대한 존중은 수많은 방식으로 표출된다. 최근에 은퇴한 고위 행정가인 칼튼 라이더가 말하는 '기관의 자기 비판적 성격'도 그런 중요한 방식 중 하나다. 라이더의 설명에 따르면 메이요 클리닉 리더들은 보통 오랫동안 조직에 몸담고 있었고, 경영진 자리에 오를 때쯤이면 자기가 물려받은 유산을 대단히 존중하게 된다. 이제는 기관의 리더로서 기여할 때가 되었기 때문에 그들은 기관을 발전시키고 강화하기를 바란다. 라이더의 말을 빌리면, 이 때문에 그들은 "자기 자신에게 엄격해진다."

자기 비판적인 사람은 리더들만이 아니다. 직원들이 모두 조직에 대한 자부심이 크다 보니 그만큼 직원들의 걱정도 커진다. 실제로 조직이 핵심 가치에 대한 초점이 흐려지고 있다거나, 사람들이 일을 열심히 하지 않는다거나, 의사들이 그전보다 환자 보는 데 신경을 덜 쓴다는 등의 걱정을 하는 직원들을 만나기란 그리 어렵지 않다. 이것이 걱정으로만 그치지 않는 경우도 있기 때문이다. 한 조직의 핵심 가치관은 저절로 만들어지는 것이 아니기 때문에 어찌 보면 본래 위험이 따른다고 할 수 있다. 그렇기에 모든 직원들이 똑같이 열심히 일을 하는 것도 아니고, 좋은 팀원이 되는 것도 아니다. 하지만 기관이 자기 비판적인 성격을 띠게 된 것은 모든 직원들이 메이요 클리닉과 그 유산에 대해 상당한 자부심을 느끼고 있기 때문이다. 그들은 조직에 깊은 관심을 쏟는다. 메이요 클리닉 브랜드의 힘은 외부의 이해관계자뿐만 아니라 내부 직원들에게도 영향을 미친다. 직원들은 브랜드의 가치가 떨어지는 것을 보고 싶어 하지 않는다.

메이요 클리닉 이야기

메이요 클리닉의 이야기는 사람에 대한 이야기이다. 그들은 훌륭한 서비스를 제공하기 위해 조직을 만들고 유지하는 데 헌신했다. 또한 뛰어난 기술과 가치관, 비전을 갖추고 있다. 이것은 인간적인 가치관, 기관의 너그러운 정신, 전통적 아이디어의 진보적인 적용에 관한 이야기이다. 메이요 클리닉은 오랜 세월 시험을 견뎌낸 훌륭한 조직이다. 그들은 마케팅이 아니라 훌륭한 서비스 수행을 통해 세계적으로 유명하고 강력한 브랜드를 만들어냈다.

또한 이것은 과거를 존중하고 미래에 투자하는 구식 팀워크와 신식 효율성의 만남에 관한 이야기이다. 그리고 자신의 리듬에 맞춰서 앞으로 나아가는, 자신의 사명에 충실하고 독특함에 만족하는 특별한 조직의 이야기이다. 하지만 그 아래 깔려 있는 원칙은 다른 서비스 기업에도 적용할 수 있기 때문에 보편적인 이야기이기도 하다. 또한 이것은 일관되게 비전을 실천하는 이야기이다. 뛰어난 일을 수행하는 뛰어난 사람들의 이야기이자, 자기가 물려받은 위대한 기관이 언제나 굳건한 모습으로 남아 인류에 기여할 수 있도록 최선의 노력을 다하는 사람들의 이야기이다.

그리고 이것은 당신의 이야기가 될 수도 있다.

이제 다시 로리 플레이트 간호사의 말을 통해 메이요 클리닉에 있었던 한 가지 일화를 더 소개하면서 마무리하도록 하겠다. 그녀의 말은 모든 위대한 이야기에 공통적으로 나타나는 영웅이 누구인지를 말해준다. 그것은 바로 보통 사람들이다.[6]

중환자실에서 일하다 보면 저희는 종종 죽은 사람들, 혹은 죽어가는 사람들을 만나야 하죠. 저희 팀은 최선의 노력을 다해서 이 특별한 죽음을 대했습니다.

M 씨는 최근에 불치병 말기라는 진단을 받았습니다. 50년 넘게 부부로 살아온 두 사람은 더 공격적인 치료를 시도해볼지, 그냥 증상만 완화시키는 치료를 받을지 결정을 내리지 못하고 힘들어 했습니다. 메이요 클리닉에서는 아주 어려운 상황에서도 쉽게 팀을 이뤄서 일합니다. 모든 팀 구성원들이 자기가 맡은 일을 하면서 이 부부가 힘든 시기를 견디도록 도왔습니다. 간호사들은 병실 간호를 극진히 했습니다. 사례관리자와 사회복지사는 호스피스 간호와 급성 환자 치료에 대한 세세한 선택 사항들을 안내해주었습니다. 또한 사적인 문제들이나 혹시 닥칠지 모르는 상황에 대비할 수 있도록 도우면서 M 씨 부부와 함께 시간을 보냈죠. 우리는 M 씨가 결정 과정에 참여할 수 있도록 병실에서 가족회의를 열어 주었습니다. 거기에는 의사, 사회복지사, 사례관리자, 목사, 간호사가 함께 참석했지요. M 씨는 공격적인 치료를 끝내기로 결정할 마음의 준비가 되어 있었지만 부인은 마지막 날이 가까워졌다는 사실을 받아들이지 못했습니다. 결국 치료는 계속 진행되었고 M 씨의 생명을 연장하기 위해 할 수 있는 것은 무엇이든 했죠. 목사는 가족과 함께 기도하고 M 씨 부부에게 필요할 때면 언제라도 불러달라고 말했습니다.

진정한 팀워크가 발휘되기 시작한 것이 바로 이때부터였습니다. W 양은 M 씨를 담당하던 젊은 간호사였는데 이렇게 죽음이 가까운 환자를 간호해본 경험이 없었습니다. 20년 넘게 경력을 쌓은 베테랑이었던 저는 그녀에게 이 힘든 시기에 언제라도 필요하면 옆에 있어주겠다고 말해주었지요. W 양은 정말 고마워하면서 안심했습니다. M 씨의 상태는 날로 심각해졌고, 부인은 남편이 얼마나 고통받고 있는지를 차츰 깨닫기 시작했습니다. 그날 오후 4시경에 M 씨 부인은 W 양을 병실로 불러서 남편이 편안하고 평화롭게 세상을 뜰 수 있게 해달라고 말했습니다. 그녀는 의사에게 연락했고 저에게 M 씨의 임종이 임박해지면 병실로 와 줄 수 있겠느냐고 부탁했습니다.

때가 되면 M 씨가 평화롭게 떠날 수 있도록 소생술을 하지 않는 데 동의하는 서류에 서명하는 것도 한 시간 정도 지나 모두 마무리됐습니다. W 양과 저는 필요하면 언제라도 도울 수 있도록 옆에 있었고, M 씨 부인은 그의 곁을 지키고 있었습니다. 우리 병동의 다른 간호사들이 제 환자들을 대신해서 봐주고 있었기 때문에 저는 W 양이 이 부부의 이별을 돕는 것을 지켜봐 줄 수 있었습니다. 저는 죽음을 맞이하는 부분에서 대단히 경험이 많다고 스스로 생각해왔죠. 하지만 이날만큼은 저도 다시 학생으로 돌아가서 보고 배웠습니다.

오후 6시 정도에 M 씨가 반응도 적어지고 죽음이 가까워지자 M 씨 부인은 목사를 불러서 기도를 해달라고 부탁했습니다. 저는 W 양에게 목사를 호출하게 했지만 목사는 비슷한 상황에 처한 다른 가족들과 있느라 당장 여기 올 수 있는 처지가 안 됐습니다. 그는 20분 내로 오겠노라고 했습니다. 하지만 M 씨에게는 20분도 남아 있지 않았습니다. M 씨 부인은 목사를 불러서 남편이 눈을 감는 동안 기도를 해달라며 울었습니다. M 씨는 분명 20분을 더 견딜 수 있을 것 같지 않았습니다. 저는 티슈를 집어들고 M 씨 부인을 위로하며 W 양에게는 제가 가진 최고의 연민을 보여주려고 했습니다. 그런데 제가 다시 방에 들어갔을 때 신앙도 달랐던 W 양이 한 손에는 부인의 손을, 다른 한 손에는 M 씨의 손을 잡고 기도를 시작했습니다. 그녀는 부부의 이름을 말하며 주님께 그들의 50년 결혼 생활을 축복해달라고 기도했습니다. 저라면 그렇게 빨리 그 사람들의 이름을 기억해낼 수 있을지 지금도 확신이 서지 않습니다. 그녀의 목소리는 강하고 밝으며 부드러웠고, 그가 마지막 숨을 거두는 동안에도 목소리가 떨리는 일 없이 주기도문을 암송했습니다.

저는 병실 입구에 서서 흐느껴 울었습니다. 복잡한 기분이 들었습니다. M 씨 부부의 상실감에 대한 안타까움과 우리가 한 팀으로서 환자에게 필요한 것을 제공해주었다는 기쁨이 섞인 것이었습니다. W 양은 정말 최고의 팀원이었습니다. 그녀는 가장 난처한 시기에 다른 사람의 역할을 기꺼이 맡아서 우리 시스템이 흠 없이 돌아갈 수 있게 해주었죠.

역자 후기

　이 책의 번역을 맡게 된 데는 내가 치과의사로 의료계에 10년 넘게 몸을 담았다는 사실이 큰 영향을 미쳤다. 솔직히 나는 치과의사로서의 내 모습에 만족하기 어려웠다. 그래서 결국 하고 싶은 일을 찾아 번역가의 길을 선택했다. 그런 내가 이 책의 번역을 맡게 된 것은 어찌 보면 삶이 보여주는 아이러니가 아닐까. 치과의사로서의 삶이 행복했다면 그 일을 그만두지 않았을 것이다. 그러나 주위를 둘러봐도 내 눈에는 치과의사들이 남들 생각처럼 그리 행복해 보이지 않았다. 의료계의 다른 분야들도 크게 다르지는 않으리라고 조심스럽게 추측해 본다. 남들은 선망의 눈길로 바라보는 직업이건만 왜 정작 치과의사들은 행복하지 못한 것일까? 그 해답은 이 책을 번역하는 과정에서 분명하게 드러났다. 바로 가치관이다.
　메이요 클리닉이 100년이 넘는 세월 동안 의료계 최고의 브랜드를 구축하고 유지할 수 있었던 것은 최고가 되기를 원했기 때문이 아니다. 자신의 존재 이유, 즉 가치관을 잃지 않으려 온갖 노력을 아끼지 않았기 때문이다. 최고의 자리는 거기에 따라온 포상에 불과했다.

병원이 존재하는 이유, 그리고 의료인이 존재하는 이유는 바로 '환자'를 위해서다. 환자는 인간이다. 이것이야말로 의료계가 잊어서는 안 될 가장 중요한 가치관이다. 가치관은 사명의식을 만들고, 결국 이것은 주인의식을 낳는다.

- 효율은 일에 만족하는 사람으로부터 나온다.
- 조직의 가치를 창출하는 것은 결국 홍보가 아니라 가치관이다.
- 의료는 기술이 아니라 예술이다. 이것은 현대 의학이 잊고 있는 부분이다.

책을 읽고 나면 한 편의 휴먼 다큐멘터리를 본 듯한 기분이 들 것이다. 의료계나 서비스계에 종사하는 사람이 이 책을 읽는다면, 분명 동료들과 돌려 읽고 싶어질 것이라 믿는다. 부디 이 책이 이 멋진 가치관을 널리 퍼뜨려주기를 바란다.

김성훈

참고문헌

CHAPTER 1

1. Denis A. Cortese, "The Note on the Windshield", *Mayo Clinic Checkup*, July 2002, p.2.
2. Thomas R. Viggiano, Wojciech Pawlina, Keith Lindor, Kerry D. Olsen, and Denis A. Cortese, "Putting the Needs of the Patient First: Mayo Clinic's Core Value, Institutional Culture, and Professionalism Covenant", *Academic Medicine*, November 2007, p.1089.
3. "A Study of Attitudes toward Mayo Clinic", Report for Mayo Clinic, Social Research, Inc., December 1961, p.55.
4. "A Study of Non-patient Attitudes toward the Mayo Clinic", Research Report for Mayo Clinic, Social Research, Inc., October 1962, p.53.
5. "A Study of Attitudes toward Mayo Clinic", p.56.
6. Robert C. Roesler, *Principles and People: Key Elements of Mayo*, Mayo Foundation, June 1984, p.27.
7. Roesler의 책 6쪽에서 인용.
8. Rajenda S. Sisodia, David B. Wolfe, and Jagdish N. Sheth, *Firms of Endearment: How World-Class Companies Profit from Passion and Purpose*, Wharton School Publishing, 2007.
   Leonard L. Berry, *Discovering the Soul of Service: The Nine Drivers of Sustainable Business Success*, Free Press, 1999.
9. Berry, 1999, pp.35-38.
10. Leonard L. Berry, "The Best Companies and Generous Companies", *Business Horizons*, July-August 2007, pp.263-269.
11. J. T. Logan, "The Mayo Clinic", *The Free Methodist*, February 13, 1931, p.8.
12. Leonard L. Berry and Neeli Bendapudi, "Health Care: A Fertile Field for Service Research", *Journal of Service Research*, November 2007, pp.111-122.
13. Leonard L. Berry, "Leadership Lessons from Mayo Clinic", *Organizational Dynamics*, Fall 2004, pp.228-242.
14. William Mayo, address Minnesota State University, *Northwest Lancet*, vol.

15, 1895, pp.221-225.

CHAPTER 2
1. Letter, September 5, 2006.
2. Helen Clapesattle, *The Doctors Mayo(abridged)*, Mayo Foundation for Medical Education and Research, 1969, pp.136-140. 이 가족 일대기는 1941년에 미네소타 대학 출판부에서 처음 출판했고, 이후 메이요 클리닉이 책의 판권을 사들여 1969년부터 요약판을 출판했다.
3. William J. Mayo, "The Necessity of Cooperation in Medicine", Rush Medical College commencement, June 15, 1910.
   이 러시 의과대학 졸업식 연설은 세인트메리스 종합병원 직원들에 의해 최초로 출판되었다(Mayo Clinic, *Collected Papers*, 1910; 2, pp.557-566). 그 후 2000년 75권의 553~556쪽에 그대로 옮겨 출판되었다. 이 장에 사용한 인용문은 「Mayo Clinic Proceedings」 재출판본 554쪽에 나와 있다.
4. Robin Finn, "Public Lives; New Man in the Hot Seat of State Health Commissioner", *New York Times*, February 2, 2007.
5. Leonard L. Berry and Kent D. Seltman, "Building a Strong Services Brand: Lessons from Mayo Clinic", *Business Horizons* 50, 2007, pp.203-204.
6. Elizabeth Pestka, "Nurses Built the Hospital: A Reader's Theatre Used in Nursing Orientation", forthcoming in *Journal of Continuation Education in Nursing*.
7. 낭독극장 대본은 다음 서적에서 인용했다. Sister Ellen Whalen, O.S.F., *The Sister's Story*, Mayo Foundation for Medical Education and Research, 2002, p.60.
8. Clapesattle, p.145.
9. Harold Severson, "After 30 Years and 4,355 Recitals, Drummond to Retire as Carillonneur", *Rochester Post-Bulletin*, December 24, 1957, p.10.

CHAPTER 3
1. 이 이야기와 이 장에 나와 있는 몇 단락은 다음의 글에서 인용한 것이다. Leonard L. Berry, " The Collaborative Organization: Leadership Lessons from Mayo Clinic", *Organizational Dynamics*, no. 3, Fall 2004, pp.228-242.

2. William J. Mayo, "The Necessity of Cooperation in Medicine," speech delivered at the Rush Medecal College commencement, June 15, 1910. 세인트메리스 종합병원 직원들에 의해서 최초로 출판되었다(Mayo Clinic, *Collected Papers*, 1910; 2, pp.557-566). 그 후 2000년 75권의 553~556쪽에 그대로 옮겨 출판되었다. 이 장에 사용한 인용문은 「Mayo Clinic Proceedings」 재출판본 554쪽에 나와 있다.
3. Thomas J. Watson, Jr., *A Business and Its Beliefs: The Ideas that helped Build IBM*, McGraw-Hill, 1963, pp.5-6.
4. Paul Roberts, "The Best Interest of the Patient Is the Only Interest to Be Considered", *Fast Company*, April 1999, pp.149-162.
5. Matthew Dacy, "Aspects of Integration-The Spirit and Systems that Hold Mayo Clinic Together", *Mayo Today*, January-February 2007, p.20.
6. *Teamwork at Mayo: An Experiment in Cooperative Individualism*, a publication of the Mayo Center for Humanities in Medicine, Mayo Press, 1998, p.6.
7. Helen Clapesattle, *The Doctors Mayo(abridged)*, Mayo Foundation for Medical Education and Research, 1969, p.423. 1941년에 출판된 원본을 바탕으로 출판됨.
8. Daniel Yankelovich and John Immerwahr, *Putting the Work Ethic to Work*, Public Agenda Foundation, 1983, p.1.
    Leonard L. Berry, *Discovering the Soul of Service: The Nine Drivers of Sustainable Business Success*, Free Press, 1999, pp.13-14.
9. Leonard L. Berry and Neeli Bendapudi, "Clueing in Customers", *Harvard Business Review*, February 2003, pp.100-106. 결혼식 이야기는 102-103쪽에 나온다.
10. Berry, *Discovering the Soul of Service*, Chapter 9.
11. Noel M. Tichy and Stratford Sherman, *Control Your Destiny or Someone Else Will*, Currency Doubleday, 1993, pp.234-235.
12. Frank Rose, "A New Age for Business", *Fortune*, October 8, 1990, p.162.

CHAPTER 4
1. Helen Clapesattle, *The Doctors Mayo(abridged)*, Mayo Foundation for Medical Education and Research, 1969, p.209.

2. Proctor P. Reid, W. Dale Compton, Jerome H. Grossman, and Gary Fanjiang, *Building a Better Delivery System: A New Engineering/Health Care Partnership*, The National Academies Press, 2005, p.13.
3. Lawrence H. Lee, Stephen J. Swensen, Colum A. Gorman, Robin R. Moore, and Douglas L. Wood, "Optimizing Weekend Availability for Sophisticated Tests and Procedures in a Large Hospital", *The American Journal of Managed Care*, vol. 11, no. 9, September 2005, pp.553–558.

CHAPTER 5

1. Judith Hartzell, *I Started All This: The Life of Dr. William Worrall Mayo*, Arvi Books, Inc., 2004, p.138.
2. Harry J. Harwick, *Forty-Four Years with the Mayo Clinic:1908–1952*, Mayo Clinic, 1957, p.5
3. Helen Clapesattle, *The Doctors Mayo(abridged)*, Mayo Foundation for Medical Education and Research, 1969, p.227.
4. Clapesattle, p.228.
5. Harwick, p.11
6. Clark W. Nelson, *Mayo Roots: Profiling the Origins of Mayo Clinic*, Mayo Foundation for Medical Education and Research, 1990, p.120.
7. Harwick, p.15.
8. Harwick, p.17.
9. Harwick, p.7.
10. Harwick, pp.18–19.
11. Clapesattle, p.417.
12. Harwick, p.19.
13. John H. Herrell, "The Physician–Administrator Partnership at Mayo Clinic", *Mayo Clinic Proceedings*, January 2001, p.108.
14. Herrell, p.109.
15. Herrell, p.108.
16. Kenneth E. Smith, "Mayo Health System: Development of an Integrated Delivery System in Southern Minnesota, Northern Iowa, and Western Wisconsin", in *Integrated Health Care: Lessons Learned*, J. William Appling, ed.(Englewood, CO: Medical Group Management Association,

1999), p.308.
17. Mary Ellen Landwehr, Gregg Orwoll, "Warren Burger—Beyond the High Court", *Mayo Alumnus*, Fall 1986, p.25.
18. Alfie Kohn, "Why Incentive Plans Cannot Work", *Harvard Business Review*, September—October 1993, p.62.
19. Francis Fukuyama, *Trust: The Social Virtues and the Creation of Prosperity*, The Free Press, 1995, p.156.

CHAPTER 6

1. Robert C. Roesler, *Principles and People: Key Elements of Mayo*, Mayo Foundation, 1984, p.7.
2. Leonard Berry, *On Great Service: A Framework for Action*, The Free Press, 1995, p.167.
3. Leonard Berry, *Discovering the Soul of Service: Nine Drivers of Sustainable Business Success*, The Free Press, 1999, p.84.
4. Leonard A. Schlesinger and James L. Heskett, "Breaking the Cycle of Failure in Service", *Sloan Management Review*, Spring 1991, pp.17—28.
   James L. Heskett, W. Earl Sasser, and Jr., Leonard A. Schlesinger, *The Service Profit Chain*, The Free Press, 1997.
5. Berry, *Discovering the Soul of Service*, p.133.
6. 좋은 성과를 올리는 서비스 회사가 직원들의 업무 수행에 어떻게 투자하는지를 자세히 알고 싶은 사람은 다음의 책을 참고. Sybil Stershic, *Taking Care of the People Who Matter Most: A Guide to Employee—Customer Care*, WME Books, 2007.
7. Ron Zemke, "World—Class Customer Service", *Boardroom Reports*, December 15, 1992, p.1.
   Dan J. Sanders, *Built to Serve*, McGraw—Hill, 2008, Chapter 4.
8. Leonard L. Berry, "The Collaborative Organization: Leadership Lessons from Mayo Clinic", *Organizational Dynamics*, no. 3, Fall 2004, p.231.

CHAPTER 7

1. Leonard L. Berry, Neeli Bendapudi, "Clueing in Customers", *Harvard Business Review*, February 2003, p.106.

2. Leonard L. Berry, Eileen A. Wall, and Lewis P. Carbone, "Service Clues and Customer Assessment of the Service Experience: Lessons from Marketing", *Academy of Management Perspectives*, May 2006, pp.43-57.
3. Lewis P. Carbone and Stephen Haeckel, "Engineering Customer Experiences", *Marketing Management*, Winter 1994, pp.8-19.
   Stephen H. Haeckel, Lewis P. Carbone, Leonard L. Berry, "How to Lead the Customer Experience", *Marketing Management*, January-February 2003, pp.18-23.
   Lewis P. Carbone, *Clued in: How to Keep Customers Coming Back Again and Again*, FT Prentice Hall, 2004.
4. Leonard L. Berry and Lewis P. Carbone, "Building Loyalty through Experience Management", *Quality Progress*, September 2007, pp.26-32.
5. Leonard L. Berry, A. Parasuraman, and Valarie A. Zeithaml, "Improving Service Quality in America: Lessons Learned", *Academy of Management Executive*, Spring 1994, pp.32-44.
6. Susan M. Keaveney, "Customer Switching Behavior in Service Industries: An Exploratory Study", *Journal of Marketing*, April 1995, pp.71-82.
7. Berry and Bendapudi, pp.104-105.
8. Valarie A. Zeithaml, A. Parasuraman, and Leonard L. Berry, *Delivering Quality Service: Balancing Customer Perceptions and Expectations*, The Free Press, 1990.
9. Berry, Wall, and Carbone, p.49.
10. Michael C. Krauss, "Starbucks 'Architect' Explains Brand Design", *Marketing News*, May 1, 2005, pp.19-20.
    스타벅스에 대해 좀 더 알고 싶다면 다음 두 서적을 참고. Joseph Michelli, *The Starbucks Experience*, McGraw-Hill, 2006.
    Howard Schultz, *Pour Your Heart into It*, Hyperion, 1997.
11. Roger Ulrich, "Effect of Interior Design on Wellness: Theory and Recent Scientific Research", *Journal of Healthcare Design*, November 1991, pp.97-109.
12. Jain Malkin, *Medical and Dental Space Planning*, 3rd ed., John Wiley & Sons, 2002.
13. Berry and Bendapudi, p.106.

14. 종합병원 소음의 영향과 구체적인 참고문헌 목록을 얻고 싶다면 다음을 참고. Leonard L. Berry, Derek Parker, Russell C. Coile, Jr., D. Kirk Hamilton, David D. O'Neill, and Blair L. Sadler, "The Business Case for Better Buildings", *Frontiers of Health Services Management*, Fall 2004, pp.5-24.
15. Berry, Parker, Coile, et al., p.10.
16. Cheryl A. Cmiel, Dana M. Karr, Dawn M. Gasser, Lorretta M. Oliphant, Amy Jo Neveau, "Noise Control: A Nursing Team's Approach to Sleep Promotion", *American Journal of Nursing*, February 2004, vol. 104, no. 2, pp.40-49.
17. J. A. Overman Dube, M. M. Barth, C. A. Cmiel, S. M. Cutshall, S. M. Olson, S. J. Sulla, J. C. Nesbitt, S. C. Sobczak, D. E. Holland, "Environmental Noise Sources and Interventions to Minimize Them: A Tale of Two Hospitals", *Journal of Nursing Care Quality*, July-September 2008, vol. 23, no. 3, 출판예정.
18. 이 단락과 그 다음 단락은 Berry, Wall, Carbone의 논문 49쪽에서 각색.
19. Lois A. Mohr and Mary Jo Bitner, "The Role of Employee Effort in Satisfaction with Service Transactions", *Journal of Business Research*, vol. 32, 1995, pp.239-252.
20. Leonard L. Berry, *On Great Service*, The Free Press, 1995, pp.89-94.
21. *Mayo Clinic Model of Care*, Mayo Press, 2000.
22. Berry and Bendapudi, p.106.
23. Neeli M. Bendapudi, Leonard L. Berry, Keith A. Frey, Janet T. Parish, and William Rayburn, "Patients' Perspective on Ideal Physician Behaviors", *Mayo Clinic Proceedings*, March 2006, pp.338-344.
24. 이 글은 원래 Bendapudi, Berry, Frey 외 기타 저자의 논문 343쪽에 실렸다.
25. 경험 모티브에 대해서 더 읽어보고 싶은 사람은 Carbone 2004년 논문(3번 참고문헌)과 Berry, Carbone 2007년 논문(4번 참고문헌)을 참고하기 바란다.

CHAPTER 8

1. Joe M. Inguanzo, "PRC National Consumer Perception Study", Professional Research Corporation, Omaha, NE, 출판 계류 중.
2. 이 장의 내용 중 일부는 다음의 책에서 가져온 것이다. Leonard L. Berry and Kent D. Seltman, "Building a Strong Services Brand: Lessons from Mayo Clinic", *Business Horizons*, May-June 2007, pp.199-209.

3. Leonard L. Berry, "Cultivating Service Brand Equity", *Journal of the Academy of Marketing Science*, Winter 2000, pp.128-137.
4. Stan Richards, "Building a Brand", 텍사스 A&M 대학 소매 연구 센터 토론회 발표 내용, Dallas, TX, October 8, 1998.
5. Berry, 2000, P.129.
6. Leonard L. Berry and A. Parasuraman, *Marketing Services: Competing through Quality*, The Free Press, 1991.
7. Kevin Keller, "Conceptualization, Measuring, and Managing Customer-Based Brand Equity", *Journal of Marketing*, January 1993, pp.1-22.
8. Leonard L. Berry and Sandra S. Lampo, "Branding Labor-Intensive Services", *Business Strategy Review*, Spring 2004, p.20.
9. Helen Clapesattle, *The Doctors Mayo(abridged)*, Mayo Foundation for Medical Education and Research, 1969, p.242.
10. Clapesattle, pp.243-244.
11. Mayo Clinic proprietary market study, 2007.
12. John T. Shepherd, *Inside the Mayo Clinic: A Memoir*, Afton Historical Press, 2003, p.135.
13. Robert Waller, "Diversification Update to the Board of Governors", September, 1894. Robert Waller의 사적인 글 6쪽.
14. Peter W. Carryer, Sylvester Sterioff, "Mayo Health System: A Decade of Achievement", *Mayo Clinic Proceedings*, vol. 78, 2003, pp.1047-1053.
15. William J. mayo and Charles H. Mayo, "A Disclaimer from the Mayo Brothers", *JAMA*, May 15, 1909, p.2.
16. William J. Mayo가 J. F. Percy와 Fred Ewing에게 보낸 편지, November 4, 1908.
17. Mayo Clinic Proprietary market study, 2007.

CHAPTER 9

1. Leonard L. Berry, *Discovering the Soul of Service: The Nine Drivers of Sustainable Business Success*, The Free Press, 1999, p.111.
2. Committee on Quality Health Care in American, Institute of Medicine, *To Err is Human: Building a Safer Health System*, National Academies Press, 2000.

3. Centers for Disease Control and Prevention, www.cdc.gov에서 볼 수 있다.
4. Donald A. B. Lindberg, "NIH: Moving Research from The Bench to the Bedside", statement to U.S. House of Representatives Committee on Energy and Commerce; subcommittee on Health, 108th Congress, 1st Session, July 10, 2003.
5. E. Andrew Balas, Suzanne A. Boren, "Managing Clinical Knowledge for Health Care Improvement", *2000 Yearbook of Medical Informatics*, National Library of Medicine, pp.65-70.
6. E. A. McGlynn, S. M. Asch, J. Adams 외, "The Quality of Healthcare Delivered to Adults in the United States", *New England Journal of Medicine*, 2003, pp.2635-2645.
7. Robert K. Smoldt, Denis A. Cortese, "Pay-for-Performance or Pay for Value?", *Mayo Clinic Proceedings*, February 2007, pp.210-213.
8. Dartmouth Medical School Center for the Evaluative Clinical Sciences, *Dartmouth Atlas of Health Care*, www.dartmouthatlas.org에서 볼 수 있다.
9. John Wennberg, Elliott Fisher, and Sandra Sharp, "Executive Summary" from *The Care of Patients with Severe Chronic Illness: An Online Report on the Medicare Program*(Trustee of Dartmouth College, 2006), p.1. http://www.dartmouthatlas.org/atlases/2006_Atlas_Exec_Summary.pdf.
10. Wennberg, Fisher, and Sharp, p.2.
11. John Wennberg, Elliott Fisher, and Sandra Sharp, *The Care of Patients with Severe Chronic Illness: An Online Report on the Medicare Program*(Trustees of Dartmouth College, 2006), p.71. http://www.dartmouthatlas.org/atlases/2006_Chronic_Care_Atlas.pdf.
12. Robert Nesse, Teresa Rummans, and Scott Gorman, "The New Physician/Scientist Leaders: Mayo Clinic Responds to Changing Trends in Healthcare Executive Education", *Group Practice Journal*, April 2007, pp.13-17.

CHAPTER 10

1. Leonard L. Berry, *Discovering the Soul of Service: The Nine Drivers of Sustainable Business Success*, The Free Press, 1999, p.239.
2. Berry, *Discovering the Soul of Service*, p.240.
3. Daniel Yankelovich and John Immerwahr, *Putting the Work Ethic to Work*,

Public Agenda Foundation, 1983, p.1.
4. William J. Mayo, "The Medical Profession and the Public", *Journal of American Medical Association*, vol. 76, 1921, pp.921-925.
5. Robert W. Fleming이 메이요 클리닉에서 1986년 3월 4일 연설한 내용에서 발췌.
6. 이 이야기는 다음 논문에 처음 인쇄되어 나왔다. Leonard L. Berry, "The Collaborative Organization: Leadership Lessons from Mayo Clinic", *Organizational Dynamics*, no. 3, Fall 2004, pp.239-240.

메이요 클리닉 이야기

펴낸날	초판 1쇄 2012년 7월 27일
	초판 11쇄 2020년 5월 26일

지은이 레너드 L. 베리, 켄트 D. 셀트먼
옮긴이 김성훈
펴낸이 심만수
펴낸곳 (주)살림출판사
출판등록 1989년 11월 1일 제9-210호

주소 경기도 파주시 광인사길 30
전화 031-955-1350 팩스 031-624-1356
홈페이지 http://www.sallimbooks.com
이메일 book@sallimbooks.com

ISBN 978-89-522-1931-2 03320

※ 값은 뒤표지에 있습니다.
※ 잘못 만들어진 책은 구입하신 서점에서 바꾸어 드립니다.